JN098138

債権総論 第4版

セカンドステージ債権法 II

野澤正充

日本評論社

第4版　はしがき

　本書の第3版（2020年4月）を公にしてから、3年が経過した。改訂の間隔としてはやや短いものの、第3版は、民法（債権関係）の改正（債権法改正）への対応としては、かなり不十分なものであった。そのため、この第4版では、全面的に記述を見直して、内容を改めた。今回の本シリーズの改訂の中では、この債権総論の改訂が、最も大きなものとなっている。

　もっとも、改正法が施行されてからさほどの時間が経過していない現時点においては、本書の記述も改正法の解説を主とした無難なものとなり、「セカンドステージ」のタイトルは有名無実である。ただし、本シリーズのⅠである『契約法〔第4版〕』と同じく、この第4版では、一歩踏み込んだ議論については、囲み記事を用いた。具体的には、「特定物・不特定物の売買について」、「物の危険・契約の危険（給付危険・対価危険）」、および、「種類債権の特定と危険の移転」の三つである。この三つの問題は、相互に関連するとともに、いずれも今回の債権法改正では、明確にならなかった（むしろ混迷を深めた？）ものである。その要因は次の点にある。すなわち、明治民法（1896年）は、特定物の売買を中心とした18世紀から19世紀半ばの社会を前提としたフランス民法（1804年）とドイツ民法（1896年）の規律を順次に継受し、その後に不特定物の売買を中心とする大量消費時代を迎えることとなる。そして、今回の債権法改正（2017年）において主に参照されたのは、この不特定物の売買を念頭に置いた、ウィーン売買条約（1980年）などの国際的な統一売買法であった。そのため、上記の三つの問題については、フランス民法に由来する規律が部分的に排除されたものの、ドイツ民法に特有の規律（401条2項）が残り、これとグローバル・スタンダードに基づく、「目的物の滅失等についての危険の移

転」（567 条 1 項）の規律が対立している。そして、いずれの規律を優先するか
については、債権法改正の起草委員も含め、学説が二分している状況にある。

　この問題については、拙著『契約法の新たな展開─瑕疵担保責任から契約不
適合責任』（日本評論社、2022 年）に詳しく、本書の記述も同書に基づいている。
より深い理解を求める読者は、本書の記述と他の体系書・教科書の記述とを比
較し、検討していただければ幸いである。

＊　　　　＊　　　　＊

　なお、本書の第 3 版では、債権法改正前の規律については「旧法」と表記し、
それとの対比で、改正法の規律を「新法」と表記していた。「旧法」の表記は
そのままであるが、改正法が施行されてから時間も経過したため、「新法」に
ついては、単に「民法」と表記し、あるいは「現行民法」と表記した。この二
つの区別には大きな意味はなく、文脈に合わせた表現の違いに過ぎない。

＊　　　　＊　　　　＊

　今回の改訂に際しても、日本評論社の柴田英輔氏にご助力をいただいた。心
からお礼を申し上げたい。

　2024 年 3 月

野澤正充

第3版　はしがき

　本書は、民法（債権関係）の改正に関する法律の施行（2020年4月1日）に合わせて、本書第2版の記述を改めたものである。

＊　　　　＊　　　　＊

　当然のことではあるが、本書の対象領域においては、民法（債権関係）の改正の影響が大きく、この第3版では、本書第2版の記述を抜本的かつ全面的に改めた。すなわち、改正前（「旧法」として表記した。）に関する記述は大幅に削除し、改正法（「新法」として表記した。）の理解に必要不可欠な箇所についてのみ、旧法に触れた。また、新法の施行に合わせて、新法に関する記述を充実するとともに、考え方を改めた部分も多い。

　いずれにしても、本書は、新法の債権総論の教科書としては充実したものとなっている、と（希望的観測を含めて）思うので、是非、民法の理解に役立てていただければ幸いである。

＊　　　　＊　　　　＊

　今回の改訂に際しても、日本評論社の柴田英輔氏にご助力をいただいた。心からお礼を申し上げたい。

　2020年3月

野澤正充

第 2 版　はしがき

　本書の初版を刊行してから 7 年が経過した。この間、多くの重要判例が公にされたのみならず、民法（債権関係）の改正が「民法の一部を改正する法律案」として結実し、第 189 回国会に提出された。そこで、第 2 版では、この新しい改正法案を加えるとともに、全面的に記述を見直して、より利用しやすい基本書となるように改めた。

＊　　　　＊　　　　＊

　民法（債権関係）の改正を概観すると、現行民法の「改正」とはいえ、従来の考え方や制度が抜本的に改められた部分が多いことに気づかされる。例えば、本書の対象領域においても、債務不履行責任における過失責任主義の放棄や詐害行為取消権の否認権への接近、保証人の保護方策の採用、債務引受制度の新設などが、大きな改正点である。そして、契約法に目を向けると、危険負担や解除制度、さらには瑕疵担保責任が抜本的に改められ、それらの改正は債権総論にも影響を及ぼしている。

　しかし、いかに「抜本的」とはいえ、民法のような市民生活に根ざした法律が、突然変異的に改められる、ということはありえない。その背景には、従来の議論を踏まえたうえでの考え方や社会状況の変化が必ず存在するはずである。本書は、改正前の現行民法の解説を主とし、それに改正点を加えるものであるが、単に法案を紹介するだけでなく、できる限り、現行民法から改正法案への連続性とその変容が明らかになるよう配慮したつもりである。本書と、そして本シリーズの『契約法〔第 2 版〕』によって、民法の考え方を深く学んでいただければ幸いである。

＊　　　　＊　　　　＊

　ところで、筆者の博士論文（1993年）は、「契約上の地位の移転」を論じるものであり（『契約譲渡の研究』〔弘文堂、2002年〕所収）、当時はこの制度を正面から取り上げる研究はなく、わずかに、須藤正彦弁護士（後に最高裁判所判事）が書かれた論文が存在するに過ぎなかった。今回の民法（債権関係）の改正では、「契約上の地位の移転」が明文化され（案539条の2）、2014年10月13日の金融法学会の折りに、最高裁判所を退官された同弁護士とお会いし、二人で同制度の明文化を喜んだことが記憶に新しい。しかし、昨年11月5日、須藤正彦先生の訃報に接した。先生のご冥福を心よりお祈りいたします。

＊　　　　＊　　　　＊

　今回の改訂に際しては、潮見佳男『民法（債権関係）改正法案の概要』（金融財政事情研究会、2016年）を参照した。また、日本評論社の柴田英輔氏と大東美妃氏にご助力をいただいた。心からお礼を申し上げたい。

　　2017年1月

野澤正充

初版　はしがき

　本書は、『契約法　セカンドステージ債権法Ⅰ』に引き続き、法学セミナーの連載の債権総論の部分（2007年7月号～2009年8月号）を一書にまとめたものである。そのコンセプトは、『契約法』と同じく、判例と通説（といっても、どの見解が通説なのかは、必ずしも明確でないことが多い）を中心に、自らの研究を踏まえて、民法（債権法）の体系を明らかにしようとするものである。もっとも、『契約法』は、個々の論点について自らの視点を前面に出し、読者にその内容を問うものであったのに対し、本書は、よりオーソドックスな「債権総論」の教科書となっている。その理由は、大陸法を継受した現行民法典がどのような考え（体系）に基づき、現実の社会の中でいかなる役割を果たしてきたのかを、自らが確認しながら、毎回の連載を書いてきたことによる。

＊　　　　　＊　　　　　＊

　周知のように、現在、債権法の改正が進められている。その一つの有力な案は、契約責任に関して、英米法、あるいは英米法と大陸法とを融合した国際的な統一契約法（ウィーン売買条約〔国際物品売買契約に関する国際連合条約〕など）の枠組みを採用するものである。そして、市場のグローバル化に伴う法のグローバリゼーションが不可避な潮流であることを考えれば、そのような改正案も、充分な意義を有するものである。しかし、英米法と大陸法とでは、根本的に考え方の異なる点もあり、その優劣を簡単に論じることはできない。

　先の『契約法』もそうだが、本書の基となった法学セミナーの連載を書くに際し常に参照したのは、（民法の教科書を著すすべての先生方と同じく）、我妻栄の民法講義である。その『債権総論』（1940年）の「序」で、我妻は、債権

総論が、「ローマ法以来最も形式論理的に醇化され整序され」た、「一大殿堂を形成」しているとする。我妻自らは、その「各種の制度や理論」が「今日において有する作用的意義を理解しようと努め」、大殿堂の修復を行った。

　我妻の民法講義が著されてからも、多くの判例と学説が公にされ、また、立法により、大殿堂の修復や補強が繰り返されてきた。しかし、威容を誇る大殿堂も、今日の洗練された街並みには、ややそぐわない感もある。そこで、大殿堂が取り壊されて、ショッピングモールやオフィスの入る高層ビルへと建てかえられるのも、時代の流れかもしれない。

　しかし、私たちが毎日その生活の中心としてきた大殿堂にも、また異なる価値があるのではないか、そしてその価値とは何か。本書は、『契約法』と合わせて、このような問題意識とともに、現行民法（債権法）の体系を明らかにしようとするものである。もっとも、さまざまな見解や情報が錯綜する中で、その試みがどの程度に実現できているかは定かでない。また、『契約法』や本書における自らの立場が適切であるか否かを、常に考え続けている。

＊　　　　　＊　　　　　＊

　本書は、法科大学院への進学を目指す法学部生や法科大学院の学生を念頭において書いた教科書である。それゆえ、判例に関しては、各種国家試験を受験しようとする者が学ぶべきものをほぼ網羅し、そのうち、特に重要な判例については、判例の論理や理由付けを、判例集を参照することなく学ぶことができるようにしてある。また、読者が本書を通読することによって、論理的な文章の組み立て方を学ぶことができるよう配慮している。『契約法』とともに、本書を活用し、債権法を学んでいただければ幸いである。

　なお、法学セミナーへの連載中より、励ましの言葉やご指摘を頂戴した読者のみなさまに感謝したい。そして、このような機会を与えてくださった日本評論社と、担当の中野芳明氏、さらに同氏から担当を引き継がれた柴田英輔氏にも心からお礼を申し上げたい。本当にどうもありがとう。

2009 年 9 月

野澤正充

債権総論　［セカンドステージ債権法Ⅱ］
目次

凡例

文献

最判解説	『最高裁判所判例解説民事篇』（法曹会）
重判	ジュリスト臨時増刊『各年度重要判例解説』（有斐閣）
新版注民	『新版注釈民法』（有斐閣）10 巻 I II：奥田昌道編（2003）、12 巻：磯村哲・北川善太郎編（1995）
梅・民法要義三	梅謙次郎『民法要義巻之三』（1896、復刻版、信山社、1992）
淡路・債権総論	淡路剛久『債権総論』（有斐閣、2002）
アルマ 4	片山直也・白石大・荻野奈緒『民法 4　債権総論［第 2 版]』（有斐閣、2023）
内田・III	内田貴『民法 III 債権総論・担保物権［第 4 版]』（東京大学出版会、2020）
奥田・債権総論	奥田昌道『債権総論［増補版]』（悠々社、1992）
改正コンメンタール	松岡久和・松本恒雄・鹿野菜穂子・中井康之編『改正債権法コンメンタール』（法律文化社、2020）
加藤・債権総論	加藤雅信『新民法大系 III　債権総論』（有斐閣、2005）
沢井・債権総論	沢井裕『テキストブック債権総論［補訂版]』（有斐閣、1980）
潮見・新債権総論 I	潮見佳男『新債権総論 I』（信山社、2017）
潮見・新債権総論 II	潮見佳男『債権総論 II』（信山社、2017）
潮見・概要	潮見佳男『民法（債権関係）改正法の概要』（金融財政事情研究会、2017）
一問一答	筒井健夫・村松秀樹編『一問一答・民法（債権関係）改正』（商事法務、2018）
於保・債権総論	於保不二雄『債権総論［新版]』（有斐閣、1972）
鈴木・債権法講義	鈴木禄弥『債権法講義［4 訂版]』（創文社、2001）
中田・債権総論	中田裕康『債権総論［第 4 版]』（岩波書店、2020）
平井・債権総論	平井宜雄『債権総論［第 2 版]』（弘文堂、1994）
星野・III	星野英一『民法概論 III（債権総論)』（良書普及会、1992）
我妻・IV	我妻栄『新訂債権総論（民法講義 IV)』（岩波書店、1964）

我妻・V₃	我妻栄『債権各論中巻二（民法講義V₃）』（岩波書店、1962）
民法百選II	窪田充見・森田宏樹編『民法判例百選(2)債権［第9版］』（有斐閣、2023）

判例集

民録	大審院民事判決録
判決全集	大審院判決全集
民集	最高裁判所民事判例集
裁判集民事	最高裁判所判例集民事
高民集	高等裁判所民事判例集
下民集	下級裁判所民事裁判例集
新聞	法律新聞
判時	判例時報
判タ	判例タイムズ
法学	法学（東北大学法学会誌）
金法	金融法務事情
訟月	訟務月報

第1章　債権の意義・目的

第1節　債権の意義

1　債権と物権の区別

　債権とは、特定の人（債権者）が他の特定の人（債務者）に対し、特定の行為（給付）を請求できる権利である、と定義される。例えば、売買においては、売主が買主に代金の支払を請求することができ、また、買主は売主に目的物の引渡しを請求することができる（555条参照）。

　ところで、民法（財産法）上の権利は、物権と債権とに大別される。両者の違いは、一般的には、物権が物を直接に支配してそこから利益を得る権利であるのに対して、債権は、不作為をも含む、人の行為を請求する権利である、と説明される。しかし、通常は、債権者にとっては、債務者の行為そのものが目的ではなく、それによって債権者にもたらされる結果が重要である。そして、民法の規定の中にも、「給付」という用語を、「債権者にもたらされる結果」の意味に用いているものがある。例えば、488条1項は、債務者の「弁済として提供した給付」と規定する。ここにいう「給付」とは、債務者の行為ではなく、弁済の結果である物を意味している。そうだとすれば、債権も物に対する支配を目的とすることがあり、機能的には物権と大差があるわけではない。

　しかし、物権と債権との区別の意義を否定することはできない。というのも、物権と債権の区別は、近代法の所産であり、資本制社会の基礎となる商品交換を成立させる三つの基本原理の論理的帰結だからである。ここにいう近代市民

法の基本原理とは、①権利能力の平等、②所有権の絶対、および、③私的自治の三つであり、自由に商品の交換を行うためには、相互に独立した法的主体（①）が、それぞれ相手方の商品の所有を承認（②）しつつ、これを交換する（③）ことが必要となる。そして、物権と債権の区別は、私的所有と契約との区別に対応するものであるといえよう。

　ここで近代市民法の基本原理から、民法(財産法)の全体を鳥瞰すると、次の図のようになる。

```
近代市民法の基本原理　　　民法総則
①権利能力の平等　　　　→人・法人
②所有権の絶対　　　　→ 物　　　→ 物権
③私的自治　(イ)契約自由→法律行為→債権(契約)
　　　　　(ロ)過失責任　　　　　→ 不法行為
```

2　債権と債務

　物権と異なり債権の場合には、債権者に対して一定の行為をなすべき債務者が存在し、義務（債務）を負っている。例えば、売買契約において、売主が代金債権を有している場合には、買主は代金債務を負う。また、買主が物の引渡債権を有し、売主は引渡義務を負う。このように、債権と債務とは対応関係にある。そして、ヨーロッパの民法典では、伝統的にその表題を「債務法」（Schuldrecht, obligations）とするが、わが民法は「債権」編とした。これは、義務ではなく、権利を中心とする近代法の考え方に従ったものである。

　なお、民法は、債務者が債権者に対してなすべき行為を「給付」と呼び（401条、410条、482条など。ただし、488条1項は、前述のように異なる）、また、債務者がその義務を果たすことを「履行」（414条、415条など）ないし「弁済」（402条、403条、474条など）と呼ぶ。履行と弁済は、ほぼ同じ意味の用語である。

3　債権と請求権

(1)　問題の所在

　民法は、例えば、721 条と 724 条の「損害賠償の請求権」や 884 条の「相続回復の請求権」など、「請求権」という語を用いている。また、414 条や 415 条などでは、「請求することができる」とし、そのような権利を請求権という。他方、債権は、前述のように、特定の人に対して特定の行為を請求できる権利であると定義される。そこで、債権と請求権との関係をどのように考えるか、という問題が生じる。また、請求権は、債権のみならず、物権においても問題となる。例えば、所有権が侵害された場合には、所有権の効力として、物権的請求権が認められる。このような「請求権」の概念を、どのように理解すべきか。

(2)　沿革

　歴史的には、「請求権」という概念が形成されたのは、19 世紀のドイツである。すなわち、ドイツでは、15〜16 世紀にローマ法が継受されて以来、1900 年に民法典（BGB）が施行されるまで、普通法（gemeines Recht）が全国に共通して適用されていた。そして、ドイツに継受される前のローマ法においては、実体法と訴訟法とが未分化であり、権利はすべて、裁判所に訴えるための「訴権」（アクチオ = actio）として理解されていた。しかし、ローマ法を継受したドイツでは、実体法と訴訟法とを分化し、それに伴って訴権も、①実体法上の「権利」と、②その裁判上の主張とに区別されるようになった。その過程において、①の権利と②の裁判上の主張とを架橋するものとして、ヴィントシャイト（Windscheid）という 19 世紀のドイツを代表する学者が提案したのが、「請求権」の概念であった。すなわち、裁判上の主張がなされるためには、その前提として、債権や物権などの実体法上の権利が存在しなければならない。そして、このような実体法上の権利が侵害された場合には、直ちに裁判上の主張に転化するのではなく、相手方に対する主張として、まず実体法上の請求権が生じることとなる。そして、この請求権が満足を受けられないときにはじめて、

請求権が裁判上の主張へと転化する。したがって、請求権は、実体法上の権利でも、その裁判上の主張でもない第三の権利であり、相手方への主張を、裁判所の主張としてではなく、実体法上の権利として構成したものが「請求権」である。

　そうだとすれば、このような意味での「請求権」は、債権からも物権からも生じうる。もっとも、今日のドイツでも、「請求権」という概念は必ずしも明確ではなく、わが国でこれを議論する実益もあまりない、といわれている（星野・III 6頁）。そして、民法も、請求権と債権とを明確には区別せず、721条や724条の損害賠償請求権も、損害賠償債権と言い換えることができる。ただし、沿革的には、債権と請求権の区別について、上記のような説明が可能であり、概念の整理としては、このような沿革を理解する必要がある。

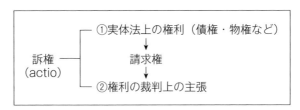

4　債権の発生原因

　民法の第三編「債権」第一章「総則」は、その発生原因とは無関係に、債権一般に関する抽象的な規定を集めたものであり、講学上は「債権総論」と呼ばれている。そして、債権の発生原因は、第二章以下の債権各論に定められている。具体的には、契約（第二章）、事務管理（第三章）、不当利得（第四章）、および、不法行為（第五章）の四つである。

　このうち、事務管理、不当利得および不法行為は、法定の要件が満たされれば、法律上当然に債権が発生するものであり、その内容も法律で定められている。すなわち、事務管理（697条以下）の費用償還請求権、不当利得（703条以下）における利得償還請求権、不法行為（709条以下）による損害賠償請求権などであり、これらは「法定債権」として一括される。

　これに対して、契約から発生する債権は、法律の規定ではなく、当事者の意

思に基づく。それゆえ、具体的にどのような債権が発生するかは、法定債権のように明確ではなく、結局は、契約の解釈によって明らかにされなければならない。

第2節　債権の目的

1　「目的」の意味

債権総則の第一節は「債権の目的」と題されている。ここにいう「目的」とは、債権の内容の意味であり、具体的には、債務者の一定の行為、すなわち「給付」を意味する（402条3項参照）。そして、民法は、給付の目的となる物を「債権の目的物」とし（401条参照）、債権の「目的」と「目的物」とを明確に区別している（402条1項参照）。この債権総則の第一節には、債権が効力を生じるための要件に関する規定（399条）と、若干の種類の債権に関する規定（400-411条）とが置かれている。

2　債権の要件

399条は、金銭に見積もることができないものであっても、債権の目的とすることができる旨を規定する。これに対して、旧民法は、金銭に見積もることができるものに限って債権の目的としていた。これは、ローマ法以来の伝統に従うものであり、金銭であれば、完備した法制度がなくとも、容易に訴えによって実現できるというのが、その実質的理由であった。しかし、法制度の整備された近代においては、この要件は不要であり、399条は、旧民法を改める旨を明らかにするために置かれた規定である。その意味では、同条は重要でない。

ところで、契約から生じる債権については、旧法下の学説により、次の三つの要件が挙げられていた。すなわち、①給付の適法性、②可能性、および、③確定性である。このうち、②は、現行民法では要件とされていない。すなわち、

後に再度触れるように、旧法下においては、「何人も不能な債務に拘束されない」（Impossibilium nulla obligatio est.）というローマ法以来の法格言に従い、履行が契約の成立前から不能（原始的不能）である場合には契約は無効となり、また、契約の成立後に不能（後発的不能）となった場合には、当該債務が消滅する、と解されていた。しかし、現行民法は、給付が原始的不能であっても契約は有効であるとし、債務不履行の規定（415条）によって「その履行の不能によって生じた損害の賠償を請求することを妨げない」とする（412条の2第2項）。つまり、給付の可能性は、債権発生のための要件とはされていない。また、「債務の履行が契約その他の債務の発生原因及び取引上の社会通念に照らして不能」（後発的不能）であるときも、「債権者は、その債務の履行を請求することができない」だけで、債務そのものは消滅しないとする（同1項）。これは、私的自治の原則を重視し、当事者が原始的に不能な契約を締結した場合にもその契約に拘束されるとともに、債務が後発的に不能となっても当然には消滅せず、その債務を消滅させるためには契約を解除しなければならない、とするものである。また、③は、当事者の意思および民法の補充規定によって定まり、そのような規定としては、例えば、後に扱う種類債権に関する規定（401条）がある。

第3節　給付の種類

1　引渡債務・行為債務

債権（債務）は、給付の内容に従って分類をすれば、物の引渡しとその他の行為（作為・不作為）とに分けられる。このうち、物の引渡債務は、その対象となる物に応じて、特定物と不特定物の引渡債務とに分かれる。そして、不特定物の引渡しには、「種類のみで指定した」商品（種類物）の引渡しと金銭の引渡しとがある。他方、作為または不作為債務とは、物の引渡し以外の債務者の行為を内容とする債務である。物の引渡しも、債務者の行為によるものであ

り、作為債務に含めることもできる。しかし、物の引渡しにおいては、その物が引き渡されることに意味があり、それが債務者自身の行為によるものか否かを問わない。これに対して、それ以外の行為債務においては、債務者自身による行為に意味がある。それゆえ、物の引渡しとその他の行為債務とでは、履行の強制方法（30頁参照）が異なることとなる。

　なお、行為債務のうちの作為債務は、債務者が一定の行為を積極的に行うことを内容とするものであり、労働者による労働の提供（623条）や請負人の仕事の完成（632条）などがその例となる。これに対して、不作為債務は、債務者が一定の行為をしないという消極的な作為を内容とするものであり、同一の地域内において同様の営業をしないという競業避止義務や、一定の高さを有する建築物を建築しない旨の義務などがこれに該当する。そして、作為債務と不作為債務も、履行の強制方法の点で違いが認められる（旧414条2項・3項参照。民法は、民事執行法等に委ねる—414条1項）。

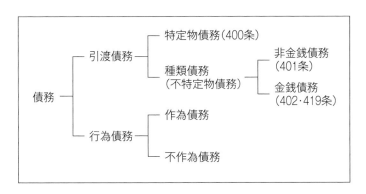

　このような引渡債務と行為債務の区別は、フランス民法の「与える債務」（obligation de donner）と「なす債務」（obligation de faire ou ne pas faire）の区別に由来する。ただし、フランス民法の「与える債務」は、所有権を移転する義務を意味し、単に物を引き渡す債務は、「なす債務」であるとされている（Ph. Malaurie, L. Aynès et Ph. Stoffel-Munck, Droit des obligations, 9ᵉ éd., 2017, n° 2, p. 14）。その意味では、上記の引渡債務・行為債務の概念とは、厳密には対応しない。

　なお、不特定物の中でも金銭は、「物としての個性を有せず、単なる価値そ

のもの」であり、「価値は金銭の所在に随伴するものであるから、金銭の所有権者は、特段の事情のないかぎり、その占有者と一致すると解すべきであり、また金銭を現実に支配して占有する者は、それをいかなる理由によって取得したか、またその占有を正当づける権利を有するか否かに拘わりなく、価値の帰属者即ち金銭の所有者とみるべき」であるとされる（最判昭和39・1・24判時365号26頁。なお、最判昭和29・11・5刑集8巻11号1675頁）。このような金銭の特殊性から、その引渡しを目的とする金銭債権においては、①履行不能および特定（401条2項）という観念が全くなく、②金銭債務の不履行についても特則が設けられている。すなわち、債務者は、金銭債務の履行を遅滞した場合には、それが不可抗力によるものであることを証明しても、責任を免れることはできない（419条3項）。また、債権者は、損害の証明をすることなく、債務者に対して損害賠償を請求することができる（同2項）。ただし、その額は、約定利率が法定利率を超えるときは、約定利率によるが、そうでなければ法定利率によって定め（419条1項）、債権者はそれ以上の損害を立証しても、その賠償を請求することはできず、損益相殺や過失相殺（418条）の適用もない。そして、民法は、法定利率を固定ではなく変動制とし（404条。商旧514条は削除）、金銭債務の不履行についての損害賠償額も、「債務者が遅滞の責任を負った最初の時点における法定利率によって定める」とする（419条1項本文）。さらに、③履行の強制方法も異なり、民事執行法は、金銭債権の強制執行（43条以下）と、非金銭債権の強制執行（168条以下）とを区別している。

2 結果債務・手段債務（obligation de résultat et de moyen）

(1) 区別の意義

　結果債務とは、物の引渡債務のように、特定の結果の実現を内容とする債務をいう。例えば、一定の期日に建物を建築して注文主に引き渡す旨の請負契約において、その期日に引渡しがない場合には、債権者（注文者）が建物の引渡しを受けていない旨を立証すれば、債務者（請負人）の側で、外部原因（不可抗力または第三者の行為）を立証しない限り、債務者は責任を免れない。これに対して、手段債務とは、医師の診療行為のように、結果の実現（病気の治癒）

ではなく、それに至るまでに最善の注意（「善良な管理者の注意」）を尽くして行為する債務である。例えば、患者が医師の治療を受けたにもかかわらず病状が悪化した場合において、患者が医師に対して債務不履行責任を問うためには、単に病気が治癒しなかったという事実だけではなく、医師の行為態様を評価して、誤診や手術の際にメスを腹部に残したなどの、善管注意を尽くさなかったことを立証しなければならない。

　上記の区別は、フランス民法に由来する。すなわち、民法典には規定はないが、ドウモーグ（Demogue）によって1920年代に提唱され、その後の判例と学説によって承認されている。そして、わが民法上も、この区別を認める見解が有力である。その実益は、従来は上記のように、過失（faute）の立証責任の違いにある、と解されていた（平井・債権総論17頁）。しかし、近時は、結果債務と手段債務の区別が、債務不履行責任の要件である「債務者の『帰責事由』の存否」の判断において意味を有する、との見解が提唱されている（森田・後掲47頁）。この見解によれば、「債務者が結果の実現が確実であると約束した場合（結果債務）には、不可抗力によらない結果の不実現があれば、債務者に『帰責事由』があると判断されるが、結果を実現すべく一定の慎重な注意（行為）義務を負うことしか約束していない場合（手段債務）には、債務者の債務不履行の存否を判断するにつき、債務者の（具体的な）行為態様の評価が必要に」なる（森田・後掲55頁）。そして、結果債務と手段債務とは、「債務者が結果の実現が確実であると約束したのか否か」によって区別されるとする（森田・後掲49頁）。

(2)　区別の問題点

　上記のような結果債務と手段債務の区別は、債務不履行責任（415条）における債務者の帰責事由の判断構造を明確にする点において、高く評価されよう。とりわけ、一定の行為債務については、実務上、債務不履行の事実の立証と債務者の過失の判断とが同一であるとされているが、これを手段債務の概念によって説明することも可能であり、上記の区別は、実務とも親和的である。

　しかし、結果債務と手段債務の区別をわが民法に導入するには、なお慎重な検討が必要である。すなわち、両債務の区別は、請負契約と委任契約とをモデ

ルにして、前者が結果債務であり、後者が手段債務であると考えれば、容易に
理解が可能であり、かつ、明確でもある。しかし、実際には、両債務の区別は
相対的である。すなわち、手段債務でも、債務者に著しく高度な注意義務を課
せば、結果債務に近づき、また、結果債務であっても、債務者が不可抗力のみ
ならず、慎重に注意を尽くしたことを立証した場合には、責任を免れる場合も
あるとされる（森田・後掲 32 頁）。そうだとすれば、両債務の区別は明確でな
く、現実の債務を結果債務と手段債務とに二分するのは難しい。そして、フラ
ンスにおいても、この区別は、程度の問題であり、あいまい（incertain）であ
って、教育上の価値しかないとされている（Malaurie, Aynès et Stoffel-Munck,
ibid., n° 949, p. 540）。

3　その他の区別

(1)　可分債務・不可分債務

　給付を分割して実現できる債務を可分債務といい、価値を損なわずには分割
できない給付を不可分債務という。例えば、自動車一台の引渡債務は、不可分
債務である。この区別は、多数当事者の債権債務関係（427 条以下）において
問題となる。

(2)　一回的給付・回帰的給付・継続的給付

　給付が一回的か、反復する(回帰的)か、継続的かによる区別である。一回的
給付は、家屋の売買などであり、また、回帰的給付の例としては、新聞・牛乳
の配達が挙げられる。回帰的給付と継続的給付は、継続的取引において用いら
れ、その履行や終了に際しては、信義則や事情変更の原則が大きく作用する。

4　特定物債権

　特定物債権とは、特定物の引渡しを内容とする債権をいう（400 条）。「特定
物」とは、具体的な取引において、当事者が物の個性に着目して取引をした物
である。例えば、不動産や絵画の売買における買主の債権は、通常は、特定物

債権である。「特定物」に対置する概念は、「不特定物」（「種類物」ともいう）である。また、「特定物・不特定物」に類似する概念として、「代替物・不代替物」の区別がある。これは、当事者の意思ではなく、物の客観的な性質による代替性の有無に応じた区別である。それゆえ、不代替物であっても、不特定物とされる場合もある。例えば、絵画を投資のために買う場合には、画商との売買契約において、単に号数と価格のみで指定することがある。この場合には、絵画は不代替物であるが、売買の内容としては、不特定物の売買となる。

　特定物債権の債務者は、「その引渡しをするまで、善良な管理者の注意をもって」、その物を保存する義務を負う（400条）。この「善良な管理者の注意」とは、「自己の財産に対するのと同一の注意」（659条）よりも高度な義務である。このような善管注意義務を債務者が負うのは、目的物の「引渡しをするまで」の間である。そして、旧法下においては、債務者がこの義務を尽くした場合には、たとえその物が損傷したとしても、「引渡しをすべき時の現状で」引き渡せばよい（旧483条）とされていた（ただし、現行民法の483条については、後述281頁参照）。

　なお、民法は、善管注意義務が「契約その他の債権の発生原因及び取引上の社会通念に照らして」定まるとする（400条）。これは、善管注意義務の内容や程度が、個々の取引における個別の事情と無関係に客観的かつ一律に定まるのではなく、契約の性質・目的・契約の締結に至る経緯などの「債権の発生原因となった契約に関する諸事情を考慮し、併せて取引に関して形成された社会通念をも勘案して定まる」という法実務を反映したものである（一問一答66頁）。のみならず、善管注意義務の違反が、「契約その他の債権の発生原因」とは関係のない「過失」を意味するものではないことを明らかにする。

5　種類債権（不特定物債権）

(1)　意義——制限種類債権との区別

　種類債権とは、「ビール1ダース」とか「米10キロ」というように、一定の種類に属する物の一定量の引渡しを内容とする債権である（401条1項参照。なお、目的物の品質も問題となるが、これについては401条1項が定めている）。種類

のみを指示して取引するのは、当事者が目的物の個性に着目していないからで
あり、特定物債権との区別は、当事者が目的物の個性に着目したか否かという
意思表示の解釈の問題となる。

　ところで、種類債権の中でも、特定の場所ないし範囲によって制限される種
類債権を、特に「制限種類債権」として区別することがある。例えば、特定の
倉庫の小麦 1 トンとか、1995 年産のシャトー・マルゴー 100 本の売買などで
ある。制限種類債権が単なる種類債権と異なる点は、履行不能の判定にある。
すなわち、種類債務においては、同種の物が市場に存在する限り、履行不能と
ならないのに対し、制限種類債務では、特定の範囲の物が消滅すれば履行不能
となり、かつ、その判定も容易である。先の例では、当該倉庫が第三者の放火
によって焼失したり、1995 年のシャトー・マルゴーが売切れとなれば、債務
者がその債務を免れる可能性がある。もっとも、種類債権と制限種類債権の区
別は、相対的である。すなわち、一方では、種類債務においても、履行不能が
ありえない、というわけではない。例えば、当該不特定物の取引が法律によっ
て禁じられ、また、生産中止となることもある。他方では、制限種類債権でも、
制限された範囲の物が消滅した場合には、その限定の範囲を広げることが当事
者の意思であることもある。先の例でも、別の倉庫の小麦や、1995 年の別の
シャトーのワインでもよいということもある。そうだとすれば、両者の区別は
重要ではなく、むしろ当事者の意思が、いかなる範囲の中から、どのような性
質の物を目的物として想定していたかを確定することが重要であると解される。

　　※特定物・不特定物の売買について
　　明治民法は、沿革的には、1804 年に公布されたフランス民法に遡る。そし
て、当時（18 世紀から 19 世紀初頭）の社会では、売買の目的物は、原則とし
て、個々の物が個性を有する特定物に限られていた。すなわち、産業革命前に
は、動産も、工場ではなく、その一つひとつが職人の手によって作られ、個性
を有していた（不特定物の売買は、野菜や家畜の売買において、その個性を重
視しない場合に限られていた）。しかし、産業革命を経て、工場生産が可能と
なると、不特定物の売買が増加し、民法もその対応に余儀なくされる。そこで、
19 世紀末の民法であるドイツ民法（243 条）と明治民法（401 条 2 項・旧 534

条2項）は、不特定物が一定の時点で特定物と同様になるとし（＝種類債権の特定）、特定物に関する規律が適用されるとした。また、フランス民法は、特別の規定を設けず、不特定物の売買においては、目的物の引渡しによって特定するとした。このように、民法は長い間、特定物の売買を念頭に、その規定を設けてきたといえよう。

　しかし、20世紀の半ばに大量生産・大量消費の時代を迎え、現代社会では、不特定物の売買が中心となり、特定物の売買は、不動産や中古品・高級品などの売買に限られることとなる。そこで、ウィーン売買条約（国際物品売買契約に関する国際連合条約―1980年）をはじめとする統一売買法は、動産（不特定物）の売買を対象に、グローバル・スタンダードを設けた。そして、「目的物の滅失等についての危険の移転」を規定する567条は、債権法改正に際して、ウィーン売買条約36条1項などのグローバル・スタンダードをモデルにした規律であり、本来的には、ドイツ民法に特有の規定を母法とする401条2項とは相容れないものである。後述のような、両規定をめぐる理解の齟齬は、このような規定の沿革から生じていると解される。

(2) 種類債権の特定（集中）

(ア) 民法の規定　　上記の種類債権に関し、民法は次の二つを定めている。

　第一に、種類債務において、法律行為の性質または当事者の意思によって目的物の品質を定めることができないときは、債務者は、債権者に対して、中等の品質を有する物を給付しなければならない（401条1項）。しかし、実際の取引では、目的物の品質は当事者にとって重要であり、品質を定めないということはない。それゆえ、本条は、あまり問題とならない。

　第二は、種類債権の特定である。前述のように、種類債権は、同種の物が市場に存在する限り、履行不能とはならない。それゆえ、債務者は、その債務から解放されず、重い責任を負う。そこで民法は、一定の時期を標準として、それ以後は、種類債権の目的物が選ばれた特定の物に定まるとする。この種類債権の特定の時期を定めたのが401条2項であり、①「債務者が物の給付をするのに必要な行為を完了」したとき、または、②「債権者の同意を得てその給付すべき物を指定したとき」は、「以後その物を債権の目的物とする」とした。このうち②は、債務者が債権者から特定の物を指定する権利を与えられ、それ

を行使したことである。このほか、民法に規定はないが、③当事者が合意によって目的物を選定したとき、または、④当事者によって指定権を与えられた第三者が指定したときにも、種類債権は特定する。問題となるのは、①が具体的に何を意味するかであるが、以下ではまず、特定の効果から説明する。

　(イ)　特定の効果　　種類債権が特定すると、以後は特定物債権と同様に扱われる。そして、旧法下においては、具体的に次の四つの効果が挙げられていた（我妻・IV 34頁）。ただし、特定によって、種類債権が完全に特定物債権になるわけではない、とも解されていた。

　(a)債務者は、特定の後は、特定した物についてだけ債務を負い、その物が滅失すれば履行不能となる。

　(b)双務契約においては、特定に時から危険が債権者に移転する（旧534条2項）。すなわち、上記(a)のように、債務者は、特定した物についてだけ債務を負う。それゆえ、その物が滅失すれば履行不能になり、旧法下においては、その滅失が債務者の責めに帰すべき事由によらないときは、債務者が引渡債務を免れ、代金債務の存否は危険負担の問題とされていた。また、物の滅失が債務者の善管注意義務違反による場合には、債務者は債務不履行責任（415条）を負う。問題となるのは、この場合における債務者が、他の物を引き渡す義務を免れるか否かであり、通説は、特定物債権と同じに考え、債務者は他の物を引き渡す義務を負わないとした。しかし、種類債権の特定により、完全に特定物債権に変わるわけではなく、市場に他の物が存在し、しかも、目的物の滅失は債務者の帰責事由によるものであるから、債権者は代わりの物を請求できるとする見解も存在した。

　(c)債務者は、特定した物の保存について善管注意義務を負い（400条）、必ずこの物を給付しなければならない。問題となるのは、債務者に目的物の変更権が認められるか否かであり、判例は、特定後であっても、債権者の不利にならない限り、債務者は目的物を変更することができるとした（大判昭和12・7・7民集16巻1120頁―番号の異なる同種の株券に変更した事案）。そしてこの点が、種類債権の特定により、完全に特定物債権に変わるわけではないことの例証である、とされている。

　(d)判例は、不特定物（種類物）の売買における目的物の所有権が、特約のな

い限り、特定によって移転するとした（最判昭和35・6・24民集14巻8号1528頁）。この点については、少なくとも、種類債権の特定以前には所有権を移転することができないことは確かである。

※物の危険・契約の危険（給付危険・対価危険）

(1)　「危険」概念の多義性

　種類債権の特定の効果のうち、重要なものは、(b)の危険の移転である。ただし、この「危険」の概念は多義的であり、また、比較法的にも、国によってその概念が異なることに注意しなければならない。とりわけ、給付危険と対価危険を明確に区別しているのはドイツ民法だけであり、そこにはドイツ民法に特有の事情が存在する。

(2)　ドイツ民法における「危険」の区別

　ドイツ民法では、まず、物の危険と契約の危険とを区別する。物の危険とは、物が滅失または損傷したことによる不利益（リスク）であり、この不利益は所有権者が負担する。すなわち、「物の滅失は所有権者が負担する」（Res perit domino）との法格言が妥当する。例えば、売主が商品を仕入れて店に並べたところ、不可抗力によってその商品が滅失・損傷したときは、所有権者である売主がそのリスクを負わなければならない。これに対して、商品が売れた場合には、換言すれば、商品がひとたび売買契約の目的物となると、物の危険の問題ではなく、契約の危険の問題となる。この契約の危険には、給付危険と対価危険とが存在する。そして、給付危険は、目的物の滅失・損傷により売主は物の調達義務を負わず、買主はその物の給付を受けることができない不利益を意味し、また、対価危険は、その場合にも買主が代金を支払わなければならない不利益を意味する。しかし、売買のような双務契約においては、給付と対価との間に牽連性があり、原則として、給付危険と対価危険が分離することはない（ドイツ以外の国では、物の危険と契約の危険を区別せず、まして給付危険と対価危険の区別もない）。にもかかわらず、ドイツ民法では、給付危険と対価危険の分離が、不特定物の売買に関して問題となった。すなわち、ドイツ民法においては、一方では、対価危険が、原則として、目的物の引渡しによって移転する（446条）。しかし他方で、種類債務の特定を規定する243条によれば、特定によって給付危険（売主の調達義務の存否）が買主に移転する（このドイツ民法243条が、日本民法401条2項の母法である）。したがって、ドイツ民法では、不特定物の売買において、給付危険と対価危険の移転の時が異なり、

両危険が分離することとなる。

(3) フランス民法・明治民法の規律

これに対して、危険負担についての明治民法の母法であるフランス民法は、給付危険と対価危険を区別せず、単純に1つの「危険」(=物の危険)の概念で対処している。すなわち、本文で述べるように、物の滅失は所有権者の負担となり (Res perit domino)、特定物の売買においては、売買契約締結時に所有権が買主に移転するため、以後は買主が代金支払義務を負う。また、不特定物の売買においては、特定の時(=目的物の引渡時)に所有権が買主に移転し、同時に危険も移転する。そうだとすれば、物の危険と給付危険・対価危険は、不即不離の関係にあり、原則として分離することはない(1196条3項)。

このフランス民法に倣った明治民法も、特定物の売買においては契約締結時に(旧534条1項)、また、不特定物の売買は特定の時に(旧534条2項・402条2項)、目的物の所有権とともに危険が買主に移転するとした。それゆえ、物の危険と契約の危険が区別されず、給付危険と対価危険も分離することはなかった。

(4) 債権法改正後の民法の規律

債権法改正は、旧534条を削除し、「目的物の滅失等についての危険の移転」を定める567条を新設した。そして、567条1項では、目的物の引渡時に「目的物の滅失等についての危険」が移転する(同条1項)とされたものの、不特定物の特定に関する401条2項は、旧法のまま維持された。そのため、不特定物の売買においては、危険が特定によって移転する(401条2項)のか、目的物の引渡しによって移転する(567条1項)のかが不明確となり、解釈上の混乱を引き起こしている。すなわち、(a)不特定物の売買については給付危険と対価危険の分離を認め、給付危険は特定によって移転し(401条2項)、対価危険は引渡しによって移転する(567条1項)とする見解が主張されている反面、(b)売買の目的物が特定物であるか不特定物であるかを問わず、危険(物の危険・給付危険・対価危険)はその引渡しによって移転するとの見解も存在する。(a)は、401条2項を重視するが、比較法的にはドイツ民法に特有の主張であり、かつ、ウィーン売買条約などのグローバル・スタンダードにも反する。これに対して、(b)は、567条1項を重視し、グローバル・スタンダードに従うものである。

このように、「目的物の滅失等についての危険の移転」を定める567条と「種類債権」の特定を定める401条2項は、緊張関係にあるといえよう。

※種類債権の特定と危険の移転

(1)　学説の対立

　上記のように、401条2項と567条1項のいずれを重視するかについては、学説が対立している。

　(a)有力な見解は、567条1項が定められても、401条2項による特定の効果は変わらないとする。すなわち、目的物の引渡しよりも前に特定がなされれば、その特定によって危険（給付危険）が買主に移転すると解する。その結果、特定後・引渡前に、目的物が当事者双方の責めに帰することができない事由によって滅失した場合において、「それによって引渡債務が履行不能となったときは、買主は代替物の引渡しを請求できない」（412条の2第1項）とする。また、損傷した場合には、「修補が可能であれば、買主は履行の請求として修補を請求できる」。ただし、合意による特定の場合には、「損傷についての危険も買主に移転するという合意が含まれている」こともあるとする。そして、この帰結は、不特定物が「特定によって当初からの特定物とほぼ同様になることを重視し、両者を通じて履行不能の規律によるべきである」との理解に基づくものである（中田・326-327頁。同旨、山本敬三『契約法の現代化Ⅲ』2022年）。

　しかし、(b)現在の多数説は、不特定物の特定による危険の移転を規定した旧534条2項が削除され、引渡しによる危険の移転を規定した567条1項の創設により、特定（401条2項）によっては危険が売主から買主に移転せず、その移転は特定物と不特定物とを問わずに、引渡しによって行われる、と解している（潮見・改正法の概要269-271頁、同・新契約各論Ⅰ188頁、石川博泰「売買」詳解改正民法〔商事法務、2018年〕437-438頁、森田宏樹「売買における契約責任」民事責任法のフロンティア〔有斐閣、2019年〕296頁以下、北居功・改正債権法コンメンタール772頁、曽野・民法Ⅳ202-205頁など）。この見解によれば、401条2項による特定の意義は小さなものとなろう。

(2)　本書の立場

　本書は、初版（2009年・127頁）以来、(b)の見解を提唱してきた。その理由は、次の二点である。

　第一に、567条1項は、「売主が買主に目的物を引き渡した場合」に「目的物の滅失等についての危険が移転」する旨を規定している。そして、その「目的物」は、「売買の目的として特定したものに限る」とし、不特定物の売買において「特定」した物も含まれる。そうだとすれば、567条1項の文理解釈からは、不特定物の売買において特定した目的物の危険もその引渡しによって買主に移転する、と解するのが素直であり、特定後・引渡前の滅失等の危険は売

主の負担となる、と考えられる。

　第二に、実質的にも、危険は、その物を事実上支配し、危険を回避することができた者が負担すべきである。にもかかわらず、不特定物の特定によって危険が移転し、その引渡前に目的物が滅失した場合に買主がその危険を負わなければならないとすれば、未だ目的物を事実上支配していない買主に、重い負担を負わせるものとなる。そうだとすれば、567条1項の趣旨を貫徹し、目的物の事実上の支配の移転（＝引渡し）に伴って、「危険」が売主から買主に移転すると解すべきである。

　これに対して、(a)の見解は、次の二つの問題を含んでいる。

　第一に、(a)の見解は、特定物の売買においても契約によって給付危険が買主に移転し、不特定物の売買の場合には、「特定によって当初からの特定物とほぼ同様になることを重視」している。しかし、この考え方は、まさにドイツ法学の「特定物のドグマ」にほかならない。すなわち、特定物の売買は契約時に、また不特定物の売買は特定時に「給付危険」が移転すると解するのは、目的物が「特定物」であり、当事者の主観的には他に代替性がない、との考えに基づく。そしてこの考えは、「合意による特定」を基礎とした「特定物のドグマ」そのものである、と解される。

　第二に、「給付危険」と「対価危険」の区別もドイツ法学（の有力な見解）に基づくものであり、フランス民法や他の国においては、両者は区別されない。そして、ドイツ法学の両危険を区別する見解においても、両危険が一致するのが原則であり、給付危険と対価危険が分離するわけではない。換言すれば、両危険の分離は、不特定物の売買における給付危険の移転（＝特定時）と対価危険の移転（＝引渡時）とを区別して規定したドイツ民法に特有のものであり、両危険の一致していた債権法改正前の旧534条（特に2項では、特定と危険の移転が一致）には見られない現象であった。しかし、567条1項を(a)の見解のように捉えると、給付危険は「特定」によって移転するのに対して、対価危険は567条1項の「引渡しの時」に移転することになる。このような理解は、ドイツ民法の規律と同じであり、明治民法の規律とは、大きく異なるものである（そもそも、401条2項がドイツ民法に特有の規定であり、給付危険と対価危険の分離をもたらす原因となっていた）。そうだとすれば、(a)の見解は、まさに従来の民法の理解を大きく変えるものであり、ドイツ法学の特定を基礎にして積み上げられてきた学説・判例（特定物のドグマ）に従うものであるといえよう。

㈡　物の給付をするのに必要な行為の完了　　以上の効果を生じるような、「債務者が物の給付をするのに必要な行為を完了」したときとは、何を意味するのか。抽象的には、債務者の側で、物の引渡しに必要なすべての行為を行ったときを意味する。より具体的には、債務者の引渡しの態様に関する三つの区別（持参債務・取立債務・送付債務）に応じて、次のように説明される。すなわち、①債務者が債権者の住所に目的物を持参すべき債務（持参債務、484 条）においては、債務者が、債権者の住所で現実の提供（493 条本文）をしたときに特定する。したがって、目的物を運送機関に委託しただけでは特定しない（大判大正 8・12・25 民録 25 輯 2400 頁）。また、②債権者が目的物を債務者の住所に引き取りに行く債務（取立債務）の場合には、「債務の履行について債権者の行為を要する」ため、債務者が、その住所において目的物を分離し、かつ、引渡しの準備を整えてこれを債権者に通知する（口頭の提供、493 条ただし書）ことによって特定する。そして、③債権者または債務者の住所以外の第三地に目的物を送付する場合（送付債務）には、持参債務と同じく、第三地で現実の提供がなされたときに特定する。ただし、物の送付が債務者の好意によるときは、その発送によって特定する。これらのうち、次の最高裁判決において争われたのは、②取立債務に関してである。

　　最判昭和 30・10・18 民集 9 巻 11 号 1642 頁（制限種類債権と目的物の特定）
　　昭和 21 年 2 月、X（買主）は、Y（売主）から漁業用タール 2000 トンを 49 万 5000 円で買い受けることを約した。その受渡しの方法は、X が必要の都度申し出て、Y が引渡場所を指定し、X がそこにドラム缶を持ち込んで受領するというものであり、昭和 22 年 1 月末までに X が全部引き取ることを定め、手付金 20 万円を Y に交付した。ところで、このタールは、Y が A 製鉄会社から買い受け、これを X に転売したものであって、A の構内のため池に貯蔵されていた。そして、昭和 21 年 8 月までに Y は、本件契約に従い、X に 10 万 7500 円に相当するタールの引渡しをした。しかし、X は、タールの品質が悪いと言って、その後タールを引き取りに行かず、Y はタールの引渡作業に必要な人夫を配置して引渡しの準備をしていたものの 10 月頃これを引き揚げ、

監視人を置かなかったため、冬頃に A の組合員がこれを他に処分し、タール
は滅失するに至った。そこで X は、Y の引渡債務の不履行を理由に契約を解
除し、支払済みの手付金からすでに引渡しを受けたタールの代金を差し引いた
残金（9 万 2500 円）の返還を請求した。第一審・第二審ともに、X の請求を
認容した。その理由は、原審によれば次のようであった。タールが不特定物で
あるとしても、Y が引渡しに必要な行為を完了したときに目的物が特定し、
以後 Y はその保管につき善管注意義務を負う。しかし、Y は、その義務を尽
くさなかったため、タールの滅失による履行不能につき債務不履行責任を負う。
Y 上告。

　最高裁は、本件では、「不特定物の売買が行われたものと認めるのが相当で
ある」とする。しかし、X の債権が、「通常の種類債権であるのか、制限種類
債権であるのか」が明らかではなく、「当初の契約の内容のいかんを更に探究
するを要する」とした。また、「原審は、本件目的物はいずれにしても特定し
た旨判示した」が、Y が「言語上の提供をしたからと云って、物の給付を為
すに必要な行為を完了したことにならないことは明らか」であり、「原判示事
実によってはいまだ特定したとは云えない」とする。そして、「本件について
は、なお審理判断を要すべき、多くの点が存する」として、原判決を破棄差戻
しとした。

　本件の問題点は二つある。一つは、本件売買から生ずる X の債権が、通常
の種類債権と制限種類債権とのどちらなのかであり、仮に種類債権であるとす
れば、目的物が特定しているか否かが問題となる。もう一つは、X によるタ
ールの引取りの拒絶が受領遅滞になるかが争われる。順に検討する。

　まず、X の債権が通常の種類債権であればどうか。この場合には、本件タ
ールの滅失前に目的物が特定していたか否かが問題となる。仮に特定していな
い場合には、履行不能は存在せず、Y は同種のタールを他から仕入れて X に
引き渡さなければならない。また、特定していた場合には、Y は保管につき
善管注意義務を負う（400 条）。そして、旧法によれば、タールの滅失につき義
務違反がなければ、Y は引渡義務を免れ、他方、X はその代金を支払わなけ
ればならない（旧 534 条）。しかし、現行民法では、目的物の引渡しまでは売
主が危険を負うため（567 条 1 項参照）、買主は売主に対して契約不適合責任

（562 条以下）を問うことができる。さらに、Y の義務違反があれば、Y は X に損害賠償義務を負うこととなる（415 条）。ところで、本件は取立債務である。そうだとすれば、特定のためには、①目的物を分離して、②債権者に通知をしなければならない。というのも、特定によって目的物の所有権が移転するが、ため池から一定量を分離しなければ、所有権は移転できないからである（三淵乾太郎・最判解説 196 頁）。そして本件では、②はなされたが①がないため、種類債権の特定はなかったということになる。

　では、X の債権が制限種類債権である場合はどうか。この場合には、ため池のタール全部の滅失により、Y の債務は履行不能となる。差戻し後の控訴審判決（札幌高函館支判昭和 37・5・29 高民集 15 巻 4 号 282 頁）も、本件債権が制限種類債権であるとした。そして、本件では、目的物が分離されていないため特定がなく、その結果、Y は善管注意義務を負わないから、タールの滅失はその責めに帰することができない事由による履行不能であり、Y は引渡債務を免れるとした。ただし現行民法では、Y は当然には引渡債務を免れず、これを免れるためには売買契約を解除しなければならない（542 条 1 項 1 号）。

　ところで、本件では直接の争点になっていないが、Y がタールの引渡義務を免れるとしても、その代金は X と Y のいずれが負担すべきか。旧法では、未だ目的物が特定されていないため、危険負担の規定（旧 536 条 1 項）の適用により、対価危険は Y が負い、Y は、X に対して、代金を請求できないことになる。しかし、本件では、Y が引渡しの準備をして通知（口頭の提供）したにもかかわらず、X がその受領を拒んだという事情がある。これをどう評価すべきか。この点につき、X は、タールの品質が悪いことを理由にその引取りを拒んでいる。しかし、X の債権が制限種類債権であるとすれば、目的物の良否は通常は問題にならない。なぜなら、X は、「当該ため池にあるタール」の一定量を買ったのだからである。そうだとすれば、X は、タールの品質を問題にしてその受領を拒むことはできず、本件における X の受領拒絶は受領遅滞となり、その効果として X に危険が移転すると解される。結局、X は、Y に対し、代金の全額を支払うべきであろう。そして、現行民法では、413 条の 2 第 2 項、536 条 2 項、および、567 条 2 項によって処理される。

6 金銭債権

　金銭債権とは、一定額の金銭の給付を目的とする債権である。その内容については、前述した（7頁）。金銭債権の債務者は、その選択に従って、各種の通貨で弁済をすることができる（402条1項本文）。例えば、債務者は、10万円を弁済するため、1万円札10枚でも、千円札100枚でもかまわない。ただし、「通貨の単位及び貨幣の発行等に関する法律」（貨幣法）7条によれば、「貨幣は、額面価格の20倍までに限り、法貨として通用する」。それゆえ、五百円硬貨200枚の提供があった場合に、債権者は、1万円を越える金額の受領を拒否することもできる。

　ところで、金銭債権の債務者は、債務の内容である金額（名目額）につき、通貨をもって弁済すればよい（名目主義）。すなわち、インフレなどによる通貨自体の価値の変動は顧慮されない（最判昭和36・6・20民集15巻6号1602頁）。

7 利息債権

　利息債権とは、利息の支払を目的とする債権である。この利息債権には、①元本に対して一定期に一定率の利息を生じることを目的とする基本権としての利息債権と、②その効果として、一定額を支払うべき支分権としての利息債権がある。このうち、①は、元本債権に対して付従性を有し、元本債権とともに移転し、かつ、消滅する。これに対して、②は、一度発生すると独立の存在となり、元本債権と分離して譲渡され、また、別個に消滅する。

　利息債権は、契約または法律の規定によって発生し、前者を約定利息、後者を法定利息という。約定利息の利率（約定利率）は、契約によって定まることが多い。ただし、利息制限法による制限がある。また、当事者が利息を付することを合意したものの利率を定めなかったときは、法定利率による（大判明治29・4・14民録2輯57頁）。この法定利率は、旧法では年5分（旧404条）であり、商法上は年6分（商旧514条）であった（固定利率）。これに対して、現行民法は、法定利率について変動制を採用した。これは、「市中の金利と法定利

率との間に大きな乖離があることによる不合理な現状を是正する」ことを目的
とする（部会資料74B・1頁）。具体的には、「利息を生ずべき債権について別段
の意思表示がないときは、その利率は、その利息が生じた最初の時点における
法定利率による」（404条1項）とし、改正法施行時の法定利率を、年3パーセ
ントとする（同2項）。その後、「法定利率は、法務省令で定めるところにより、
三年を一期とし、一期ごと」に変動するものとする（同3項）。その各期にお
ける法定利率は、法定利率に変動があった期のうち直近のもの（直近変動期）
における「基準割合」と当期における「基準割合」との差に相当する割合を直
近変動期における法定利率に加算し、または減算した割合とする（同4項）。
そして、ここにいう「基準割合」とは、法務省令で定めるところにより、各期
の初日の属する年の6年前の年の1月から前々年の12月までの各月における
短期貸付けの平均利率（当該各月において銀行が新たに行った貸付け〔貸付期間が
1年未満のものに限る〕に係る利率の平均をいう）の合計を60で除して計算した
割合（その割合に0.1パーセント未満の端数があるときは、これを切り捨てる）と
して法務大臣が告示するものをいう（同5項）。なお、この改正に伴い、商事
法定利率を定めた商法旧514条は削除された。

　利息の支払が1年分以上延滞した場合において、債権者が催告しても債務者
がその利息を支払わないときは、債権者の意思表示によって、これを元本に組
み入れることができる（405条）。これは、特約がなくても、債権者に複利（重
利）の計算による利息の請求を認めるものであり、法定重利といわれる。また、
重利の特約も、原則として有効であるが、利息制限法に反することはできない。
　なお、最高裁は、「不法行為に基づく損害賠償債務の遅延損害金は、民法
405条の適用又は類推適用により元本に組み入れることはできない」とした。
その理由は、不法行為に基づく損害賠償債務は、①貸金債務と異なり、債務者
にとって履行すべき債務の額が定かではなく、「債務者がその履行遅滞により
生ずる遅延損害金を支払わなかったからといって、一概に債務者を責めること
はできない」こと、および、②「何らの催告を要することなく不法行為の時か
ら遅延損害金が発生する」から、「遅延損害金の元本への組入れを認めてまで
債権者の保護を図る必要性も乏しい」ことにある（最判令和4・1・18民集76巻
1号1頁）。

利息制限法をはじめとした、利息の規制の詳細については、契約法に委ねる。

8　選択債権・任意債権

　自分の所有する中古のデスクトップ型のパソコンとノート型のそれとのいずれかを相手方に贈与するというように、債権の目的が数個の給付の中から選択によって一つに決定する債権を、選択債権という。これは、種類債権と異なり、数個の給付（目的物）がそれぞれ個性を有しているため、選択されない限り目的物が特定しないことになる。そこで民法は、選択債権に関して詳細な規定（406-411 条）を置くが、現実に選択債権が問題となることは少ない。判例では、土地の一部を目的とする賃貸借において、契約の趣旨（賃借人が米屋を営む）に適した土地が「相当個所ある」ときは、「そのうちの一個所 50 坪を賃借人に引渡して使用収益せしむべき債務は、選択債務に当る」としたものがある（最判昭和 42・2・23 民集 21 巻 1 号 189 頁）。また、学説上は、無権代理人が「相手方の選択に従い、相手方に対して履行又は損害賠償の責任を負う」（117 条 1 項）のは、選択債権の規定によるとする。しかし、判例はこれを否定し、相手方が選択をしない以上は、「給付ノ目的」が確定しないとした（大判昭和 2・4・21 民集 6 巻 166 頁）。

　民法は、選択債権について、給付の不能が「選択権を有する者の過失によるものであるときは、債権は、その残存するものについて存在する」とし（410 条）、そうでなければ選択の対象は当然には限定されないとする。なぜなら、不能の給付を選択する方が選択権者にとって有利であることもあり、とはいえ、給付の不能が選択権者の過失による場合にも、不能の給付の選択を認めるのは、公平の観点から適切ではないからである（一問一答・67 頁）。

　なお、不能の給付が選択された場合には、債権者は、その給付については履行を請求することはできない（412 条の 2 第 1 項）。しかし、債務者に対して、415 条の規定に従い、損害賠償を請求することは可能である。

　このほか、民法に規定はないが、講学上「任意債権」が認められている。これは、債権の目的が一つの給付に特定しているが、債権者または債務者が、他の給付に代える権利（代用権または補充権という）を有するものである。この任

意債権は、債務者が他の給付をなしうる点で選択債権に似ているが、両者は次の点において異なる。すなわち、旧法によれば、選択債権では、給付の一部が不能となったときは残りが債権の目的となる（旧410条）。これに対して、任意債権では、本来の給付が決まっていて、他の給付はその代用にすぎないため、本来の給付が不能となれば、債権は消滅することになる。

【参考文献】

森田宏樹『契約責任の帰責構造』（有斐閣、2002年）。

第**2**章　　債権の効力

第1節　債権の効力一般

1　債権の四つの力

　やや難しい用語ではあるが、債権には、①請求力、②給付保持力、③訴求力、④強制力の四つの力があるとされる。すなわち、債権は、債務者に対して特定の給付を請求する権利であるから、①請求力が認められ、かつ、債務者による給付を受領して、これを保持することができる（②給付保持力）。この二つが債権の最小限度の効力であり、後述のように、たとえ③と④の力がないとしても、①と②を備えていれば、なお債権として認められる。そして、現実においても、債権は、債務者の任意の履行によって消滅することが多い。しかし、債務者が任意にその債務を履行しない場合には、債権の内容を実現するために、債権者は、裁判所に訴えて、債務者の債務の履行を求めることができる（③訴求力）。さらに、債権者が裁判において勝訴したにもかかわらず、債務者が任意に債務を履行しない場合には、債権者は、裁判所に申立てをし、国家機関の権力をもって、強制的に債権の内容を実現することができる。これが、履行の強制である（④強制力）。もっとも、履行の強制は、このような確定判決（民執22条1号）のほか、執行証書（金銭の一定の額の支払等を目的とする請求について、公証人が作成した公正証書で、債務者が直ちに強制執行に服する旨の陳述が記載されているもの―民執22条5号）によっても可能であり、必ずしも訴えの提起を必要とするものではない。

2　履行請求権の意義

(1)　債権の効力としての履行請求権

　上記のように、債務者が債務を任意に履行しない場合には、債権者は、なお債務者に対して履行を請求し（履行請求権）、その履行を強制するほか、損害賠償を請求することができる（損害賠償請求権 = 415 条）。また、債権者は、当該契約を解除する（解除権 = 541 条以下）ことにより、その契約の拘束を免れることができる。ただし、解除は、債務者から契約の利益を奪うものでもある。問題となるのは、この三つの権利（履行請求権・損害賠償請求権・解除権）の関係である。

　この問題につき、旧法下の判例・通説は、債務不履行による損害賠償請求権が、「本来の債権と同一性を有する」とした（我妻・IV 101 頁）。すなわち、債権の成立によって、債権者は債務者に対し履行請求権を取得し、その履行請求権が債務者の債務不履行によって損害賠償請求権に変わると考える。より具体的には、履行が遅延した場合における損害賠償（遅延賠償）請求権は、「本来の債権の拡張」であり、また、債務者の責めに帰すべき事由による履行不能の場合の損害賠償（塡補賠償）請求権は、本来の債権の「内容の変更」であるとする。ただし、履行不能につき、債務者に責めに帰すべき事由がないときは、債権は、履行不能を理由に消滅する。

　この旧法下の判例・通説によれば、履行請求権とは、「本来の債権」、すなわち債権の内容であり、それが債務者の責めに帰すべき債務不履行によって、損害賠償請求権に「転形」することとなる。

(2)　救済方法としての履行請求権

　これに対して、近年は、履行請求権を債権の効力の問題として捉えるのではなく、契約違反に対する救済手段として位置づける見解（「救済手段アプローチ」（remedy approach）といわれる）が有力に主張されていた。この見解によれば、履行請求権は、損害賠償請求権・解除権と併存する、債務者の債務不履行に対する救済手段の一つであり、債権者は、この三つの権利を、その必要に

応じて、選択的に行使することができることになる（窪田充見・後掲ジュリスト113頁）。ただし、この見解によっても、履行請求権が認められるためには、履行が可能でなければならず、履行不能の場合には、債権者は、履行請求権を選択することはできない。

(3) 民法（債権関係）の改正

　民法は、旧法下の判例・通説のような、履行請求権の損害賠償請求権への転形を明確に否定している。というのも、415条2項は、「債務の履行に変わる損害賠償」（塡補賠償）が、「履行が不能であるとき」（1号）のほか、債務者が履行を拒絶する意思を明確に表示した場合（2号）、および、「契約が解除され、又は債務の不履行による契約の解除権が発生したとき」（3号）にも認められるとして、履行請求権と塡補賠償請求権との併存を認めるからである。換言すれば、民法は、履行請求権が、債務の不能または契約の解除によって塡補賠償請求権に転形するという構成を採用していない。また、売買においても、引き渡された目的物が契約の内容に適合しない場合には、買主は、売主に対し、損害賠償請求権と解除権（564条）のほか、履行請求権の一態様としての追完請求権（目的物の修補、代替物の引渡しまたは不足分の引渡請求）が認められる（562条）。

　このような民法の立場は、ウィーン売買条約（国際物品売買契約に関する国際連合条約）などの国際的な統一売買法のルールと軌を一にするものである。

【参考文献】　潮見佳男ほか「契約責任論の再構築」ジュリスト1318号81頁以下（2006年）。

第2節　履行の強制

1　意義

債権が権利として保護されるためには、国家がその実現に手を貸し、履行を

強制することが認められなければならない。しかし、債権は、債務者の行為を目的とするものであるため、これを強制的に実現すると、債務者の人格に対して、不当な強制を加えるおそれがある。そこで、履行の強制においては、債権の保護と債務者の人格の尊重とを、どのように調和させるかが問題となる。

　なお、履行の強制は、「強制履行」とも呼ばれる。また、「強制執行」の語もあるが、これは、履行の強制を、その方法から捉えた手続法上の概念である。

2　方法

　履行の強制方法には、次の三つがある（414条1項参照）。

　第一は、直接強制であり、債務者の意思にかかわらず、国の執行機関によって強制的に債権の内容を実現する方法である。例えば、売主が目的物である動産を引き渡さない場合には、執行官が売主から「これを取り上げて」買主に引き渡すことになる（民執169条1項）。また、不動産の明渡しであれば、「執行官が債務者の不動産等に対する占有を解いて債権者にその占有を取得させる方法により」行われる（民執168条1項）。このように、直接強制の具体的な手続は、民事執行法に規定され、同法は、金銭債権についての強制執行（43条以下）と「金銭の支払を目的としない請求権についての強制執行」（168-170条）とを区別する。

　第二は、代替執行である。これは、債務者が自ら履行をしなくても債務の本旨に従った履行となる場合において、第三者に債務を履行させて、それに要した費用を債務者から取り立てるという方法である（民執171条）。例えば、請負人が注文者の家屋を修繕しない場合に、注文者は、他の請負人（第三者）に家屋を修繕させて、その費用を当初の請負人から取り立てることができる。

　第三は、間接強制であり、民法に規定はないが、民事執行法172条が規定する。債務者がその債務を履行しない場合に、裁判所が、債務者に対し、「債務の履行を確保するために相当と認める一定の額の金銭を債権者に支払うべき旨を」命じて、その心理的圧迫により債務の履行を促す方法である。

　以上の三つの方法につき、平成15年改正前の民事執行法は、①直接強制②代替執行③間接強制の順序で行われなければならないとしていた。その理由は、

間接強制が債務者に心理的圧迫を加え、人格尊重の面で他の強制方法よりも問題があるとの考え方（間接強制の補充性）に基づく。しかし、債務者に直接に強制力を加える方が人格尊重の面では問題があり、間接強制の補充性には合理性がない。また、間接強制は、その性質上、直接強制や代替執行が可能な債務についても併用することができ、運用によっては効率的である。とりわけ、直接強制は、目的物が隠匿されると、効を奏さないという問題があった。

　そこで、平成15年の民事執行法改正により、間接強制の補充性が放棄され、債権者の申立てがあるときは、直接強制、代替執行のほかに、間接強制の併用が認められるに至った（民執173条1項）。なお、民法は、履行の強制を手続法に委ねている（414条）。

3　債務の種類に応じた履行の強制

　債務は、引渡債務と行為債務とに大別される（6頁参照）。

(1)　引渡債務
　物の引渡債務については、直接強制のほか、間接強制の併用が認められる（民執173条1項）。しかし、「金銭の支払を目的とする債権」（金銭債権）については、直接強制しか認められない（民執43条以下）。

　引渡債務の履行の強制が問題となる場合としては、親権者による子（幼児）の引渡請求権がある。この権利は、民法に規定はないが、親権に含まれるものとして判例により承認されてきた（大判大正10・10・29民録27輯1847頁）。ただし、その実現には、(a)通常裁判所に民事訴訟として訴えを提起するほか、(b)家庭裁判所の審判事項として処理する方法と、(c)人身保護法に基づき子の引渡請求をする方法の三つがある。このうち、頻繁に利用されていたのは、(c)であった。というのも、(c)は、通常裁判所の管轄ではあるが、(a)が証明を要求するのに対して、疎明で足り（人保5条）、かつ、「速やかに裁判をしなければならない」（人保6条）とされ、迅速性に優れているからである。また、判決の強制力の点でも、(c)は優れている。すなわち、(a)では、仮に子の引渡請求認容判決が出されたとしても、履行の強制方法としては、人権の尊重の観点から直接

強制は認められず、間接強制しか認められない。これに対して、(c)では、裁判所が拘束者に対し被拘束者を出頭させるべきことを命じ（人保 12 条 2 項。その違反は、同 18 条）、その後の審問の結果、人身保護請求に理由があれば、裁判所は「判決をもって被拘束者を直ちに釈放する」（人保 16 条 3 項）ことになる。

　ところで、人身保護法に基づく子の引渡請求の可否につき、判例が採用している判断基準は、①子の自由意思の有無（大判大正 12・11・29 民集 2 巻 642 頁、最判昭和 61・7・18 民集 40 巻 5 号 991 頁）と、②子の幸福（最判昭和 43・7・4 民集 22 巻 7 号 1441 頁）であるが、次の判決は、②の点で、人身保護法の適用を大きく制限した。

> **最判平成 5・10・19 民集 47 巻 8 号 5099 頁（人身保護法に基づく子の引渡請求）**
>
> 　X 女と Y 男は、昭和 63 年に婚姻し、子 A・B が出生した。しかし、XY 夫婦は円満を欠き、Y は平成 4 年 8 月に A・B を連れて父の家で生活をするようになった。そこで X は、同年 9 月 1 日に Y の家に赴き A・B の引渡しを求めたが拒否されたため、A・B を連れ出したところ、Y の両親が追いかけてきて奪い合いとなり、結局、A・B は Y の家に連れ戻された。X は、同年 9 月末に、家庭裁判所に Y との離婚を求める調停を申し立てたが、親権者の決定について協議が調わず、不調に終わった。A・B に対する愛情・居住環境などの点では X と Y には大差が認められないが、経済的な面では X の自活能力は十分ではなく、Y に比べて劣るという事情が存する。X から人身保護請求の訴えが提起され、原審は、本件 A・B のように 3、4 歳の幼児には、母親に監護養育の適格性、育児能力に欠けるという特段の事情のない限り、父親より母親のもとで監護養育されるのが適切であるとして、X の請求を認容した。Y 上告。
>
> 　最高裁は、まず、「夫婦の一方（請求者）が他方（拘束者）に対し、人身保護法に基づき、共同親権に服する幼児の引渡しを請求した場合には、夫婦のいずれに監護させるのが子の幸福に適するかを主眼として子に対する拘束状態の当不当を定め、その請求の許否を決すべきである」とし、前掲最判昭和 43・7・4 を引用する。しかし、「この場合において、拘束者による幼児に対する監護・拘束が権限なしにされていることが顕著である（人身保護規則四条参照）

　ということができるためには、右幼児が拘束者の監護の下に置かれるよりも、請求者に監護されることが子の幸福に適することが明白であることを要するもの、いいかえれば、拘束者が右幼児を監護することが子の幸福に反することが明白であることを要するものというべきである」とした。その理由は、「夫婦がその間の子である幼児に対して共同で親権を行使している場合には、夫婦の一方による右幼児に対する監護は、親権に基づくものとして、特段の事情がない限り、適法というべきであるから、右監護・拘束が人身保護規則四条にいう顕著な違法性があるというためには、右監護が子の幸福に反することが明白であることを要するものといわなければならないからである」（破棄差戻し）。

　その後、最高裁は、上記判決の提示した明白性の要件を具体的に明らかにし、「拘束者の幼児に対する処遇が親権行使という観点からみても容認できないような、例外的な場合がこれに当たる」とした（最判平成6・4・26民集48巻3号992頁）。こうした一連の判決によって、共同親権者間の子の引渡請求が、人身保護法に基づき裁判所に提起されることは、減少しよう。その背後には、「少なくとも夫婦間の紛争については、人身保護手続ではなく家庭裁判所の手続によるべきであるとする最高裁の判断がある」とされる。というのも、家庭裁判所の手続が、家裁調査官や医務室技官を有し、充実していることに加え、昭和55年の家事審判法の改正により、子の引渡しの仮処分命令も出せる（家事審判規則52条の2）からである。また、家事審判手続は、対審構造がとられる裁判に比較して、穏やかな説得や和解の勧告がなされ、両当事者および子にとっても望ましい、との指摘もなされている（水野紀子・平成5年重判96頁）。上記の最高裁判決は、このような文脈の中で理解される。

　そして、ハーグ条約実施法（「国際的な子の奪取の民事上の側面に関する条約の実施に関する法律」）を参照し、2019年の民事執行法の改正（2020年4月1日施行）では、「子の引渡しの強制執行」が明文化された（民執174-176条）。この新しい民事執行法の規定では、強制執行の方法として、間接強制のほかに、執行裁判所が決定により、執行官に子の引渡しを実施させる直接強制が認められる（民執174条1項）。ただし、直接強制の裁判所への申立ては、①間接強制の決定から2週間が経過したとき、②間接強制を実施しても、引渡しを拒んでい

る親（＝債務者）が子の監護を解く見込みがないとき、または、③子の急迫の危険を防止するため直ちに強制執行をする必要があるとき、のいずれかに該当しないと認められない（同2項）。また、直接強制の場所に債務者が不在であっても、子の引渡しは可能であるが、直接強制を申し立てた親権者（＝債権者）は、原則として、直接強制の場所に出頭しなければならない（民執175条5項）。そのほか、執行裁判所および執行官は、子の引渡しの直接強制に際して、「子の年齢及び発達の程度その他の事情を踏まえ、できる限り、当該強制執行が子の心身に有害な影響を及ぼさないように配慮しなければならない」とする（民執176条）。この民事執行法の改正により、子の福祉に配慮しつつ、迅速に債権者に子の引渡しを認める規律が整備されたといえよう（詳しくは、民事執行法を参照）。

(2) 行為債務

　行為債務については、債務者の人格を尊重するため、直接強制が認められない（414条1項ただし書）。そして、行為債務のうち、「その債務が作為を目的とするとき」（作為債務）は、原則として、代替執行（民執171条）または間接強制（民執172条）が認められる。ただし、債務者本人がするのでなければ、債務の本旨に従った履行とならない場合（不代替的作為債務）には、代替執行は認められず、間接強制による。また、そもそも債務者の自由意思によって履行されるべきで、国家による履行の強制をすべきでない、という債務も存在する。例えば、婚姻予約に基づく債務（大連判大正4・1・26民録21輯49頁）や夫婦の同居義務（大決昭和5・9・30民集9巻926頁）などは、履行の強制が許されない。ただし、子を監護していない親（非監護親）と子との面会交流については、子を監護している親（監護親）がすべき給付の特定に欠けるところがない場合には、これを命ずる審判において、監護親に対し間接強制をすることができる（最決平成25・3・28民集67巻3号864頁）。

　なお、債務者が意思表示をすべき債務は、債務者のみがなしうるため、不代替的作為債務であるが、裁判の確定等によって債務者が意思表示をしたものとみなされる（民執177条1項）。借地借家法19条や20条も、類似の制度である。

　行為債務のうち、「不作為を目的とする債務」（不作為債務）について、債権

者は、代替執行と間接強制のほか、「将来のため適当な処分をすること」を裁判所に請求することができる（民執171条1項2号後段）。この方法は、違反行為を予防するためのものであり、例えば、工場が環境協定などによって一定の基準以上の汚染物質を排出しない義務を負う場合に、あらかじめその処理施設を設置させることが考えられる。

　ところで、723条は、他人の名誉を毀損した者に対して、裁判所が、被害者の請求により、損害賠償に代えて、または損害賠償とともに、名誉を回復するのに適当な処分を命じることができる旨を規定する。具体的には、新聞に謝罪広告が掲載される。その義務の履行については、代替執行が許され（大決昭和10・12・16民集14巻2044頁）、被害者は、裁判所の決定により、新聞社に広告の掲載を申し込み、掲載料を加害者に請求することになる。そして、このような代替執行は、「単に事態の真相を告白し陳謝の意を表明するに止まる程度のもの」であれば、憲法に反することなく、認められる、と解されている（最大判昭和31・7・4民集10巻7号785頁）。

4　訴求力・強制力のない債権

(1)　強制力のない債権

　債権の四つの力のうち、請求力と給付保持力のない債権は、権利に値しない。しかし、訴求力と強制力を欠く債権は、現実に存在する。例えば、前述のように、その性質上、履行の強制になじまない債務が存在する。もっとも、その多くは家族法上の債務である。しかし、財産法上の債権であっても、訴求できないものや、訴求はできるが強制力のないものがある。以下では、強制力を欠く債権から検討する。

　債権者と債務者との間で、強制執行をしないという特約（不執行特約）がなされる場合がある。判例および学説は、このような不執行特約を有効であると解し、債権者がこれに反して強制執行することはできないとする（大判大正15・2・24民集5巻235頁）。もっとも、この場合にも、債権者が訴訟を提起し、債務を履行すべきであるとの給付判決を得ることは可能であり、この判決に従って、債務者が任意に債務の履行をすれば、債権者はこれを受領することもで

きる。ただし、最高裁は、不執行特約があるときは、「紛争を未然に防止するため」、判決主文にその旨を明記すべきであるとした。

> 最判平成5・11・11民集47巻9号5255頁（不執行特約の効力）
>
> 　Xは、別件訴訟において、Y会社に対し、貸金および給料の支払を求め、Yとの間で訴訟上の和解が成立した。Xは、この和解によってYが支払うことを約束した582万円の支払を求めて、本件訴訟を提起した。これに対して、Yは、和解の成立は認めたものの、Xとの間で、本件債務については強制執行をしない旨の合意が成立したと主張した。第一審は、Xの訴えが不適法であるとして却下したが、原審は、「不執行の合意」の成立を認め、このような「不執行の合意のある債権は、これに基づき強制執行をすることはできないが、債務者に対して裁判により訴求することは妨げられず、裁判所はその請求にして理由のあるときは、実体判決（給付判決）をなすべきもの」であるとし、Xの請求を認容した。Y上告。
>
> 　最高裁は、「原判決中、本件債務について強制執行をすることができない旨を判決主文において明示することなく、本件債務の支払を命じた点は、これを是認することができない」と述べ、破棄自判した。すなわち、「給付訴訟の訴訟物は、直接的には、給付請求権の存在及びその範囲であるから、右請求権につき強制執行をしない旨の合意（以下「不執行の合意」という。）があって強制執行をすることができないものであるかどうかの点は、その審判の対象にならないというべきであり、債務者は、強制執行の段階において不執行の合意を主張して強制執行の可否を争うことができると解される。しかし、給付訴訟において、その給付請求権について不執行の合意があって強制執行をすることができないものであることが主張された場合には、この点も訴訟物に準ずるものとして審判の対象になるというべきであり、裁判所が右主張を認めて右請求権に基づく強制執行をすることができないと判断したときは、執行段階における当事者間の紛争を未然に防止するため、右請求権については強制執行をすることができないことを判決主文において明らかにするのが相当であると解される」。

ところで、学説は、履行の強制のできない債務を「責任なき債務」という。

これは、ゲルマン法において、給付する義務（債務）と、その義務を負う結果、財産が強制執行の対象になること（責任）とを区別したことに由来する。そして、「責任なき債務」という概念を認めることに否定的な見解も存在する。しかし、「債務」と「責任」とを区別することにより、上記のような不執行特約のある債務は、債務はあるが責任はないものとして理解される。のみならず、物上保証人や抵当不動産の第三取得者のように、債務者ではないが、責任を負担する場合もある。また、債務も責任もあるが、責任が一定範囲に制限される場合として、限定承認（922条）のほか、有限責任が挙げられる。そうだとすれば、「責任なき債務」という概念に積極的な意味はないが、「債務」と「責任」とを区別することには、説明のうえでは意味があると思われる。

(2) 訴求力のない債権

　当事者の合意または法律の規定により、訴求力のない債権が生じることがある。

　(ア) 不訴求特約　　債権者と債務者との間で、債務者が任意に履行しない場合には、裁判外の請求はともかく、裁判所には訴えないという合意（不訴求特約）がなされることがある。問題となるのは、その特約の認定および効力であり、判決としては、次のカフェー丸玉事件が有名である。

> **大判昭和10・4・25 新聞3835号5頁（カフェー丸玉事件）**
> 　X（女性）が道頓堀にある「カフェー丸玉」にホステスとして勤務していたところ、Y（男性）が客として4ヶ月通った。その間、Yは、Xの歓心を買うために、自分は伯爵の次男であり、百万長者の息子であると述べ、Xが将来独立するための資金として400円を贈与することを約し、かつ、100円ずつ分割して支払う旨の書面を作成した。そこで、これを信じたXは、店をやめて独立の準備をしたが、Yが支払を拒絶したため訴えを提起した。第一審・第二審ともにXが勝訴し、Yが上告した。
> 　大審院は、Yの約束が「Xニ裁判上ノ請求権ヲ付与スル趣旨ニ出タルモノト速断スルハ相当」でなく、むしろ「履行ヲ強要スルコトヲ得ザル特殊ノ債務関係ヲ生スルモノト解ス」べきであるとして、原判決を破棄差戻しとした。

　この事件では、判例が自然債務を認めた、との理解もなされている（我妻・
IV 69 頁）。しかし、近時は、事案の解決としては、公序良俗（90 条）または心
裡留保（93 条）の観点から検討されるべきであり、仮にこれらに該当せず、契
約が有効であるとすれば、Ｘの請求を認めてもよい、との見解が多数である。
というのも、当事者間では契約が書面によってなされ、Ｘがそれを信じて店
をやめ、独立の準備もしていたことを考慮すると、Ｘをより保護すべきだか
らである。そうだとすれば、この判例を、不訴求特約ないし自然債務のリーデ
ィング・ケースと解するのは、適切ではない。

　(ｲ)　法律上訴求力のない債権　　当事者の合意ではなく、法律の規定により、
裁判所に訴えを提起することのできない債権も存在する。具体的には、①消滅
時効が援用された債権、②破産手続によって免責された債権、③公序良俗に反
する契約に基づく債権などがある。もっとも、これらの債権は、債権者が訴求
できないだけで、債務者が任意に履行すれば、債権者がそれを返還する必要は
ない。すなわち、①時効消滅した債権も弁済を受けることができ（508 条参照）、
②破産により免責された債権も、債務者が任意に弁済すれば有効となる。また、
③公序良俗に反する契約による債務の弁済に関しては、明文でその返還請求が
否定されている（708 条）。

(3)　いわゆる「自然債務」について

　以上のように、当事者の合意または法律の規定によって、債権者が裁判所に
訴えを提起できない債権（債務）をまとめて、「自然債務」ないし「不完全債
務」とする見解が存在する。しかし、これらの概念を認めても、そこに含まれ
る債務の性質はさまざまであり、債権者が訴求できない理由も一様ではない。
例えば、708 条は、クリーンハンズの原則の反射的効果として、債務者からの
返還請求が否定されるにすぎず、弁済そのものが有効となるわけではない。そ
うだとすれば、自然債務の概念は、法技術的には無意味であるとの批判が妥当
する。また、そもそも「自然債務」が、ローマ法に由来する特殊な概念であり、
近代法においては認める必要がない、とも指摘されている。すなわち、古代ロ
ーマでは、契約には一定の厳格な形式が必要であり、その形式に従った契約上
の債権についてのみ、裁判所に訴えを提起することが認められていた。そして、

それ以外の契約は、法的に保護されず、その債権の実現方法としては、自力救済か任意の履行のみであり、このような債務を「自然債務」と称していたのである。そうだとすれば、「自然債務」の概念は、裁判制度が未発達であった時代の産物であり、すべての契約が、原則として裁判上の保護を受けられる近代法においては、認める必要がないといえよう。

　結論としては、「自然債務」ないし「不完全債務」という特殊な概念を認める必要はなく、訴求力や強制力を欠く債権については、個別に当事者の契約や法律の規定を解釈して、その効力を決すべきであると解される。

第 3 節　債務不履行による損害賠償(1)——要件論

1　債務不履行の意義

　「債務不履行」とは、「債務者がその債務の本旨に従った履行をしない」ことである（415 条 1 項本文）。この場合に債権者は、履行が可能であれば、債務者に対してその履行を強制することができ、かつ、損害賠償を請求することができる。これに対して、履行が不能であれば、債権者は、その債務の履行を請求することができず（412 条の 2 第 1 項）、「債務の履行に代わる損害賠償」（塡補賠償）の請求をすることができる（415 条 2 項 1 号）。ただし、その債務不履行が、「契約その他の債務の発生原因及び取引上の社会通念に照らして」債務者の責めに帰することができない事由によるものであるときは、債権者は、債務者に対して、損害賠償を請求することができない（415 条 1 項ただし書）。そして、債務者の債務が双務契約（例えば、売買契約）から生じた場合において、当事者双方の責めに帰することができない事由によって債務（例えば、目的物の引渡債務）を履行することができなくなったときは、危険負担の問題となり、債権者は、反対給付の履行（例えば、代金の支払）を拒むことができる（536 条 1 項）。これに対して、債権者の責めに帰すべき事由によって債務を履行することができなくなったときは、債権者は、反対給付の履行を拒むことができな

い（536 条 2 項前段）。

2　要件に関する基礎理論

(1)　旧法下における通説的見解とその問題点

　債務不履行による損害賠償の要件として、旧法下の通説は、次の三つが必要
であるとした（我妻・IV 99 頁以下）。

　第一に、債務者が債務の本旨に従った履行をしないという客観的状態が必要
であり、これには次の三つの類型がある。まず、①履行遅滞は、履行が可能で
あるにもかかわらず、期限を経過しても債務者が債務の履行をしないことであ
り、412 条が根拠となる。また、②履行不能は、履行が不能なために履行しな
いことであり、旧 415 条後段がその根拠となる。そして、履行遅滞でも履行不
能でもない第三の類型として、③不完全履行（積極的債権侵害）がある。これ
は、債務者が単に履行をしないという消極的な場合ではなく、不完全な履行を
するか、または履行行為をするに際して不注意で債権者に損害を与えた場合で
ある。

　なお、「不完全履行」と「積極的債権侵害」は同義であり、履行の不完全さ
に着目するか、積極的な履行がなされたことに着目するかの違いにすぎない。
ただし、履行行為によって債権者の生命・身体や財産権などに損害が及んだ場
合（拡大損害）を、特に積極的債権侵害と呼ぶ傾向がある。例えば、ピアノの
運送屋が注文者の家にピアノを設置するに際して、他の家具を損傷したような
場合である。

　第二に、主観的要件として、債務不履行につき債務者の「責めに帰すべき事
由」が必要とされる。ここにいう「責めに帰すべき事由」とは、債務者の故
意・過失または信義則上これと同視すべき事由であるとされ、この事由の例と
しては、履行補助者の過失が挙げられた。

　第三に、客観的要件として、債務の不履行が違法であることが要求される。
すなわち、留置権や同時履行の抗弁などの、債務者が債務を履行しないことを
正当化する事由が存在しないことが必要である。

　以上の通説的見解は、ドイツ民法学に従い、債務不履行の事実を三つに類型

化したうえで、債務者の過失と違法性とを要件とする点に特色を有する。これ
は、債務不履行による損害賠償の要件を、不法行為（709条）における損害賠
償の要件（過失と違法性）とパラレルに構成するものである。

　このような通説に対しては、それがドイツ民法の解釈論を基礎とするが、日
本民法の規定はドイツ民法と構造を異にし妥当でない、との批判がなされてい
た。すなわち、1900年に施行されたドイツ民法典（B. G. B.）は、債務不履行の
類型として履行不能（旧280条）と履行遅滞（旧286条）のみを規定し、これ
に限定していた。しかし、そのいずれにも該当しないが、債務者に損害賠償責
任を負わせるべき場合が存在することが、1902年のシュタウプ(Staub)の論文
（「積極的契約侵害論」）によって指摘された。この見解は、学説と実務に受け入
れられ、債務不履行を履行遅滞、履行不能と不完全履行の三つに分類すること
が、ドイツ民法学では確立した。しかし、日本民法の415条は、債務不履行を
履行遅滞と履行不能に限定せず、「債務者が債務の本旨に従った履行をしない
とき」と包括的に規定する。これは、履行遅滞（retard dans l'exécution）のほ
か、広く債務の不履行（inexécution de l'obligaion）を規定するフランス民法旧
1147条（2016年改正前）に由来する。そうだとすれば、415条には、債務不履
行のすべての類型が含まれ、不完全履行を認める必要はないとされた。

　なお、ドイツ民法典は、2001年に改正され、履行不能（275条）と履行遅滞
（286条）のほかに、すべての不履行を包括する「義務違反」が認められた
（280条）。それゆえ、通説の三分類は、現行のドイツ民法でも採られていない。

(2) 学説の動向(i)——義務違反説

　以上の通説的見解に対する批判を踏まえて、学説は、大きく二つの方向に分
かれた。一つは、債務不履行について、履行遅滞と履行不能の区別を維持しつ
つ、それらとは別に、不完全履行を含むその他の義務違反を第三の類型とする
見解である。この見解は、従来の通説が、債務不履行における「債務」とは何
かという問題を意識せず、債務不履行が直ちに履行の強制、解除および損害賠
償という効果をもたらすと解してきたとする。しかし、現実には、伝統的な債
務（給付義務）以外にも、さまざまな義務が存在する。例えば、契約の目的を
実現するために必要な調査義務・説明義務や目的物の保管義務など、給付義務

を実現するための義務がある。これを「付随的(注意)義務」といい、その根拠
は信義則（1条2項）に存する。また、履行に際して、当事者が相互に相手方
の生命・身体や財産をなどを侵害しないように配慮すべき「保護義務」も存在
する（奥田・債権総論15頁以下）。そして、給付義務の不履行については、債権
者は、履行の強制、解除および損害賠償を請求しうるが、付随的義務の違反に
対しては、原則として損害賠償を請求するにとどまり、履行の強制や解除は認
められないとする。このような見解は、論理必然的ではないが、履行請求権を、
解除権および損害賠償請求権と並ぶ債務不履行の救済方法として位置づける
「救済手段アプローチ」（27頁参照）と親和的である。

　この見解に対しては、義務の細分化が際限のないものとなるおそれがあると
の批判がある。また、履行遅滞と履行不能のみが規定されていたドイツ民法で
は、給付義務以外の各種の義務を認め、その義務違反のゆえに責任を負うとの
構成を採らざるをえなかったが、すべての債務不履行を含む日本民法415条の
解釈論としては、このような構成を採る必要がない（平井・債権総論49頁）と
されていた。

(3)　学説の動向(ii)——統一要件説

　415条の解釈に関するもう一つの方向は、債務不履行の要件を、「債務者が
その債務の本旨に従った履行をしない」ことに一元化するものである。この見
解は、通説のように、債務不履行を、履行遅滞、履行不能および不完全履行の
三つに分類することは不要であるとする。もっとも、履行不能は債務の消滅を
もたらし、そのうちの債務者の責めに帰すべき事由による履行不能は、損害賠
償義務を生じさせるものである（旧415条後段のほか、旧534条1項・旧536条2
項参照）から、法技術概念として維持される（平井・債権総論48頁）。そこで、
債務不履行による損害賠償の要件は、①「債務者がその債務の本旨に従った履
行をしない」こと、②債権者に損害が発生したこと、③債務不履行と損害との
間に（事実的）因果関係のあること、の三つに集約されるとする。そして、①
については、債務の存在を前提に、履行不能とその他の債務不履行とを区別し
て考える（平井・債権総論51頁）。

　ただし、上記の三つの要件が存在しても、「債務者の責めに帰すべき事由」

がなければ、債務不履行責任の成立が阻却されるとする。より具体的には、引渡債務の場合には、引渡しのないこと自体が「責めに帰すべき事由」にあたり、債務者は不可抗力（戦争、内乱、自然災害など）を立証しない限りその責任を免れることはできず、これに対して、行為債務については、債務不履行の判断と帰責事由の判断が表裏であり、債務不履行があれば直ちに「責めに帰すべき事由」が認められるとする（平井・債権総論80頁）。ここでは、実質的に、結果債務と手段債務の区別（8頁参照）が採り入れられている。そして、不可抗力（419条3項参照）は、責めに帰することのできない事由の一つに位置づけられる。また、留置権と同時履行の抗弁も、債務者がこれらを有する場合には、そもそも債務不履行と評価されないのであるから、通説のように「違法性」とする必要はないとする（平井・債権総論81-82頁）。

(4) 債権法改正後の民法における債務不履行の要件

(ア) 統一要件説の採用　　債権法改正後の415条1項本文は、上記の統一要件説を採用し、「債務不履行を一元的に捉えること（債務不履行一元論）を基礎に据えたもの」とされている（潮見佳男・改正コンメンタール221頁）。もっとも、同条は、債務者が「その債務の本旨に従った履行をしないとき又は債務の履行が不能であるとき」と規定し、履行不能について明記している。しかし、これは、「履行をしないとき」が「履行をすることができるのにしない」という意味に読め、履行不能の場合を含むことが読み取れないことから、注意的に書かれたものに過ぎない（部会資料83-2・8-9頁）。そして、もともとの案が、「債務者がその債務の本旨に従った履行をしないとき（債務の履行が不能であるときを含む。）」となっていたこと（部会資料82-1・12頁）、および、同条1項ただし書が本文を受けて、「その債務の不履行」と書いていることも、同条が統一要件説を採用していることを示すものである。

(イ) 履行遅滞・履行不能　　しかし、415条1項が債務不履行を「債務の本旨に従った履行をしない」ことに一元化することは、履行遅滞と履行不能の区別を維持することと矛盾はしない。なぜなら、沿革的かつ比較法的には履行遅滞と履行不能が区別され、この二つが債務不履行の基本的なモデルとして想定されているからである。そして、民法も、一方では、履行遅滞が412条に規定

されるほか、541 条の「催告による解除」は、履行遅滞に限られないが、少なくともそれをモデルに、債権者が「相当の期間を定めて」履行の催告をしたうえでの契約の解除を認めている。また、他方では、履行不能に特有の規律が存在する（412 条の 2、413 条の 2、415 条 2 項 1 号、536 条、542 条 1 項 1 号・2 項 1 号など）。そうだとすれば、履行遅滞と履行不能の区別を維持することには、なお意味があると思われる。

　もっとも、現実の債務不履行にはさまざまなものがあり、この二つに限られるわけではない。例えば、民法は、債務者の履行拒絶（415 条 2 項 2 号）、契約の不適合（562 条以下）を規定し、そのほかの債務不履行（安全配慮義務違反や債務の一部の不履行など）も認められる。そこで、債務不履行を「債務の本旨に従った履行をしないとき」と一般的に定める 415 条 1 項本文に従い、債務不履行の事実としては、履行遅滞・履行不能とその他の債務不履行を想定すればよい。

　なお、当然のことながら、上記の理解は、債務不履行を履行遅滞・履行不能・不完全履行に限定した旧法下の通説（三分類説ないし三分体系説）とは異なるものである。

　㋒　債務不履行による損害賠償の要件のまとめ　債務不履行に基づく損害賠償請求権の発生の要件は、①債務が存在すること、②債務不履行の事実、③損害の発生、および、④債務不履行の事実と損害との間の因果関係である（415 条 1 項本文）。これに対して、⑤債務不履行が債務者の責めに帰することができない事由によるものであるときは、損害賠償責任が認められない（同ただし書）。なお、かつての通説は、⑥債務者に責任能力がないときは、損害賠償責任を負わないとしていた。また、同時履行の抗弁（533 条）や留置権（295 条）の存在は、債務不履行の事実そのものを否定するものであるから、あえて「違法性」（違法性阻却事由）として区別する必要はない。

　㋓　免責事由について　債権者が上記①〜④を主張立証したとしても、債務者は、債務不履行が「債務者の責めに帰することができない事由」によるものであることを主張立証すれば、損害賠償責任を負わない。この「債務者の責めに帰することができない事由」としては、原則として、不可抗力（419 条 3 項）、第三者の行為、債権者の責めに帰すべき事由（536 条 2 項）のほか、旧法

下では、債務者に具体的な注意義務違反（過失）のなかったことが挙げられていた。しかし、現行民法は、旧415条について学説が主張していた過失責任の原則を否定する。すなわち、民法は、「債務者の責めに帰することができない事由」という文言を用いているものの、これは、「契約その他の債務の発生原因及び取引上の社会通念に照らして」判断されるものであり、債務者の故意・過失を意味するものではない。そうだとすれば、「契約その他の債務の発生原因及び取引上の社会通念に照らし」た「債務者の責めに帰することができない事由」（免責事由）は、単に債務者が注意義務を尽くしただけでは認められず、当該契約の性質、契約をした目的、契約締結に至る経緯等の客観的事情をも考慮して定まることとなる（過失責任原則の放棄）。

　もっとも、現行民法の立案担当者は、過失責任原則の放棄を明言してはいない。すなわち、債務者の帰責事由に関しては、学説上は様々な見解が提唱されてきた。しかし、裁判実務においては、帰責事由は、個々の取引に即して、「債務の発生原因となった契約に関する諸事情を考慮し、併せて取引に関して形成された社会通念をも勘案して判断されていた」のであり、民法は、このような判断枠組みを明確化したものであるとする（一問一答74-75頁）。

(5) 履行不能と債務の消滅

　ところで、旧法は、「何人も不能な債務に拘束されない」（Impossibilium nulla obligatio est.）というローマ法以来の法格言に従い、履行が契約の成立前から不能（原始的不能）である場合には契約は無効となり、また、契約の成立後に不能（後発的不能）となった場合には、当該債務が消滅すると解していた。しかし、現行民法は、原始的不能の契約であっても有効であるとし、債務不履行の規定（415条）によって「その履行の不能によって生じた損害の賠償を請求することを妨げない」とする（412条の2第2項）。そして、「債務の履行が契約その他の債務の発生原因及び取引上の社会通念に照らして不能」（後発的不能）であるときも、「債権者は、その債務の履行を請求することができない」だけで、債務そのものは消滅しないとする（同1項）。これは、私的自治の原則を重視し、当事者が原始的に不能な契約を締結した場合にもその契約に拘束されるとともに、債務が後発的に不能となっても当然には消滅せず、その債務

を消滅させるためには契約を解除しなければならない、とするものである。そして、債権者は、債務者の帰責事由の有無にかかわらずに契約を解除することができ（541条以下—契約法で扱う）、履行不能となった契約からの解放が容易に認められる（542条1項1号）。

なお、詳しくは契約法に委ねるが、現行民法の下では、危険負担も、双務契約における「存続上」の牽連関係とは異なる問題となる。すなわち、債務者の帰責事由によらずに債務が後発的不能となった場合においても、当該債務は当然には消滅しないため、反対債務が当然に消滅するか（債務者主義）、あるいは存続するか（債権者主義）、という問題は生じない。しかし、契約が解除されるまでは債権者の反対債務も存続するため、民法は、債権者が、その反対債務の履行を拒絶することができるとした（536条1項）。

以下では、債務不履行の事実を、履行遅滞、履行不能、および、その他の債務不履行に分けて、損害賠償の要件を検討する。

3　履行遅滞・履行不能

(1)　履行遅滞

履行遅滞とは、債務の履行が可能であるにもかかわらず、履行期を経過しても債務を履行しないことをいう。この場合に債権者は、履行を強制することができるほか、その債務が双務契約から生じたものであれば、相当の期間を定めて催告したうえで、契約を解除することができる（541条）。また、損害賠償を請求することができる（415条1項）。

履行遅滞による損害賠償の要件は、次の四つである。

(ｱ)　履行が可能であること　　履行が不可能である場合には、履行不能となる。

(ｲ)　履行期を経過したこと　　412条は、履行遅滞が生じる時期について、以下のように規定する。

①債務の履行につき確定期限があるときは、債務者は、その期限の到来した時から遅滞の責任を負う（412条1項）。ただし、次の三つの例外がある。

第一に、指図証券、記名式所持人払証券、および、無記名証券の債務者は、

債務の履行について期限の定めがあるときであっても、期限が到来した後に、所持人がその証券を呈示して履行の請求をした時から遅滞の責任を負う（520条の9、520条の18、520条の20）。ただし、裁判において手形金の支払を請求する場合には、手形を呈示しなくても、支払命令の送達により、債務者は遅滞の責任を負う（最判昭和30・2・1民集9巻2号139頁）。

　第二に、取立債務のように、債務の履行について債権者の協力を必要とする場合には、債権者がまずその協力をしなければ、確定期限が到来したとしても遅滞とはならない。

　第三に、双務契約上の両債務が同時履行の関係にあるときは、確定期限が到来しただけでは遅滞とはならず、相手方から弁済の提供を受けながら自己の債務の履行をしないときにはじめて遅滞の責任を負う（大判大正6・4・19民録23輯649頁、大判大正10・3・19民録27輯563頁）。そして、当事者双方が履行期にともに弁済の提供をせずにこれを経過したときは、いずれも遅滞の責任を負わず（大判大正9・1・29民録26輯25頁）、両債務は以後、履行期の定めのないものとなる（大判大正13・5・27民集3巻240頁）。

　②債務の履行について不確定期限があるときは、債務者は、その期限の到来したことを知った時から遅滞の責任を負う（旧412条2項）。ここにいう不確定期限とは、到来することは確実だが、いつ到来するかが不確実な期限をいう。期限の到来によって債務は履行期となるが、債務者が知らない間に遅滞の責任を負うのは適切でないため、債務者が知った時から責任を負うとしたのである。それゆえ、債権者の催告があれば、債務者が期限の到来を知らなくても、催告の時から遅滞の責任を負うと解されている。そこで民法は、「債権者は、その期限の到来した後に履行の請求を受けた時又はその期限の到来したことを知った時のいずれか早い時から遅滞の責任を負う」とした（412条2項）。

　③債務の履行について期限を定めなかったときは、債権者がいつでもその履行を請求することができ、債務者は、「履行の請求を受けた時」、すなわち催告のあった時から遅滞の責任を負う（412条3項）。ただし、消費貸借による債務について返還の時期を定めなかったときは、貸主は、相当の期間を定めて催告をしなければならない（591条1項）。これは、412条3項の例外である。

　なお、不当利得に基づく返還債務（703条）など、法律の規定によって生じ

る債務は、原則として、期限の定めのない債務であり、履行の請求（催告）によって遅滞に陥る（大判昭和2・12・26新聞2806号15頁）。そして、使用者が労働者に対して負う、雇用契約上の安全保証義務の違背を理由とする損害賠償債務も、期限の定めのない債務であり、債務者は、債権者から請求を受けた時に遅滞となる（最判昭和55・12・18民集34巻7号888頁）。しかし、不法行為に基づく損害賠償債務は、催告をまたずに、不法行為の時から当然に遅滞に陥ると解されている（最判昭和37・9・4民集16巻9号1834頁）。そして、不法行為に基づく損害賠償請求訴訟における弁護士費用も、賠償されるべき損害の一部であるとされ、不法行為の時に発生し、かつ、遅滞に陥るとされた（最判昭和58・9・6民集37巻7号901頁）。

　(ウ)　債務者の責めに帰することができない事由によるものではないこと
債務不履行責任においては、債務者が免責のために、責めに帰することができない事由によるものであることを立証しなければならない。

　(エ)　損害の発生とその額　　債権者は、損害発生の事実のみならず、損害額をも立証しなければならない（最判昭和28・11・20民集7巻11号1229頁）。ただし、法定利率（404条）による遅延損害金を請求する場合には、損害額の証明は不要である。なお、履行遅滞と履行不能については、債務の履行がないことにより債権者の利益が侵害されるため、債務不履行と損害との間の（事実的）因果関係は問題とならない。これに対して、その他の債務不履行においては、いちおう債務の履行がなされるため、その債務不履行と損害との間の因果関係の証明が必要とされる。

　以上のほか、かつての通説は「違法性」を要件としたが、前述のように、個別に同時履行の抗弁（留置権）の有無を検討すればよい。

(2)　履行不能

　履行不能による損害賠償の要件は、(ア)履行の不能なこと、(イ)その不能が債務者の責めに帰することができない事由によるものではないこと、(ウ)損害の発生とその額である。

　(ア)　履行不能とは、債権の成立後、履行が物理的または社会観念上不可能となること（後発的不能）をいう。例えば、建物の売買契約において、引渡債務

の対象である建物が焼失・倒壊したなど、物理的に滅失した場合が典型である。このほか、法律によって目的物の取引が禁止されたとき（大判明治 39・10・29 民録 12 輯 1358 頁―煙草専売法による煙草取引の禁止）や、不動産の売買契約において、売主が目的不動産を二重に譲渡し登記を経由したときは、第一の売買契約は原則として履行不能となる（大判大正 2・5・12 民録 19 輯 327 頁）。結局、履行が不能か否かは、「社会の取引観念を標準とし、本来の給付内容を目的とする債権を存続させることが不適当と考えられる場合に不能となる」（我妻・IV 144 頁）と解される。そこで、民法は、債務の履行の可否を、「契約その他の債務の発生原因及び取引上の社会通念に照らして」判断し、履行が不能であるときは、債権者は、その債務の履行を請求することができないとした（412 条の 2 第 1 項）。なお、履行期における履行の不能が確実となったときは、履行期の到来をまたずに履行不能となる。

　（イ）　履行不能が債務者の責めに帰することができない事由によるものであるときは、債務者の損害賠償責任は生じない。これは、債務者が免責されるための要件である。ただし、債務者がすでに履行遅滞に陥っている場合には、その後に、債務者の責めに帰することのできない事由によって履行が不能となっても、債務者は損害賠償責任を負う（前掲大判明治 39・10・29）。信義則の観点から妥当であり、民法もこれを明文化した（413 条の 2 第 1 項）。

4　その他の債務不履行①――履行拒絶

　履行遅滞と履行不能以外のその他の債務不履行としては、履行拒絶、不完全な履行、および、信義則上の義務である安全配慮義務を検討する。

　まず、履行拒絶とは、「債務者がその債務の履行を拒絶する意思を明確に表示した」ことである（415 条 2 項 2 号）。この履行拒絶は、履行不能の場合と同様に扱ってよい程度の状況が必要であるとされる。それゆえ、履行拒絶の意思は、「その後に翻されることが見込まれない程に確定的なもの」（一問一答 76 頁注 1）でなければならない。したがって、例えば、交渉の過程において、債務者がその債務の履行を拒絶する趣旨の言葉を発しただけでは、履行拒絶とはならない（部会資料 82-2・4 頁）。

　上記のように、履行拒絶は、履行不能と同様に扱われるため、履行期前になされたときであっても、債権者は、塡補賠償を請求することができる。また、債権者は、催告をすることなく、直ちに契約の解除をすることもできる（542条1項2号・3号・2項2号）。

5　その他の債務不履行②——不完全な履行

　不完全な履行とは、履行行為として何らかの行為がなされたが、それが不完全な場合をいう。旧法下の通説であった三分類説では、不完全履行は、履行遅滞・履行不能と並ぶ債務不履行の類型であった。しかし、統一要件説を基本とする現行民法の下でも、不完全な履行は、債務不履行の事実の一つとして、なお検討する必要がある。もっとも、不完全な履行にもさまざまな場合があり、以下では、債務の分類に従って、引渡債務と行為債務とを区別する。

(1)　引渡債務

　引渡債務の不完全な履行としては、㋐給付された目的物が契約に適合しない場合と、㋑その不適合によって拡大損害が生じたときや、引渡債務の履行に際して、債権者の生命・身体または財産権を侵害した場合とが挙げられる。このうち、㋐は契約不適合責任（562条以下）が問題となり、また、㋑は不法行為責任（709条）との競合が問題となる。

　㋐　目的物の契約不適合　　旧法下では、引き渡された目的物に瑕疵があった場合には、瑕疵担保責任（旧570条）と債務不履行責任との関係が問題とされた。しかし、現行民法は、両責任を一元化し、契約不適合責任（562条以下）も債務不履行責任の一つとして位置づけている。そのため、引き渡された目的物が、種類、品質または数量に関して売買契約の内容に適合しないものであるときは、買主は、売主に対し、①履行の追完（562条1項）、または、②代金の減額を請求することができる（563条）ほか、③解除および④損害賠償を請求することができる（564条参照）。

　㋑　拡大損害　　旧法下では、目的物の瑕疵によって損害が拡大し、買主の他の財産権や生命・身体が害された場合には、その損害を無過失責任である瑕

疵担保責任でカバーすることはできず、売主の責めに帰すべき事由を要件として、その債務不履行責任を問題とすべきであると解されていた（奥田・債権総論 162 頁）。また、ピアノの運送人がその設置に際して買主の家具を損傷したなど、債務の履行過程における拡大損害については、債務不履行責任のほか、不法行為責任（709 条）によってカバーされた。しかし、現行民法では、売主の過失の有無にかかわらず、416 条の問題となろう。

(2) 行為債務

　行為債務の不完全な履行は、基本的には、履行遅滞および履行不能と異なるところはない。例えば、自動車の修理を請け負った者が不完全な修理を行った場合において、①修理が可能であり、注文者がさらなる修理を請求してそれが完了したときは、履行期が本来のそれより遅れたものとなるため、履行遅滞として扱われよう。しかし、②履行期が遅れると契約をした目的を達することができないか、または、完全に修理することが諸般の事情から不可能であるときは、催告によらない解除（542 条）と損害賠償請求（415・545 条 3 項）が認められる。

　ところで、行為債務の中でも医師の診療債務は、その専門的知識・経験をとおし、当時における医療水準に照らして、患者の病状を医学的に解明し、その症状および以後の変化に応じて適切かつ十分な診療行為を行うものであり、その債務不履行の事実を立証することは難しい。すなわち、一般的には、不法行為責任と異なり、債務不履行責任は、債務者が免責事由の存在を立証しない限り、認められる。しかし、医療過誤訴訟においては、患者は、債務不履行（不完全履行）の事実を主張立証しなければならず、そのためには、当該診療契約における「債務の本旨」が何かを特定し、どのような義務違反があったかを立証しなければならない。つまり、診療債務の不完全な履行は、「診療義務の違反に帰着」し（倉田卓次『要件事実の証明責任』〔西神田編集室、1986 年〕130 頁）、その立証は過失の証明と重なることとなる。

　このほか、診療契約に関しては、医師の説明義務が問題となる。この説明義務は、①治療行為について患者の承諾を得るための説明義務、②退院時の患者の両親への説明など療養指導の説明義務（最判平成 7・5・30 判時 1553 号 78 頁）、

③付随的義務としての顚末報告の説明義務（最判平成 14・9・24 判時 1803 号 28 頁）に分類される（手嶋豊『医事法入門〔第 6 版〕』〔有斐閣、2022 年〕271 頁）。このうち、患者の自己決定権との関係では①が重要であり、判例も多い（最判平成 12・2・29 民集 54 巻 2 号 582 頁、最判平成 13・11・27 民集 55 巻 6 号 1154 頁など）。なお、判例は一般に、契約締結段階での説明義務違反を不法行為（709条）の問題とする（最判平成 23・4・22 民集 65 巻 3 号 1405 頁）が、診療債務の履行過程における医師の説明義務違反は、債務不履行責任として処理している。最高裁は、やや形式的ではあるが、契約締結前の情報提供とそれ以後のものとを区別する。そして、この傾向は、安全配慮義務違反を不法行為ではなく、債務不履行の問題とする点にも現れている。

6　その他の債務不履行③——安全配慮義務違反

(1)　安全配慮義務の意義

　安全配慮義務は、民法には明文の規定がなく（労働契約法 5 条参照）、判例によって認められたものである。そのリーディング・ケースとなる最高裁昭和 50 年 2 月 25 日判決（後掲）を参考にこれを定義すれば、次のようになる。すなわち、安全配慮義務とは、雇用契約において、使用者が労働者に対し、労働者による業務の遂行のために設置すべき場所・施設・器具等の設置管理について、または、労働者が使用者の指示のもとに遂行する業務の管理に当たって、労働者の生命および健康等を危険から保護するよう配慮すべき義務である。そして、この義務は、「ある法律関係に基づいて特別な社会的接触の関係に入った当事者間において、当該法律関係の付随義務として当事者の一方又は双方が相手方に対して信義則上負う」ものである。

　安全配慮義務は、昭和 50 年判決以前にも、雇用に関し、学説上その存在が認められてきた。例えば、我妻栄は、雇用における使用者は、その「付随的義務」として、「設備・機械・器具・労務場等につき労務者の生命・健康の危険を守る義務」があるとする（我妻・V3585 頁）。昭和 50 年判決も、このような学説の主張を容れ、安全配慮義務を認めた。ただし、その事案は、民法上の雇用ではなく、特別の法律関係と解されてきた国と公務員（自衛隊員）との間の

ものであり、また、不法行為法による解決も可能であったが、短期消滅時効（724条）の適否が問題となるものであった。

最判昭和50・2・25民集29巻2号143頁（安全配慮義務の意義）

　自衛隊員Aは、昭和40年7月13日、自衛隊内の工場で車両を整備しているときに、同僚Bの運転する大型車の後車輪で頭部を轢かれて即死した。その翌日に事故を知らされたAの両親Xらは、7月17日頃、国家公務員災害補償金76万円の支給を受けた。Xは、この額が通常の交通事故の補償に比べて少なすぎるため、その増額を懇請したが、自衛隊の事務官が、法律を改正しないと補償を増額することはできない旨を回答したため、国(Y)に対して損害賠償を請求できないと信じていた。しかし、Xは、昭和44年7月に不法行為責任を追及することが可能であることを知り、同年10月6日、Yに対して、損害賠償（自賠法3条）を求めて訴えを提起した。これに対して、Yは、損害賠償請求権が3年の時効（自賠4条・民724条）によって消滅している旨を抗弁した。第一審は、Yの抗弁を容れ、Xの請求を棄却した。そこでXは、原審において、Yの安全配慮義務違反を理由に債務不履行責任（415条）を追及した。というのも、債務不履行に基づく損害賠償請求権の消滅時効は10年（167条1項）だからである。しかし、原審は、Aが、「通常の雇傭関係ではなく、特別権力関係に基いてYのため服務していたのであるから」、Yは「債務不履行に基づく損害賠償義務を負担しない」とした。X上告。

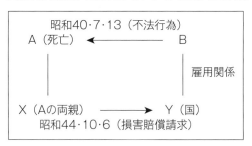

　最高裁は、次のように述べて、原判決を破棄差戻しとした。まず、国は、公務員に対し、給付義務（給与支払義務）のほかに、「国が公務遂行のために設置すべき場所、施設もしくは器具等の設置管理又は公務員が国もしくは上司の指示のもとに遂行する公務の管理にあたって、公務員の生命及び健康等を危険

から保護するよう配慮すべき義務（安全配慮義務）を負っているものと解すべきである」。ただし、その「具体的内容は、公務員の職種、地位及び安全配慮義務が問題となる当該具体的状況等によって異なるべき」である。また、このような「安全配慮義務は、ある法律関係に基づいて特別な社会的接触の関係に入った当事者間において、当該法律関係の付随義務として当事者の一方又は双方が相手方に対して信義則上負う義務として一般的に認められるべきものであって、国と公務員との間においても別異に解すべき論拠は」ない。そして、安全配慮義務違反に基づく「損害賠償請求権の消滅時効期間は、……民法167条1項により10年と解すべきである」とした。

　この判決は、安全配慮義務を、「信義則上」の「付随義務」として位置づけている。しかし、契約の類型によっては、信義則ではなく契約の解釈から、相手方の生命や安全を保護すべき義務（安全保護義務）が認められる場合もある。例えば、医療契約（準委任）における医療機関および医師は、その契約上、患者の生命・健康を保護すべき義務を負うと解される。他方、信義則上の安全保護義務は、雇用に限らず、請負や売買においても認められよう。例えば、売買の目的物に有毒物質が含まれていると買主の生命や健康が害されるおそれがあり、この場合には、売主が買主に対し、信義則上の付随義務としての安全保護義務を負うこととなる（北川善太郎『注釈民法10巻』〔有斐閣、1987年〕351頁）。そうだとすれば、雇用契約上の「安全配慮義務」は、より一般的な「安全保護義務」に吸収されることとなり、両者を区別する必要はない。ただし、学説では、労働者の保護の観点から、安全配慮義務の特殊性を強調する見解も有力であり、議論はなお帰一しない（学説の状況については、北川・前掲366頁、淡路剛久「安全配慮義務」『民法典の百年Ⅰ』〔有斐閣、1998年〕480頁）。

　なお、昭和50年判決は、国と公務員との関係に関するものであったが、その後最高裁は、私法上の雇用契約においても、使用者の労働者に対する安全配慮義務を認めている（最判昭和59・4・10民集38巻6号557頁——会社の被用者が宿直勤務中に、窃盗の目的で社屋に侵入した元従業員に殺害された事案）。そして、下級審裁判例では、在学契約、施設の利用契約、旅行契約等においても安全配慮義務が肯定され、その適用領域は拡大している。ただし、最高裁は、未決勾

留による拘禁関係が、「勾留の裁判に基づき被勾留者の意思にかかわらず形成され、法令等の規定に従って規律されるものである」から、「信義則上の安全配慮義務を負うべき特別な社会的接触の関係とはいえ」ず、国の拘置所に収容された被勾留者に対する安全配慮義務を否定した（最判平成 28・4・21 民集 70巻 4 号 1029 頁）。

　また、安全配慮義務は、「特別な社会的接触の関係に入った当事者間」に認められるものであるため、直接の契約関係にない者が負うこともある。例えば、次の判決では、元請業者が下請業者の労働者に対して安全配慮義務を負うとされた。

　　最判平成 3・4・11 判時 1391 号 3 頁（元請企業の下請労働者に対する安全配慮義務）
　Y 会社の下請会社である A に雇用された X らが、作業場所（造船所）における騒音によって難聴になったとして、Y の安全配慮義務違反を理由に損害賠償を請求した。第一審は、騒音と難聴との因果関係を否定し、また消滅時効の抗弁を容れて、X の請求を棄却した。しかし、原審は、下請労働者と元請企業が「直接の雇用契約関係にはない」ものの、「特別な社会的接触の関係」にあるとして、Y の安全配慮義務を認め、X の請求を認容した。Y 上告。
　最高裁は、「Y の下請企業の労働者が Y の造船所で労務の提供をするに当たっては、いわゆる社外工として、Y の管理する設備、工具等を用い、事実上 Y の指揮、監督を受けて稼働し、その作業内容も Y の従業員であるいわゆる本工とほとんど同じであったという…事実関係の下においては、Y は、下請企業の労働者との間に特別な社会的接触の関係に入ったもので、信義則上、右労働者に対し安全配慮義務を負うものであるとした原審の判断は、正当」であるとした（上告棄却）。

　この判決は、契約の相対的効力の原則からは説明が難しい。しかし、一方において、A が主に Y の下請けをし、A の労働者である X らの作業場所も Y の造船所に限定され、その作業内容も本工と同様であり、Y の指揮命令に服していたという事案の特殊性から、判決の結論も例外的に許容されよう。他方、

その結論は、安全配慮義務が「信義則上」の付随義務であり、契約上の義務と不法行為上の義務との中間に位置することをも示唆するものである。そうだとすれば、問題は、債務不履行と評価される安全配慮義務違反が、不法行為とどのように異なるかという点に集約される。以下では、安全配慮義務違反による損害賠償請求権の要件・効果を、不法行為責任との相違を意識しつつ検討する。

(2)　要件

　最高裁は、安全配慮義務違反を債務不履行であると構成する。それゆえ、債権者が債務者に対して損害賠償を請求するには、他の債務不履行と同じく、債権者は、㋐債務者の安全配慮義務違反の事実、㋑損害の発生とその額、および、㋒義務違反と損害との間の因果関係を立証しなければならない。これに対して、債務者が損害賠償責任を免れるためには、それが債務者の責めに帰することができない事由によるものであることを立証しなければならない。

　ところで、債権者が㋐を立証するためには、より具体的には、①安全配慮義務の存在、②義務の内容、および、③債務者がその義務に違反したことを立証しなければならない。しかし、②と③を立証することは、実質的には債務者の過失の立証と異ならず、債権者の救済を困難にするのではないかという点が問題となる。この問題につき、最高裁は、「(安全配慮)義務の内容を特定し、かつ、義務違反に該当する事実を主張・立証する責任」は、その「義務違反を主張する原告にある、と解するのが相当である」とした（最判昭和56・2・16民集35巻1号56頁）。ただし、事案の解決として、最高裁は、債権者が㋐を立証したことを認めたうえで、債務者に具体的な義務違反の事実がなかったとした。それゆえ、最高裁の立証責任に関する判示は、一般論にすぎない。しかし、一般論であるとしても、債権者に㋐について厳格な立証責任を課すと、債権者の救済は困難となり、この点では、安全配慮義務違反を不法行為でなく債務不履行であると構成するメリットはない。

　では、安全配慮義務と不法行為法上の注意義務は、現実にはどのように異なるのか。この点が争われたのが、次の最高裁判決である。

最判昭和 58・5・27 民集 37 巻 4 号 477 頁（安全配慮義務と道交法上の注意義務）

自衛隊の会計隊長 A は、車両操縦手の有資格者がいなかったため、自ら同隊のジープを運転することにし、将来その資格を取得するであろう B の教育をも兼ねて、B に同乗を命じた。そして、任務を終了した帰途、A は、路面が極めて滑りやすい状況であったにもかかわらず加速したため、ジープが反対車線に進入し対向車と衝突して、B が死亡した。B の遺族 X は、安全配慮義務を負う国(Y)の履行補助者である A に過失があったとして、Y に対して損害賠償を請求した。第一審は、X の請求を認容したが、原審は、A の運転者としての注意義務と国の安全配慮義務とはその性質・根拠・内容を異にするから、A に運転上の過失があったとしても、国に安全配慮義務の違反はないとして、X の請求を棄却した。X 上告。

最高裁は、まず昭和 50 年判決における安全配慮義務の定義を述べ、次のように判示した。すなわち、「(安全配慮) 義務は、国が公務遂行に当たって支配管理する人的及び物的環境から生じるべき危険の防止について信義則上負担するものであるから、国は、自衛隊員を自衛隊車両に公務の遂行として乗車させる場合には、右自衛隊員に対する安全配慮義務として、車両の整備を十全ならしめて車両自体から生ずべき危険を防止し、車両の運転者としてその任に適する技能を有する者を選任し、かつ、当該車両を運転する上で特に必要な安全上の注意を与えて車両の運行から生ずる危険を防止すべき義務を負うが、運転者において道路交通法その他の法令に基づいて当然に負うべきものとされる通常の注意義務は、右安全配慮義務の内容に含まれるものではなく、また、右安全配慮義務の履行補助者が右車両にみずから運転者として乗車する場合であっても、右履行補助者に運転者としての右のような運転上の注意義務違反があったからといって、国の安全配慮義務違反があったものとすることはできない」（上告棄却）。

この判決は、安全配慮義務を、使用者が「支配管理する人的及び物的環境から生じるべき危険」を防止する義務に限定し、不法行為法に属する道路交通法上の義務は、安全配慮義務には含まれないとする。このような理解は、不法行為上の注意義務と契約上の義務とが異なるという一般論からは、適切であると

も考えられる。しかし、安全配慮義務の保護法益が、人の生命・身体というかけがえのないものであることを考慮すると、判決の結論には疑問が残る。この判決については、安全配慮義務が「支配管理関係を基礎」とするため、使用者は「管理者として予測可能な危険を除去しうるに足りる人的物的諸条件を整えることにつきる」と解して、これを支持する見解（遠藤賢治・最判解説201頁）も存在する。しかし、このように「限定するのは短絡的」であり（國井和郎・民法百選II〔第5版新法対応補正版〕17頁）、本件のような業務の遂行過程における危険の防止は、なお安全配慮義務に含まれると解すべきである。

(3)　効果

債務者が安全配慮義務に違反すると、債権者は、債務者に対して、損害賠償を請求することができる。このほか、履行請求権が認められるか否かについては議論がある。一般論としては、債権の効力として、債権者は、債務者に対し安全配慮義務の履行を請求することができると解される。ただし、安全配慮義務は行為債務であるため、その性質上給付内容を特定することが困難であり、履行の強制（直接強制）に適さないと考えられる。

ところで、安全配慮義務違反による損害賠償請求権は、同義務が期限の定めのない債務であるので、債権者が履行を請求した時（412条3項）から遅滞に陥る（最判昭和55・12・18民集34巻7号888頁）。そして、遺族固有の慰謝料請求権（711条参照）も認められない（同最判昭和55・12・18）。いずれも、安全配慮義務違反を債務不履行と構成することの結果である。そうだとすれば、債権者にとっては、消滅時効の点を除くと、安全配慮義務違反を不法行為ではなく債務不履行と構成することに、メリットはない。

安全配慮義務違反による損害賠償請求権の消滅時効の起算点（客観的起算点）は、「権利を行使することができる時」（166条1項2号）であるが、具体的にはどの時点か。この点が争われたのが、炭鉱の労働者が進行性の疾患であるじん肺に罹患したため、会社に対し安全配慮義務違反による損害賠償を請求した長崎じん肺訴訟である。原審は、じん肺法に基づく「最初の行政上の決定を受けた日」が消滅時効の起算日であるとした。しかし、そうすると、患者の病状が進行し、後により重い行政上の決定を受けた場合には、その重い決定に相当

する病状に基づく損害の賠償を求めることができないままに、請求権が消滅時
効にかかるという事態が生じ、妥当でない。そこで最高裁は、「重い決定に相
当する病状に基づく損害は、その決定を受けた時に発生し、その時点からその
損害賠償請求権を行使することが法律上可能となる」とし、「要するに、雇用
者の安全配慮義務違反によりじん肺に罹患したことを理由とする損害賠償請求
権の消滅時効は、最終の行政上の決定を受けた時から進行するものと解するの
が相当である」とした（最判平成 6・2・22 民集 48 巻 2 号 441 頁）。

　なお、民法は、債権について、「権利を行使することができる時」（客観的起
算点）から 10 年間の消滅時効（166 条 1 項 2 号）のほかに、「債権者が権利を行
使することができることを知った時」（主観的起算点）から 5 年間の消滅時効を
設けた（同 1 号）。そして、人の生命・身体という法益の重要性を考慮して、
その侵害による損害賠償請求権の消滅時効については、「10 年間」とあるのを
「20 年間」とし（167 条）、かつ、不法行為による損害賠償請求権の消滅時効に
ついても、「3 年間」（724 条 1 号）とあるのを「5 年間」とした（724 条の 2）。
この結果、人の生命または身体の侵害による損害賠償請求権は、それが不法行
為によるものであるか、安全配慮義務のような債務不履行によるものであるか
を問わず、主観的起算点から 5 年・客観的起算点から 20 年の消滅時効にかか
ることになる。

7　債務者の責めに帰することができない事由

(1)　意義——特に「不可抗力」

　債権者が債務不履行の事実を主張立証して、債務者に損害賠償を求めた場合
に、債務者が損害賠償債務を免れるためには、その債務不履行が、「債務者の
責めに帰することができない事由」によるものであることを主張立証しなけれ
ばならない。この「債務者の責めに帰することができない事由」としては、債
務不履行が①債権者側の事情、または②第三者の行為によって生じたとき、お
よび、③不可抗力によるときが考えられる。ただし、金銭債務の不履行につい
ては、「債務者は、不可抗力をもって抗弁とすることができない」（419 条 3 項）。
　ところで、母法であるフランス法では、不可抗力（force majeur）について、

次の三つの基準が採用されている。第一は、当事者の外部に存する事象（é-vénement extérieur aux parities）であり、例えば、債務者の病気は、原則として不可抗力とならない。第二は、契約締結時に当事者が予見できない（imprévisible）こと（不予見性）であり、第三は、抵抗できない（irrésistible）ことである。このうち重要な基準は、第三の不可抵抗性であり、債務の履行が絶対的に不可能であったことが要求される。それゆえ、債務の履行が困難であり、また費用がかかるというだけでは、抗しえないとは解されず、債務者の免責が認められるのは、単なる大雨ではない嵐や地震などの場合に限られる。そして、ストライキにより履行ができなかったときも、免責は認められない（Ph. Delebecque et F.-J. Pansier, Droit des obligations Contrat et quasi-contrat, 8ᵉ éd., 2018, nᵒ 477, p. 330）。

　このようなフランス法の理解を参照すると、不可抗力は、戦争、内乱、大災害などによる履行不能の場合に限られよう。なお、不可抗力による免責が認められない場合としては、金銭債務の不履行のほか、売主の契約不適合責任（562条。ただし、損害賠償責任を除く）、および、債務者が不可抗力を抗弁としない旨を合意したとき（ただし、その合意が公序良俗〔90条〕に反するときを除く）が挙げられる（Delebecque et Pansier, ibid., nᵒ 475）。

　なお、民法は、債務不履行が「契約その他の債務の発生原因及び取引上の社会通念に照らして債務者の責めに帰することができない事由によるものであるとき」は、債務者が免責されるとする（415条1項ただし書）。この免責の可否は、債務者の主観的な義務違反（故意・過失）の有無ではなく、契約の趣旨に照らして客観的に判断されるものであり、具体的には、主に不可抗力免責が想定されているといえよう。

(2) 履行補助者の過失

　旧法下では、債務者の責めに帰すべき事由（旧415条）は、「債務者の故意・過失または信義則上これと同視すべき事由」であると解されていた（我妻・Ⅳ 105頁）。そして、信義則上債務者の故意・過失と同視される事由としては、履行補助者の故意・過失が挙げられていた。

　(ア)　意義　　履行補助者とは、債務者がその債務を履行するために使用する

者をいう。問題となるのは、例えば、商品の売主が使用人または運送業者に依頼して商品を配達させたところ、その過失によって履行が遅滞した場合に、このような履行補助者を用いた債務者が債務不履行責任を負うか否かである。

　この問題につき、初期の学説は、個人主義的な責任論に基づき、債務者は、履行補助者の選任監督に過失があった場合にのみ責任を負うとしていた。しかし、今日の判例（大判昭和4・3・30民集8巻363頁）および学説では、債務者の責任が認められるとすることに異論はない。というのも、今日の経済社会においては、企業が取引の主体の中心であり、債務者（企業）は、履行補助者を用いることによってその活動領域を広げて利益を得るものであるため、履行補助者の行為についても、債務者の責任を認める必要があるからである（平井・債権総論83頁）。このような理解は、被用者の不法行為について使用者が責任を負う（715条）根拠（報償責任・危険責任）と同様である。

　ところで、履行補助者の理論は、ドイツ民法に由来する。すなわち、ドイツ民法では、使用者責任の規定（831条）が不備であり、判例によってその免責が容易に認められた。そこで、被害者を救済するために、履行補助者の過失による債務不履行責任を広く認める必要があったとの指摘がなされている（平井・債権総論47頁）。そして、この指摘によれば、わが国では、判例上使用者の免責（715条1項ただし書）が認められないため、履行補助者の過失による債務者の責任を認める意義は小さいものとなる。しかし、履行補助者の理論が使用者責任とその根拠において共通するとしても、契約法と不法行為法とでは自ずと異なる点もあり、すべての場合を使用者責任（715条）によって規律することもできない。結局、問題となるのは、どのような場合に、履行補助者の過失について債務者が責任を負うかである。

　⑷　旧法下の通説的見解　　この問題につき、旧法下の通説的見解は、履行補助者の概念を次の三つに分類した（我妻・Ⅳ 107-108頁）。

　第一は、債務者がその「手足として使用する者」であり、これを「真の意味の履行補助者」という。債務者は、どのような場合であっても、この履行補助者を使用することができるが、その故意・過失については、常に責任を負う。

　第二は、「債務者に代って履行の全部を引き受けてする者」であり、これを「履行代行者」という。この履行代行者については、さらに次の三つの場合に

分けられる。まず、①明文上履行代行者を使用することが許されない場合（104 条、625 条 2 項、658 条 1 項、1016 条 1 項など）には、履行代行者を用いたことがすでに債務不履行であるから、債務者は、履行代行者に過失がなくても責任を免れない。これに対して、②明文上履行代行者の使用が許される場合（106 条のやむをえない事由があるとき、104 条・625 条 1 項・658 条 1 項で相手方の承諾を得たとき、1016 条 1 項ただし書など）には、債務者は、履行代行者の選任監督に過失があった場合にのみ責任を負う。そして、③明文または債権者との特約により履行代行者の使用が禁じられず、給付の性質上履行代行者を使用してもさしつかえない場合には、真の意味の履行補助者と同様に扱われる。

　第三に、以上の類型は、賃貸借契約における目的物の利用者についても妥当する。すなわち、賃借人は、同居する家族・同居人・来客など（利用補助者）の過失についても責任を負う。しかし、賃貸人の承諾（612 条 1 項、613 条）のある転借人（利用代行者）の過失については、履行代行者の②と同じく、賃借人はその責任を負わないとする。

　この通説的見解に対しては、次のような批判があった。まず、通説は、真の意味の履行補助者と履行代行者とを、「債務者の手足」となるか否かによって区別する。しかし、これは単なる比喩にすぎず、両者を区別する基準とはならない。また、履行代行者の②の場合における債務者の責任が、使用者責任と比較して軽すぎる（平井・債権総論 85 頁）。

　㈦　有力説とその批判　　有力な見解（平井・同前）は、履行補助者を次の二つの類型に分け、ただし、いずれの類型についても債務者が責任を負うとした。

　第一は、「被用者的補助者」であり、これは 715 条の「被用者」と同じである。すなわち、債務者の指揮命令の下にその履行の全部または一部を行う者であり、債務者は、この被用者的補助者の過失についても責任を負う。

　第二は、「独立的補助者」である。不法行為の規定（716 条）では、請負人のように、使用者の指揮命令に従わずに独立して事業を行う者を「被用者」から排除している。それゆえ、例えば、売主がその商品の配達を運送専門の業者に委託した場合には、その業者の過失により損害が生じても、売主は使用者責任を負わないことになる。しかし、このような「独立的補助者」の過失について

も、債務者は責任を負うべきである。なぜなら、運送業者の過失によるリスク
は、その業者を選択し、かつ、直接の契約関係に立つ債務者（売主）が負うべ
きであり、また、そう解しても、債務者はそのような補助者を用いて事業を拡
大しているので、不当ではないからである。そしてこの見解は、独立補助者の
過失についても債務者の責任を認める点に、まさに使用者責任と異なる履行補
助者の理論の存在理由があるとする。

　このような有力説は、「債務者の手足」という表現によって履行補助者の独
立性の有無を区別しようとした通説を批判し、その独立性の有無による類型化
を試みた点が評価される。しかし、一方では、結論として、独立的補助者も被
用者的補助者と同じく処理されるため、類型としての意味を持たないとの批判
がある。また、他方では、独立的補助者の位置づけも契約によって異なるとの
指摘がある。例えば、①弁済に銀行の振込制度を利用する場合における銀行と、
②売主が買主に商品を配送するために運送業者を依頼した場合における運送業
者は、いずれも独立的補助者である。しかし、債務者の債務の内容は異なり、
①では振込みを銀行に依頼した後に、債務者は、銀行の過失について責任を負
わないが、②では、運送業者の過失に対して売主は責任を負うべきである。つ
まり、「干渉可能性のない」独立的補助者であっても、契約上の債務の内容に
よって、その位置づけは異なる（内田・Ⅲ 169 頁）。このような批判は、適切で
あろう。しかし、これらに代わる新たな理論は未だ提示されず、学説は混迷し
ている。

　(ｴ)　若干の検討と民法（債権関係）の改正　　履行補助者の過失については、
さしあたり、次のように考えるのが妥当であろう。まず、①契約または法律上、
債務者が自ら債務を履行しなければならず、補助者を使用することが許されな
い場合であるにもかかわらず、補助者を用いたときは、それ自体が債務者の債
務不履行であり、履行補助者の過失の問題は生じない。例えば、契約が当事者
の人的信頼関係に基づく場合（intuitu personae）には、債務者は、債権者の承
諾なしに、債務の履行を第三者に委ねることは許されない。しかし、②それ以
外の場合には、債務者がその債務の履行において補助者を用いることも許され
る。ただし、債務者は、補助者の行為については責任を負う。なぜなら、債務
者の判断で補助者を用いた以上は、その補助者の責任は債務者が負うべきだか

らである（森田宏樹『契約責任の帰責構造』〔有斐閣、2002 年〕167 頁参照）。もっとも、③契約または法律上、債務者が補助者の選任監督についてのみ債権者に対して責任を負えばよいとされる場合には、その選任監督に過失がない限り、債務者は責任を負わない。

　ところで、現行民法は、代理人が復代理人の選任監督についてのみ責任を負うとの旧 105 条を削除し、これを代理権授与契約の債務不履行一般の問題に解消するとともに、債務不履行における過失責任の原則を否定したため、履行補助者の過失を債務者の過失とする法理も妥当性を欠く。今後は、履行補助者の行為については、上記の考え方を基本に、それが契約内容から債務者の債務不履行と評価できるか、仮に評価できるとすれば、契約および取引上の社会通念に照らして免責されるか否かが問われることとなろう。

　ところで、裁判例において履行補助者が問題となった事案の多くは、適法な転借人、すなわち、賃貸人の承諾を得た転借人の過失に関するものである。この問題につき判例は、転借人を履行補助者に含めて、その過失につき賃借人の債務不履行責任を認める（大判昭和 4・6・19 民集 8 巻 675 頁）。これに対して、通説は、独立して目的物の利用をする転借人の過失について、賃借人の責任を負わせるのは妥当でないとした（我妻・IV 109 頁）。しかし近時の学説は、賃借人の同居者や転借人の過失を、履行補助者ではなく賃貸借の問題として処理すべきであるとする。その理解は、他人の物を継続的に利用する賃貸借における債務の履行が他の契約類型と異なるため、適切であり、次のように解されよう。

　まず、賃借人が同居者の過失についても責任を負うことには、判例（最判昭和 30・4・19 民集 9 巻 9 号 556 頁）・学説ともに異論がない。また、賃貸人の承諾のない転借人の過失について、賃借人が責任を負うことにも異論はなかろう。問題となるのは、賃貸人の承諾（612 条 1 項）がある場合だが、ここにいう「承諾」は、賃借権の譲渡・転貸の禁止を解除するものであり、賃借人を免責する趣旨ではない。そうだとすれば、転借人の過失については、同居者や承諾のない転借人と同じく、賃借人が責任を負うと解すべきである。

　㈘　債務の履行と履行補助者　　債務者が履行補助者を用いたとしても、その行為について責任を負うのは、履行補助者が債務者のなすべき債務の履行を怠ったときに限られる。換言すれば、履行補助者が債務者の債務とは関係なく、

「通常の注意義務」に反して債権者に損害を与えたとしても、債務者は債務不履行責任を負うことはない。前掲（56 頁）の最高裁昭和 58 年判決は、この点を明らかにするものであり、一般論としては適切である。

　なお、履行補助者の責めに帰することができない事由があったことは、債務者が立証すべき抗弁事由である。

8　債務不履行に関するその他の要件

(1)　責任能力の要否

　民法に明文はないが、通説は、債務者に責任能力がないときは、債務不履行責任を負わないとする。責任能力とは、「自己の行為の責任を弁識する能力」であり、不法行為による損害賠償のための要件である（712・713 条）。そして通説は、債務不履行においても「別異に解すべき理由」はなく、債務者の責めに帰すべき事由があるというためには、債務者に責任能力が必要であるとする（我妻・IV 111 頁）。これに対して、有力な見解は、債務不履行責任においては、責任能力を要件とする必要がないとする。その理由は、責任能力が自己の行為の結果を認識できない者を政策的に免責するものであり、過失責任主義とは関係がなく、また、債務不履行においては、意思無能力および制限行為能力制度によって、そのような弱者への配慮がなされていることにある（潮見・新債権総論 I 392 頁）。

　この有力説が指摘するように、たしかに不法行為と異なり債務不履行の場合には、契約締結時に債務者が意思無能力や制限行為能力であれば、その者は、契約の無効・取消しによって保護されうる。それゆえ、債務者の責任能力が問題となるのは、債務者が契約締結時に能力を有していたが、後にこれを失った場合や、債務者は能力を有さず、その法定代理人が契約を締結したが、債務の履行を債務者が単独で行った場合などに限られよう。そして、ここでの実質的な問題は、「有効に負担した債務の履行に関して、債務者の意思能力の喪失や行為能力の制限のリスク」（内田・III 176 頁）を、債権者と債務者のいずれが負うかという点にある。この問題につき、有力説は、このリスクを債権者に転嫁すべきではないとの価値判断に立つ。裁判例もなく、現実にはあまり問題とな

らないが、債務者の病気が不可抗力ではないとすれば（51頁参照）、債務者が
契約締結後に能力を喪失し、債務の本旨に従った履行をできなかった場合にも、
債務不履行責任を負うと解すべきであろう。責任能力を要件としない有力説が
適切である。

(2)　損害の発生

(ア)　損害の意義　　債務不履行による損害賠償の要件としては、損害の発生
が必要である（415条1項本文）。しかし、「損害」の意義は、必ずしも明らか
ではない。例えば、売主の履行補助者である運送人の過失によって、買主の家
にある時価1000万円相当の陶製の置物が滅失した場合に、1000万円という評
価額が損害であると捉えることもできるが、その置物の滅失自体が損害である
と考えることも可能である。そこで、損害の意義については、次の二つの見解
が対立する。

　通説は、損害を「法益について被った不利益」、すなわち、債務不履行がな
かったならば有したであろう財産と債務不履行がなされた現在の財産との差額
であるとする（於保・債権総論135頁─差額説）。この見解によれば、先の例で
は1000万円が損害となる。

　これに対して、有力な見解は、損害とその賠償とを区別し、①損害という法
的評価の対象となるべき事実（損害の事実）が損害であり、これと②金銭賠償
の原則（417条、721条1項）によって導かれる損害の金銭的評価が分化される
とする（平井・後掲140頁─損害事実説）。この見解では、先の例も、置物の滅
失という事実が損害であるということになる。このような損害事実説は、当初
は不法行為の領域において主張された。すなわち、不法行為では、生命・身体
への侵害が中心となり、死亡・身体障害という事実そのものが損害であるとさ
れ、これを金銭に評価して賠償を請求するというのが実務の取扱いである（平
井・債権総論68頁）。損害事実説は、このような実務を反映し、①損害の事実
と②その金銭的評価の区別を、不法行為と債務不履行の両責任において貫徹し
ようとするものである。

　もっとも、上記の二つの見解は、金銭賠償の原則の下では、現実の結論にお
いては大きく異ならない。しかし、論理的には、①と②とを区別することがで

き、また実際にも、差額説によれば、非財産的損害（精神的損害）が認められにくい。そうだとすれば、損害とは、債権者に不利益な「事実」であると解し、そのうちの賠償されるべき範囲は 416 条の解釈によって決められ、あとはその金銭評価の問題となると解すべきである。

　(イ)　損害の種類

　損害には、不法行為責任と共通するものと、債務不履行責任に固有なものとがある。

　(i)　財産的損害・非財産的損害　　不法行為責任と共通する損害として、財産的損害と非財産的損害（精神的損害）がある。このうち、財産的損害は、さらに積極的損害と消極的損害（逸失利益）とに分けられる。積極的損害とは、例えば、家屋の引渡しが遅れ、買主がホテル代を支出するなど、既存の財産が現実に減少するものである。これに対して、消極的損害は、転売利益のように、債務不履行がなければ増加するはずであった財産が不履行のゆえに増加しなかったという損害である。いずれも損害賠償の対象となるため、区別の実益は乏しいが、積極的損害の立証は比較的容易で、その算定も困難ではないのに対し、消極的損害の立証と算定は難しいという違いがある。

　これに対して、精神的損害が債務不履行による賠償の対象になるか否かは問題となる。というのも、412 条以下には、不法行為の 710 条・711 条に対応する規定がないからである。しかし、判例（最判昭和 54・11・13 判タ 402 号 64 頁──労働契約上の休憩時間の自由利用が使用者によって制限された事案につき、30 万円の慰謝料を認容）および学説は、債務不履行責任においても慰謝料を認めている。なぜなら、安全配慮義務違反のように、債務不履行が生命・身体への侵害となる場合もあり、慰謝料を否定すると不法行為責任との均衡を失するからである。ただし、商品の売買契約のように、経済的利益の追求を目的とする契約では、その債務不履行によって慰謝料を請求することは少ないと考えられる（平井・債権総論 70 頁）。また、近親者の慰謝料請求権を定める 711 条は、債務不履行には類推適用されない（前掲最判昭和 55・12・18）。

　(ii)　遅延賠償・塡補賠償　　債務不履行責任に固有な損害としては、遅延賠償と塡補賠償の区別がある。遅延賠償とは、履行が遅延したことによる損害賠償で、金銭債務の不履行における遅延利息が典型である。債権者は、履行の請

求（履行の強制）とともに遅延賠償を請求する。つまり、遅延賠償は、未だ履行の請求ができる場合にのみ請求することができる。これに対して、塡補賠償は、債務の履行に代わる損害賠償であり、本来の履行が不能である場合などに認められる。例えば、引渡債務において、目的物が滅失したときは、その物の価格に等しい損害賠償が認められる（415条2項1号）。このほか、民法は、債務者がその債務の履行を拒絶する意思を明確に表示したとき（415条2項2号）、および、債務が契約によって生じたものである場合において、その契約が解除され、または債務の不履行による契約の解除権が発生したとき（415条2項3号）にも、塡補賠償が認められることを明文化した。このうち、履行拒絶については前述した。また、契約上の債権について、当該契約が解除された場合には、債権者が塡補賠償を請求できる（415条2項3号前段）ことは、従前も認められていた。これに対して、旧法下において問題とされたのは、履行遅滞の場合にも、契約を解除せずに塡補賠償の請求が認められるか否かである。判例は、①塡補賠償を請求するには契約の解除を要するとする（大判大正4・6・12民録21輯931頁、同大正7・4・2民録24輯615頁）。ただし、②最高裁は、「物の給付を請求しうる債権者が本来の給付の請求にあわせてその執行不能の場合における履行に代る損害賠償を予備的に請求」することを認めた（最判昭和30・1・21民集9巻1号22頁。なお、大判昭和15・3・13民集19巻530頁）。旧法下においては、判例①のように、履行が可能である場合には、債権者は履行請求しなければならず、契約を解除しない限り、塡補賠償を請求することができないというのが原則であった。しかし、債権者が一定の期間を定めて履行の催告をし、その期間が経過した後は、解除をせずに塡補賠償を請求することができると解されていた。なぜなら、債権者による相当期間経過後の塡補賠償請求には、解除の意思表示も含まれると考えられるからである。判例②も、訴訟の提起によって履行の催告がなされ、訴訟の係属中に相当期間が経過したと解される（我妻・IV 116頁）。そうだとすれば、債権者が解除せずに塡補賠償の予備的請求をすることは認められる。

　現行民法は、このような議論を踏まえて、より一般的に、「債務の不履行による契約の解除権が発生したとき」には、債権者は、当該契約を解除しなくても、塡補賠償を請求することができるとした（415条2項3号後段）。すなわち、

債務者がその債務を履行しない場合において、債権者が相当の期間を定めてその履行の催告をし、その期間内に履行がなく、かつ、その期間を経過した時における債務の不履行が軽微でないときは、解除権が発生する（541条）とともに、債権者は、填補賠償を請求することができる。このほか、542条1項3号（一部の履行不能・履行拒絶）、4号（定期行為）、および、5号（その他の重大な契約違反）の場合にも、解除権が発生し、債権者は填補賠償を請求することができることになる。このような現行民法の規律の背景には、前述したように、履行請求権が填補賠償請求権に転形することを否定して両請求権の併存を認める、という考え方の変化があるといえよう。

　ところで、売買によって引き渡された目的物が種類、品質または数量に関して契約の内容に適合しないものであるときは、買主は、売主に対し、追完（目的物の修補、代替物の引渡しまたは不足分の引渡し）を請求することができる（562条1項）とともに、損害賠償を請求することができる（564条・415条）。この場合において、(a)履行請求権と追完請求権の同質性を強調すると、追完請求権と追完に代わる損害賠償請求権にも415条2項が適用ないし類推適用されることになる。すなわち、①追完が不能のとき、②債務者が追完を拒絶する意思を明確に表示したとき、③契約が一部解除され、または契約の一部解除権が発生したときに、追完に代わる損害賠償請求権が発生するものとする（潮見・改正コンメンタール227頁）。これに対して、(b)履行請求権と追完請求権の異質性を強調すると、追完に代わる損害賠償請求権は、415条2項ではなく、415条1項によって規律され、債権者は、①ないし③に該当しなくても、損害賠償を請求することができることになる。

　この問題につき、立案担当者は、415条2項が追完に代わる損害賠償請求権を「射程に含んでいない」とする（一問一答76頁注2）。より具体的には、請負契約において、仕事の目的物が契約の内容に適合しないことを理由に、修補等に代えて損害賠償請求をするときは、415条2項の債務の履行に代わる損害賠償請求の規定が適用されず、基本規定である415条1項の枠内で処理されるとする。そして、修補等に代わる損害賠償請求権は、415条2項とは切り離して理解され、「解除権の発生等を考慮する必要はなく（催告して解除権を発生させる必要もない。）、かつ、軽微な不適合が存在するにとどまる場合にも損害賠償

請求は可能であると理解するのが適切」であるとする（一問一答341頁注2）。

　沿革的には、追完請求権は、契約不適合責任において特別に認められた制度であり、履行請求権とは本質的に異なるものである。そうだとすれば、(b)の見解および立案担当者の理解が適切であると考える。

　(iii)　履行利益・信頼利益　　このほか、民法に明文はないが、ドイツ民法に従い、履行利益と信頼利益の区別が学説によって提唱されている。履行利益とは、契約が履行されたならば債権者が得られたであろう利益であり、例えば、目的物の転売利益などがこれに当たる。また、信頼利益とは、契約が不成立・無効となった場合に、それを有効であると信じたことによって被った損害をいう。例えば、土地の売買契約が売主の錯誤により取り消された場合（95条）に、その土地の調査のために買主に要した費用などが信頼利益であるとされる。そして、信頼利益の方が履行利益よりも小さいという命題に基づき、旧法下では、売主の瑕疵担保責任（旧570条）や錯誤無効による損害賠償が信頼利益の賠償であるとされていた。これに対しては、ドイツ民法と異なり、「損害賠償の範囲は416条の一般原則によるのを基本とするのが、日本民法の構造である」との理解の下に、信頼利益と履行利益の区別が不要であるとの有力な見解（平井・債権総論71頁）がある。現行民法も、基本的には416条によって判断することになる。

第4節　債務不履行による損害賠償(2)──効果論

1　損害賠償の範囲

(1)　問題の所在

　民法は、金銭賠償の原則を採用している（417条）。これは、旧民法の規定（財産編386条1項）を受け継いだものであるが、立法例としては、金銭賠償ではなく原状回復を原則とする国（ドイツ）も存在する。しかし、民法の起草者は、原状回復が複雑かつ不便であり、金銭が「損害ヲ測定スルニ最モ便利」

（民法修正案理由書）であるとの理由により、金銭賠償を原則とした。この原則
によれば、価格の変動が激しい物については、いつの時点でその価格を評価す
るかという問題が生ずる。

　また、債務不履行との間に（事実的）因果関係の存在する損害は、無限に広
がるおそれがある。そこで、賠償の対象となる損害の範囲を確定する必要があ
る。結局、損害賠償に関しては、まず、損害賠償の範囲を確定し、次いで、そ
の損害を金銭的にどのように評価するか、とりわけ、いつの時点を金銭評価の
基準とするかが問題となる。

(2) 416 条の沿革

　損害賠償の範囲については、比較法的には、次の二つの立法例が存在する。
一つは、フランスの採る制限賠償主義である。これは、債務者の賠償すべき損
害の範囲を、原則として債務者が「契約の時に予見しまたは予見することがで
きた損害」（フ民 1231-3 条）であり、かつ、「不履行の直接の結果」（同 1231-4
条）であるものに限定する。制限賠償主義は、ポチエ（Potier）の見解に基づ
くものであり、その趣旨は、債務者に過大な賠償義務を負わせないことにある。
もう一つは、ドイツの採る完全賠償主義であり、債務者の故意・過失に基づく
債務不履行があった場合には、原則として因果関係のあるすべての損害を賠償
すべきであるとする。これは、債権者の保護を重視するものである。しかし、
因果関係のある損害をすべて債務者に賠償させると、その範囲が広すぎるため、
ドイツでは、相当な因果関係のある損害に限るとした（相当因果関係説）。

　ところで、損害賠償の範囲を規定する 416 条は、当事者の予見可能性の有無
によってその範囲を画する点（同 2 項）で、制限賠償主義を採用している。た
だし、416 条は、起草者（穂積陳重）が、ポチエの影響を受けて確立したイギ
リスの制限賠償ルールを参照して起草したものである。そして、イギリスにお
いてこのルールを確立したのは、次の判決であった（平井・後掲 126 頁）。

| ハドリー対バクセンデール事件（Hadley v. Baxendale, 1854）
| 　X の経営する製粉工場の製粉機の回転軸が破損して製粉機が動かなくなっ
| たので、X は、その回転軸を、見本としてグリニジにある機械製作所に送り、

新しい回転軸を作ってもらうことにした。そして、Xは、運送業者Yに回転軸の運送を依頼した。ところが、Yの過失により運送が遅れたため、新しい回転軸が予定より数日遅れて届き、その間Xの工場は操業停止を余儀なくされた。そこで、Xは、Yに対し、工場が操業したならば得られたであろう利益の賠償を求めて訴えを提起した。

　判決は、賠償の対象となる損害は、①債務不履行から「事物の通常の経過に従って生じた」と考えられる損害、または、②契約締結時に両当事者が合理的に予見できた「特別の事情」によって生じた損害であるとした。そして、本件では、Xが別の回転軸を有していることもありうるから、回転軸が直ちに送られなければ工場の操業が停止する、という特別の事情をYが予見することはできなかったとして、Xの請求を棄却した。

　この判決を前提に416条を解釈すると、次のようになる。まず、①債務不履行によって「通常生すべき損害」（通常損害）については、当事者の予見可能性を要件とすることなく、賠償の範囲に含まれる（1項）。そして、②「特別の事情によって生じた損害」（特別損害）については、「当事者がその事情を予見すべきであったとき」は、債権者は、その賠償を請求することができる（2項）。

(3) 通説（相当因果関係説）とその評価

　以上のような416条の沿革にもかかわらず、通説は、ドイツ民法の相当因果関係説を採り入れ、「賠償すべき損害の範囲は、債務不履行と相当因果関係に立つ全損害である」とした。そして、416条1項は、「相当因果関係の原則を立言」し、「債務不履行があれば一般に生ずるであろうと認められる損害」が「相当因果関係に立つ損害」であって、その賠償を認めたものであるとする。また、同2項は、相当因果関係を判断する際に「基礎とすべき特別の事情の範囲を示す」規定であり、「債務者の知りまたは知りうべかりし事情」は、特別なものであってもこれに加える旨を明らかにしたものであるとする（我妻・IV 118-120頁）。

　このような通説に対しては、「相当因果関係」が、完全賠償主義を採るドイツに固有の概念であり、制限賠償主義を前提とする416条とは相容れない、と

の批判がなされている。そして近年は、相当因果関係の概念を用いず、損害賠償の範囲を規定した416条の解釈によって問題を処理すべきであるとの見解（平井・債権総論92頁）が多数であり、同条の沿革からは適切な理解であると考える。そうだとすれば、416条の解釈が重要であり、とりわけ、通常損害と特別損害の区別が問題となる。ただし、相当因果関係説を否定したとしても、その見解の下で展開されてきた416条の解釈論が「すべて不当」であり、ハドリー判決のルールに戻るべきである、ということにはならない（淡路・債権総論168頁）。

(4)　416条の解釈(i)——通常損害・特別損害

　通常損害と特別損害の区別は、債権者（原告）にとって意味がある。すなわち、債権者は、通常損害であれば、損害の発生を証明すれば賠償が認められるが、特別損害であれば、その予見ができたことも証明しなければならないからである。しかし、両者の区別は難しく、実際には裁判所が釈明権を行使し、または、原告が通常損害の主張に加えて、予備的に特別損害の主張をしておくことによって対処せざるをえない（奥田・債権総論178頁）。

　通常損害とは、社会一般の観念に従い、当該債務不履行から通常発生するであろう損害である。例えば、売主の引渡債務の不履行があり、買主が他から同種の物を購入したときは、代金の差額と費用が通常損害となる。また、買主が転売を業とする者であり、転売目的で売買契約を締結したときは、転売利益の喪失も通常損害である。このほか、賃貸借において、賃貸人が目的物を滅失させた場合には、賃借権の喪失が通常損害であり、反対に、賃借人が目的物を滅失させたときは、目的物の価格が通常損害となる。

　特別損害とは、上記の通常損害以外の損害であり、予見可能性を要件として、その賠償が認められる。予見可能性の有無は、契約の性質および内容によって決せられる。より具体的には、当該契約の目的、当事者の地位・職業、契約の内容（特約の有無）などが考慮されよう。判例には、土地の買主が買受けの4ヶ月後に買受代金の3倍以上の価格で転売するという事実を売主が予見することはできなかったとして、買主の損害賠償請求を否定したものがある（大判昭和4・4・5民集8巻373頁）。

　ところで、416 条 2 項の解釈については、次の三点が争われている。

　(ア)　416 条 2 項の「当事者」とは誰か。民法の用語法とハドリー判決のルールからすれば、債権者と債務者の双方を意味する。しかし、判例・通説は、「債務者」の予見可能性を問題とする（大判昭和 12・11・15 判決全集 4 輯 22 号 14 頁）。債務者が予見できれば損害賠償債務を負わせても不当ではなく、判例・通説が妥当である。なお、フランス民法（1231-3 条）も債務者の予見可能性を要件とする。

　(イ)　予見可能性の有無を判断するのはいつか。この問題については、次の二つの見解が対立する。まず、(a)契約締結時説は、ハドリー判決のルールに従い、契約締結時における予見可能性を問題とする。その実質的理由は、当事者は、契約締結時に予見できた事情を前提に、契約による利益とその不履行による不利益とを計算して取引をするのであるから、その時に予見できなかった特別の事情によって債務者の賠償義務が過大になるのは妥当でない、ということにある。これに対して、(b)判例・通説は、債務不履行の時を基準とする（大判大正 7・8・27 民録 24 輯 1658 頁──債務不履行時説）。特別の事情による損害の発生を予見しながら債務の履行をしない債務者に、その損害の賠償を認めても酷ではなく、判例・通説が妥当である。

　なお、ウィーン売買条約（国際物品売買契約に関する国際連合条約──74 条）やユニドロワ国際商事契約原則（7.4.4 条）は、債務者の契約締結時における予見可能性を要件とする。しかし、フランス民法 1231-3 条は、契約時の債務者による予見を原則としつつ、債務者の故意による債務不履行を除外している。このフランス民法の規定は、例えば、売買契約の後に目的物の価格が急騰するなど、契約締結後の事情により、損害賠償を支払っても債務不履行をした方が利益となる場合において、債務者の故意による債務不履行を防ぐものであり、注目に値する。

　(ウ)　416 条 2 項の文言から、予見の対象は、「損害」ではなく「特別の事情」である。ただし、損害の概念につき損害事実説に立つと、「損害」と「特別の事情」の区別は意味を失う。実際には、予見の対象を「事情」と「損害」のいずれと解するかで、差異は生じないであろう。

(5) 416条の解釈(ⅱ)──債権者の損害軽減義務の当否

(ア) 意義　　前述のように、416条1項によれば、債権者は、「通常生ずべき損害」の賠償は、その予見可能性の有無にかかわらず、債務者に請求することができる。しかし、近時は、債権者にも損害軽減義務があり、これを怠った後に生じた損害は、「通常生ずべき損害」に当たらないとする見解が有力である。ここにいう損害軽減義務（a duty of mitigation）とは、「債務不履行による損害を縮小し、また拡大を防ぐために、債権者にも合理的な行動をとる義務がある」という法理である（内田貴『契約の時代─日本社会と契約法』〔岩波書店、2000年〕174頁）。この法理は、英米法系に特有のものであり、ウィーン売買条約においても、次のように明文化されている。すなわち、「契約違反を援用する当事者は、当該契約違反から生ずる損失（得るはずであった利益の喪失を含む。）を軽減するため、状況に応じて合理的な措置をとらなければならない」（77条1文）。そして、「当該当事者がそのような措置をとらなかった場合には、契約違反を行った当事者は、軽減されるべきであった損失額を損害賠償の額から減額することを請求することができる」（77条2文）とする。

　この損害軽減義務と同様の機能は、わが国では、過失相殺（418条、722条2項）が果たしてきた。すなわち、旧418条の過失相殺は、①債務の不履行に関して、②債権者に過失があったことを要件とし、このうちの①は、広く解され、債務不履行自体について債権者に過失がある場合のみならず、債務者のみの責めに帰すべき事由によって債務不履行を生じた後に、「損害の発生または拡大に債権者の過失が加わった場合」にも過失相殺の適用があると解されていた（我妻・Ⅳ 119頁）。それゆえ、例えば、物の引渡義務が売主の過失によって履行不能となった後に、買主が他から代替物を調達するなど、損害を軽減するための通常の処置をとることを怠ったときには、買主の損害賠償額が過失相殺の適用によって減額されうる。そして、現行民法も、「債務の不履行又はこれによる損害の発生若しくは拡大に関して債権者に過失があったとき」ことを、過失相殺の要件とした（418条）。

　しかし、英米法やウィーン売買条約では、債務不履行責任の発生に債務者の過失を要件としないため、過失相殺を用いず、当事者に損害軽減義務を負わせることによって賠償額の減額調整を行うものであり、債務者の責めに帰すべき

事由を債務不履行責任の要件としてきたこれまでの日本民法（415 条）では、損害軽減義務は、一般的には承認されていない。

　(イ)　損害賠償額の算定における議論　　ところで、損害軽減義務の法理は、過失相殺との関連のみならず、損害賠償額の算定の問題との関連で論じられるのが通常である。ただし、その理解については、見解の対立がある。

　一つは、(a)履行請求権の第一義性を前提に、塡補賠償の請求は、債権者が契約を解除することによってはじめて可能となるのであるから、塡補賠償の損害額を画する損害軽減義務も、「論理的には解除によって履行請求権を否定した上」で、はじめて認められるとする見解である（森田修『契約責任の法学的構造』〔有斐閣、2006 年〕198 頁）。この見解によれば、債務不履行に際して、目的物の価額が騰貴しているときは、債権者は適時に解除して損害を回避する義務を負い、「徒らに値上りを待って解除してもその解除時の騰貴価額による賠償を認められるべきではなく解除すべきであった時の価格による賠償しか認め」られない（谷口知平「損害額算定における損害避抑義務」『損害賠責任の研究〔我妻還暦記念〕上』〔有斐閣、1957 年〕254 頁）。

　もう一つは、(b)債権者による解除を前提とせずに損害軽減義務を認める見解である。この見解は、損害賠償額算定の基準時を、「市場の存在する代替物に関してはまず損害軽減のための代替取引をすべきときであり、損害軽減が期待できない場合および特定物については判決時（口頭弁論終結時）である」とする。そして、履行請求権の第一義性にとらわれることなく、債権者が代替取引ができたときは、「強制履行の請求も認められない」とする（内田・前掲 194-195 頁）。

　この見解の対立については、いまだ定説は存在しない。にもかかわらず、(b)の見解を採用する最高裁判決が登場した。

　(ウ)　判例とその問題点　　債権者の損害軽減義務を認めた最高裁判決は、次のものである。

　　最判平成 21・1・19 判タ 1289 号 85 頁（事業用店舗の賃借人の損害軽減義務）
　　事案は簡略化すると、次のようであった。Y₁ は、カラオケ店の経営を業と

するX株式会社に対し、平成4年3月5日、その所有するビル（昭和42年築造）の地下1階にある店舗部分を賃貸し、Xは、そこでカラオケ店を営業していた。しかし、平成4年9月頃から、Xの店舗に浸水が頻繁に発生し、その原因も判明しなかった。そして、平成9年2月12日と17日には汚水が噴き出し、Xの店舗部分が床上30〜50センチメートルまで浸水したため、Xは、本件店舗部分でのカラオケ店の営業ができなくなった。Y₁は、Xに対し、平成9年2月18日付の書面をもって、本件ビルの老朽化を理由として、賃貸借契約を解除し、明渡しを求める旨の意思表示をした。他方、Xは、Y₁の代表者として本件ビルの管理をしていたY₂に対して、本件事故直後より、カラオケ店の営業を再開できるように本件ビルを修繕するよう求めていた。しかし、Y₂はこれに応じず、上記解除により本件賃貸借契約が即時解除されたと主張して、Xに対して本件店舗部分からの退去を要求し、本件ビル地下1階部分の電源を遮断するなどした。

　Xは、平成9年5月27日、本件事故によるカラオケセット等の損傷に対し、合計3711万6646円の保険金の支払を受けたが、この保険金の中には、営業利益の喪失に対するものは含まれていなかった。そしてXは、本件店舗部分における営業再開のめども立たないため、平成10年9月14日、Y₁がXの営業が再開できるように本件ビルを修繕する義務があるにもかかわらずこれを履行しないとして、Y₁とY₂に対し、営業利益の喪失等による損害賠償を求めて訴えを提起した。原審は、Y₁による賃貸借契約解除の意思表示がいずれも無効であるとして、Y₁のXに対する反訴請求を棄却した。そして、Y₁には修繕義務の不履行が認められ、またY₂には、Y₁の代表者としての職務を行うにつき重大な過失があったとして、Y₁らのXに対する、本件事故の1か月後である平成9年3月12日からXの求める損害賠償の終期である平成13年8月11日までの得べかりし営業利益（3104万2607円）による損害賠償義務を認めた。Y₁・Y₂が上告受理申立てをした。

　最高裁は、まず、「事業用店舗の賃借人が、賃貸人の債務不履行により当該店舗で営業することができなくなった場合には、これにより賃借人に生じた営業利益喪失の損害は、債務不履行により通常生ずべき損害として民法416条1項により賃貸人にその賠償を求めることができると解するのが相当である」とした。

　しかし、本件事実関係の下では、「Y₁が本件修繕義務を履行したとしても、

老朽化して大規模な改修を必要としていた本件ビルにおいて、X が本件賃貸借契約をそのまま長期にわたって継続し得たとは必ずしも考え難い。また、本件事故から約 1 年 7 か月を経過して本件本訴が提起された時点では、本件店舗部分における営業の再開は、いつ実現できるか分からない実現可能性の乏しいものとなっていたと解される。他方、X が本件店舗部分で行っていたカラオケ店の営業は、本件店舗部分以外の場所では行うことができないものとは考えられないし、前記事実関係によれば、X は、平成 9 年 5 月 27 日に、本件事故によるカラオケセット等の損傷に対し、合計 3711 万 6646 円の保険金の支払を受けているというのであるから、これによって、X は、再びカラオケセット等を整備するのに必要な資金の少なくとも相当部分を取得したものと解される」。

　「そうすると、遅くとも、本件本訴が提起された時点においては、X がカラオケ店の営業を別の場所で再開する等の損害を回避又は減少させる措置を何ら執ることなく、本件店舗部分における営業利益相当の損害が発生するにまかせて、その損害のすべてについての賠償を Y₁ らに請求することは、条理上認められないというべきであり、民法 416 条 1 項にいう通常生ずべき損害の解釈上、本件において、X が上記措置を執ることができたと解される時期以降における上記営業利益相当の損害のすべてについてその賠償を Y₁ らに請求することはできないというべきである」（破棄差戻し）。

　この判決は、賃貸人の修繕義務が履行不能ではなく、かつ、その解除も認められない段階における賃借人の損害回避義務を認めるものであるため、(b)の見解に基づく。それゆえ、理論的には、賃借人が賃貸人に対して履行請求権を有するにもかかわらず、その損害軽減義務を認めることの適否が問われる。

　まず、一般に代替取引の容易な動産（不特定物）の売買においても、損害軽減義務を安易に認めるべきではないとの指摘がなされている。すなわち、損害軽減義務は、「代替取引が可能であるということから合理的な損害回避行動を債権者に課すこと、とりわけ市場ルールに従って行動することを債権者に義務づける」ものである。しかし、「市場ルールに即した合理的行動をとらなかったということによるリスクを、債務不履行につき帰責性のある債務者ではなくて、なぜ被害当事者である債権者が負担しなければならないのか」との疑問が

提起されている（潮見・新債権総論 I 498-499 頁）。

　しかも、本件は、代替取引が必ずしも容易でない事業用店舗の賃貸借の事案である。すなわち、事業用店舗の賃貸借においては、その立地条件や賃借料の高低、敷金や権利金などの調達に加え、従前の営業期間や顧客の定着度などから、代替店舗を取得することが容易ではない。それゆえ、賃借人が賃貸人に対して、契約を解除せずに、その修繕義務の履行を求めることもやむをえないと解される。

　そうだとすれば、理論的には、賃借人がいまだ契約を解除せず、賃貸人に対して履行の請求ができるにもかかわらず、しかも、必ずしも代替取引の容易でない建物の賃貸借契約において、賃借人の損害軽減義務を認めた本判決には、問題があると思われる（野澤「判批」判タ 1298 号 63 頁参照）。

　なお、債権法改正の中間試案においては、過失相殺の規定（418 条）を改めて、損害軽減義務を認める案が出されていた（中間試案第 10・7-17 頁、中間試案補足説明 124-125 頁参照）。しかし、この提案は、現行民法に採用されなかった（部会資料 68A・18 頁参照）。

(6)　416 条の解釈(iii)——弁護士費用

　訴訟の追行を弁護士に委任した場合に、その弁護士費用は損害賠償の範囲に含まれるか。

　最高裁は、不法行為訴訟に関しては、弁護士費用も、「事案の難易、請求額、認容された額その他諸般の事情を斟酌して相当と認められる額の範囲内のものに限り、右不法行為と相当因果関係に立つ損害」であるとして、問題を肯定に解した。なぜなら、「現在の訴訟はますます専門化され技術化された訴訟追行を当事者に対して要求」するものであり、「一般人が単独にて十分な訴訟活動を展開することはほとんど不可能に近い」からである（最判昭和 44・2・27 民集 23 巻 2 号 441 頁）。そして、最高裁は、使用者の安全配慮義務違反を理由とする債務不履行に基づく損害賠償請求権についても、「労働者が主張立証すべき事実は、不法行為に基づく損害賠償を請求する場合とほとんど変わるところ」がなく、「労働者がこれを訴訟上行使するためには弁護士に委任しなければ十分な訴訟活動をすることが困難な類型に属する請求権である」として、そ

の弁護士費用は、「上記安全配慮義務違反と相当因果関係に立つ損害というべきである」とした（最判平成 24・2・24 判時 2144 号 89 頁）。

　これに対して、安全配慮義務違反以外の債務不履行については、弁護士費用が損害賠償の範囲に含まれないとの最高裁判決（事例判断）が存在する。すなわち、金銭債務の履行遅滞について、債権者は、「債務者に対し弁護士費用その他の取立費用を請求することはできない」とした。なぜなら、「民法 419 条によれば、金銭を目的とする債務の履行遅滞による損害賠償の額は、法律に別段の定めがある場合を除き、約定または法定の利率により、債権者はその損害の証明をする必要がないとされているが、その反面として、たとえそれ以上の損害が生じたことを立証しても、その賠償を請求することはできない」からである（最判昭和 48・10・11 判時 723 号 44 頁）。また、近時の最高裁も、土地の売買契約の買主は、当該契約上の「債務の履行を求めるための訴訟の提起・追行又は保全命令若しくは強制執行の申立てに関する事務を弁護士に委任した場合であっても、売主に対し、これらの事務に係る弁護士報酬を債務不履行に基づく損害賠償として請求することはできない」とした。その理由としては、次の三点が挙げられている。すなわち、①「契約当事者の一方が他方に対して契約上の債務の履行を求めることは、不法行為に基づく損害賠償を請求するなどの場合とは異なり、侵害された権利利益の回復を求めるものではなく、契約の目的を実現して履行による利益を得ようとするものである」。また、②「契約を締結しようとする者は、任意の履行がされない場合があることを考慮して、契約の内容を検討したり、契約を締結するかどうかを決定したりすることができる」。そして、③「土地の売買契約において売主が負う土地の引渡しや所有権移転登記手続をすべき債務は、同契約から一義的に確定するものであって、上記債務の履行を求める請求権は、上記契約の成立という客観的な事実によって基礎付けられる」とした（最判令和 3・1・22 判時 2496 号 3 頁）。

　契約上の債務の履行を求める訴訟は、「相手方の故意又は過失によって自己の権利を侵害された者が損害賠償義務者たる相手方から容易にその履行を受け得ないため、自己の権利擁護上、訴を提起することを余儀なく」される（昭和 44 年判決の判旨）不法行為訴訟と上記の三点において異なる。そうだとすれば、原則としては、弁護士費用を、債務不履行に基づく損害賠償の範囲に含めるこ

とはできないと解される。

2　損害の金銭的評価

(1)　問題の所在——賠償額算定の基準時

　賠償すべき損害の範囲を 416 条の解釈によって確定した後には、その損害を金銭に評価する必要がある。なぜなら、民法は金銭賠償の原則（417 条）を採用するため、損害賠償が具体的な金額として提示されなければならないからである。そして、損害の金銭的評価における基本原則は、債権者にできるだけ債務不履行の前と同じ経済的地位を回復させるように評価すべきである、というものである（平井・債権総論 99 頁）。もっとも、判例は、必ずしも明確ではない。しかし、物の引渡債務の不履行については、目的物の時価（市場価格）を基準として損害を評価するのが原則である。そこで問題となるのは、時価を基準とすると、いつの時点における「時価」なのかという点である。というのも、不履行の時から訴訟の提起を経て終了するまでには相当の時間が経過し、その間に時価も変動（騰貴・低落）するからである。この損害賠償額算定の基準時は、「中間最高価格」または最高価格を基準とした賠償を認めうるか、という問題として提起される。

　なお、賠償額算定の基準となる時価は、履行地における時価である（最判昭和 36・4・28 民集 15 巻 4 号 1105 頁）。また、民法は、将来において取得すべき利益（例・逸失利益）ないし費用（例・将来の介護費用）についての損害賠償を定める場合における、中間利息の控除を定めている（417 条の 2）。

(2)　判例の基準

　(ア)　引渡債務の履行不能　　引渡債務の履行不能を理由とする塡補賠償の基準時に関し、最高裁は、次の二つの判決によって明確な基準を示した。

　最判昭和 37・11・16 民集 16 巻 11 号 2280 頁（損害賠償の基準時）
　X は、昭和 27 年 3 月 31 日、Y との間で、X の所有する土地（40 坪）を代金 2 万円で売却するとともに、同日から 3 年経過後 1 年以内に本件土地をその

代金額で買い戻すことができる旨の特約をした。昭和 31 年 3 月 23 日、X は、同特約に基づき、Y に対して買戻しの意思表示をしたが、Y が拒絶した。第一審は、X の買戻しを認め、Y には本件土地の所有権移転登記をする義務があるとした。ところが、その後 Y が本件土地を第三者に転売し、その旨の移転登記もした。そこで X は、原審において、Y に対し上記義務の履行に代わる損害賠償を求め、その損害を 1 坪 2 万円と評価し、80 万円を請求した。争点となったのは、土地の価格の騰貴による損害賠償請求の可否であり、原審は、「現在の時価」を基準として、X の請求を認容した。Y 上告。

　最高裁は、次のように判示して、Y の上告を棄却した。すなわち、「債務が履行不能となったとき債権者の請求しうる損害賠償の額は、①原則としてその処分当時の目的物の時価であるが、②目的物の価格が騰貴しつつあるという特別の事情があり、かつ債務者が、債務を履行不能とした際その特別の事情を知っていたかまたは知りえた場合は、債権者は、その騰貴した現在の時価による損害賠償を請求しうる。けだし、債権者は、債務者の債務不履行がなかったならば、その騰貴した価格のある目的物を現に保有し得たはずであるから、債務者は、その債務不履行によって債権者につき生じた右価格による損害を賠償すべき義務あるものと解すべきであるからである。ただし、③債権者が右価格まで騰貴しない前に右目的物を他に処分したであろうと予想された場合はこの限りでなく、また、④目的物の価格が一旦騰貴しさらに下落した場合に、その騰貴した価格により損害賠償を求めるためにはその騰貴した時に転売その他の方法により騰貴価格による利益を確実に取得したのであろうと予想されたことが必要であると解するとしても、⑤目的物の価格が現在なお騰貴している場合においてもなお、恰も現在において債権者がこれを他に処分するであろうと予想されたことは必ずしも必要でないと解すべきである」。そして、「原判決は、本件土地の時価が……現在（原審口頭弁論終結時）まで」騰貴を続け、Y もその処分時に騰貴を予見しえたものと認定して、時価による賠償責任を認めたものであるから、違法はない。

最判昭和 47・4・20 民集 26 巻 3 号 520 頁（損害賠償の基準時）

　最高裁は、上記判決の②を引用し、「この理は、買主がその目的物を他に転売して利益を得るためではなくこれを自己の使用に供する目的でなした不動産の売買契約において、売主がその不動産を不法に処分したために売主の買主に

　対する不動産の所有権移転義務が履行不能となった場合であっても、妥当する
ものと解すべきである」とした。なぜなら、「不動産の買主は、債務不履行が
なければ、騰貴した価格のあるその不動産を現に保有しえたはずであるから、
履行不能の結果買主の受ける損害額は、その不動産の騰貴した現在の価格を基
準として算定するのが相当」だからである。

　この二つの判決は、いずれも都内（豊島区と台東区）の土地の売買に関する
ものであり、当時はその価格が騰貴していたという事情がある。そして、やや
繰り返しとなるが、両判決による賠償額算定の基準をまとめると次のようにな
る。①原則は、履行不能時の時価による。②目的物の価格が騰貴しつつあると
いう特別の事情があり、かつ、債務者が履行不能の時に、その特別の事情を予
見できたときは、騰貴した現在（事実審口頭弁論終結時）の価格をもって基準
とする。なぜなら、債権者は、債務不履行がなければ、その騰貴した価格の目
的物を現に保有しえたからである。しかし、③債権者が現在の価格まで騰貴す
る前に、目的物を他に処分したであろうと予想されたときは、②は適用されな
い。④目的物の価格がいったん騰貴し、さらに下落した場合において、騰貴し
た価格により損害賠償を求めるためには、その騰貴した時に転売その他の方法
により、その利益を確実に取得したであろうと予想されたことが必要である。
ただし、⑤目的物の価格が現在もなお騰貴している場合には、④は適用されず、
たとえ買主が転売のためではなく、自己使用のために買ったときでも、②の要
件があれば、現在の価格を基準にして損害賠償を請求することができる（番号
は37年判決に対応）。
　ところで、②の要件は、416条2項を適用するものである。しかし、損害賠
償の範囲（416条）とその金銭評価とを区別し、後者においては、債権者にで
きるだけ債務不履行の前と同じ経済的地位を回復させるよう評価すべきである
との原則を採れば、②の予見可能性を要件とする必要はなく、「騰貴した価格
のある目的物を現に保有」しえた蓋然性の有無によって決すべきである。そう
だとすれば、昭和47年判決では、買主が不動産の自己使用を予定しており、
「口頭弁論終結時においても目的物を保有している蓋然性がきわめて高い」か
ら、価格騰貴の予見可能性の有無にかかわらず、時価を賠償額としてよいと解

される（栗田哲男・民法百選 II〔第 3 版〕23 頁）。

　(イ)　その他の場合　　最高裁は、売主の履行遅滞を理由に買主が契約を解除した場合における損害賠償の額につき、「解除当時における目的物の時価を標準として定むべきで、履行期における時価を標準とすべきではない」とした。その理由は、買主は、契約の解除までは目的物の履行を請求することができ、解除によってはじめて履行に代えて損害賠償請求権を取得する反面、「売主は解除の時までは目的物を給付すべき義務を負い、解除によって始めてその義務を免れ」て、損害賠償義務を負うことにある（最判昭和 28・12・18 民集 7 巻 12 号 1446 頁）。しかし、後に最高裁は、乾ウドンの売買契約において、売主の履行遅滞を理由に買主が解除の意思表示をしたにもかかわらず、損害賠償算定の基準時を履行期とした原判決を支持している（前掲最判昭和 36・4・28）。それゆえ、この点に関する判例の基準は明確ではない。

　ただし、判例は、大審院以来一貫して、引渡債務の履行遅滞につき、債権者が履行の強制を請求しつつ、執行不能の場合に備えて予備的に損害賠償を請求したときは、口頭弁論終結時を基準としている（大判昭和 15・3・13 民集 19 巻 530 頁、最判昭和 30・1・21 民集 9 巻 1 号 22 頁）。

【参考文献】　平井宜雄『損害賠償法の理論』（東京大学出版会、1971 年）。

3　損害賠償に関する特別な規定

(1)　中間利息の控除
　債権者が「将来において取得すべき利益」（逸失利益等）、および、「将来において負担すべき費用」（介護費用等）についての損害賠償の額を定める場合には、「その利益を取得すべき時」または「その費用を負担すべき時」までの利息相当額を控除する必要がある。その利息相当額は、損害賠償の請求権が生じた時点における法定利率（404 条 2 項以下）によって計算する（417 条の 2）。これを中間利息の控除といい、不法行為による損害賠償にも準用される（722 条 1 項）。

(2) 賠償額の減額事由

損益相殺と過失相殺は、債務不履行による損害の金銭的評価がなされた後に、債権者と債務者の公平を図るため、その賠償の額を減額する制度である。

(ア) 損益相殺　債務不履行によって債権者が損害を受けるとともに利益を得ている場合には、債権者は、その利益分を控除した残額をもって損害賠償請求をしなければならない。例えば、土地の賃貸借契約において、賃貸人の債務不履行により土地の引渡しがなされなかったとしても、賃借人が支払うべきであった賃料相当額はその損害から控除される（大判昭和5・7・26新聞3167号10頁）。また、大審院は、旅客運送契約の債務不履行によって旅客が死亡した場合には、その損害賠償額から「生活ノ爲メニ費消スベカリシ金額ヲ控除スベキ」であるとした（大判大正2・10・20民録19輯910頁）。この判決は、安全配慮義務違反による生命侵害の事案にも妥当しよう。他方、最高裁は、建物の賃借人の債務不履行による同建物の焼失の結果、その所有者が火災保険金を取得するとしても、所有者の被った損害額の算定に際し、同保険金を損益相殺として控除すべきでないとした。なぜなら、火災保険金は、建物の所有者が「既に払い込んだ保険料の対価たる性質を有し」ているからである（最判昭和50・1・31民集29巻1号68頁）。

(イ) 過失相殺　債務の不履行に関して債権者に過失があったときは、裁判所は、これを考慮して、損害賠償の責任およびその額を定める（418条）。この過失相殺は、不法行為においても認められる（722条2項）。ただし、両規定はその文言上、次の二点で異なる。第一に、418条は、裁判所が、損害賠償の「額」のみならず「責任」も定めるとする。それゆえ、過失相殺の結果、債権者の責任を否定することも裁判所の裁量により可能となる。また第二に、418条では裁判所が「定める」とあり、722条2項が「定めることができる」と規定しているのと異なり、過失相殺をしなければならないようにも解される。しかし、通説は、債務不履行における過失相殺と不法行為におけるそれとを区別すべき理由はないから、同様に解釈すべきであるとする（我妻・IV130頁）。

ところで、過失相殺の要件は、旧418条によれば、①債務の不履行に関して、②債権者に過失があったことである。このうち①については、前述したように広く解され、現行民法では、債務不履行自体について債権者に過失がある場合

のみならず、債務者のみの責めに帰すべき事由によって債務不履行を生じた後に、損害の発生または拡大に債権者の過失が加わった場合にも過失相殺の適用がある（418条）。そこで近時は、418条を根拠として、損害軽減義務を認める見解（内田・III 139-140頁、194-195頁）が有力である。しかし、その当否が慎重に判断されなければならないことは、前述したとおりである。

　また、②債権者の過失とは、債権者自身だけでなく、「受領補助者その他取引観念上債権者と同視すべき者に故意・過失があったとき」も含まれる（最判昭和58・4・7民集37巻3号219頁）。

　過失相殺の効果は、裁判所が、債権者の過失を考慮して、その裁量により、債務者の賠償額を減額するか、またはその責任を否定することである。なお、過失相殺は、債務者の主張がなくても、裁判所が職権ですることができる。ただし、債権者の過失となるべき事実については、債務者が立証責任を負う（最判昭和43・12・24民集22巻13号3454頁）。

(3)　賠償額の予定

　(ア)　意義　賠償額の予定とは、当事者が、債務不履行のあった場合には一定額の損害賠償をなすべき旨を、合意によって定めたものである（420条1項）。その趣旨は、債務の履行を確保するとともに、債務不履行の場合には、損害の発生とその額の立証を要することなく損害賠償の請求を認め、これによって早期に紛争を解決することにある。そして、旧法では、賠償額の予定がなされれば、裁判所は、その額を増減することができないとしていた（旧420条1項後段）。すなわち、416条によれば、予定された賠償額よりも多くの、あるいは少ない額の損害が認められたとしても、裁判所はこれを考慮せずに、当事者の合意に従った賠償額を認めなければならない。もっとも、賠償額の予定に対しては、次の二つの制限がある。一つは、特別法による制限であり、利息制限法4条、割賦販売法6条および消費者契約法9条などが挙げられる。もう一つは、公序良俗（90条）による制限であり、賠償額の予定が著しく高額である場合には、暴利行為に当たるとして、裁判所によって無効とされる。そこで、民法は、旧420条1項後段を削除した。

　ところで、当事者が違約金を定めることがある。この違約金の趣旨には、賠

償額の予定と違約罰との二つがある。両者の違いは、債務不履行があった場合に、賠償額の予定であれば、債権者はそれ以上の損害賠償を請求できないが、違約罰であれば、違約金の没収に加えて、現実に被った損害の賠償を請求できるという点にある。そのいずれであるかは、契約の解釈の問題であるが、民法は、違約金を、賠償額の予定であると推定する（420条3項）。これは推定であるため、反証が許され、違約罰と認定されることもある。

　なお、賠償額の予定に関する規定は、当事者が金銭でない物を損害の賠償に充てる旨を予定した場合にも、準用される（421条）。

　(イ)　効果　　賠償額の予定がなされた場合には、債権者は、債務不履行の事実を立証すれば、損害の発生とその額とを立証せずに損害賠償を請求することができる（大判大正11・7・26民集1巻431頁）。これに対して、債務者は、責めに帰することができない事由によるものであることを立証することにより、その責任を免れることができるか。有力な見解は、賠償額の予定をした当事者の意思が、帰責事由の有無をも含む一切の紛争を避ける趣旨であることを理由に、債務者の免責を否定する（我妻・IV 132頁）。しかし、多数説は、賠償額の予定を、債務者が損害賠償責任を負う場合の合意であると解し、債務者に免責事由が認められるときには免責されるとする（平井・債権総論111頁、内田・III 198頁）。420条によれば、当事者が予定するのは「損害賠償の額」であり、その文言上債務者に免責事由がある場合を当然に含むものではない。それゆえ、多数説が適切であると考える。

　また、賠償額の予定があっても、債権者は、履行の請求または解除権の行使ができなくなるわけではない（420条2項）。このことは、①遅延賠償額を予定し、履行遅滞があったときには妥当する。しかし、履行が不能となり、また債権者が契約を解除した場合には、遅延賠償額の予定は機能しない。同様に、②履行不能に備えて塡補賠償の予定をしたときは、債権者が履行を請求できず、また、履行遅滞の場合には賠償額の基準とならない。さらに、③およそ債務不履行があれば契約関係を清算する趣旨で賠償額の予定がなされた場合には、債権者は、契約を解除せずに、直ちに予定額を請求することができる（最判昭和38・9・5民集17巻8号932頁―違約手付の事案）。このように、予定された賠償額の請求と履行請求権および解除権の関係は、結局は、賠償額の予定の解釈

（①②③のいずれか）によって決せられることとなる。

(4)　損害賠償による代位

　債権者が、損害賠償として、その債権の目的である物または権利の価額の全部の支払を受けたときは、債務者は、その物または権利について当然に債権者に代位する（422条）。ここにいう代位とは、物または権利が法律上当然に債務者に移転することである。例えば、受寄者が寄託物を盗まれ、寄託者に対して損害賠償をしたときは、盗品の所有権は、当然に受寄者に移転する。というのも、この場合において、盗品の所有権がなお寄託者にあるとすれば、寄託者が二重に利益を受けることとなるからである。

　この代位の要件は、債権者が「全部」の賠償の「支払を受けた」ことである。そして、「支払」には、弁済のみならず、弁済と同視しうる事由（供託、代物弁済、相殺等）も含まれる。また、代位の効果は、前述のように、物または権利の債務者への移転である。この移転は、法律上当然に生じるものであるため、譲渡行為も対抗要件も不要であると解されている。

　なお、422条は、不法行為による損害賠償にも類推適用される。しかし、労災保険法に基づく保険給付は、損害賠償とは制度の趣旨・目的を異にするから、使用者が労働者の業務上の災害に関して損害賠償債務を負い、その債務を履行しても、労災保険給付を代位取得することはできない（最判平成元・4・27民集43巻4号278頁）。

(5)　代償請求権

　履行不能が生じたのと同一の原因によって、債務者が利益を得ることがある。例えば、債権の目的物を第三者が故意・過失によって破壊し、債務者がこの第三者に対して不法行為に基づく損害賠償請求権を取得する場合である。この場合において、債務者にも過失があるときは、債権者は、債務者に対して債務不履行に基づく損害賠償請求をすることができる。しかし、債務者に帰責事由がないときは、債務者は債務を免れ、第三者も債務者に損害がないとして賠償責任を負わない。しかし、この結果は著しく公平に反する。そこで通説は、債務者が履行不能によって代償を取得したときは、債権者は、その代償の引渡しま

たは譲渡を請求することができるとし、判例もこれを承認している（最判昭
41・12・23民集20巻10号2211頁）。民法は、この代償請求権を明文化した
（422条の2）。

第 5 節　債務不履行による損害賠償(3)
——受領遅滞（債権者遅滞）

1　意義と問題点

　債権は、債務者が債務の本旨に従った履行（弁済）をすれば、その目的を達
して消滅する。しかし、このことは、債権者の受領を要しない不作為債務につ
いては適切であるものの、債権者の受領を必要とする引渡債務と作為債務につ
いては妥当しない。というのも、債務者が債務の本旨に従った履行の提供をし
たにもかかわらず、債権者が受領を拒み、またはこれを受領することができな
い場合には、債権は消滅せず、債務者はなお債務を負うからである。しかしそ
の結論は、債務者にとって酷であり、民法は、このような債務者を保護するた
めに、次の二つの制度を定めている。

　一つは、弁済の提供の効果であり、債務者は、弁済の提供の時から、債務の
不履行によって生ずべき責任を免れるとした（492条）。すなわち、債務者は、
①損害賠償責任を負わず、②双務契約から生じた債務であれば解除されない。
また、③遅延利息・違約金の請求を受けず、④約定利息の支払を認めると遅延
利息の支払と同じになるから、約定利息も発生しない。さらに、⑤担保権を実
行されず、⑥強制執行も免れうる（反対、我妻・IV 234頁）。ただし、債務者は
弁済の提供によって債務を免れるわけではないから、債務を消滅させるために
は、弁済供託（494条1項柱書き）をしなければならない。もっとも、弁済供託
は、債務者が弁済の提供をしたにもかかわらず、債権者が弁済の受領を拒絶し
たことが要件とされる（494条1項1号）ため、⑦弁済供託も提供の効果とな
る。

　もう一つは、受領遅滞（債権者遅滞）であり、旧413条は次のように規定し

ていた。すなわち、「債権者が債務の履行を受けることを拒み、又は受けることができないときは、その債権者は、履行の提供があった時から遅滞の責任を負う」。しかし、ここにいう「遅滞の責任」が具体的に何を意味するのかは、明らかではなかった。まず、受領遅滞は、債務者の「履行の提供があった」ことを要件とするため、上記の提供の効果が認められることには問題がない。そして、債務者に、次のような積極的な効果が認められることにも異論はない。すなわち、⑧債務者の目的物保管義務（400条）が軽減され、⑨債務者が危険を負担している場合にも、債権者に危険が移転し、債務者はこれを免れる。また、⑩債務者は、債権者が受領しなかったために目的物の保管に要した費用（増加費用）を債権者に請求することができる。現行民法は、後述するようにこれらの効果（⑧〜⑩）を受領遅滞の効果として明文化した（⑧-413条1項・⑩-同2項・⑨-413条の2第2項、536条2項および567条2項）。

　問題となるのは、以上の効果に加えて、債務者が、債権者に対し、⑪損害賠償を請求でき、⑫双務契約の場合にその契約を解除することができるか否かである。そしてこの問題は、債権者に受領義務を認めるか否かという問題に還元される。

2　旧法下の学説と判例の見解

　債権者の受領義務の有無について、学説は、次の三つに分かれていた。
　(a)法定責任説（通説）は、債権者の受領義務を認めず、受領遅滞の効果は弁済の提供の効果と同じであるとする。その理由は、(i)債権が権利であって義務ではなく、(ii)かりに受領義務を認めると、行為債務の場合に不都合が生じること（例えば、能力のない家庭教師を雇った場合には、契約を解除しない限り、その教育を受けなければならない）、および、(iii)旧413条は、債務者の債務不履行（旧415条）と異なり、債権者の責めに帰すべき事由を要件とせず、起草者も過失を要件としていなかったことにある。この見解によれば、受領遅滞の効果は弁済の提供の効果と同一であり、旧413条は、債務者による弁済の提供を、債権者の側から規定したにすぎない。
　(b)債務不履行責任説は、債権者の受領義務を認め、旧413条は債権者の債務

不履行を規定したものであるとする。そして、債権者の責めに帰すべき事由を要件とし、債務者の債権者に対する⑪損害賠償請求権と⑫解除権を認める。その根拠は、(i)民法が受領遅滞を弁済の提供とは別個に規定し、しかもこれを債務不履行の規定と並べている以上、受領遅滞を「債務不履行の一態様とすることがむしろ合理的」であること、および、(ii)債権法を支配する信義則からすれば、債権者にも債務者と協力して債権の内容を実現すべき義務（受領義務）があることに求められる（我妻・Ⅳ 238 頁）。そして、(a)説との差異は、(b)説によれば、債権者の責めに帰すべき事由を要件として、債務者は、増加費用以外の損害賠償を請求できることと、債権者の受領遅滞を理由に契約を解除できることにある。

　このほか、(c)債権者には原則として受領義務を認めないが、売買と請負においては、例外的に信義則によって債権者の受領義務（引取義務）を肯定し、その違反に対しては、債権者の帰責事由を要件として、債務者に損害賠償請求権と解除権とを認める見解がある。この見解は、基本的には(a)説に立ちつつ、契約類型に応じて信義則に基づき債権者の受領義務を認める点で、折衷的な見解である。

　では、判例はどうか。まず、大審院判決には、買主の受領義務を否定したものがある。すなわち、買主は、「目的物ヲ受領スベキ権利ヲ有スルモ、之ヲ受領スベキ義務ヲ負担スルモノ」ではなく、買主がその受領を拒絶したとしても、「売主ハ之ヲ理由トシテ売買ヲ解除」することはできないとした（大判大正 4・5・29 民録 21 輯 858 頁）。しかし、その事案は、売主が製作した座椅子を買主が毎月 500 個買う旨の一手販売契約に関するものであり、買主の買取義務が争われ、その受領義務を問題としたものではなかった。それゆえ、判旨は、一般論にすぎない。

　最高裁には、次の二つの判決がある。

　　最判昭和 40・12・3 民集 19 巻 9 号 2090 頁（受領遅滞による解除）
　　受水槽を製作し引き渡す旨の請負契約において、注文者 Y が目的物を受領しないことを理由に、請負人 X が契約の解除と損害賠償を請求した。原審は、債権者には目的物の受領義務がないとして、X の請求を棄却した。X 上告。

最高裁も、次のように判示して、上告を棄却した。すなわち、「債務者の債務不履行と債権者の受領遅滞とは、その性質が異なるのであるから、一般に後者に前者と全く同一の効果を認めることは民法の予想していないところというべきである。民法 414 条、415 条、541 条等は、いずれも債務者の債務不履行のみを想定した規定であること明文上明らかであり、受領遅滞に対し債務者のとりうる措置としては、供託・自動売却等の規定を設けている」。それゆえ、「特段の事由の認められない本件において Y の受領遅滞を理由として X は契約を解除することができない」。

最判昭和 46・12・16 民集 25 巻 9 号 1472 頁（買主の引取義務）

　昭和 32 年 4 月、売主 X と買主 Y との間で、X が採掘権を有する硫黄鉱区から産出する硫黄鉱石の全量を対象とする継続的な売買契約が締結された。そして X は、Y の指導に基づき、鉱石の搬出用の索道（空中ケーブル）の架設計画を変更しその工事を終了して、昭和 33 年 6 月に鉱石約 114 トンを出荷した。Y は、それを受領したが、市況の変化を理由に出荷の停止を要求し、その後の受領を一切拒絶した。その結果、X は、採掘を中止せざるをえず、同契約は期間満了により昭和 33 年末に終了した。そこで X は、Y に対し、Y が引き取りを拒絶したことによる損害の賠償を請求した。第一審は、X の請求を棄却した。しかし、原審は、一般に買主には受領義務がないものの、継続的な売買契約があり、「まして本件のように買主側の要求に応じて売主側が履行の準備に相当の努力を費した場合には信義則上も引取義務を肯定すべき」であるとして、Y の債務不履行責任を認めた。Y 上告。

　最高裁は、次のように判示した。すなわち、「（本件）鉱石売買契約においては、X が右契約期間を通じて採掘する鉱石の全量が売買されるべきものと定められており、X は Y に対し右鉱石を継続的に供給すべきものなのであるから、信義則に照らして考察するときは、X は、右約旨に基づいて、その採掘した鉱石全部を順次 Y に出荷すべく、Y はこれを引き取り、かつ、その代金を支払うべき法律関係が存在していたものと解するのが相当である。したがって、Y には、X が採掘し、提供した鉱石を引き取るべき義務があつたものというべきであり、Y の前示引取の拒絶は、債務不履行の効果を生ずるもの」である（上告棄却）。

　昭和40年判決は、受領遅滞が債務不履行とは異なるとして、債務者による請負契約の解除と損害賠償請求とを否定した。ただし、その事案は、X が納期に遅れて Y から契約を解除されたため、反対に Y の受領遅滞を理由に解除と損害賠償とを求めたものであり、これを否定した最高裁の結論は妥当である。

　また、昭和46年判決は、継続的な売買契約が問題となり、しかも、原審が指摘したように、「買主側の要求に応じて売主側が履行の準備に相当の努力を費し」ていたため、買主の引取義務を認めることが妥当な事案であったと考えられる。それゆえ、この判決は、上記三つの見解のいずれからも肯定され、判例理論はなお不明確である（淡路・債権総論204頁は、折衷説に従って理解する）。

3　若干の検討

　まず、(b)債務不履行責任説は、債権者の受領義務を一般的に肯定する。しかし、行為債務のうち、競業避止義務のような不作為債務においては、債権者の受領はもちろん、そもそも債務者の履行の提供も問題とはならない。したがって、債権者の受領義務が問題となるのは、行為債務のうちの作為債務と物の引渡債務に限られる。もっとも、引渡債務が双務契約から生じる場合には、受領遅滞にある債権者の多くは反対債務の履行をしていないため、債務者は、その不履行を理由に、解除または損害賠償を請求することができる（平井・債権総論175頁）。そうだとすれば、実際に債権者の受領義務が争われることは、そう多くはない。

　しかし、債権者の受領義務を認めない(a)法定責任説は、取引の実情に合致しない。例えば、引渡債務においては、債権者が目的物を受領しないと債務者は債務を免れず、受領遅滞によって債務者が損害を被った場合には、その賠償を認めるべきである。そして、その必要性は、(c)折衷説のように、売買と請負に限られるべきではなく（星野・III 136頁）、およそすべての債務に共通するものである。そうだとすれば、(b)債務不履行責任説、または、(a)法定責任説に立ちつつ、個別に信義則によって受領義務を認める見解が適切である。もっとも、個別の契約を離れて、一般的に債権者の受領義務が肯定されるものではなく、現行民法の下では後者の理解がより適切であろう。

4　要件

　受領遅滞の要件は、①債務者が債務の本旨に従った履行の提供をしたこと（413条2項の場合を除く）、②債権者が債務の履行を受けることを拒み（受領拒絶）、または受けることができない（受領不能）ことである。そして、受領遅滞を債務不履行の一態様と考えれば、損害賠償の要件としては、③債権者に受領義務が認められることが必要となる。ただし、債務者が①ないし③を立証すれば、④責めに帰することができない事由によるものであることの立証責任は、債権者にある。

　この三つの要件のうち、若干の説明を要するのは②である。まず、受領拒絶について、債権者が履行の提供を不完全であると主張している場合には、客観的に提供が不完全であるか否かが重要である。すなわち、債務者の履行の提供が完全であれば、債権者の受領遅滞となり、不完全であれば、受領遅滞ではなく、むしろ債務者の債務不履行となる。

　次に、受領不能については、履行不能との区別が問題となる。例えば、使用者の経営する工場で労働すべき場合において、その工場が地震によって滅失したときに、労働者の労働に従事する債務（623条）が履行不能となるのか、それとも使用者の受領不能と評価されるのかが問題となる。というのも、履行不能であるとすれば、使用者は、労働者に対して、賃金の支払を拒むことができるからである（536条1項）。

　この問題につき、通説は、履行または受領を不能とする事由が債権者と債務者のいずれの支配領域において生じているかを基準とし、債務者側の事由に基づくときは履行不能であるが、債権者側の事由に基づくときは受領不能（受領遅滞）であると解している（領域説─我妻・IV 239頁）。この見解によれば、先の例は、債権者（使用者）の支配領域内の事由であるため、受領不能と評価され、労働者の賃金請求権が認められることとなる。

　しかし、536条1項によれば、地震による工場の滅失のように、「当事者双方の責めに帰することのできない事由」によって債務を履行することができなくなった場合には、債権者（使用者）は、反対給付の履行を拒むことができる。

それゆえ、先の例では、この規定に従い、履行不能と評価して、労働者の賃金請求は認められないと解すべきである。

5　効果

　受領遅滞の効果は、弁済の提供の効果（①〜⑦）のほかに、前述のように、⑧注意義務の軽減、⑨危険の移転、⑩増加費用の請求、⑪損害賠償の請求、および、⑫解除権が認められる（法定責任説は、⑪⑫を認めない）。このうち、⑪損害賠償を請求するには、債権者の受領義務が要件となる（債権者の責めに帰すべき事由は、過失責任主義に立たない現行民法では、不要である）。また、⑫受領遅滞による解除には、債権者の帰責事由は必要ではない（現行民法は、帰責事由を解除の要件としない―541 条）。

　ところで、民法は、先に触れたように、⑧⑨⑩を受領遅滞の効果として明文化した。すなわち、債権者が債務の履行を受けることを拒み、または受けることができない場合において、⑧その債務の目的が特定物の引渡しであるときは、債務者は、履行の提供をした時からその引渡しをするまで、自己の財産に対するのと同一の注意をもって、その物を保存すれば足り（413 条 1 項）、また、⑩履行の費用が増加したときは、その増加額は、債権者の負担となる（同条 2 項）。ここにいう費用の増加とは、運搬費用や保管費用の増加であり、この場合には債務者の履行の提供は要件とはならない。そして、⑨債権者が債務の履行を受けることを拒み、または受けることができない場合において、履行の提供があった時以後に当事者双方の責めに帰することができない事由によってその債務の履行が不能となったときは、その履行の不能は、債権者の責めに帰すべき事由によるものとみなされる（413 条の 2 第 2 項）。その結果、債権者は、損害賠償を請求することができず（415 条 1 項ただし書）、契約を解除することもできず（543 条）、さらに、反対給付の履行（＝代金の支払）を拒むこともできない（536 条 2 項―危険の移転）。

　ところで、売買契約に関しては、567 条 2 項が、413 条の 2 第 2 項・536 条 2 項と同様に、買主の受領遅滞による危険の移転を規定する。すなわち、567 条 2 項は、「売主が契約の内容に適合する目的物をもって、その引渡しの債務の

履行を提供したにもかかわらず、買主がその履行を受けることを拒み、又は受けることができない場合において、その履行の提供があった時以後に当事者双方の責めに帰することができない事由によってその目的物が滅失し、又は損傷したとき」も、「目的物の滅失等についての危険」が買主に移転する旨を定めている。この規定が置かれたのは、567条1項が目的物の引渡しによって滅失等の危険が移転するとしたのに対し、「目的物の引渡しがなかったとしても、受領遅滞があれば目的物の滅失又は損傷の危険が移転すること明らかに」するためである（部会資料75A・31頁）。そして、受領遅滞の場合には、「履行の提供」（413条以下）が要件となるから、567条2項も、「売主が契約の内容に適合する目的物をもって、その引渡しの債務の履行を提供した」ことを要件とすることにも注意を要する。

第6節　第三者による債権侵害——債権の対外的効力

1　債権者の保護

　債権は、絶対権ないし対世権とされる物権と異なり、特定の債務者に対する相対的な権利である。それゆえ、債権を第一次的に侵害できるのは債務者であり、民法は、債権者に対し、債務不履行による損害賠償請求権（415条）を認め、その保護を図っている。また、第三者が、「債権者を害すべき事実」を知りながら債務者の責任財産を減少させる法律行為を行った場合には、債権者は、その法律行為を取り消すことができる（詐害行為取消権—424条）。問題となるのは、それ以外の第三者が債権を侵害することができるか、仮にそれが認められるとして、債権者は、どのように救済されるかである。

　この問題につき、かつての学説は、債権の相対性を理由に、第三者によって債権が侵害されることはないと主張していた。しかし、大正4年に、次の二つの大審院判決が権利の不可侵性を根拠に不法行為（709条）の成立を認めてからは、これを肯定することには異論がない。他方、賃借権が侵害された場合に

は、賃借人に妨害排除請求権が認められる。そこで以下では、不法行為法による保護のみを取り上げる。

大判大正 4・3・10 刑録 21 輯 279 頁（債権の不可侵性①）

　X からその所有する立木をできるだけ高値に売却するよう依頼された ABC の三名が、買主の代理人である Y と通謀して実際の売値よりも安く売れたように装い、その差額を Y とともに着服した。X は、四名を背任で告訴するとともに、附帯私訴により、Y に対して損害賠償を請求した。その理由は、Y が、X の A らに対する委任契約上の債権を侵害した行為が、不法行為に当たるというものであった。原審は、債権侵害により不法行為は成立しないとの理由で、X の請求を棄却した。X 上告。大審院は、次のように判示して、原判決を破棄差戻しとした。すなわち、「凡ソ権利ナルモノハ、親権夫権ノ如キ親族権タルト物権債権ノ如キ財産権タルトヲ問ハズ、其権利ノ性質内容固ヨリ一ナラズト雖モ、何レモ其権利ヲ侵害セシメザルノ対世的効力ヲ有シ、何人タリトモ之ヲ侵害スルコトヲ得ザルノ消極的義務ヲ負担」する。それゆえ、「第三者ガ債務者ヲ教唆シ、若クハ債務者ト共同シテ其債務ノ全部又ハ一部ノ履行ヲ不能ナラシメ」たときは、債権者は、その第三者に対して、「不法行為ニ関スル一般ノ原則ニ依リ損害賠償ノ請求」をすることができる。

大判大正 4・3・20 民録 21 輯 395 頁（債権の不可侵性②）

　債権者 X が債務者の住所に行って仮差押えをしようとしたところ、第三者 Y がすでに債務者と通謀して、虚偽の債権証書を作り、債務者の動産を仮差押えしたため、目的を達することができなかったという事案。大審院は、傍論ではあるが、次のように判示した。すなわち、債権であっても、「他人ニ於テ之ヲ侵害スルヲ許サズ、若シ故意過失ニ因リ違法ニ之ヲ侵害シタルトキハ不法行為ノ責」がある（事案の解決としては、Y の仮差押えがすでに他の者に譲渡された動産に対するものであり、X を害することはないとの理由で、不法行為の成立を否定）。

2　通説の類型論とその批判

上記のように、第三者による債権侵害が不法行為になるとしても、具体的にどのような場合に損害賠償が認められるかについては、見解が一致しない。というのも、不法行為（709条）における違法性に関して、被侵害利益と侵害行為の態様とを相関的に考慮すべきであるとする相関関係説を前提とすると、債権は、債務者の意思を媒介として成立する権利であるため、物権に比較してその被侵害利益が小さい、と考えられるからである。そこで、通説は、「債権侵害が違法性をもつのは、侵害行為の違法性が特に強い場合でなければならない」と解し、次の三つに類型化して、その要件を考察する（我妻・IV 77-81頁）。

　(ア)　債権の帰属自体を侵害した場合　　例えば、預金者の通帳と印鑑を窃取した者が、それを用いて金融機関から払戻しを受けたとき、当該金融機関は、受領権者としての外観を有する者に対する弁済（478条・約款）として免責されうる。この場合に、預金者（債権者）は、その債権自体を失うこととなり、受領権者としての外観を有する者（窃盗）に対して、不当利得の返還請求（703・704条）をするとともに、債権侵害を理由に不法行為に基づく損害賠償を請求することができる。

　(イ)　債権の目的である給付を侵害して、債権を消滅させる場合　　例えば、特定物の引渡しを目的とする債権について、第三者がその目的物を破壊した場合には、債権は債務者の責めに帰することのできない事由による履行不能となり、債務者は債務を免れうる。この場合に債権者は、第三者に対して、不法行為に基づく損害賠償を請求することができる。

　(ウ)　債権の目的である給付を侵害するが債権は消滅しない場合　　例えば、第三者が債務者と共謀して債権の目的物を破壊したときは、債務者が債務不履行責任を負い、債権者はなお損害賠償請求権を有するから、第三者の侵害行為は債権を消滅させない。

　この三つのうち、(ア)と(イ)が不法行為となることには異論がない。問題となるのは(ウ)である。というのも、債権者は、「債務者の信義を第一のよりどころ」とすべきであり、まず債務者に対して債務不履行責任を問うべきだからである。

にもかかわらず、債権者が第三者に対して不法行為責任を追及するためには、第三者の行為の違法性が特に強い場合でなければならない。より具体的には、以下のようになる。

　(i)　二重契約　　他人が雇用している労働者を重ねて雇用する、いわゆる引抜きは、それによって他人の債権を侵害することとなっても、原則として違法性を欠く。営業の自由や公正な競争の原理が認められるからである。しかし、二重契約が、詐欺・強迫に類する手段を用いて結ばれた場合や不正競争として排斥される場合には、違法性を帯び、不法行為になる。

　(ii)　二重譲渡　　不動産や債権が譲渡されたが、第一譲受人が対抗要件を備えないうちに、二重に譲渡を受けた者が先に対抗要件を備えた場合には、第一譲受人の債権を侵害することとなる。しかし、民法は、対抗要件を備えない譲受人は、第二譲受人の善意悪意を問うことなく、これに対抗しえないとする（177・467 条）。それゆえ、不動産の二重譲渡の場合には、第二譲受人が第一の売買について悪意であるだけでは、不法行為は成立しない（最判昭和 30・5・31 民集 9 巻 6 号 774 頁）。第二譲受人が、第一譲受人を害する目的で二重譲渡を受けたなど、いわゆる背信的悪意者に当たり、その違法性が極めて強い場合にのみ、不法行為が成立する。

　(iii)　責任財産の減少　　第三者が債務者と通謀して債務者の責任財産を減少させる行為は、詐害行為取消権（424 条）の対象となる。しかし、行為の違法性が特に強い場合には、不法行為の成立も認められる。

3　新しい類型論とその検討

　上記の通説的見解に対しては、次のような批判がなされている。第一に、(ア)と(イ)では、異論なく不法行為の成立が認められるが、そうだとすれば、類型化する意味がない（平井・債権総論 118 頁）。第二に、債権侵害の多くの場合が含まれる(ウ)に関しては、不法行為の成立が著しく制限される。その理由は、債権に排他性がなく、二重に成立しうることと、自由競争の尊重による。しかし、契約関係の保護という観点からは問題がある（吉田・後掲 145 頁）。そこで、有力な見解は、次のような新しい類型論を提示している（平井・債権総論 119 頁

以下）。すなわち、意図的な不法行為とそれ以外とを区別し、(a)第三者に加害の意思が認められれば、債権が消滅するか否かを問題とせずに、常に不法行為の成立が認められるとする。例えば、二重契約の場合には、第三者の加害の意思が要件となる。なぜなら、加害の意思を有する行為を放置すべきでないからである。そして、加害の意思が認められれば、債務者との通謀は必要なく、この点において、通説よりも不法行為の成立範囲が広くなるとする。

　これに対して、(b)第三者に加害の意思がないときは、以下のように類型化する。

　①　間接損害（企業損害）　　例えば、第三者の過失に基づく交通事故によって会社の役員が死亡した結果、会社の雇用契約上の債権が侵害されて損害が発生することがある。この場合において、判例は、間接被害者（会社）の第三者に対する損害賠償請求を原則としては認めないが、「経済的に」その被害者と会社とが「一体をなす関係にあるものと認められる」ときは、会社の第三者に対する損害賠償請求を肯定する（最判昭和43・11・15民集22巻12号2614頁）。しかし、有力な見解は、これを端的に「過失による債権侵害の不法行為」として、会社の損害賠償請求を認める（吉田・後掲647頁）。

　②　二重譲渡　　物の引渡債務につき、第一譲受人の存在を認識しつつ売買契約を結んだ第二譲受人は、第一譲受人に対して不法行為責任を負う。この点につき、通説は、単なる悪意によって不法行為が成立するとすれば、177条の解決に反するとする。しかし、有力な見解は、契約関係が保護されるべきであり、また、損害賠償による保護（709条）と所有権の帰属（177条）とは、その局面を異にすると反論している（平井・債権総論121頁）。

　③　責任財産の減少　　詐害行為取消権による保護に委ねるべきである。

　以上の有力見解は、加害の意思に基づく不法行為とそれ以外の場合とを区別し、かつ、後者の場合には個別にその要件を検討すべきである、という基本的な方向性においては適切である。すなわち、同見解が指摘するように、加害の意思に基づく行為を放置する理由はなく、そのような行為をした第三者は、不法行為責任を負うと解すべきである。これに対して、第三者に加害の意思がない場合には、排他性がなく、公示もできないという債権の特質と、二重に契約を締結することが、自由競争としてどこまで許容されるか（契約の要保護性）

という観点から、個別に検討すべきであろう。すなわち、①間接損害のケースでは、会社が当該交通事故の、間接的ではあれ、「被害者」に該当するか否かが問題となる。そして一般論としては、加害者の予見可能性（結果回避義務）の点では、会社の債権侵害まで被害に含めることは困難であると解される。そうだとすれば、間接損害の賠償が認められるのは、損害の公平な分担という観点からしてもせいぜい、被害者と会社とが経済的に一体と認められる例外的な場合に限定すべきであり、判例が妥当であると考える。

　次に、②不動産の二重譲渡のケースでは、契約関係の保護を強調し、悪意の第二譲受人に不法行為の成立を認める見解が、多数である。しかし、177条は、善意悪意を問うことなく、登記に従って行動した第三者を画一的に保護する趣旨である。そうだとすれば、第一譲受人に対して加害の意思を有するような背信的悪意者は別として、単なる悪意の第三者には、不法行為は成立しないと解すべきである（淡路・債権総論221頁は、第一の契約の存在を認識し、「それを侵害して損害を発生させることを容認していた場合」には、第二譲受人に不法行為が成立するとする。しかし、このような第二譲受人は、背信的悪意者に該当しよう）。

　③第三者が債務者と通謀してその責任財産を減少させる行為は、その行為が法律行為である場合には、詐害行為取消権（424条）の対象となり、不法行為は問題とならない。しかし、第三者が債務者の財産を隠すなど、それが事実行為によるものである場合には、債権者に対する不法行為が成立しよう。

　【参考文献】　吉田邦彦『債権侵害論再考』（有斐閣、1991年）。

第3章　債務者の責任財産の保全

第1節　責任財産の意義

　債権は、債務者が任意にその債務を履行すれば、目的を達して消滅する。しかし、債務者が任意に履行しないときは、債権者は、履行の強制をし、また債務不履行による損害賠償を求めることができる。ただし、その手段は、金銭の支払を命じるものであり、債権は、結局は、債務者に対して、金銭の支払を請求することによってその目的を達することとなる。それゆえ、債務者が責任財産（一般財産）を有していなければ、債権者は、たとえ強制執行しても、債権を回収することはできない。ここにいう「責任財産」とは、金銭債権の強制執行において、執行の対象となりうる債務者の全財産であり、債権にとっては、この責任財産が「最後の守り」（我妻・IV 157 頁）となる。そこで、民法は、債権者のために債権者代位権（423 条）と詐害行為取消権（債権者取消権—424 条）とを認め、責任財産の不当な減少を防止する。すなわち、債権者代位権は、債務者が責任財産の減少を放置する場合に、債権者が債務者に代わって、その減少を防止する処置を講じるものである。例えば、債務者が第三債務者に対して債権を有しているのに、それを取り立てずに放置するとき、債権者が債務者に代わってその取立てを行うものである。また、詐害行為取消権は、債務者がその責任財産を積極的に減少する行為をした場合に、その行為を否定して、責任財産を回復する制度である。例えば、債務者がその所有する不動産を第三者に贈与したときに、債権者は、贈与を取り消し、不動産を取り戻すことができる。

　もっとも、債権者は、債権を有するのみで、債務者の財産の運用にまでは干渉できないはずである。しかし、債務者の資力が債務の弁済に十分でない場合

（無資力）にも、債務者がその財産を自由に運用したのでは、債権者に酷とな
る。そこで民法は、債務者の責任財産の保全に必要な場合にのみ、つまり、債
務者が無資力であって、債権者がたとえ強制執行をしても効果がないことを要
件として、債権者代位権と詐害行為取消権とを認めたのである。このように、
二つの制度は、債権者が強制執行をするための前段階として、債務者の責任財
産を保全することを目的としている。しかし、その目的は、後述のように、判
例によって大きく修正され、民法もそれを認めた。

第2節　債権者代位権

1　意義・機能

(1)　意義

　債権者代位権とは、債権者が自己の債権を保全するために、債務者の有する
権利（被代位権利）を行使する権利である（423条1項本文）。民法の起草者は、
この債権者代位権が、「債権ノ履行ヲ確保」するために必要なものであると解
していた。すなわち、起草者が予定していたのは、次の二つの場合である
（梅・民法要義三78頁）。
　第一は、不動産の移転登記の請求である。債権者は、債務者が任意に債務を
履行しない場合には、債務者の有する不動産を差し押さえて競売し、その代金
を自己の債権の弁済に充てることができる（民執45条以下）。しかし、債務者
が、第三者から不動産を取得しておきながらその登記を怠っていると、当該不
動産につき二重譲渡がなされ、債務者の所有権が失われてしまうおそれがある。
そこで、債権者は、「自己ノ債権ヲ保全スル」ために、債務者に代わって第三
者に対し、移転登記を請求する必要がある。
　第二は、履行の請求である。すなわち、債務者が第三債務者に対してその債
務の履行の請求を怠っている場合には、債権者は、債務者に代わって第三債務
者に履行の請求をし、その弁済をもって自己の債権の弁済に充てることができ

る。

　以上のように、起草者は、債権者の被保全債権を金銭債権であるとし、債務者の責任財産に対する強制執行の前段階として、債権者代位権が必要であると考えていた。

(2) 機能

　債権者代位権は、フランス民法の間接訴権（action indirecte ＝ フ民 1341-1 条）に基づく制度である。もっとも、強制執行制度の完備していないフランスと異なり、それが完備している日本では、債権者代位権の存在意義は大きくない。しかし、債権者代位権は、債権の強制執行制度と対比すると、以下の点に特有の機能を有している。

　第一に、履行の請求は、債権者が債務者の第三債務者に対する債権を差し押さえて（民執 143 条以下）、転付命令（民執 159 条）を得ることによっても可能である。例えば、債権者 A は、債務者 B の第三債務者 C に対する債権を差し押さえ、その効力が生じて（民執 145 条 3・4 項）から 1 週間を経過すれば、B の債権を取り立てることができる（民執 155 条 1 項）。しかし、C が任意に弁済しない場合には、A は、取立訴訟（民執 157 条）を提起することもできるが、執行裁判所に対する申立てにより、差し押さえた B の C に対する債権を、支払に代えて、その券面額で A に移転する旨の転付命令を得ることもできる（民執 159 条 1 項）。この転付命令が C に送達されて効力が確定すると、その券面額で A の債権は弁済されたものとみなされる（民執 160 条）。そして、取立訴訟と比べた場合に、転付命令によれば、A は、B の他の債権者と競合することはない（民執 159 条 3 項参照）ため、優先弁済を受けるのと同様の結果となる。

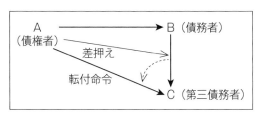

　このように、債権者代位権を利用しなくても、転付命令によれば、A は、B

のCに対する債権から優先的に自己の債権を満足させることができる。ただ
し、転付命令を得るには、その前提として債務名義が必要とされる（民執22
条）。すなわち、Aは、Bに対する勝訴の確定判決（同1号）、または、Bが直
ちに強制執行に服するという陳述が記載された公正証書（「執行証書」という。
同5号）をあらかじめ用意しなければならない。また、Aは、この債務名義を
もとに、差押手続も経なければならない。そして、Aがこのように労力と時
間をかけて転付命令を取得したとしても、Cが無資力で弁済できない場合には、
債権を回収することができなくなる。というのも、転付命令により、AのBに
対する債権はすでに消滅したものとみなされるからである。

　これに対して、債権者代位権による場合には、債務名義が不要であるほか、
旧法下の判例によれば、差押手続を経なくても差押えと同様の効果が生じた。
すなわち、債権者が代位権の行使に着手したことを債務者に通知し、または債
務者が了知すれば、債務者は、代位の目的である債権を行使できなくなる（大
判昭和14・5・16民集18巻557頁）。しかし、現行民法は、この判例を変更し、
①「債権者が被代位権利を行使した場合であっても、債務者は、被代位権利に
ついて、自ら取立てその他の処分をすることを妨げられない」とし（423条の
5前段）、かつ、②「相手方も、被代位権利について、債務者に対して履行をす
ることを妨げられない」とした（423条の5後段）。①は、債権者代位権が債務
者の責任財産を保全するための制度であり、債権者が代位行使に着手した後で
あっても、債務者が自ら権利を行使するのであれば、責任財産の保全という所
期の目的を達することができる。にもかかわらず、債務者による処分を制限す
るのは、債務者の財産管理に対する過剰な介入であるとの考慮に基づく。また、
②は、債務者による取立てが制限された結果、相手方も債務者に対する債務の
履行が禁止されるとすれば、相手方は、債務を履行する時に、債権者代位権の
要件の具備を判断しなければならなくなる。しかし、相手方は、その判断に必
要な情報を有しているとは限らないため、被代位権利であっても、債務者に対
して履行することが妨げられないとしたのである（一問一答94頁）。

　さらに、Aは、Cに対して、直接自己に金銭の給付を求めることができ（大
判昭和10・3・12民集14巻482頁）、事実上の優先弁済を受けることとなる。そ
れゆえ、債権者代位権は、転付命令よりも簡便で、しかも、Cの無資力の危険

を回避できる点で、より強力な債権回収の手段であるといえよう。民法はこれを明文化し、「債権者は、被代位権利を行使する場合において、被代位権利が金銭の支払又は動産の引渡しを目的とするものであるときは、相手方に対し、その支払又は引渡しを自己に対してすることを求めることができる」とした（423条の3前段）。そして、民法は、「相手方が債権者に対してその支払又は引渡しをしたときは、被代位権利は、これによって消滅する」ことを明らかにした（423条の3後段）。これは、債権者に対する直接の支払または引渡しを認めたことによる、当然の帰結である。ただし、上記のように、債権者が代位権を行使しても、相手方は債務者に対して債務の履行をすることができ、債務者も相手方からの履行を受領することができる（423条の5）。それゆえ、債権者が事実上の優先弁済を受けることは、旧法と比較するとやや少なくなろう。

　第二に、強制執行制度との関連では、債権者は、取消権や解除権などの強制執行の目的にならない債務者の権利（被代位権利）を代位行使することも可能である。

　以上の二点は、債権者の被保全債権が金銭債権であることを前提とする。これに加えて第三に、判例は、債権者の非金銭債権（特定債権）についても、債権者代位権の行使を認めている（債権者代位権の転用［特定債権保全型とも称される］—後述）。

　ところで、近時は、債権者代位権が、単に債務者の責任財産の保全のための制度ではなく、第三債務者に対する直接の権利行使を認める旨の債権者固有の権利であるとの主張がなされている（平井・債権総論261頁）。また、債権者代位権を無資力型と連鎖型とに分け、後者については無資力要件を不要とし、例えば、欠陥商品の売買が連鎖するときは、消費者の製造者に対する直接の損害賠償請求権（瑕疵担保または債務不履行）の行使を、債権者代位権を介して認めるべきであるとの見解（加藤・債権総論205頁）も存在する。これらの見解はいずれも、フランスの直接訴権（action directe）をモデルとする。しかし、フランスにおいては、直接訴権は、原則として法律の規定による場合を除いては認められず、また債権者代位権を用いてこれを認める見解も存在しない（野澤「枠組契約と実施契約」日仏法学22号172頁以下〔1999年〕、同『民法学と消費者法学の軌跡』〔信山社、2009年〕所収）。それゆえ、債権者代位権の適用範囲を拡張

する見解には、比較法的根拠はない。また、実質的にも、前述のように、債権者代位権は、強制執行制度を上回る強力な債権回収機能を有しているため、その安易な拡張を認めるべきではない。すなわち、債権者代位権を広く認めることは、特定の債権者のみを保護するとともに、債務者の責任財産に対する債権者の過度な干渉を許すこととなる。したがって、債権者代位権の要件としては、原則として債務者が無資力であることを維持するとともに、例外となる転用例についても、その当否を厳格に審査し、債権者代位権の適用範囲は、限定的に解すべきであると考える。

2 要件

(1) 四つの要件

債権者代位権の要件は、以下の四つである。

①債権者が「自己の債権を保全するため必要がある」こと（423 条 1 項本文）

金銭債権を保全するためには、債務者の資力を維持する以外に方法がない、ということである。換言すれば、債権者が代位権を行使するには、(i)被保全債権が金銭債権であることと、(ii)債務者が無資力であること（無資力要件）が必要である。ただし判例は、後述のように、債権者が非金銭債権（特定債権）を保全するために、債務者の無資力を要件とせずに、代位権を行使することを認め、現行民法も「登記又は登録の請求権を保全するための債権者代位権」を明文化した（423 条の 7）。

なお、債権者の「債権」とは、広く請求権を意味し、例えば、協議・審判等により具体的内容が確定した後の財産分与請求権も被保全債権となる（最判昭和 55・7・11 民集 34 巻 4 号 628 頁）。また、債権者の債権は、強制執行によって実現できるものでなければならない（423 条 3 項）。すなわち、債権者代位権は、本来的には、後の強制執行に備えて責任財産を保全するための制度であるから、強制執行により実現することのできない債権に基づいて被代位権利を行使することはできない。ここにいう「強制執行により実現することのできない」債権には、例えば、破産免責の手続によって免責された債権（破産 253 条 1 項柱書き本文）や不執行特約のある債権などがある。

②債務者が自らその権利を行使しないこと　　条文にはないが、判例は、債務者が自ら権利を行使した場合には、その行使方法や結果の良否を問わずに、債権者は、被代位権利を代位行使できないとする（大判明治41・2・27民録14輯150頁、大判大正7・4・16民録24輯694頁）。また、債務者が訴えを提起してすでに判決を受けた場合にはもちろん、訴えを提起しただけでも、債権者は重ねて訴えを提起することはできない。ただし、債務者の権利行使が不誠実ないし不適当な場合には、債権者は、補助参加（民訴42条以下）や独立当事者参加（民訴47条）によって自己の権利を保全することができ、また、詐害行為取消権を行使することもできる（最判昭和28・12・14民集7巻12号1386頁）。

　なお、債務者が権利を行使しない理由は問わない。また、債権者は、債務者に対して権利を行使するよう催告する必要もない（大判昭和7・7・7民集11巻1498頁）。

　③債権者の債権が履行期にあること（423条2項）　　この例外として、旧法下においては、裁判所の許可を得て代位（裁判上の代位）をすれば、履行期前でも権利を行使することができた（旧423条2項本文）。しかし、民法は、この部分を削除した。保全処分の制度（民保20条2項）が充実しているため、裁判上の代位によって被保全債権を保全する必要が乏しいからである。また、時効の完成猶予など、債務者の財産の現状を維持する行為（保存行為）は、裁判所の許可なしに、しかも履行期の前であってもできる（423条2項ただし書）。

　④代位の目的が債務者の一身専属権・差押禁止債権ではないこと（423条1項ただし書）

　(a)一身専属権　　同様の規定は、相続法にも存在する。すなわち、896条ただし書は、被相続人の一身に専属したものが相続の対象にならないとする。もっとも、896条の一身専属権と423条のそれとは、観点を異にする。すなわち、896条は、被相続人以外の者に帰属するのが適当ではない権利であり、「帰属上の一身専属権」をいう。これに対して、423条は、債務者以外の者が行使するのが適当ではない権利であり、「行使上の一身専属権」をいう。この両者は、重なる場合も多いが、異なることもある。例えば、慰謝料請求権は、相続の対象となるため、帰属上の一身専属権ではない。しかし、被害者自身が行使しない限り、被代位権利にはならないため、行使上の一身専属権である。ただし、

被害者が慰謝料請求権を行使して、「具体的な金額が当事者間において客観的に確定」したときは、一身専属性が失われるため、その代位行使も認められる（最判昭和58・10・6判時1099号51頁）。このほか、行使上の一身専属権の例としては、夫婦間の契約取消権（754条）や親族間の扶養請求権（877条以下）などの家族法上の権利が挙げられる。また、判例は、遺留分減殺請求権（旧法─現行民法では遺留分侵害額請求権［1046条］）も行使上の一身専属権であるから、遺留分権利者が、これを第三者に譲渡するなど、権利行使の確定的な意思を有することを外部に表明したと認められる特段の事情がある場合を除き、債権者代位権の目的とすることはできないとする（最判平成13・11・22民集55巻6号1033頁）。

　(b)差押禁止債権　　民法は、「差押えを禁じられた権利」を被代位権利として債権者代位権を行使することができないとした（432条1項ただし書）。差押禁止債権は、債務者の責任財産を構成せず、強制執行の準備を目的とする債権者代位権の対象には適さないからである。例えば、民事執行法152条所定の「差押禁止債権」がこれに該当する。

　なお、前述のように、被代位権利としては、取消権や解除権などの形成権も挙げられる。また、錯誤取消し（95条）の主張、相殺権および消滅時効の援用も代位して行うことができる。

　以下では、議論の多い①債権保全の必要性について検討する。

(2)　債権保全の必要性──債権者代位権の転用（特定債権保全型）

　前述のように、債権者代位権は、債務者の責任財産を維持するための制度であるから、本来的には、(i)被保全債権は金銭債権であり、かつ、(ii)債務者の無資力が要件とされる。しかし、判例は、非金銭債権についても債権者代位権を認め、その場合には債務者の無資力要件が不要であるとしていた。これを、旧法下では「債権者代位権の転用」と呼び、次の三つが問題とされた。

　第一は、登記請求権の代位である。例えば、Y所有の不動産がAに譲渡され、AからXへと転売されたが、登記名義はYにある場合において、Xが登記をするには、まずYからAに移転登記をしなければならない。しかし、転売目的のAは、登録免許税を節約するため、登記を自分に移さないことも多

い。このとき、中間者 A の同意がある場合に限って、X が Y に対して移転登記請求をすることが認められている（中間省略登記—最判昭和 40・9・21 民集 19 巻 6 号 1560 頁。ただし、最判平成 22・12・16 民集 64 巻 8 号 2050 頁参照）。しかし、A が協力しない場合には、このような中間省略登記は認められない。そこで判例は、X が A に対する登記請求権を保全するために、A の Y に対する移転登記請求権を代位行使することを認め、この場合には「債務者ノ資力ノ有無ニ関係」がないとした（大判明治 43・7・6 民録 16 輯 537 頁）。民法は、この点を明文化した（423 条の 7）。そして、「登記又は登録の請求権を保全するための債権者代位権」という表題の規定（423 条の 7）が設けられた現行民法の下では、債務者の責任財産を保全するための債権者代位権を「本来型」とし、非金銭債権に基づく債権者代位権を「転用型」と呼称するのは適切ではないとし、責任財産保全型と特定債権保全型に分ける見解が有力である（中田・271 頁、アルマ 4［白石］・161 頁）。

　第二は、不動産の賃借人が自己の賃借権を保全するために、賃貸人（所有者）の不法占有者に対する妨害排除請求権を代位行使する場合であり、大審院は、債務者（賃貸人）の無資力を要件とせずに、これを肯定した（大判昭和 4・12・16 民集 8 巻 944 頁）。

　以上の二つとは別に、判例が「民法 423 条の法意」を用いたものとして、抵当権に基づく妨害排除請求権の代位行使がある。

　　最大判平成 11・11・24 民集 53 巻 8 号 1899 頁（抵当権に基づく妨害排除請求の代位）
　　X が A 所有の土地と建物に根抵当権の設定を受けて 2800 万円を A に貸し付けたところ、Y は、その後に A から同土地・建物を賃借した B より建物を転借したと主張した。しかし、AB 間の賃貸借契約は、B の文書偽造による無効なものであった。X は、A が債務の弁済を怠ったため、根抵当権の実行をしたが、Y が建物を不法に占有していたため買受希望者が現れず、競売手続が進行しなかった。そこで、X は、A に対する貸金債権を保全するために、A の Y に対する所有権に基づく妨害排除請求権を代位行使した。第一審・第二審ともに X の請求を認容し、Y が上告した。

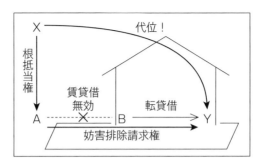

　最高裁は、抵当権者が、原則として、抵当不動産の所有者の行う使用収益に干渉することはできないとした。しかし、「第三者が抵当不動産を不法占有することにより、競売手続の進行が害され適正な価額よりも売却価額が下落するおそれがあるなど、抵当不動産の交換価値の実現が妨げられ抵当権者の優先弁済請求権の行使が困難となるような状態があるときは、これを抵当権に対する侵害と評価することを妨げるものではない。そして、抵当不動産の所有者は、抵当権に対する侵害が生じないよう抵当不動産を適切に維持管理することが予定されているものということができる。したがって、右状態があるときは、抵当権の効力として、抵当権者は、抵当不動産の所有者に対し、その有する権利を適切に行使するなどして右状態を是正し抵当不動産を適切に維持又は保存するよう求める請求権を有するというべきである。そうすると、抵当権者は、右請求権を保全する必要があるときは、民法 423 条の法意に従い、所有者の不法占有者に対する妨害排除請求権を代位行使することができる」と判示した（上告棄却）。

　なお、最高裁は、傍論ではあるが、債権者代位権を用いなくとも、抵当権者は、抵当権に基づく妨害排除請求権を行使することができるとしている。

　この判決を、債権者代位権の転用例の一つとして位置づけることも考えられる。しかし、その被保全債権は、抵当権者が抵当不動産の所有者に対して有する、抵当権の侵害を「是正し抵当不動産を適切に維持又は保存するよう求める請求権」（侵害是正請求権）であることに注意を要する。すなわち、この侵害是正請求権は、債権ではなく、抵当権に基づく物権的請求権である。そうだとすれば、この判決は、「債権」の保全を目的とする債権者代位権の制度の中に位

置づけるのは適切ではなく、むしろ抵当権の効力の問題として考えるべきであろう。最高裁が、従来の転用例とは異なり、その根拠を「民法423条の法意」に求めているのも、このような考慮に基づくものであると解される。

　以上のような、債権者代位権の転用に対して、旧法下においては、学説の評価が分かれていた。

　まず、多数説は、転用を認めることには問題がないとする。なぜなら、第三債務者にとっては、本来なすべき債務を履行するだけで、その相手方が債権者と債務者のいずれかによる不利益はなく、また、債権者にとっても、これを認めた方が便利だからである。

　これに対して、有力な見解は、非金銭債権への債権者代位権の転用を否定した。なぜなら、代位権をその本来の制度趣旨を超えて拡張することは、債務者の財産管理に対する不当な干渉になるからである。そして、判例による転用例については、これを債権者代位権ではなく、あくまで問題となっている権利に固有の領域において解決すべきであるとする。例えば、登記請求権の代位については、中間者に利益がない場合には、中間省略登記請求を認めることによって解決すべきであり、また、妨害排除請求権の代位については、端的に、賃借権そのものに妨害排除請求権を認めるべきであるとする（平井・債権総論265頁）。そしてたしかに、最高裁は、対抗力のある賃借権には妨害排除請求権を認め（最判昭和28・12・18民集7巻12号1515頁）、かつ、抵当権についても、固有の妨害排除請求権を承認している（最判平成17・3・10民集59巻2号356頁）。

　しかし、現時点では、中間省略登記請求権や賃借権に基づく妨害排除請求権は、一般的には認められていない。とりわけ、中間省略登記は、不動産登記法では認められない（不登61条。前掲最判平成22・12・16参照）。それゆえ、登記請求権の代位行使は、不動産登記簿の記載を実際の権利変動と一致させるためには、なお必要である。

　そこで、現行民法は、登記・登録請求権を保全するための債権者代位権については、一般（本来型）の債権者代位権とは区別して明文を設け、「代位行使の範囲」に関する423条の2が準用されないことを明らかにした（423条の7後段）。もっとも、423条の7後段は、「前三条の規定を準用する」とし、423条の3ないし423条の5が準用され、423条の2が準用されないことを明らか

にしているものの、債権者代位権の一般的規定である 423 条の規律が及ぶか否かは、解釈に委ねられている（一問一答 96 頁注）。例えば、不動産の売買契約において、買主の売主に対する登記請求権の期限が到来していないときも、登記請求権を保全するために代位権を行使できるか否かについては、423 条 2 項の適否が問題となる。423 条は債権者代位権の原則規定であり、423 条の 7 の場合（転用型—特定債権保全型）にも適用されるとしたうえで、当該売主に対して登記移転義務を負っている第三者が登記を他に移すおそれがある事案では、保存行為（423 条 2 項ただし書）として、買主は売主に代位し登記移転請求権を被保全権利として、第三者に対して処分禁止の仮処分をすることが可能であると考えられる（一問一答 97 頁）。

(3)　金銭債権における例外の可否

　以上の非金銭債権と異なり、金銭債権については、債務者が無資力である場合に限って、債権者代位権が認められるのが原則である。なぜなら、債務者は、自己の財産を自由に処分できるのが原則であり、その無資力のときにのみ、代位権の行使という形での債権者の介入が認められるからである。しかし、金銭債権においても、債務者の無資力要件が不要ではないか、という点が問題となった判決が二つある。

　　最判昭和 50・3・6 民集 29 巻 3 号 203 頁（金銭債権と無資力要件の要否）
　　事案は複雑であるため、単純化する。A がその所有する土地を B に売却し、代金を受け取らないうちに死亡して、A の子である X と Y が共同相続した。そこで B が、X と Y に対し、代金を支払うから移転登記をするよう求め、X は、登記手続に必要な書類を B に交付した。しかし、Y が売買の効力を争ってこれに応じなかったため、B は、移転登記手続をすることができず、X に対して代金の支払を拒絶した（同時履行の抗弁—533 条）。X は、B に対する代金債権を保全するため、B の Y に対する所有権移転登記手続請求権を代位行使した。第一審・第二審ともに X の請求を認容。Y は、B が無資力ではないため、X の債権者代位権は認められないとして上告した。
　　最高裁は、X が B に対する「代金債権を保全するため、債務者たる買主(B)

の資力の有無を問わず、民法 423 条 1 項本文により、Ｂに代位して、登記に応じない相続人(Ｙ)に対する買主の所有権移転登記手続請求権を行使することができるものと解するのが相当である」と判示した（上告棄却）。

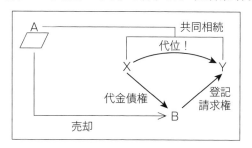

　この事案において、Ｘは、代金債権を保全するために債権者代位権を行使した。しかし、その目的は、債務者の責任財産を保全するためではなく、その「同時履行の抗弁権を失わせる」ことにあった。すなわち、金銭債権であっても、「その保全が債務者の資力に関係がなく」、しかも、他に適切な手段がないという「特殊な場合に関するもの」であり（東條敬・最判解説 93 頁以下）、債権者代位権の転用の一つであると解される。これに対して、次の判決は、無資力要件を要求したが、それが不要ではないかが争われたものである。

　最判昭和 49・11・29 民集 28 巻 8 号 1670 頁（保険金請求権の代位行使）
　Ａは、Ｂの運転する自動車に轢かれて死亡した。Ａの両親Ｘらは、Ｂに対して損害賠償請求をするとともに、ＢがＹ保険会社と自動車対人賠償責任保険契約（任意保険）を結んでいたため、Ｙに対しても直接に保険金を請求した。もっとも、自賠法の強制保険に関しては、被害者からの保険会社に対する直接請求権が認められている（自賠法 16 条）。ところが、任意保険の場合には、保険約款で直接請求を認めない限り、当然にはこれが認められない。そこでＸは、Ｂに対する損害賠償請求権を保全するため、ＢのＹに対する保険金請求権を代位行使する、という法律構成を援用した。これに対して、Ｙは、Ｂが無資力ではないとの理由で、Ｘの債権者代位権が認められないと主張した。第一審は、Ｘの請求を認容したが、原審は、債権者代位権の行使について、「金銭債権の場合は債務者の無資力」が要件であるとして、Ｘの請求を棄却し

た。X上告。

　　最高裁は、「交通事故による損害賠償債権も金銭債権にほかならないから、債権者がその債権を保全するため民法423条1項本文により債務者の有する自動車対人賠償責任保険の保険金請求権を行使するには、債務者の資力が債権を弁済するについて十分でないときであることを要する」とした（上告棄却）。

　昭和49年判決に対しては、学説の反対が多い。というのも、「損害保険の社会的目的・機能は、被保険者の損害塡補というよりは被害者の損害の塡補にあり、……その実質的な保険金請求権者は被害者である」と考えることもできる（田尾桃二・最判解説222頁）からである。また、債権者代位権が否定されると、被害者は、加害者に対して、確定判決などの債務名義を得て強制執行しなければならず、たとえ加害者に資力があっても相当の負担となる。しかも、保険会社は、被保険者（加害者）に対して保険金支払債務を負っているため、被害者の直接請求を認めても不利益はない。そこで、学説は、債権者代位権を借用して、被害者の直接請求を認めるべきであるとする。しかし、被害者の救済は図られなければならないとしても、「加害者に十分な資力のあるときにまであえて」債権者代位権の行使を許すべきではない（田尾・前掲223頁）。債権者代位権は、債務者に資力がなく、強制執行をしても功を奏しない場合に、その責任財産を維持して債権の満足を得ようとする制度である。それゆえ、昭和49年判決の事案において、被害者は、加害者に資力があればその責任財産に対して強制執行すべきであり、債権者代位権を用いる必要はない。これに対して、昭和50年判決の事案では、債権者は、債務者の責任財産に強制執行しようにも、同時履行の抗弁によってそれができない立場にある。そこで、強制執行の前段階として、債務者の同時履行の抗弁を失わせるために、債権者による債権者代位権の行使が認められよう。

　なお、昭和49年判決の後、任意保険約款が改定され、被害者からの保険会社に対する直接請求権が認められた。このような保険約款の改定は、解釈による直接請求権の承認が容易でないため、「必要なことであった」（淡路・債権総論245頁）と解される。

(4)　要件のまとめ

　旧法下における学説は、債務者の無資力要件の要否が被保全債権の種類によると解してきた。すなわち、損害賠償請求権や代金債権などの金銭債権であれば、無資力要件が必要であるが、登記請求権や妨害排除請求権などの非金銭債権であれば、無資力要件は不要であるとした（我妻・IV 160 頁）。しかし、昭和 50 年判決を考慮すると、被保全債権が金銭債権であっても、債務者の無資力要件が不要である場合も存在する。そこで、債権者代位権がその制度本来の目的である債務者の責任財産の保全のために行使される場合（本来型―責任財産保全型）には債務者の無資力を要件とし、それ以外の目的で行使される場合（転用型―特定債権保全型）にはこれを要件としないとする見解が有力であった。債権者代位権の制度趣旨に沿って、債権者が強制執行の準備のためにこれを利用する場合には債務者の無資力を要件とし、それ以外の場合には無資力要件を不要とする本書の立場も、この有力説に従うものである。そして、このような理解は、現行民法下においても維持されよう。

　なお、債権者代位権を主張する者は、①債権保全の必要性、すなわち、被保全債権の存在と債務者の無資力、および、被代位権利の存在を主張立証しなければならない。ただし、転用型（特定債権保全型）では、債務者の無資力の主張立証が不要となる。これに対して、被代位権利につき、②債務者がすでにそれを行使したこと、③期限が未到来であること、また、④債務者の一身専属権または差押禁止債権であることは、抗弁事由である。

3　効果

(1)　行使方法・範囲

　(ア)　行使方法　　要件が備わると、債権者は被代位権利を代位行使することができる。この場合に、債権者は、自分の名で被代位権利を行使するのであり、債務者の代理人として行使するわけではない。また、債権者代位権の行使方法は、裁判外でもよい。そして、旧法下では、債権者が代位権の行使に着手したことを債務者に通知または債務者が知ったときは、債務者は自己の権利を行使することができなかった（前掲大判昭和 14・5・16）。しかし、前述のように、

　民法は、債権者が被代位権利を行使した場合であっても、債務者は、その権利について自ら取立てその他の処分をすることができ、相手方（第三債務者）も債務者に対して、その権利の履行をすることが妨げられないとした（423条の5。なお、423条の5の施行に伴い、非訟旧85-91条も削除された）。

　㈠　相手方の抗弁権　　代位権の相手方（第三債務者）は、債務者に対して有するすべての抗弁権を行使することができる。なぜなら、債権者は、債務者の権利を行使するのであって、その相手方は、債務者自身が権利を行使した場合と同じに扱われなければならないからである。例えば、相殺や同時履行の抗弁などである。民法は、この点を明文化した（423条の4）。

　㈡　行使の範囲　　代位権の行使は、債権者が債権を保全するために必要な範囲に限られ、具体的には、その債権額を限度とする（最判昭和44・6・24民集23巻7号1079頁）。これに対して、債務者の責任財産の保全という制度趣旨に照らし、債権者はその債権額を超えて代位権を行使することができるとの見解（奥田・債権総論264頁）も存在する。しかし、債権者代位権は例外的な制度であり、その範囲は限定されるべきである。民法も、債権者は、被代位権利の目的が可分であるときは、自己の債権額の限度においてのみ、被代位権利を行使することができるとする（423条の2）。なお、この規定は、登記・登録請求権を保全するための債権者代位権には準用されない（423条の7後段）。

　㈢　金銭の支払・動産の引渡し　　債権者は、被代位権利が金銭の支払または動産の引渡しを目的とする場合には、直接に自己に引き渡すよう請求することができる（423条の3）。この点については、旧法下の判例は、妨害排除請求権の代位行使につき、債権者への明渡しを認め（大判昭和7・6・21民集11巻1198頁、最判昭和29・9・24民集8巻9号1658頁）、また、金銭についても債権者への引渡しを認めていた（大判昭和10・3・12民集14巻482頁）。なぜなら、これを認めないと、債務者が受領を拒否した場合には、債権者代位権の実効性が失われるからである。しかし、現行民法は、423条の3の文言上、不動産については、被代位権利が登記請求権であるか明渡請求権であるかを問わず、直接の引渡請求権から除外している（中井康之＝赫高規・改正コンメンタール255頁）。

　そして、金銭の支払が債権者に直接に行われる結果、金銭の支払においては、

債権者が事実上の優先弁済を受けることとなる。この点は、詐害行為取消権（424条）も同じである（424条の9）。

(2)　事実上の優先弁済

　債権者が債務者の第三債務者に対する金銭債権を代位行使した場合には、上記のように、金銭は、債権者に直接に引き渡される。しかし、債権者代位権は、債務者の責任財産の保全を目的とする制度であるため、その行使の結果は、すべての債権者の利益となるはずである。つまり、債権者は、受領した金銭を債務者に返還する義務を負う。そこで、旧法下において問題となったのは、債権者が、債務者に対する金銭返還義務と自己の債務者に対する債権とを相殺（505条）しうるか否かである。というのも、これを認めると、結果的には債権者に優先弁済を認めることになり、債権者代位権の制度趣旨に反するからである。

　この問題につき、旧法下の判例・通説は、債権者が優先弁済を受ける結果になることを肯定した。なぜなら、仮にこの相殺を否定しても、債権者の元に債務者の金銭があるため、事実上債務者がその金銭を弁済に充てる旨の意思表示をすることとなり、債権者が優先弁済を受ける結果となるからである。したがって、債権者代位権の行使は、債務者の無資力を要件とする点において、これを不要とする強制執行とは異なるものの、債権の取立訴訟と同様の効力を有し、しかも、債務名義も不要である。そこで、債権法改正の過程においては、債権者が第三債務者から引き渡された物を債務者に返還しなければならず、「その返還に係る債務を受働債権とする相殺をすることができない」との提案がなされた（中間試案第14・3 (2)）。しかし、債権者代位権による事実上の優先弁済が、少額の債権に関しては債権者の保護に有用であるとの現実を踏まえ、相殺禁止は規定されなかった（一問一答94-95頁）。その経緯からは、従前の判例・通説が追認されたと解される。これに対しては、フランスの直接訴権にならい、債権者代位権を、債務者の責任財産の保全の制度でなく、第三債務者に対して直接行使できる債権者固有の権利であるとして、その優先弁済を認める見解もある（平井・債権総論261頁）。しかし、この見解には、比較法的根拠がなく、また、代位債権者のみを優先し、他の競合する債権者を排除するという結論も

妥当でない。

(3)　代位訴訟における判決の効力

　取立訴訟や転付命令では、債務者に対する債務名義が前提となるため、債務者が被告となり、その手続保障が図られる。これに対して、債権者代位訴訟においては、債務者が当事者とはならない。にもかかわらず、債権者の提起した代位訴訟の判決の効力（既判力）は債務者に及ぶとされている（大判昭和15・3・15民集19巻586頁）。そこで、なぜ訴訟の当事者となっていない債務者に既判力が及ぶのかが問題となる。

　この問題につき、判例・通説は、債権者代位訴訟が法定訴訟担当であるとする。すなわち、債権者代位権は、代位債権者に対して、債務者の第三債務者に対する権利についての実体法上の管理権を付与するものであり、この管理権に基づいて訴訟上も代位債権者に当事者適格が認められる。そして、代位債権者の得た判決の効力は、債務者に有利にも不利にも及ぶとする（民訴115条1項2号、前掲大判昭和15・3・15）。ただし、債権者代位訴訟においては、訴訟担当者の当事者適格の存在が確定するわけではないから、仮に判決が確定したとしても、債務者は、代位債権者の債権の不存在など担当者の適格がなかった旨を主張して、その判決の効力が自分に及ぶことを争うことはできる（大阪地判昭和45・5・28下民集21巻5・6号720頁）。

　なお、民法は、債権者が代位訴訟を提起したときは、「遅滞なく、債務者に対し、訴訟告知をしなければならない」（423条の6）として、債務者が代位訴訟に関与する機会を保障している。この場合において、債務者は、債権者代位訴訟に参加することができる（共同訴訟参加―民訴52条、または、独立当事者参加―民訴47条）。もっとも、訴訟告知を受けた債務者は、代位訴訟に参加せずに、裁判外において、「被代位権利について、自ら取立てその他の処分をすること」ができ（423条の5前段）、第三債務者も、「債務者に対して履行をすることを妨げられない」（423条の5後段）。

第3節　詐害行為取消権

1　意義・機能

(1)　意義

　詐害行為取消権（債権者取消権）とは、債務者が責任財産を不当に減少する行為（詐害行為）をした場合に、その行為の効力を否定し、債務者の責任財産から逸出した財産を取り戻して、強制執行の対象とする制度である（424条1項本文）。例えば、債務者が、他に資産がないにもかかわらず、不動産を第三者（受益者）に贈与して移転登記をしたときは、債権者が贈与を取り消し、移転登記を抹消したうえで、その不動産に対して強制執行を行うことができる。このように詐害行為取消権は、債務者の責任財産を維持することを目的とするものであり、債権者代位権（423条）とその趣旨を同じくする。ただし、債権者代位権では、強制執行制度との関係が問題となるのに対して、詐害行為取消権においては、強制執行との役割分担は明確である。すなわち、差押え（民執46条）、仮差押命令（民保20条）および仮処分命令（民保23条）は、不動産の処分を禁ずるなど、係争物についての現状を変更しないようにすることができる。しかし、これらの手続では、すでに債務者が処分をして、その責任財産から逸出した財産を取り戻すことはできず、それができるのは、詐害行為取消権によってのみである。

　また、詐害行為取消権は、債権者代位権と異なり、必ず「裁判所に請求」しなければならない（424条1項本文）。その趣旨は、詐害行為取消権が第三者（受益者・転得者）の権利を覆すものであるため、要件の有無を裁判所に慎重に判断させることにある（梅・民法要義三83頁）。また、取消権の行使を他の債権者に公示する必要があることも、その副次的な理由として挙げられている。ただし、先の例で、受益者が当該不動産をさらに転得者に譲渡した場合に、債権者が取消訴訟を提起するにあたって、旧法下においては、誰を被告とし、また何を請求するのかは、必ずしも明らかではなかった。この問題は、詐害行為

取消権の法的性質をどのように考えるかにかかわる（後述）。

(2) 破産法上の否認権との関係

　詐害行為取消権と同様に、債権者を害する債務者の法律行為の効力を否定する制度として、否認権（破160条以下、会更86条以下、民再127条以下）が存在する。このうち、破産法の否認権とは、破産手続開始決定前になされた破産債権者を害すべき行為の効力を、破産財団との関係で否定し、破産財団から逸出した財産を回復する制度である（破167条1項）。その権能は、破産財団の管理機構である破産管財人に専属し、「訴え、否認の請求又は抗弁によって」のみ、行使される（破173条1項）

　上記の否認権は、破産という特殊な状況下において債権者間の平等を図るために、詐害行為取消権を①対象および②主観的要件の点で拡大強化した権利であると説明される。すなわち、①否認権の対象としては、詐害行為取消権の対象となる詐害行為（破160条）のほか、本旨弁済等のいわゆる偏頗行為（破産162条）、対抗要件の否認（破164条）および執行行為の否認（破165条）が認められている。また、②詐害行為取消権では、債務者の詐害の意思という主観的要件が必要とされる（424条1項本文）のに対して、否認権の場合には、偏頗行為否認についてのみならず（破162条）、詐害行為否認についても、破産者の主観的要件が不要とされている（破160条1項）。換言すれば、否認権行使の主観的要件としては、受益者または転得者（破170条）の悪意のみが問題とされる。したがって、詐害行為取消権と否認権は、法律上の権利としては、別個・独立のものであるとみなされ、判例も、「総破産債権者につき詐害行為取消権の消滅時効が完成しても否認権が消滅するわけのものではない」と判示している（最判昭和58・11・25民集37巻9号1430頁）。

　ただし、詐害行為取消権と否認権には、多くの共通点があることにも留意すべきである。すなわち、両制度は、沿革的にはローマ法のアクチオ・パウリアナ（actio Pauliana）に遡り、かつ、その制度趣旨も、債務者の財産の減少を阻止する点において共通する。また、両者は、法制度としても連続性を有し、債権者が詐害行為取消訴訟を提起した後に、債務者が破産手続開始の決定を受けた場合には、訴訟は破産手続の開始と同時に中断し（破45条1項）、破産管財

人がこれを受継する（同2項。なお、大判昭和3・5・11民集7巻337頁）。さらに、現実の機能においても両制度は共通する。すなわち、破産・会社更正・民事再生以外の法的倒産には否認権が存在しないため、詐害行為取消権による補完が必要であり、かつ、本来は破産・会社更正によるべき局面においても、破産手続の費用を節約するために詐害行為取消権が利用されている。

　ところで、平成16年の破産法の改正では、破産者が相当の対価を得てした財産の処分行為は、特別の要件が具備される場合に限って、否認の対象となるとした（破161条1項）。その趣旨は、破産者の責任財産の実質的な減少を防ぐために、相当な対価を得てした財産の処分であっても、否認の対象となる（同1号）としつつ、適正な価格で買い受けた受益者の利益を保護し、かつ、危機に陥った者が不動産を売却して金融を得ることを確保するために、否認の要件を厳格にする（同2号）ことにある。しかし、このように否認権の要件が厳格化されたため、同じ行為であっても、民法の詐害行為取消権の対象にはなるが、否認権の対象にはならないという事態が生じ、「類似の機能を有する制度間で不整合な状態が生まれていた」（一問一答102頁）。

　そこで、現行民法は、破産法の否認権の制度と平仄を合わせ、行為類型ごとの要件の特例を定めた。すなわち、相当の対価を得てした財産の処分行為の詐害行為性を原則として否定し、破産法と同様の枠組みを採用した（424条の2）。また、特定の債権者に対する担保の供与または債務の消滅に関する行為（いわゆる偏頗行為）についても、破産法162条と同様の規律を設けている（424条の3、424条の4）。さらに、民法は、否認権の制度（破160条以下、170条）にならい、受益者を相手方とする詐害行為取消権（424条1項）と、転得者を相手方とする詐害行為取消権（424条の5）とを区別している。というのも、受益者と転得者とでは、その利害状況が異なるからである。

2　法的性質

(1)　形成権説と請求権説の対立

　詐害行為取消権の法的性質について、かつては形成権説と請求権説とが対立した。まず、形成権説は、詐害行為取消権の目的が、債務者の行った法律行為

を絶対的に取り消すことにあると解し、債権者は、債務者・受益者・転得者の全員を相手に訴えを提起して、法律行為の取消しのみを請求すべきであるとする。この見解によると、目的物の返還は、取消し後に生じた債務者の返還請求権を、債権者が代位行使（423条）することによって実現すべきことになる。しかし、目的物を取り戻すために、さらに債権者代位権を行使しなければならないのでは、債権者にとって煩雑である。しかも、この見解では、取消しの効果を絶対的に生じさせるため、善意の第三者が存在した場合には取引の安全を害する。そこで、この点を考慮して、仮に善意者が介在すると取消権を行使できないとすれば、債権者が害されることになり、制度の目的が達せられないこととなる。

　これに対して、請求権説は、詐害行為取消権の制度目的が、債務者の責任財産から逸出した財産を取り戻すことにあり、取消しはその前提にすぎないとする。そして、詐害行為取消訴訟は、現に目的物を占有している受益者または転得者のみを相手に提起すればよく、その内容は、当該目的物の返還請求であるとする。しかし、詐害行為取消権の本質を目的物の返還請求であるとするのは、「取消しを裁判所に請求する」という424条1項本文の文言に反する。また、債務者が詐害行為をしても未だ履行していない場合には、債権者は法律行為の取消しのみを請求すべきであり、このことを請求権説では説明できない。

(2)　判例（折衷説）とその問題点

　判例は、上記の二つの見解を折衷した立場（折衷説または相対的取消説）を採用した。

> **大連判明治44・3・24民録17輯117頁（詐害行為取消権の法的性質）**
> 　Yは、その所有する山林をZに売却し、ZはこれをAに転売した。そこで、Yの債権者であるXが、Y・Z間の山林の売買契約が詐害行為であると主張し、YとZを被告としてその取消しを求める訴えを提起した。原審は、請求権説に立ち、逸出財産が転得者(A)の手許にあるときは転得者を被告としなければならず、かつ、Y・Z間の法律行為の取消しだけを請求することは許されないとし、Xの請求を却下した。X上告。

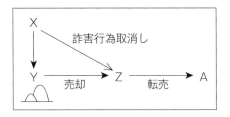

　大審院は、以下のように判示した（破棄差戻し）。

　①まず、詐害行為取消権は、「債権者ヲ害スルコトヲ知リテ為シタル債務者ノ法律行為ヲ取消シ、債務者ノ財産上ノ地位ヲ其法律行為ヲ為シタル以前ノ原状ニ復シ、以テ債権者ヲシテ其債権ノ正当ナル弁済ヲ受クルコトヲ得セシメテ、其担保ヲ確保スルヲ目的トスル」ものであり、このことは、明確であって、「一点ノ疑ヲ容レザル所」であるとする。

　②しかし、債権者が、誰を相手方として訴訟を提起すべきかについては規定がなく、「解釈上疑ヲ生ズル」とする。ただし、詐害行為取消権は、「民法ガ『法律行為ノ取消』ナル語ヲ用ヒタルニ拘ラズ、一般法律行為ノ取消ト其性質ヲ異ニシ、其効力ハ相対的ニシテ、何人ニモ対抗スベキ絶対的ノモノ」ではない。すなわち、裁判所が法律行為を取り消したときは、「其法律行為ハ訴訟ノ相手方ニ対シテハ全然無効ニ帰スベシト雖モ、其訴訟ニ干与セザル債務者受益者又ハ転得者ニ対シテハ、依然トシテ」有効である（取消しの相対的効力）。そして、債権者は、債務者の責任財産から逸出した財産を取り戻すために、受益者または転得者を相手に訴訟を提起すれば足り、「特ニ債務者ニ対シテ訴ヲ提起シ、其法律行為ノ取消」を求める必要はないとする。つまり、債務者は、詐害行為取消訴訟における当事者「適格ヲ有セザルヲ以テ、必要的共同被告」とはならない。

　③次に、債務者の財産が「受益者ノ手ヲ経テ転得者ノ有ニ帰シタル場合」には、受益者と転得者のどちらを訴訟の被告とすべきか。この問題につき、大審院は、債権者が受益者に対して詐害行為取消権を行使し、損害賠償（価額賠償）を求めることもでき、また、転得者に対して取消権を行使して、「直接ニ其財産ヲ回復スル」こともでき、その被告の選択は、債権者の「全ク其自由ノ権内」であるとする。そして、このように受益者が責任を負うのは、詐害行為によって「債務者ノ財産ヲ脱漏セシメタルガ為メ」であり、その財産を転得者に譲渡したからといって免れることはできないとする。

　　④さらに、債権者が、「財産ノ回復又ハ其賠償請求」をせずに、「単ニ法律
　行為ノ取消ノミヲ請求」することができるかにつき、大審院は肯定に解した。
　なぜなら、民法は、「単ニ法律行為ノ取消ノミヲ規定シ、取消ノ結果直チニ原
　状回復ノ請求ヲ為スト否トヲ、原告債権者適宜ノ処置ニ委ネ」ているからであ
　る。

　繰り返しになるが、上記の判旨をまとめると、次のようになる。まず、①詐
害行為取消権は、法律行為を取り消し、それによって債務者の責任財産から逸
出した財産を「原状ニ復」するものであるとする。これは、形成権説と請求権
説とを合わせたものである。また、②取消しの効果は、一般の取消し（121条）
と異なり、訴訟の相手方に対しては無効であるものの、訴訟に関与しない者に
対しては有効である（取消しの相対的効力）とする。そして、逸出した財産を
取り戻すために、債権者は、受益者または転得者を相手に訴訟を提起すれば足
り、債務者を被告とする必要はないとした。さらに、③財産が転得者の下にあ
る場合には、債権者は、受益者に対して取消しを求めて価額賠償を得ることも、
また、転得者を相手にその財産の取り戻すこともでき、被告の選択は、債権者
の任意によるとした。なお、④債権者は、財産の返還やその価額の賠償ではな
く、取消しのみを求めて訴えを提起することもできる。なぜなら、424条1項
は、法律行為の取消しのみを規定し、その結果生ずる原状回復請求については、
債権者に委ねているからである。
　この連合部判決につき、旧法下の通説は、詐害行為取消権の「制度の目的を
考察し、その効力をこれに必要な範囲に限局しようとするもの」であって、
「全体的にみてその態度は正当」であると評価した（我妻・IV 176頁）。
　しかし、判例理論に対しては、②の相対的取消しの問題点が指摘されていた。
すなわち、第一に、その内容があいまいであり、具体的な帰結も、関係当事者
が複数存在する場合には法律関係が錯綜し、かえって取引が混乱するおそれが
ある。第二に、債務者は被告にならない（③）ため、取消判決の効力（既判力）
は債務者には及ばない。それゆえ、債権者と債務者の間においては、債務者に
よる財産の処分が依然として有効であり、財産は受益者または転得者に帰属し
ていることになる。そうだとすれば、債権者は、たとえ財産を債務者に取り戻

したとしても、債務者に対して強制執行することはできないはずである。にもかかわらず、この問題が表面化しなかったのは、執行機関が当然に執行手続を開始せざるをえず、その実体関係を職権によって審査することがないからであった。また、受益者または転得者も、法律行為が取り消された以上は、債権者に対し、自己の所有権を主張して第三者異議の訴え（民執38条）を提起できない立場にある。つまり、②の相対的取消しは、執行法上致命的な欠陥を有するにもかかわらず、事実上それが表面化しなかったにすぎない。

　そこで、判例理論の有する理論的な欠陥を克服するために主張されたのが、責任説であった。

(3)　責任説とその評価

　責任説は、詐害行為取消権の行使により、債務者の責任財産から逸出した財産に対する強制執行の可能性が債権者に与えられれば、制度目的を達することができるとして、次のように主張する。すなわち、債権者は、財産を所有する受益者または転得者を相手とする責任訴訟（形成訴訟）を提起して、その者への執行を認める責任判決（執行認容判決）を得る。そして、これが債務名義となり、債権者は、受益者または転得者の下にある財産に強制執行でき、他の債権者も配当加入することができるとする。例えば、上記の大審院判決の事案では、山林の所有権がAにあることを認めたままで、それが債務者Yの債務の責任財産になるとする。

　この責任説は、責任財産の保全という詐害行為取消権の目的には合致している。なぜなら、責任財産を保全するためには、被告でもない債務者に財産を現実に取り戻す必要はなく、財産を受益者または転得者の下に置いたまま強制執行ができるとした方が合理的だからである。しかし、このような考え方はドイツ法に依拠するものであり、わが国ではドイツの「責任訴訟」のような制度がなく、「責任判決」という概念もない。それゆえ、責任説に対しては、立法論としてはともかく、解釈論としては適切ではない、との評価がなされていた。そして、債権法改正の過程においても、責任説は、責任訴訟という「新たな訴訟類型の手続規定を整備する必要がある」との「難点」や、その他の問題点が指摘され、採用されなかった（中間試案補足説明164頁参照）。

(4) まとめと民法（債権関係）の改正

　判例・通説の折衷説（相対的取消説）は、確かに理論的には問題がある。しかし、判例は、大審院連合部判決の理論を、強固な判例法理として確立していた。そうだとすれば、判例理論を前提としつつ、その内容を整理して、妥当な解決を導くことが穏当であり、現行民法も折衷説を前提とする。すなわち、詐害行為取消権は、「債務者がした行為の取消し」とともに、受益者または転得者の下に逸出した「財産の返還を請求することができる」権利であるとされる（424条の6第1項前段・第2項前段）。ここでは、折衷説の考え方が採られている。そして、その財産の返還（現物返還）をすることが困難であるときは、「債権者は、その価額の償還を請求することができる」（424条の6第1項後段・第2項後段）。また、「詐害行為取消請求に係る訴え」については、受益者または転得者を被告とし、債務者は被告とならない（424条の7第1項）。ただし、取消しの相対的効力は修正され、「詐害行為取消請求を認容する確定判決」の効力は、「全ての債権者に対して」のみならず、債務者にも及ぶこととなった（425条）。これは、確定判決の効力が債務者に及ばないこと（取消しの相対的効力）の結果として、受益者または転得者が財産を返還することとなっても、債務者に支払った金銭の返還を債務者に請求できないなどの問題点（一問一答108頁）を解消するための規律である。そして、債務者にも請求認容の確定判決の効力が及ぶ結果、債務者にも審理に参加する機会を保障するため、「債権者は、詐害行為取消請求に係る訴えを提起したときは、遅滞なく、債務者に対し、訴訟告知をしなければならない」（424条の7第2項）。

3　要件

(1) 要件一般

　詐害行為取消権の要件は、424条から424条の5に規定されている。このうち、基本的な要件を定める424条1項によれば、次のとおりである。まず、(i)債権者が債務者に対して債権を有していることが要件となる。すなわち、「債権者」は、行為の取消しを裁判所に請求することができると規定するため、債権者の被保全債権の存在が要件となる。次に、(ii)債務者が債権者を害する「行

為」（詐害行為）をしたことが要件となる。この「行為」には、①債務者の財産を減少させる行為のほか、②相当の対価を得てした財産の処分行為（424条の2）、③特定の債権者に対する担保の供与等（424条の3）、および、④過大な代物弁済等（424条の4）の特則が設けられている。そして、(iii)「債務者が債権者を害することを知って」いたことが要件となる。このうち、(ii)は、債務者の責任財産が減少して債権者への弁済には足りなくなること（債務者の無資力）であり、(i)と併せて、客観的要件とされる。これに対して、(iii)の債務者の悪意は、主観的要件である。詐害行為取消権を行使する債権者は、(i)から(iii)を主張立証しなければならない。

このほか、(iv)受益者または転得者が、詐害行為の時または転得の時に債権者を害することを知っていたことが要件となる（424条1項ただし書・424条の5）。なお、詐害行為取消請求に係る訴えは、債務者が債権者を害することを知って行為をしたことを債権者が知った時から2年を経過したときは、提起することができなくなり（426条前段）、行為の時から10年を経過したときも、同様である（426条後段）。

(2) 債権者の被保全債権の存在

(ア) **債権発生の時期**　旧法下の判例は、債権者の債権が、債務者の詐害行為よりも前に発生していなければならないとしていた（最判昭和33・2・21民集12巻2号341頁）。なぜなら、債務者の財産処分行為より後に発生した債権にとっては、すでに減少した債務者の財産が責任財産となるのであり、当該行為によって害されることはないからである。これに対して、現行民法は、被保全債権が詐害行為の「前の原因に基づいて生じた」場合にも、債権者には債権回収の合理的な期待が認められるとして、詐害行為取消権の行使を認め、旧法よりもその範囲を拡張している（424条3項）。ただし、債権の発生前に財産の譲渡行為がなされ、債権発生後に対抗要件が具備された場合には、財産の譲渡行為と切り離して、対抗要件の具備のみを詐害行為取消権の対象とすることはできない（不動産登記につき、大判明治40・3・11民録13輯253頁。このほか、大判大正6・10・30民録23輯1624頁、最判昭和55・1・24民集34巻1号110頁参照。債権譲渡通知につき、最判平成10・6・12民集52巻4号1121頁）。この判例法理

は、現行民法下でも妥当しよう。

　また、詐害行為取消権も、債権者代位権と同じく、本来的には、後の強制執行に備えて責任財産を保全するための制度である。それゆえ、債権者の被保全債権は、強制執行により実現することのできないものであるときは、詐害行為取消請求をすることができない（423条4項）。例えば、破産免責の手続によって免責された債権や不執行特約のある債権などを、被保全債権とすることはできない。

　(イ)　被保全債権の種類　　上記のように、詐害行為取消権は、債務者の責任財産を保全する制度であるから、債権者代位権と同じく、債権者の債権として金銭債権を予定している。そして、初期の判例も、債権者の債権は金銭債権に限るとしていた（大連判大正7・10・26民録24輯2036頁）。これは、木材の二重売買における第一買主が木材の引渡請求権を保全するために、第二売買を詐害行為であるとしてその取消しを求めた事件である。大審院は、金銭債権でない債権を有する者は他の債権者と平等の割合で弁済を受けることができず、詐害行為取消権の制度趣旨に反することを理由に、原告（取消債権者）の請求を棄却した。

　しかし、債権者代位権が非金銭債権に拡張されたように、詐害行為取消権についてもその非金銭債権への適用が問題となる。より具体的には、不動産の二重譲渡における特定物引渡請求権（特定物債権）が問題となり、最高裁は、次の大法廷判決によって、上記の大審院判例を変更している。

　　最大判昭和36・7・19民集15巻7号1875頁（特定物債権と詐害行為取消権）
　　Aは、その所有する建物をXに譲渡し、代金支払と同時に移転登記をする旨を約束した。ところが、Aは、その建物をYに代物弁済として譲渡し、移転登記も済ませてしまった。この場合に177条によれば、Yが背信的悪意者でない限り、Xは建物を取得できないことになる。そこでXは、AY間の代物弁済が詐害行為であるとして、その取消しを求める訴えを提起した。争点は、Xの債権が不動産の引渡しおよび移転登記を求める特定物債権であり、このような特定物債権についても詐害行為取消権が認められるか否かにある。

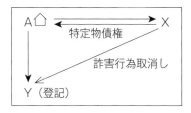

　最高裁は、次のように判示して、原判決を破棄差戻しとした。すなわち、「民法 424 条の債権者取消権は、総債権者の共同担保の保全を目的とする制度であるが、特定物引渡請求権（以下特定物債権と略称する）といえどもその目的物を債務者が処分することにより無資力となった場合には、該特定物債権者は右処分行為を詐害行為として取り消すことができるものと解するを相当とする。けだし、かかる債権も、窮極において損害賠償債権に変じうるのであるから、債務者の一般財産により担保されなければならないことは、金銭債権と同様だからである」。そして、前掲大審院大正 7 年判決を引用し、「詐害行為の取消権を有する債権者は、金銭の給付を目的とする債権を有するものでなければならないとした見解は、当裁判所の採用しないところである」とした。

　最高裁は、この後、昭和 53 年 10 月 5 日判決（民集 32 巻 7 号 1332 頁）においても、上記の判旨を繰り返している。この判旨で注意を要するのは、最高裁が、特定物債権を被保全債権として詐害行為取消権を認めているのではなく、その特定物債権が「窮極において」金銭債権（損害賠償請求権）に変わることを理由にこれを認めている点である。ただし、その趣旨は必ずしも明確でなく、特定物債権のままで取消権を行使できるか否かについて、判決の理解は分かれている。(a)通説は、上記の二重譲渡の事案では、Y（第二譲受人）への移転登記により X（第一譲受人）の特定物債権は履行不能となるから、X による詐害行為取消権の行使の時点では、X の債権はすでに金銭債権に変わっているとする。つまり、最高裁は、詐害行為の時点では金銭債権である必要はないが、取消権を行使する時には金銭債権に変わっていなければならないことを明らかにしたとする。これに対して、(b) X の債権は、取消権行使の時点においてもなお特定物債権であると考えることもできる。すなわち、AY 間の代物弁済契約は取り消されるべきものであるから、X の特定物債権は未だ履行不能でな

く、Xは、特定物債権のままで詐害行為取消権を行使することができ、不動産の登記名義をAに戻したうえで、自己に対する移転登記請求をすることができるとする。

　このうち、(b)の結論は、177条に反すると批判されている。ただし、177条と424条はその要件を異にし、424条では債務者の無資力要件が加重されるため、この批判は直ちには妥当しない。しかし、424条において債務者の無資力が要件とされるのは、詐害行為取消権の目的が、債権者の金銭債権を保全することにあるからである。そして、詐害行為取消権の趣旨が、債務者の責任財産を保全することにあるとすれば、(b)ではなく、(a)の理解が適切である。したがって、債権者は、詐害行為取消権を行使して、不動産の登記名義を債務者に移した後に、金銭債権の執行としてその不動産を差し押え、競売することによって満足を受けるべきである（我妻・Ⅳ181頁）。上記の最高裁大法廷判決も、詐害行為取消権は、「総債権者の利益のため債務者の一般財産の保全を目的とするものであつて、しかも債務者の無資力という法律事実を要件とするものである」から、177条とは、その「法律効果を異にする」と判示する。その趣旨も、(a)によって理解されよう。

　ところで、詐害行為取消しの結果、債務者に登記名義が回復された後に、取消債権者が、被保全債権である特定物債権に基づいて、債務者に対して所有権移転登記請求をすることができるか否かが問題となる。上記(a)の理解に基づいて、特定物債権がすでに損害賠償債権に変わったと解しても、債務者に登記名義が回復されたため、特定物債権が再び履行可能となり、論理的には、取消債権者が所有権移転登記請求することもできよう。しかし、その結論は、177条の規律に反することになる。そこで、旧法下においては、取消しの効果が債務者には及ばないとの相対効から、当該不動産の管理処分権は債務者に回復されないとして、これを否定することも可能であった。しかし、現行民法では、詐害行為取消しを認容する判決の効力が債務者にも及ぶ（425条）ため、取消債権者による所有権移転登記請求を否定することが困難である。そこで、この請求を権利濫用として否定するとの見解（中田・323頁）も存在する。結論的にはこれを否定することで学説が一致し、問題はその論理的根拠に止まる。端的に、詐害行為取消権の制度趣旨（＝強制執行の前段階）から、取消後の特定物

債権に基づく履行請求は否定されると解すべきであろう（なお、附帯控訴による所有権移転登記請求について、前掲最判昭和 53・10・5 を参照）。

(3) 詐害行為の存在

(ア) 客観的要件

(i) 債務者の行為であること　　詐害行為取消権は、債務者の「行為」を対象とする（424 条 1 項）。これに対して、旧法は、債務者が債権者を害することを知ってした「法律行為」を、詐害行為取消権の対象としていた。しかし、法律行為ではない弁済による詐害行為も認められる。そこで、現行民法は、「法律行為」ではなく、単に「行為」とした（一問一答 100 頁）。ただし、事実行為や単なる不作為は、「行為」には含まれない。なぜなら、詐害行為取消権は、取消しによって、その行為の法的効力を失わせる制度だからである（中田・290 頁）。

(ii) 財産権を目的とする行為であること　　詐害行為取消権は、「財産権を目的としない行為」には、適用されない（424 条 2 項）。対象とならない「財産権を目的としない行為」とは、婚姻、離婚、養子縁組、相続の承認などの家族法上の行為である。なぜなら、これらの行為については、債務者の意思を尊重すべきであり、たとえそれによって責任財産が悪化したとしても、債権者が介入すべきでないからである。ただし、家族法上の行為であっても、詐害行為となるものもある。例えば、離婚に伴う財産分与（768 条）は、原則として詐害行為とならないが、その「趣旨に反して不相当に過大であり、財産分与に仮託してされた財産処分であると認めるに足りるような特段の事情」がある場合には、取消しの対象になる（最判昭和 58・12・19 民集 37 巻 10 号 1532 頁）。そして、次の判決は、特段の事情を認め、取消しの範囲を明らかにした。

　　最判平成 12・3・9 民集 54 巻 3 号 1013 頁（財産分与と詐害行為）
　　X 銀行は、B 会社の取締役である A に対して貸金債権を有し、確定判決を得ていた。他方、Y は、A と婚姻していたが、平成 6 年 6 月 1 日、A と協議離婚した。そして、Y と A は、他の債権者を害することを知りながら、同 20 日、A が Y に対し、生活補助費として Y が再婚するまで毎月 10 万円を、ま

た、離婚に伴う慰謝料として 2000 万円を支払うことを合意し、執行認諾文言付きの公正証書を作成した。その後、X と Y が A の B に対する報酬債権等を差押え、B が供託したため、大阪地方裁判所は、X と Y の配当額を各債権額に応じて案分して定めた配当表を作成した。しかし、X は、異議の申出をし、本訴において、主位的には、YA 間の合意が通謀虚偽表示により無効（94 条 1 項）であり、予備的には、詐害行為取消権に基づき同合意を取り消すとして、配当表の変更を求めた。第一審は、X の主位的請求を認容したが、原審は、YA 間の離婚が「両者の真意に基づく」とし、通謀虚偽表示はないとした。しかし、YA 間の合意による支払額が「不相当に過大」であるとして、X の予備的請求を認容した。Y 上告。

　最高裁は、昭和 58 年判決を引用し、それが「財産分与として金銭の定期給付をする旨の合意をする場合」にも適用されるとした。そして、「離婚に伴う財産分与として金銭の給付をする旨の合意がされた場合において、右特段の事情があるときは、不相当に過大な部分について、その限度において詐害行為として取り消されるべきものと解するのが相当である」とした。より具体的には、「離婚に伴う慰謝料を支払う旨の合意は、配偶者の一方が、その有責行為及びこれによって離婚のやむなきに至ったことを理由として発生した損害賠償債務の存在を確認し、賠償額を確定してその支払を約する行為であって、新たに創設的に債務を負担するものとはいえないから、詐害行為とはならない。しかしながら、当該配偶者が負担すべき損害賠償債務の額を超えた金額の慰謝料を支払う旨の合意がされたときは、その合意のうち右損害賠償債務の額を超えた部分については、慰謝料支払の名を借りた金銭の贈与契約ないし対価を欠いた新たな債務負担行為というべきであるから、詐害行為取消権行使の対象となり得るものと解するのが相当である」と判示した（破棄差戻し）。

　この判決は、離婚に伴う慰謝料を支払う旨の合意が、「新たに創設的に債務を負担するもの」ではないから、詐害行為とならないとする。しかし、その「損害賠償の額を超えた金額の慰謝料を支払う旨の合意」について、「超えた部分」のみが取消しの対象となるとした。この点は、離婚に限らず、「一般に慰謝料の支払が問題となる場合についても」妥当しよう（高部眞規子・最判解説260 頁）。

　また、相続放棄（938条以下）は、相続人の意思を尊重すべきであるから、詐害行為とならない（最判昭和49・9・20民集28巻6号1202頁）。しかし、共同相続人の間でなされた遺産分割協議は、詐害行為取消権の対象となる（最判平成11・6・11民集53巻5号898頁）。なぜなら、「遺産分割協議は、相続の開始によって共同相続人の共有となった相続財産について、その全部又は一部を、各相続人の単独所有とし、又は新たな共有関係に移行させることによって、相続財産の帰属を確定させるものであり、その性質上、財産権を目的とする法律行為」に当たるからである。

　ところで、平成12年判決においても争われたように、詐害行為取消権の事案では、虚偽表示による無効が問題となることも多い。もっとも、両者は、実体的には、権利を移転する（424条）か否（94条1項）かで異なる。しかし、たとえ虚偽表示の事案であっても、債権者が詐害行為取消しを求めたときは、被告が虚偽表示による無効な法律行為であることを理由としてこれを阻止することはできないと解される。なぜなら、この場合における両制度は、同一の機能を有するからである（我妻・IV 177頁）。

　(ⅲ)　債務者の無資力　　424条1項本文の「債権者を害する」とは、その財産の処分行為によって債務者が無資力になることである。この要件は必要不可欠であり、たとえ債務者が債権者を積極的に害する意図をもって財産を処分しても、弁済の資力があれば、詐害行為となることはない。

　債権者を害するか否かは、①債務者による処分行為の時、および、②債権者が取消権を行使する時に判断される。すなわち、①処分行為の時に債務者が無資力でないならば、その後の事情によって債務者の責任財産が減少しても、詐害行為とはならない（大判大正10・3・24民録27輯657頁）。また、②債務者が処分行為によって無資力となっても、その後に資力を回復し、事実審の口頭弁論終結時に債権者を害しないときは、取消権は消滅する（大判大正8・10・28民録25輯1908頁、大判大正15・11・13民集5巻798頁）。なぜなら、詐害行為取消権は、債務者に対するサンクションではなく、債権の保全を目的とする制度だからである。ただし、②の事実は、取消訴訟の相手方が主張立証すべきである（大判大正5・5・1民録22輯829頁）。

　(ⅰ)　主観的要件──詐害の意思　　詐害行為取消権が認められるためには、

「債務者が債権者を害することを知って」いなければならない。これを、債務者の詐害の意思という。ただし、単なる債務超過の認識で足りるのか、あるいは債権者を害する意思（害意）が必要なのかは必ずしも明確ではなく、旧法下の判例は、次のように解されていた。すなわち、「各事案につき個別的に行為者の主観的事情と行為の客観的態様を綜合的に検討したうえ、その行為が正当として是認しうるかという観点に立って、詐害行為の成否を判断している」（斎藤次郎・昭48最判解説281頁）。

　これに対して、現行民法は、前述のように、破産法における否認権の規定を参照して、行為類型ごとに要件の特例を定めた。まず、詐害行為の基本的な行為類型は、(i)財産減少行為（424条1項）である。そして、(ii)相当の対価を得てした財産の処分行為（424条の2）、(iii)特定の債権者に対する担保の供与等（424条の3）、および、(iv)過大な代物弁済等（424条の4）については、(i)の要件が加重されている。

　(ウ)　行為類型ごとの要件

　(i)　財産減少行為　　贈与などの無償行為や不相当に低廉な価格での財産の売却などの行為は、424条1項によって、詐害行為取消請求の対象となる。この場合には、行為の詐害性が大きいため、債務者の主観的要件は、単なる債務超過の認識で足りる。

　(ii)　相当の対価を得てした財産の処分行為　　例えば、債務者が不動産を相当の価格で売却した場合がこれに当たる。そして、旧法下の判例は、不動産の譲渡については、その価格が相当であるか否かにかかわらず、原則として詐害行為となるとしていた。不動産が、消費されやすい金銭に代わるからである（大判明治39・2・5民録12輯136頁、大判明治44・10・3民録17輯538頁、大判大正7・9・26民録24輯1730頁など多数）。

　これに対して、民法は、債務者が相当な対価を得てした処分行為については、原則として詐害行為性を否定し、次の要件の全てを満たした場合にのみ、債権者がその行為を取り消すことができるとした（424条の2）。すなわち、①その行為が、不動産の金銭への換価その他の当該処分による財産の類の変更により、債務者において隠匿、無償の供与その他の債権者を害することとなる処分（隠匿等の処分）をするおそれを現に生じさせるものであること、②債務者が、そ

の行為の当時、対価として取得した金銭その他の財産について、隠匿等の処分をする意思を有していたこと、および、③受益者が、その行為の当時、債務者が隠匿等の処分をする意思を有していたことを知っていたことである。

　この規定によれば、債務者が、その事業を再建するために資産を売却したり、その所有する不動産に抵当権を設定して資金を調達することは、原則として、詐害行為とならない。

　(iii)　特定の債権者に対する担保の供与・対価的均衡のとれた債務消滅行為
旧法下の判例は、一部の債権者への弁済が「原則として詐害行為とならない」としつつ、「債務者が特定の債権者と通謀し他の債権者を害する意思をもってしたような場合」には、詐害行為になるとしていた。その理由は、①「債権者が弁済期の到来した債務の弁済を求めることは、債権者の当然の権利行使」であり、かつ、「債務者も、債務の本旨に従い履行をすべき義務を負うものであるから、他の債権者があるからといって弁済を拒絶することはできない」ことにある。また、②債権者平等の原則は、破産手続開始の決定によってはじめて適用されるものであり、それまでは、一部の債権者が優先的に弁済を受けることも認められるとした（最判昭和33・9・26民集12巻13号3022頁、最判昭和52・7・12判時867号58頁）。また、複数の債権者のうちの一人のために新たに担保権を設定することは、その債権者に優先弁済を受けさせるものであるため、原則として詐害行為となるとした。ただし、新たな借入れをするために担保権を設定した場合には、その借入れが、「生計費及び子女の教育費にあてる」ものであるとき（最判昭和42・11・9民集21巻9号2323頁）、または、小売営業の継続のため「やむなくした」ものであるとき（最判昭和44・12・19民集23巻12号2518頁）は、詐害行為にならないとされた。

　これに対して、民法は、債務者がした既存の債務についての担保の供与または債務の消滅に関する行為については、次の二つの要件のいずれをも満たすときに限り、詐害行為になるとする（424条の3第1項）。すなわち、①債務者の支払不能の時に行われたものであり、かつ、②債務者と受益者とが通謀して他の債権者を害する意図をもって行われたものであることである。このうち、①の「支払不能」とは、「債務者が、支払能力を欠くために、その債務のうち弁済期にあるものにつき、一般的かつ継続的に弁済することができない状態」を

いう（同項1号括弧書。なお、破産2条11号参照）。この支払不能は、換価の困難な財産を考慮せず、かつ、「弁済期にある」債務のみを考慮する点において、「無資力」とは異なる概念である（中田・302頁、アルマ4［白石］・192頁）。したがって、詐害行為取消請求の要件としては、債務者の無資力と支払不能が要求される。また、②の債務者と受益者の通謀は、旧法下の判例法理を採用したもの（一問一答104頁注）である。

　さらに、既存の債務についての担保の供与が債務者の義務に属せず（例えば、担保供与の約定がないにもかかわらず、担保権を設定する場合）、または、債務の弁済期が到来していないにもかかわらず弁済をした場合には、①の要件が緩和される。すなわち、「その行為が、債務者が支払不能になる前三十日以内に行われたものであること」、および、②の通謀の要件を満たせば、詐害行為取消請求が認められる（424条の3第2項）。

　なお、新たな借入れのために担保を供与する行為（いわゆる同時交換的行為）は、424条の3の対象とはならない。同時交換的行為は、特定の債権者を優先するものではなく、かつ、債務者にとっても、その再建にとって有益だからである。ただし、「経済的に見れば同時交換的行為は担保の目的物を処分して資金調達をしたのと同様の実態を有する」から、424条の2の要件を満たす場合には、詐害行為取消請求の対象となる（中間試案補足説明167頁）。

　(iv)　過大な代物弁済等—対価的均衡を欠く債務消滅行為　　旧法下の判例は、過大な代物弁済は詐害行為になる（最判昭和42・6・29判時492号55頁）とし、対価的均衡のとれた代物弁済であっても、債務の本旨に従った履行ではなく、これを行うか否かは債務者の自由に委ねられているとして、債務者が「債権者ヲ害スルコトヲ知リテ」代物弁済をした場合には、詐害行為になるとした（大判大正8・7・11民録25輯1305頁）。ただし、主観的要件は明らかではなく、後の最高裁は、債務者と特定の債権者との通謀を要件としていた（最判昭和48・11・30民集27巻10号1491頁）。

　これに対して、現行民法によれば、対価的均衡のとれた代物弁済は、「弁済と同一の効力を有する」（482条）ため、424条の3第1項の適用により、詐害行為取消請求の対象となる。もっとも、代物弁済は、上記のように、債務者の義務ではなく、債務者の自由（代物弁済契約）に委ねられているため、424条

の3第2項の適否が問題となる。同規定は、行為が行われた時期の要件を緩和
するものであるところ、同規定のモデルとなった破産法の規定では、代物弁済
は、「その方法」が「破産者の義務に属しないものである場合」に該当し、時
期の要件とは関連しない（破産162条2項2号参照）。そうだとすれば、破産法
の規律との整合性からは、代物弁済には、424条の3第2項ではなく、424条
の3第1項のみが適用されると解される（中田・306頁）。

　また、民法は、「過大な代物弁済」を念頭に、「債務者がした債務の消滅に関
する行為であって、受益者の受けた給付の価額がその行為によって消滅した債
務の額より過大であるものについて」の特則を設けた。すなわち、①「その消
滅した債務の額に相当する部分」は、対価的均衡のとれた債務消滅行為と同様
の424条の3第1項によって詐害行為取消請求の対象となり、②それを超える
部分（過大部分）は、財産減少行為となるため、原則規定である424条1項が
適用される（424条の4）。その結果、①の要件は満たさないが、②の要件を満
たす場合には、過大な部分のみについての一部取消しを認めることとなる。ま
た、債務者が代物弁済として給付した財産が不可分の場合には、債権者は、そ
の一部の返還（現物返還）を請求することはできないので、価額の償還を請求
することとなる（424条の6第1項後段——一問一答103頁）。

(4)　受益者・転得者の悪意

　(ア)　受益者の悪意　　民法は、破産法における否認権の制度に従い、詐害行
為取消権の相手方が受益者である場合と転得者である場合とを分けて規律して
いる。

　まず、詐害行為取消権は、債務者の詐害の意思のほかに、受益者が、詐害行
為の時において、「債権者を害すること」を知っている場合にのみ認められる
（424条1項ただし書）。もっとも、債務者と受益者の通謀が要求される場合
（424条の3）には、受益者は、単なる悪意でなく、債務者と通謀したことが要
件となる。債務者の悪意の主張立証責任は、債権者が負う。これに対して、受
益者の悪意については、受益者の側が、善意であったことを主張立証しなけれ
ばならない。なぜなら、424条1項ただし書は、詐害行為取消権の行使を阻止
する事由であり、かつ、債務者が詐害行為を行う場合には、受益者も悪意であ

ることが多いからである（大判大正7・9・26民録24輯1730頁）。ただし、債務者と受益者の通謀が要件となる場合には、原則に従い、債権者が両者の通謀を主張立証すべきである。

　(イ)　転得者の悪意　　民法は、債権者が転得者に対して詐害行為取消権を行使する場合には、まず、「受益者に対して詐害行為取消請求をすることができる」ことを前提とする（424条の5柱書き）。すなわち、受益者が悪意であることが必要である。そのうえで、①受益者からの転得者（1号）と②他の転得者からの転得者（2号）とを区別し、①については、「その転得者が、転得の当時、債務者がした行為が債権者を害することを知っていた」ことを要件とする。また、②については、「その転得者及びその前に転得した全ての転得者が、それぞれの転得の当時、債務者がした行為が債権者を害することを知っていた」ことを要件とする。

　なお、①②ともに、転得者の悪意については、取消債権者が主張・立証責任を負うこととなる。

　(ウ)　受益者または転得者の一方のみの悪意　　受益者および転得者が存在する場合に関して、詐害行為取消権の行使の可否をまとめると、以下のようになる。

　(i)　受益者と転得者が共に善意　　両者が善意であれば、詐害行為取消権は行使できない。

　(ii)　受益者が悪意・転得者が善意　　債権者は、善意の転得者に対して、目的物の返還を請求することはできないが、受益者に対しては、目的物に代わる価額の償還を請求することができる（424条の6第1項後段）。

　(iii)　受益者・転得者が共に悪意　　債権者は、その選択により、受益者に対して価額の償還を請求するか、または、転得者に対して目的物の返還を請求することができる。ただし、転得者が現物を返還することが困難であるときは、債権者は、その価額の償還を請求することができる。

　(iv)　受益者が善意・転得者が悪意　　旧法下の判例は、詐害行為取消しの効果が相対的であることを前提に、「受益者又は転得者から転得した者が悪意であるときは、たとえその前者が善意であっても債権者の追及を免れることはできない」と解していた（最判昭和49・12・12金法743号31頁―受益者が悪意、転

得者が善意、転々得者が悪意の事案）。しかし、このように考えると、①善意の受益者が転得者から担保責任を追及され、その取引の安全が害されるおそれがあること、および、②そのようなおそれから、善意の受益者が自己の財産の処分を躊躇するという弊害が生じうる（一問一答105頁）。そこで、民法は、前述のように、受益者が善意でなく、受益者に対して詐害行為取消請求をすることができる場合に限り、転得者に対しても詐害行為取消請求をすることができるとし（424条の5柱書き）、判例（前掲最判昭和49・12・12）を改めている。

4　行使方法

　債権者代位権と異なり、詐害行為取消権は、訴えによって行使しなければならない（424条1項本文）。これは、反訴でもよい（最判昭和40・3・26民集19巻2号508頁）が、抗弁の方法によることは許されない（最判昭和39・6・12民集18巻5号764頁）。この詐害行為取消請求に係る訴えは、詐害行為の取消しを内容とする形成訴訟と、逸出した財産の返還請求を内容とする給付訴訟とからなる。すなわち、取消債権者は、形成訴訟と給付訴訟を併せて提起してもよいし、形成訴訟のみを提起してその認容判決が確定した後に、給付訴訟を提起してもよい。そして、詐害行為取消請求に係る訴えの被告となるのは、先にも触れたように、受益者または転得者であり（424条の7第1項）、債務者には被告適格がない。ただし、詐害行為取消請求を認容する確定判決は、債務者に対しても効力を有する（425条）ため、「債権者は、詐害行為取消請求に係る訴えを提起したときは、遅滞なく、債務者に対し、訴訟告知をしなければならない」（424条の7第2項）とされている。

　詐害行為取消権の出訴期間は、「債務者が債権者を害することを知って行為をしたことを債権者が知った時」から2年間、または、行為の時から10年間である（426条）。その趣旨は、悪意の証明が困難であるため、紛争の長期化を防ぎ、取引の安全を図ることにある。

5 効果

(1) 取消しの効果の遡及

詐害行為取消しの効果は、取消しを命じる判決の確定によって生じる（最判昭和 40・3・26 民集 19 巻 2 号 508 頁）。しかし、その効果が将来に向かってのみ生じるのか、それとも過去に遡って生じるのかは、必ずしも明らかではなかった。この問題に答えたのが、次の最高裁判決である。

> **最判平成 30・12・14 民集 72 巻 6 号 1101 頁（詐害行為取消しの遡及効）**
> A に対して約 37 億 6000 万円の損害賠償債権を有する X（整理回収機構）が、詐害行為取消権に基づき、Y_1 に対しては、A が Y_1 から株式を代金 1 億 6250 万円で購入する旨の契約の取消し並びに受領済みの上記代金相当額、および、これに対する訴状送達の日の翌日からの遅延損害金の支払を求め、Y_2 に対しては、A が Y_2 に 1 億 2000 万円を贈与する旨の契約の取消し並びに受領済みの上記贈与金相当額、および、これに対する訴状送達の日の翌日からの遅延損害金の支払を求めた。争点となったのは、詐害行為取消しによる受益者（Y_1・Y_2）の取消債権者（X）に対する受領済みの金員相当額の支払債務（以下「受領金支払債務」という。）についての遅延損害金の起算日である。第一審・原審ともに、X の請求を認容し、訴状送達の日の翌日からの遅延損害金を認めた。Y らが上告受理申立てをした。その理由は、詐害行為取消しによる受益者の取消債権者に対する受領金支払債務は、詐害行為の取消しを命ずる判決（以下「詐害行為取消判決」という。）の確定により生じるから、その確定前に履行遅滞に陥ることはないのに、訴状送達の日の翌日からの遅延損害金の支払を命じた原審の判断には、法令の解釈適用の誤りがあるというものであった。
> 最高裁は、次のように判示して、Y らの上告を棄却した。すなわち、「詐害行為取消しの効果は詐害行為取消判決の確定により生ずるものであるが…、その効果が将来に向かってのみ生ずるのか、それとも過去に遡って生ずるのかは、詐害行為取消制度の趣旨や、いずれに解するかにより生ずる影響等を考慮して判断されるべきものである。詐害行為取消権は、詐害行為を取消した上、逸出

した財産を回復して債務者の一般財産を保全することを目的とするものであり、受益者又は転得者が詐害行為によって債務者の財産を逸出させた責任を原因として、その財産の回復義務を生じさせるものである」。そうすると、「詐害行為取消しの効果は過去に遡って生ずるものと解するのが上記の趣旨に沿うものといえる。また、詐害行為取消しによる受益者の取消債権者に対する受領金支払債務が、詐害行為取消判決の確定より前に遡って生じないとすれば、受益者は、受領済みの金員に係るそれまでの運用利益の全部を得ることができることとなり、相当ではない。したがって、上記受領金支払債務は、詐害行為取消判決の確定により受領時に遡って生ずるものと解すべきである。そして、上記受領金支払債務は期限の定めのない債務であるところ、これが発生と同時に遅滞に陥ると解すべき理由はなく、また、詐害行為取消判決の確定より前にされたその履行の請求も民法412条3項の『履行の請求』に当たるということができる」。したがって、「受領金支払債務は、履行の請求を受けた時に遅滞に陥るものと解するのが相当」であり、「Xは、Yらに対し、訴状をもって、各詐害行為の取消しとともに、各受領済みの金員相当額の支払を請求したのであるから、YらのXに対する各受領金支払債務についての遅延損害金の起算日は、各訴状送達の日の翌日ということになる」。

　受益者の取消債権者に対する受領金支払債務の遅延損害金の起算日については、下級審裁判例を参考にすると、次の三つの見解がある。すなわち、(a)受益者が金員を受領した日とする見解、(b)訴状送達の日の翌日とする見解、および、(c)詐害行為取消判決の確定の日の翌日とする見解である。このうち、(a)の見解は、不法行為による損害賠償債務が発生と同時に遅滞に陥る（最判昭和37・9・4民集16巻9号1834頁）のと同じく、詐害行為の時に遅延損害金が発生するとする。しかし、詐害行為を不法行為であるとする根拠は乏しく、また、不法行為に関しては、「被害者救済の必要性等の特別の事情を踏まえた解釈」が採られているが、詐害行為取消しには、そのような特別の事情がない。そうだとすれば、受益者の金員を受領した日を遅延損害金の起算日とすることはできない（宮崎朋紀・最判解説358頁、361-362頁）。また、(c)の見解は、「（詐害行為取消）判決によって債権者の受益者（または転得者）に対する金銭債権が確定的に発生する」（東京高判昭和63・10・20判タ708号204頁）ことを根拠とする。

しかし、この見解に対しては、受益者は、詐害行為取消判決の確定まで遅延損害金を支払う必要がないため、「詐害行為取消訴訟が長期化すればするほど遅延損害金に関して有利になる」との批判（宮崎・前掲 364 頁）が妥当する。そこで、最高裁は、①詐害行為を取り消して、債務者の責任財産をその行為より前の状態に回復させるという詐害行為取消権の「趣旨」と、②遡及しないとすれば、受益者が「受領済みの金員に係るそれまでの運用利益の全部を得ることができることとなり、相当ではない」との実質論から、訴状の送達を 412 条 3 項の履行の請求に当たるとしたものである。適切な判断であるといえよう。

(2) 取消しの範囲

　(ア) 原則——被保全債権額の範囲　　詐害行為取消権は、取消権を行使する債権者の債権の保全を目的とする制度である。それゆえ、債権者は、原則として、自己の債権額を越えて詐害行為を取り消すことはできない（大判大正 9・12・24 民録 26 輯 2024 頁）。例えば、A が B に対して 1000 万円の債権を有し、B が総資産 1200 万円のうちの 600 万円を C に贈与した場合には、A は、贈与の全部を取り消して 600 万円の返還を求めることはできず、400 万円の限度で取り消しうるにすぎない（424 条の 8 第 1 項）。また、価額償還請求をする場合も、同様に、自己の債権の額の限度においてのみ、その行為の取消しを請求することができる（424 条の 8 第 2 項）。

　(イ) 例外——目的物の不可分　　詐害行為の目的物が不動産のように不可分である場合には、債権者は、「たとえその価額が債権額を超過する場合であっても行為の全部について」取り消すことができる（最判昭和 30・10・11 民集 9 巻 11 号 1626 頁—建物の事案）。しかし、最高裁は、次のような場合には、目的物が不可分であっても全部取消しが認められず、「債権者は一部取消しの限度において、その価格の賠償を請求するの外はない」とした（前掲最大判昭和 36・7・19—128 頁参照）。

　〔設例〕
　　A は、B から 3000 万円の借金をするに際して、その所有する唯一の財産である本件土地（5000 万円）に、B のために抵当権を設定し、その旨の登記をし

た。次いで、Aは、Xからも4000万円を借り受けた。その後、Aは、本件土地を代物弁済としてBに譲渡し、その結果、抵当権の登記も抹消された。そして、Bは、本件土地を、以上の事情を知っているYに転売し、その旨の移転登記がなされた。そこでXは、Yに対して訴訟を提起して、AB間の代物弁済契約が詐害行為であるとして取り消し、本件土地の移転登記の抹消を求めた。

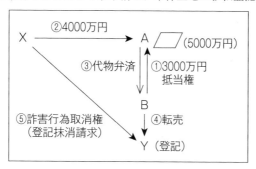

　この場合に先の原則を適用して、目的物（本件土地）が不可分であるから全部の取消しを認めるとすれば、次のような不都合が生ずる。すなわち、全部取消しの結果、不動産の登記名義がAに回復するとしても、抵当権の登記はすでに抹消されているのであるから、転得者であるYのみを被告とする本件訴訟では、Bの抵当権付債権と抵当権登記とを復活させることはできない。それゆえ、本件土地は抵当権の負担のないものとしてAに回復されることになる。そうすると、受益者Bは、もともとは抵当権者であったにもかかわらず、取消しの結果、無担保の一般債権者の地位に落ちてしまう。これでは、詐害行為にかかわったとしても、Bの利益を不当に害することになる。他方、債権者Xは、もともと抵当権の存在を覚悟していたはずである。換言すれば、Xは、本件土地の価格から抵当債権額を控除した残額（5000万円−3000万円＝2000万円）がAの責任財産であると考えていたはずである。にもかかわらず、本件土地が抵当権の負担のないものとしてAに返還されると、本件土地（5000万円）のすべてが共同担保となり、Xに予期していた以上の利益を与えることになる。結局、〔設例〕の場合には、全部取消しを認めても、原状回復が不可能であり、かえって不当な結果となると解される（前掲最大判昭和36年の奥野・

下飯坂・山田補足意見参照）。

　そこで、最高裁は、前述のように、一部取消ししか認めず、債権者が価格賠償を請求する以外にないとした。すなわち、［設例］の場合には、土地の価格（5000万円）から抵当債権額（3000万円）を控除した残額の部分（2000万円）に限って取消しが許されることになる。なぜなら、詐害行為取消権の目的は、債務者の責任財産から、優先弁済権を有する抵当権などの被担保債権額を控除した「共同担保」を保全することにあるからである。そしてこの結論は、その後の最高裁においても確認されている（最判昭和63・7・19判時1299号70頁、最判平成4・2・27民集46巻2号112頁）。

　（ウ）結論　　以上の判例法理をまとめると、次のようになる。まず、①詐害行為取消権の対象が可分（特に金銭）である場合には、債権者は、自己の債権額の限度において取消権を行使しうる。これに対して、②詐害行為取消権の対象が不可分（特に不動産）である場合には、債権者は、たとえ目的物の価格が債権額を越えるとしても、原則として全部を取り消し、目的物の返還を請求することができる。ただし、③全部取消しによる原状回復（現物返還）が不可能であるか、または著しく困難である場合には、一部取消しのみが認められ、債権者は、目的物の価格から抵当権などの被担保債権額を控除した残額についての価格賠償を請求しうるにすぎない。もっとも、判例は、現物返還が不可能または著しく困難でない限り、これによるべきであるとする（大判昭和9・11・30民集13巻23号2191頁、最判昭和54・1・25民集33巻1号12頁）。それゆえ、［設例］において、仮に転得者Yが現れず、かつ、Bの抵当権登記が抹消されていなければ、全部取消しを認めて、抵当権を復活させることも可能であろう。また、債務者が、抵当権付の土地を、抵当権者以外の既存の債権者に譲渡担保として譲渡した場合にも、抵当権登記は抹消されていないから、「逸出した財産自体の回復が可能」であり、債権者は、「土地全部についての譲渡担保契約を取り消して右土地自体の回復を」求めることができる（前掲最判昭和54・1・25）。

　（エ）共同抵当の場合　　最高裁は、共同抵当の目的とされた不動産の全部または一部の売買契約が詐害行為に該当する場合において、その抵当権が詐害行為後の弁済によって消滅したときは、売買の目的とされた不動産の価額からそ

の不動産が負担すべき抵当権の被担保債権の額を控除した残額の限度で売買契約を取り消し、「その価格による賠償を命ずるべき」であるとした（最判平成4・2・27民集46巻2号112頁）。この点については、次の簡単な〔設例〕を素材に検討する。

〔設例〕

　Aは、甲（4000万円）・乙（3000万円）・丙（1000万円）の三筆の土地を有し、Bから5000万円を借り受けるに際して、Bのために甲乙丙に共同抵当権を設定した。次いで、Aは、Cからも3000万円を借り受けた。その後、Aは、甲乙丙をそれぞれ悪意のD・E・Fに総計5000万円で売却し、その代金相当額をBに支払って、共同抵当権の登記が抹消された。そこで、Cは、甲乙丙の売買を詐害行為であるとして取り消した場合に、D・E・Fに対して、どのような請求ができるか（我妻・IV 197頁参照）。

　この場合において、有力な見解（我妻）は、現物返還の原則をできうる限り貫徹して、「不動産の総価格が被担保債権を遥かにオーバーし、差額が一部の不動産の価格を越えるとき」は、その額に相当する不動産の回復を請求しうるとする。この見解によれば、〔設例〕では、不動産の総価格が8000万円であり、被担保債権額（5000万円）を3000万円超過するため、Cは、Eに対して、その差額に相当する乙土地（3000万円）の返還を請求することができよう。しかし、この見解は、上記のような教室設例においては妥当な解決が得られるものの、実際には、乙土地に相当する不動産が存在する事例は少なく、また、仮に存在したとしても、「不足分は価格賠償で補う必要があるから、煩瑣でもある」（倉吉敬・最判解説74頁）。そこで、最高裁平成4年判決は、この見解を明確に否定し、価格賠償のみを認め、「一部の不動産自体の回復を認めるべきものではない」と判示した。そして、この場合において、詐害行為の目的不動産の価額から控除すべき同不動産の負担する抵当権の被担保債権の額は、「民法392条の趣旨に照らし、共同抵当の目的とされた各不動産の価額に応じて抵当権の被担保債権額を案分した額」（割り付け額）によるとした。〔設例〕では、抵当権の被担保債権額（5000万円）が、甲から2500万円、乙から1875万円、丙か

ら 625 万円が控除され、結局、C は、D に対して甲につき 1500 万円の価額の
償還を請求し、同様に、E に対して 1125 万円、F に対して 375 万円の価額の
償還（合計 3000 万円）を請求することができよう。

(3)　現物返還・価額償還

(ｱ)　原則——現物の返還　　詐害行為取消権の行使によって取消債権者が取
得するのは、原則として現物の返還請求権であり、その不可能または著しく困
難な場合にのみ、例外として、価額の償還を請求する権利が認められる（424
条の 6）。例えば、詐害行為の目的物が不動産のように登記または登録を伴うも
のである場合には、取消債権者は、その抹消または債務者名義への移転を請求
することとなる。すなわち、取消債権者は、債務者名義への登記の回復を求め
ることができるだけであって、直接に自己名義への登記を求めることはできな
い（前掲最判昭和 53・10・5）。その理由は、詐害行為取消権が「総債権者の共
同担保の保全を目的とするもの」（前掲最判昭 53・10・5）であり、取消債権者
の優先的権利が生じるわけではないことに加えて、不動産の二重譲渡の事案で
は、取消債権者への移転登記を認めると、177 条に反する点に存する。それゆ
え、取消債権者は、逸出した不動産の登記名義が債務者に回復された後に、債
務者に対して改めて金銭債権者として強制執行を行い、その債権額に応じて配
当を受けるにとどまる。現行民法も、逸出財産の取戻しについては現物返還を
原則とし、それが困難であるときは「価額の償還を請求することができる」と
する（424 条の 6）。

　なお、後に触れる動産または金銭の返還と異なり、不動産の返還に関しては、
債務者の受領行為を必要としない。というのも、受益者の移転登記を抹消すれ
ば、登記が自動的に前主（債務者）名義となるからである。もっとも、転得者
名義の不動産の返還を求める場合には、転得者名義の登記を抹消しても、前主
である受益者の名義となるにすぎない。そこで、この場合には、取消債権者は、
受益者を被告に加えるか、または、転得者に対して債務者への移転登記を請求
することになる。

(ｲ)　例外——価額の償還　　現物の返還が不可能または著しく困難な場合に
は、取消債権者は価額の償還を求めることができる。もっとも、その法的性質

は必ずしも明らかでなく、一種の不当利得返還請求権であるとする見解と、不法行為に基づく損害賠償請求権であるとする見解がある。

　問題となるのは、不動産の譲渡が詐害行為として取り消され、受益者がその返還に代わる価額の償還をすべきときに、価額の算定の基準時をいつとするかである。判例は、原則として、取消訴訟の事実審口頭弁論終結時を基準とすべきであるとする（最判昭和50・12・1民集29巻11号1847頁）。なぜなら、事実審口頭弁論終結時が、「詐害行為取消の効果が生じ受益者において財産回復義務を負担する時、すなわち、詐害行為取消訴訟の認容判決確定時に最も接着した時点」だからである。ただし、最高裁は、受益者が上記の時までに「当該不動産の全部又は一部を他に処分」し、「その処分後に予期しえない価格の高騰」があって、債権者も「高騰による弁済の利益を受けえなかったものと認められる等特別の事情」がある場合には、「債権者と受益者の利害の公平」を考慮して、例外が認められるとした。

　（ウ）　動産または金銭の返還　　詐害行為取消しの結果、受益者または転得者が動産または金銭（価格賠償を含む）を引き渡すべき場合には、取消債権者は自己に直接に支払をなすべき旨を請求することができる（大判大正10・6・18民録27輯1168頁、最判昭和39・1・23民集18巻1号76頁）。これらの動産または金銭は、債権者の共同担保となるべきものである（425条）から、本来的には債務者に返還されるべきである。しかし、そうすると、債務者が受領しない場合に対処できない。そこで、取消債権者が直接に受益者に返還請求できると解されている（我妻・Ⅳ194頁）。その結果、詐害行為取消権においても、債権者代位権と同様の問題が生じる。すなわち、債権者は、受け取った金銭を債務者に返す義務を負うが、金銭の場合には本来の債権と相殺することによって、債権者が事実上優先弁済を受けることになる。現行民法も同様である（424条の9）。もっとも、債権法改正の過程では、債権者が事実上の優先弁済を受ける結果となることは詐害行為取消権の制度趣旨（責任財産の保全）に反するため、債権者による相殺を禁止する案も検討された。しかし、債権者の相殺による債権回収を否定すると、債権者の詐害行為取消権を行使する動機が減少し、詐害行為がなされても詐害行為取消権を行使しなくなり、結果として、詐害行為取消制度が有する詐害行為の抑止機能が減退する。また、被保全債権が少額

で、その債務者が行方不明の場合には、民事執行の手続を要求することも実際上は難しいとの指摘もあり、相殺を禁止する規定が設けられなかったとされている（一問一答 110 頁）。

　㈡　債務者・取消債権者以外の債権者による請求　　詐害行為取消請求を認容する確定判決の効力は債務者に及ぶため（425 条）、債務者も、被告となった受益者または転得者に対して、逸出した財産の返還ないしその価額の償還を請求することができ、受益者または転得者も、債務者に対して返還ないし償還をすることができる。そして、この場合には、取消債権者の直接の取立権および受領権は消滅する。

　問題となるのは、この場合に、他の債権者が 425 条を根拠に、取消債権者に対して分配請求をすることができるか否かである。

　判例は、この問題を否定に解する（最判昭和 37・10・9 民集 16 巻 10 号 2070頁）。その理由は、取消債権者に優先弁済権はないものの、他の債権者に金銭を分配する手続を「全く欠く法のもと」では、取消債権者が「分配者となって他の債権者の請求に応じ平等の割合による分配を為すべき義務を負うものと解することはできない」ことにある。

　では、取消しの相手方である受益者も債権者の一人であった場合に、取消債権者からの返還請求に対して、自分に分配されるべき額を控除して返還すると主張することはできるか。この点が争われたのが、次の判例である。

　　最判昭和 46・11・19 民集 25 巻 8 号 1321 頁（受益者による分配請求の可否）
　事案を単純化すると、次のようであった。債務超過に陥っている A 会社は、その大口の取引先であり、2000 万円の債権を有している Y 会社の取締役と通謀して、Y に対してのみ 500 万円を弁済した。そこで、A に対して 500 万円の債権を有している X が、この弁済を詐害行為であるとしてその取消しを請求し、Y に対して 500 万円の返還を求めた。これに対して Y は、自分も債権者であるから、この 500 万円は X と Y の債権額に応じて按分されるべきであるとして、100 万円の限度でのみ返還に応じると主張した。原審は Y の主張を排斥し、Y が上告した。

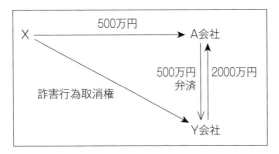

　最高裁も、Ｙの配当要求を否定して、その上告を棄却した。その理由は、Ｙが按分額の支払を拒むことができるとすれば、「いちはやく自己の債権につき弁済を受けた受益者を保護し、総債権者の利益を無視する」ことになり、詐害行為取消権の「制度の趣旨に反する」ことにある。しかし、そうだとすれば、ＸはＹに対して直接に 500 万円の引渡しを請求でき、その結果、事実上優先弁済を受けることとなる。この結論につき、最高裁は、「債務者から逸出した財産の取戻しを実効あらしめるためにやむをえない」とする。そして、他の債権者への金銭の分配につき「立法上考慮の余地はあるとしても、そのことからただちに、Ｙのいわゆる配当要求の意思表示に、所論のような効力を認めなければならない理由はない」と判示した。

　この判決に対しては、債権の回収に勤勉な債権者が敗れ、後に登場した取消債権者が優先される結果になる、との批判がなされている。しかし、旧法下の多数説は、判例の結論を立法の不備であるとして容認した。すなわち、立法論としては、債権者が、受益者または転得者に対して供託すべき旨を請求しうるにとどまるか、少なくとも、金銭を裁判所に提出して、他の債権者に配当加入の機会を与えるべきである。しかし、現行法はこのような手続について規定がないため、判例の結論はやむをえないとする（我妻・IV 194-195 頁）。
　たしかに、判例の結論は、取消債権者Ｘと受益者Ｙとの比較では、「不公平の感がないではない」。しかし、ＸとＹの他にも債権者が存在しうることを考慮すれば、Ｙの按分の主張を認めることはできない（杉田洋一・最判解説 266頁）。他方、取消債権者の受益者（または転得者）に対する直接の金銭の引渡請求は、「財産の取戻しを実効あらしめるためにやむをえない」。そうだとすれば、

取り戻した金銭を他の債権者に分配する手続がない以上、取消債権者が事実上の優先弁済を受ける結果となることもまたやむをえないと解される。現行民法下においても、同様である。

(4)　受益者・転得者の権利

　民法は、「詐害行為取消請求を認容する確定判決は、債務者及びその全ての債権者に対してもその効力を有する」とする（425条）。そして、詐害行為が取り消された後の、受益者または転得者の債務者に対する権利を定めている。これは、旧法下においては、詐害行為取消しの効果が債務者に及ばなかったため、例えば、債務者を売主とする売買契約が取り消され、買主である受益者が目的物を債権者に返還したとしても、受益者は、債務者に対して、その支払った代金相当額の返還を求めることができないことを考慮したものである（一問一答111頁）。すなわち、現行民法は、425条を前提に、受益者または転得者の債務者に対する権利を、以下のように明らかにしている。

　民法は、まず、債務者の詐害行為が、①財産の処分である場合と②債務の消滅である場合とを区別する。そして、①が取り消されたときは、「受益者は、債務者に対し、その財産を取得するためにした反対給付の返還を請求することができ」、それが困難なときは、「価額の償還を請求することができる」とする（425条の2）。この場合における受益者の債務者に対する価額償還請求権は、債務者に対する他の一般債権者の債権と平等である。

　また、②が取り消された場合において、「受益者が債務者から受けた給付を返還し、又はその価額を償還したときは、受益者の債務者に対する債権は、これによって原状に復する」（425条の3）。

　さらに、民法は、債務者のした①または②の行為が転得者に対する詐害行為取消訴訟によって取り消された場合に、当該転得者に次の権利の行使を認めている。すなわち、①が取り消された場合には、転得者は、仮に受益者に対する詐害行為取消請求が認められたならば受益者が債務者に対して有したであろう、反対給付の返還請求権またはその価額の償還請求権を行使することができる（425条の4第1号）。また、②が取り消された場合には、仮に受益者に対する詐害行為取消請求が認められたならば受益者が債務者に対して有したであろう

債権の行使が、転得者に認められる（同2号）。ただし、転得者によるこれら
の権利の行使は、「その前者から財産を取得するためにした反対給付又はその
前者から財産を取得することによって消滅した債権の価額を限度」とする（同
条ただし書）。

第4章 多数当事者の債権債務

第1節 民法の規定

1 二つの側面

　一つの債権関係について、数人の債権者があるもの、または数人の債務者があるものを、多数当事者の債権関係という。民法は、債権編総則第三節において、「多数当事者の債権及び債務」と題し、この多数当事者の債権関係に関する規定（427条以下）を置いている。もっとも、その規定は、二つの異なる側面を有している。一つは、同一の給付（債権関係）について、複数の債権者または債務者が存在する場合にどのように扱うかを規律するものである。例えば、ABC の三人が共同して事業を始めるにあたり、事務所として都心のビルの一室を借りたときには、その賃料債務をどのように負担するかが問題となる。また、ABC の三人が共同相続人として、被相続人の債権債務を承継する場合にも同様の状況が生じよう。民法は、これらの場合に対処するものとして、分割債権・債務（427条）、不可分債権・債務（428条以下）、連帯債権・債務（432条以下）を定めた。

　ところで、債務者が複数存在するということは、債権の回収をより確実にすることを意味する。そこで、多数当事者の債権関係のもう一つの側面としては、債権の人的担保としての役割を指摘することができる。この人的担保という側面から民法の規定を概観すると、上記の連帯債務および不可分債務（430条）のほか、保証債務（446条以下）に関する規定が存在する。以下では、この二

つの側面を概観する。

2　複数の債権者・債務者という側面

　先の例のように、現実には、一つの債権関係について、複数の者が債権者または債務者となることはまれでない。その場合に問題となるのは、次の三点である。

　第一に、債権者と債務者との間でどのように請求がなされるかが問題となる（対外的効力の問題）。すなわち、複数の債権者がいる場合に、各債権者は全額の請求ができるか、その一部の請求にとどまるか、また、債務者が複数いる場合には、各債務者は全部の履行を請求されるか否かが問題となる。

　第二に、例えば時効の中断など、債権者または債務者の一人について生じた事由が他の債権者または債務者に影響するかが問題となる（影響関係の問題）。

　第三に、複数の債権者または債務者間の内部関係が問題となる。すなわち、複数の債権者の一人が受領した弁済を他の債権者にどのように分配するか、また、複数の債務者の一人が全額を弁済した場合に他の債務者がどのように負担するかが問題となる（内部関係の問題）。

　民法の規定も、以上の三つの問題を念頭に置いて定められている。

　ところで、民法は、一つの物を複数の者が所有する場合の共同所有関係について(ア)共有（249条以下）を規定し、そのほかにも、学説によって、(イ)合有および(ウ)総有という概念が認められている。多数当事者の債権関係も、このような物権の共同所有関係と類似する面も多く、現在の通説は、両者を対比させて、以下のように解している。

　(ア)　債権債務の共有的帰属　　民法は、複数の者が所有権以外の財産権を有する場合（準共有）にも物権の共有の規定が準用される。ただし、「法令に特別の定めがあるとき」はそれに従う（264条）。そして、多数当事者の債権関係の規定（427条以下）が債権の共有に関する「特別の定め」であり、債権の共有については、物権の共有の規定は準用されない。債務の共有も同様である。もっとも、債権債務の共有といっても、債権関係の場合には、一つの債権または債務が二人以上の者に帰属するのではなく、債権者または債務者の数だけ債

権債務が存在するため、物権の共有と全く同じではない。

(イ) 債権債務の合有的帰属　債権債務の合有も、債権者または債務者の数だけ債権債務が存在する点では、債権の共有と共通する。しかし、その債権債務は、各構成員に分割されずに全体に及び、債権の取立てや処分も全員が共同してのみ行うことができる。例えば、組合財産は、民法上は総組合員の「共有」であるとされる（668条）が、判例および学説は、これを合有であると解している。その結果、組合財産に含まれている債権債務も総組合員に合有的に帰属し、組合の債権は全員が共同でこれを取り立て（あるいは業務執行組合員が全員の名でこれを行う）、また、組合の債務も全員が共同して債務の全額を履行すべきである。

(ウ) 債権債務の総有的帰属　債権債務の総有は、債権債務が総有団体に一つのものとして帰属し、各構成員が持分を有することはない。それゆえ、総有債権の取立ておよび処分は団体のみが行い、かつ、債務の弁済も総有財産をもってなされ、原則として構成員は責任を負わない。このような総有団体の具体例としては、入会集団や権利能力なき社団（最判昭和32・11・14民集11巻12号1943頁）が挙げられる。

　以上の共同所有関係と多数当事者の債権関係との対比は、団体と構成員、およびその債権者または債務者との関係を考える際には、有益である。しかし、そもそも総有・合有・共有の概念を区別する実益については、疑問も呈されている（→民法総則に委ねる）。また、民法の規定する多数当事者の債権関係が、「共有的なもの」（我妻・IV 376頁）であるとしても、上記のように、厳密には物権の共有とは異なる。そうだとすれば、民法の規定を理解するうえでは、共有との対比ではなく、先の三つの問題（対外的効力・影響関係・内部関係）を検討すべきである。

3　人的担保という側面

　債権の効力は、究極的には債務者の責任財産に依存する。そこで、債権者としては、自己の債権を確実に実現するために、次の二つの方法のいずれかをとることを考えなければならない。一つは、債務者の責任財産をあてにしつつも、

他の債権者に優先して弁済を受ける手段であり、これが物的担保制度である。物的担保には、民法典に規定されている四種類の典型担保（留置権・先取特権・質権・抵当権）のほか、譲渡担保・仮登記担保・所有権留保などの非典型担保がある。もう一つは、債務者以外の者の有する責任財産をあてにするものであり、これが人的担保である。人的担保としては、前述のように、保証債務、連帯債務および不可分債務がある。

　このうちの人的担保は、債務者の数を増やすにすぎず、例えば保証人となった者に資力がなければ、債権者は、その債権を回収することはできない。そこで、債権者は、資力のある者を保証人とする。しかし、その者が後に資力を失うこともあるため、人的担保には常に不安がつきまとう。これに対して、物的担保は、その目的となる財産の評価を誤らず、かつ、価値の容易に減少しない物を対象とすれば、債権者は確実に債権を回収することができる。しかし、物的担保は、その目的物となりうる物を有している者しか利用できない。しかも、物的担保の設定および実行には費用がかかり、また、煩雑な手続が必要である。これに対して、人的担保は、親や友人に保証人となってもらうなど、財産を持たない者でも利用することが可能であり、かつ、その設定手続も容易である。このように、人的担保と物的担保には一長一短があり、実務においてはその両者が設定されることが多い。例えば、銀行との間で住宅ローンを組む場合には、債務者は、不動産に抵当権を設定するとともに、（連帯）保証人も立てるのが通常である。

4　民法（債権関係）の改正の概要

　多数当事者の債権債務に関する主な改正点は、以下のとおりである。
　(1)　連帯債権の新設
　連帯債権に関する規律が新設された（432-435 条の 2）。ただし、連帯債権の定義および影響関係（対外的効力）は、連帯債務の規律と同様である。
　(2)　連帯債務の絶対的効力事由の限定
　連帯債務の絶対的効力事由を、更改（438 条）・相殺（439 条）・混同（440 条）に限定し、履行の請求・免除・時効の完成は、相対的効力事由とされた。

(3)　不真正連帯債務概念の不要

　民法は、連帯債務が当事者の意思表示のみならず、「法令の規定」によって成立することを明記し（436条）、上記のように連帯債務の絶対的効力事由を限定するとともに、求償のルール（442条）も不真正連帯債務に適用されることを前提としているため、不真正連帯債務の概念を無用のものとする。

(4)　保証人の保護

　保証人に過酷な結果が生じないよう、保証人を保護する規定が新設される。その手法としては、債権者ないし主たる債務者が、保証人に対して、一定の事項について情報を提供する義務を負うとするもの（458条の2・458条の3・465条の10）と、保証契約の締結に公正証書を要求するもの（465条の6）とがある。

(5)　個人根保証契約

　民法は、貸金等根保証契約に関する包括根保証の禁止および要式行為性を、個人根保証全般に拡張した（465条の2）。

第2節　分割債権・分割債務

1　分割の原則とその問題点

(1)　分割の原則

　一つの債権または債務について複数の当事者が生じた場合には、分割が可能である限り、債権債務ともに頭割りで分割される、というのが民法の原則である。ただし、目的物が分割できない場合（不可分）や、特約がある場合には、例外が認められる（427条）。例えば、一船分の木材を二人が共同して買った場合には、目的物について不可分の特約（旧430条の事案）がなされるなどの特段の事情がない限り、買主両名の債務は分割債務であるとされる（最判昭和45・10・13判時614号46頁）。また、共同相続財産である賃貸不動産から生ずる賃料債権は、分割債権になるとした。すなわち、「遺産は、相続人が数人あるときは、相続開始から遺産分割までの間、共同相続人の共有に属するもので

あるから、この間に遺産である賃貸不動産を使用管理した結果生ずる金銭債権たる賃料債権は、遺産とは別個の財産というべきであって、各共同相続人がその相続分に応じて分割単独債権として確定的に取得する」と判示した（最判平成17・9・8民集59巻7号1931頁）。

　ところで、最高裁は、「相続人数人ある場合において、その相続財産中に金銭その他の可分債権あるときは、その債権は法律上当然分割され各共同相続人がその相続分に応じて権利を承継するもの」とした（最判昭和29・4・8民集8巻4号819頁─郵便貯金債権につき、同旨・最判平成16・4・20判時1859号61頁）。しかし、預貯金債権については、債権の内容・性質に特徴があり、また、遺産分割の対象とすべきであるとの要請が強かった。そこで、最高裁は、まず、定額郵便貯金債権について、「その預金者が死亡したからといって、相続開始と同時に当然に相続分に応じて分割されることは」なく、「同債権の最終的な帰属は、遺産分割の手続において決せられるべき」であるとした。その理由は、①「定額郵便貯金債権が相続により分割されると解すると、それに応じた利子を含めた債権額の計算が必要になる事態を生じかねず、定額郵便貯金に係る事務の定型化、簡素化を図るという（郵便貯金法の）趣旨に反する」こと、および、②仮に「同債権が相続により分割されると解したとしても、同債権には」一定の据置期間が定められ、分割払戻しをしないとの条件が付されているため、「共同相続人は共同して全額の払戻しを求めざるを得ず、単独でこれを行使する余地はない」ことにある（最判平成22・10・8民集64巻7号1719頁）。そして、最高裁は、平成28年12月19日の大法廷の決定（民集70巻8号2121頁）によって、「共同相続された普通預金債権、通常貯金債権及び定期貯金債権は、いずれも、相続開始と同時に当然に相続分に応じて分割されることはなく、遺産分割の対象となる」とした。そして、「この理は、積金者が解約をしない限り給付金の支払を受けることができない定期積金についても異ならない」とする（最判平成29・4・6判時2337号34頁）。

　以上のような判例を踏まえて、2018年の民法改正によって、909条の2が新設された。すなわち、同条は、各共同相続人が、「遺産に属する預貯金債権のうち相続開始の時の債権額の三分の一に」当該共同相続人の法定相続分を乗じた額については、「単独でその権利を行使することができる」とする（同条前

段)。そして、「この場合において、当該権利の行使をした預貯金債権については、当該共同相続人が遺産の一部の分割によりこれを取得したものとみなす」ものとした(同条後段)。ただし、預貯金債権ではない可分債権については、前掲昭和29年判決が妥当し、「法律上当然分割され各共同相続人がその相続分に応じて権利を承継する」ことになる。

(2) 分割の原則の問題点

このように、分割債権・分割債務が原則とされるのは、物権の共同所有をできる限り個人所有に還元しようとするのと同じく、個人主義の現れである。しかし、この原則を貫徹することには、次のような問題がある。

まず、分割債務では、債権の効力が弱くなり、債権者に不測の損害を与えるおそれがある。例えば、AがBおよびCに1000万円の債権を有し、Bは1000万円、Cは200万円の資産を有していたとする。この場合に、BC両名の債務が分割債務であるとすると、Aは、BおよびCに対してそれぞれ500万円ずつしか請求できないこととなり、合計700万円しか債権を実現できないことになる。

また、分割債権は、債務者にとって不都合である。例えば、Aが債権者であるBCに対して1000万円の債務を負い、これが分割債権であるとすると、Aが仮にBに1000万円弁済しても、なおCに500万円支払わなければならないことになる。

したがって、民法では分割が原則であるけれども、その認定は慎重に行わなければならない。

2 効力

(1) 対外的効力

各債権債務は、相互に独立したものとして扱われる。すなわち、各債権者は自己の債権を単独で行使することができ、また、各債務者は分割された自己の債務のみを弁済すればよい。

(2)　影響関係

　分割債権・分割債務においては、一人の債権者または債務者に生じた事由は相対的効力しか有さず、他の債権者・債務者には何の影響も及ぼさない。それぞれ相互に独立した債権債務関係があるにすぎないからである。

(3)　内部関係

　「各債権者又は各債務者は、それぞれ等しい割合で権利を有し、又は義務を負う」と定める 427 条は、対外的効力を定めるものであり、内部関係は、別に定めることができる。しかし、多くの場合においては、内部関係も平等である。

　各債権者は、自己の取得したものを他の債権者に分配する必要はない。また、各債務者は、自己の債務を弁済したときは、他の債務者に求償することはできない。ただし、自己の取得しうる割合以上の弁済を受領した債権者、または、自己の負担すべき割合以上の弁済をした債務者は、内部的に清算されなければならない。

第3節　不可分債権・不可分債務

1　意義

　不可分債権・不可分債務とは、分割することのできない給付（不可分給付）を目的とする多数当事者の債権債務をいう。旧法は、不可分給付として、目的物の性質上給付を分割できない場合と、当事者の意思表示によってそうなる場合とを想定していた（旧 428 条）。しかし、現行民法は、不可分債権・不可分債務について、連帯債権・連帯債務との合理的な区別を図るため、その成立を、「債権の目的が性質上不可分である場合」に限定した（428 条、430 条──一問一答 116 頁。詳しくは、同 117 頁参照）。性質上の不可分給付とされるのは、以下のような場合である。

　(ア)　不可分債権の例　　第一に、競業をしない債務や講演をする債務のよう

に、なす債務の多くは、事実上分割して給付することができない。したがって、一人が数人に対して講演をする義務を負ったときに、その数人が有する債権は不可分債権となる。

　第二に、一つの物の引渡しを目的とする債務も不可分であり、数人が一人の者に対して有する一つの物の引渡請求権は不可分債権となる。例えば、使用貸借契約の終了を原因とする家屋明渡請求権は、性質上の不可分給付を求める権利で、貸主が数名あるときは不可分債権となる（最判昭和42・8・25民集21巻7号1740頁）。

　(イ)　不可分債務の例　　不可分債権と同じく、一つの物の引渡しを目的とする債務は、性質上の不可分債務となる。例えば、共有する自動車を引き渡す債務は不可分債務である。また、判例は、共同賃借人の賃料債務も、反対の事情がない限り、不可分債務であるとする（大判大正11・11・24民集1巻670頁）。もっとも、賃料債務そのものは金銭債務であり、可分である。しかし、賃料は、賃借物の全部を使用収益したことに対する対価であるから、賃貸人が各賃借人に対して分割された額しか請求できないとするのは不当であるため、不可分債務であると解されている。ただし、学説の中には、この場合の賃料債務を、不可分債務ではなく、連帯債務であるとする見解もある（淡路・債権総論336頁）。この見解は、金銭債務である賃料債務を、性質上の不可分給付であると解するのはあまりに擬制的であり、むしろ連帯債務を推定する方が合理的であるとする。

　なお、不可分債権・不可分債務の目的となる給付が不可分なものから可分なものに変わった場合には、その債権債務は分割債権・分割債務となる（431条参照）。例えば、家屋の引渡債務が履行不能となり、塡補賠償義務に変わった場合などである。この431条は、分割債権・分割債務が原則とされていることの帰結である。

2　不可分債権の効力

(1)　対外的効力

　不可分債権においては、各債権者は、すべての債権者のために全部または一

部の履行を請求することがでる（428条による432条の準用）。すなわち、多数の債権者のうちの誰もが、債務者に対して、単独で自己に給付すべきことを請求することができ、債務者は、債権者のうちの誰か一人に履行をすれば債務を免れる。その結果、一人の債権者の請求は、すべての債権者のために効力を生じ、これを理由とする時効の完成猶予および更新（147条1項1号・2項参照）は、他の債権者のためにも効力を生じる。また、一人の債権者に対する弁済や弁済の提供の効果（492条）も、すべての債権者に対して効力を生じる。

　民法は、連帯債権の規定を準用しつつ、更改・免除・混同の絶対的効力を除外する（428条）。

(2)　影響関係

　請求と履行以外の事由は、相対的効力しか生ぜず、他の債権者に影響しない（428条による435条の2の準用）。したがって、一人の債権者と債務者との間で更改または免除がなされても、他の債権者は債務の全部の履行を請求することができる（429条前段）。ただし、全部の弁済を受けた債権者は、更改または免除をした債権者に分与すべき利益を、直接に債務者に償還することとし（429条後段）、更改または免除をした債権者と債務者との決済を簡易にした。

(3)　内部関係

　不可分債権者の一人が債務者から全額の弁済を受けた場合には、民法に規定はないが、それを他の債権者に対して、内部的な持分の割合に応じて分配すべきである。

3　不可分債務の効力

(1)　対外的効力

　不可分債務には、連帯債務の規定が準用される（430条）。それゆえ、債権者は、一人の債務者に対して、またはすべての債務者に対して、同時もしくは順次に、全部の請求をすることができる（432条の準用）。

(2)　影響関係

　債務者の一人による弁済およびその提供の効果は、債権の満足を目的とするため、すべての債務者に対して絶対的効力を生じる。そして、それ以外の事由については、連帯債務の規定を準用する（430条）。ただし、混同は、連帯債務では絶対的効力事由（440条）であるのに対し、不可分債務では相対的効力事由である（430条は440条を準用しない）。連帯債務は、可分な金銭債務であるため、混同を相対的効力事由とすると、他の連帯債務者は、債務を履行し、その履行を受けた者に対して求償する、という迂遠な処理が必要となる。それゆえ、連帯債務の場合には、混同を絶対的効力事由とすることに合理性がある。これに対して、不可分債務は、債務の目的が性質上不可分であるため、債務を履行した上で求償することにも意味がある。それゆえ、不可分債務（430条）は、440条の準用を除外し、混同を相対的効力事由としたのである。

(3)　内部関係

　不可分債務を履行した債務者は、他の各債務者に対して、内部関係（負担部分）の割合に応じて、求償することができる（430条による442条以下の準用）。

第4節　連帯債権

1　意義

　連帯債権とは、債権の目的がその性質上可分である場合において、数人の債権者が、同一内容の給付につき、各自が独立に全部の給付をなすべき債権を取得し、債務者が債権者の一人に履行をすれば債務を免れる多数当事者の債権関係のうち、債権者間に連帯関係がある債権をいう。このように連帯債権は、債権者間に連帯関係がある点において、不可分債権と異なる。

　連帯債権は、「法令の規定又は意思表示によって」生じる（432条）。しかし、実際に連帯債権が利用されることはなく、経済的意義も少ない。ただし、解釈

論上は、債権の二重譲渡がなされ、確定日付のある通知が同時に債務者に到達した場合には、両債権者の債権は連帯債権になるとの見解が存在する（228頁参照）。

2　効力

旧法には、連帯債権に関する規定がなかったが、現行民法はこれを新設した（432-435条の2）。

(1)　対外的効力
連帯債権者の各人は、全ての債権者のために全部または一部の履行を請求することができる。また、債務者は、いずれかの債権者に対して履行をすれば、全ての債権者に対して履行をしたことになる（432条）。

(2)　影響関係
連帯債権者の一人の行為または一人について生じた事由は、他の連帯債権者に対しては効力を生じないのが原則である（相対的効力の原則―435条の2本文）。ただし、他の連帯債権者の一人および債務者が別段の意思を表示したときは、その意思に従う（435条の2ただし書）。また、弁済その他の債権の満足を生じる事由は、絶対的効力を生じる。そのほか、民法は、履行の請求（432条）、更改・免除（433条）、相殺（434条）および混同（435条）の絶対的効力を規定している。

(3)　内部関係
民法に規定はないが、一人の債権者が受領したものは、他の各債権者に分与される。すなわち、連帯債権者の各人は、「分与されるべき利益」（433条参照）を有し、連帯債権者の一人が履行を受けたときは、その割合に応じて、他の連帯債権者に分与されることになる。

第5節　連帯債務

1　意義・成立

⑴　意義

　連帯債務とは、数人の債務者が、同一内容の給付につき、各自が独立に全部の給付をなすべき債務を負担し、債務者のうちの一人の給付があれば他の債務者も債務を免れる多数当事者の債権関係のうち、債務者間に連帯関係のある債務をいう。そして、数人の債務者が連帯債務を負う場合には、債権者は、そのうちの一人に対し、または複数人に対して、同時に（もしくは順次に）履行を請求することができる。また、債権者は、その債権の全部または一部の履行を請求することができる（436条）。したがって、連帯債務の内容は、同一であり、かつ、可分であることが明らかであり、具体的には金銭債務が想定されている。

　例えば、ABC の三人が 300 万円の債務を負担している場合において、この債務が分割債務であれば、ABC は各 100 万円しか負担しない。それゆえ、債権者は、仮に A が無資力になると、B と C から合わせて 200 万円を回収できるにすぎない。これに対して、連帯債務であれば、債権者は、ABC の一人または全員に対し、全額 300 万円を請求することができる。また、三人のうちの一人を選んでもよい。しかも、保証債務と異なり、連帯債務には、付従性および補充性がない。その意味では、連帯債務は、債権の担保力が強化されている。

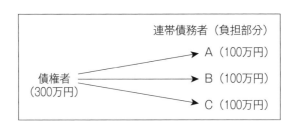

(2) 成立

(ア) 契約による連帯債務　　連帯債務は、意思表示（契約）または法令の規定によって生じる。このうち、契約によって連帯債務が成立する場合には、保証債務と同じく、約定による人的担保の機能を有する。しかし、担保手段としての合理性は、保証債務の方がはるかに優れ、現実には（連帯）保証が主に用いられている。そうだとすれば、連帯債務の機能は、必ずしも明らかではない。

連帯債務は、沿革的には、家族共同体または共同事業体の債務について認められたものであり（ローマ法）、一人の債務者に生じた事由の効力が広く他に及ぶのもそのためである。しかし、ドイツ民法やスイス民法では、その人的担保としての機能を重視し、連帯債務における絶対的効力事由を減少させている。他方、フランス民法は、ローマ法を忠実に承継し、その絶対的効力事由を多く規定している（フ民1314条以下）。ただし、いずれの国においても、人的担保としては、保証債務が主に用いられている。したがって、契約による連帯債務は、数人の債務者が家族または共同事業者であるなど、債務者間に主観的な共同関係がある場合にのみ生じることとなろう。

なお、判例は、併存的債務引受がなされた場合には、原債務者と引受人との間に連帯債務関係が成立すると解していた（大判昭和11・4・15民集15巻781頁、大判昭和14・8・24新聞4467号9頁、最判昭和41・12・20民集20巻10号2139頁）。そして、民法もこれを明文化した（470条1項）。

(イ) 法令の規定による連帯債務　　まず、商行為による債務負担がある。すなわち、数人の者がその一人または全員のために商行為となる行為によって債務を負担したときは、その債務は、各自が連帯して負担する（商511条1項）。例えば、手形の共同振出行為は、振出人全員のための商行為であり、共同振出人は、同規定によって連帯債務を負う（大判大正5・12・6民録22輯2374頁）。また、建設工事請負を目的として結成された共同企業体は、「基本的には民法上の組合の性質を有するものであり、共同企業体の債務については、共同企業体の財産がその引き当てになるとともに、各構成員がその固有の財産をもって弁済すべき債務を負う」（675条1項）。しかし、共同企業体の構成員に会社がある場合には、「共同企業体がその事業のために第三者に対して負担した債務につき構成員が負う債務」は、商法511条1項により連帯債務になる（最判平

成 10・4・14 民集 52 巻 3 号 813 頁)。

　このほか、民法では、数人が共同の不法行為によって他人に損害を加えたとき（719 条）や、夫婦の一方が日常の家事に関して第三者と契約を結んだとき（761 条）に、他の者も、これによって生じた債務について「連帯して」責任を負うとする。このうち、夫婦の日常家事債務の連帯責任については、両者の間に主観的な共同関係があるため、その範囲を限定すれば、適切な解決が得られる。しかし、共同不法行為の場合には、行為者間に主観的な共同関係のないことも多く、旧法下では、連帯債務ではなく、「不真正連帯債務」が成立すると解されていた。

2　対外的効力

(1)　基本的効力——請求・弁済など

　債権者は、連帯債務者の一部またはすべてに対して、同時にもしくは順次に、全部または一部の履行を請求することができる（436 条）。また、連帯債務者の一人に対する債権を、他の債務者に対する債権と分離して譲渡することも可能である（大判昭和 13・12・22 民集 17 巻 2522 頁）。これに対して、連帯債務者のうちの一人が弁済すれば、たとえ一部の弁済であっても、その範囲においてすべての債務者の債務が消滅する。

　ところで、連帯債務者の全員または数人が破産手続開始の決定を受けたときは、債権者は、その債権の全額について各破産財団の配当に加入することができる（441 条）。例えば、ABC の三人が D に対して 300 万円の連帯債務を負っている場合に、全員が破産すれば、D は、各破産手続において、300 万円ずつ債権の届出ができ、それぞれの配当が 10 パーセントであるとすれば、合計 90 万円の配当を受け取ることができる。しかし、A の破産手続が完了して、D が 30 万円の配当を受け取った後に、B と C が破産手続開始の決定を受けた場合には、D は、各破産手続において、270 万円ずつの債権の届出ができるのみである。なぜなら、債権者は、「破産手続開始の時において有する債権の全額」について、破産手続に参加することができるにすぎないからである（破産 104 条 1 項—現存額主義）。その結果、D は、B と C の各破産財団から 27 万円ずつ

の配当を受け、A の破産財団からの配当（30 万円）と合わせて、84 万円の配当を受け取ることとなる。そこで、この結論が「債権者に不利である」との理由で、立法論としては、債権者が破産手続に「常に全額で加入しうる」とすべきである、との主張（我妻・IV 410 頁）がなされている。しかし、前述のように、一部の弁済がなされれば、その範囲で連帯債務も消滅する。そうだとすれば、破産手続においても同様に解すべきであり、破産法の規定（現存額主義）には合理性があると考えられる。

(2)　連帯債務の相続

(ア)　学説の対立　　連帯債務者の一人が死亡し相続が生じた場合には、その相続人は連帯債務を承継するか。例えば、A に対して、B と C が連帯して 1000 万円の債務を負っていたところ、B が死亡した場合に、B の相続人である嫡出子 D と E は、B の債務をどのように相続するであろうか。

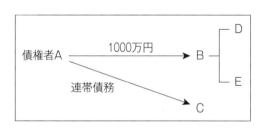

　この場合における考え方は二つある。一つは、相続人が連帯債務を承継して、他の連帯債務者と連帯して全額の支払義務を負うとする見解（連帯債務承継説）である。この見解によれば、上の例では、D と E が全額（1000 万円）の連帯債務を A に対して負うことになる。もう一つは、被相続人の債務は法律上当然に分割され、各相続人は相続分に応じた分割債務を負うにとどまるとする見解（分割承継説）である。この見解では、上の例における D と E は、A に対して 500 万円ずつの（分割）債務を負うことになる。そして、この見解によれば、各相続人の分割債務が、その分割された債務の範囲（500 万円）で、他の連帯債務者(C)の債務と連帯するか否か、また、相続人間（D・E）の債務が連帯するか否かが問題となる。

　以上のような連帯債務と相続をめぐる問題は、結局は、連帯債務の全部義務

性が相続によってもなお維持されるかどうか、という問いに還元されよう。

　(イ)　判例とその検討　　この問題につき、最高裁は、連帯債務承継説を採用した原審を破棄して、分割承継説に立つことを明らかにした。

> **最判昭和 34・6・19 民集 13 巻 6 号 757 頁（連帯債務の相続）**
> 「連帯債務は、数人の債務者が同一内容の給付につき各独立に全部の給付をなすべき債務を負担しているのであり、各債務は債権の確保及び満足という共同の目的を達する手段として相互に関連結合しているが、なお、可分なること通常の金銭債務と同様である。ところで、債務者が死亡し、相続人が数人ある場合に、被相続人の金銭債務その他の可分債務は、法律上当然分割され、各共同相続人がその相続分に応じてこれを承継するものと解すべきであるから、連帯債務者の一人が死亡した場合においても、その相続人らは、被相続人の債務の分割されたものを承継し、各自その承継した範囲において、本来の債務者とともに連帯債務者となると解するのが相当である」。

　この判旨は、次の三点にまとめられよう。まず、①連帯債務の各債務は、債権の確保および満足という共同の目的を達する手段として相互に関連結合している。しかし、通常の金銭債務と同じく、可分である。そして、②可分債務が相続により複数の相続人に承継される場合には、法律上当然に分割され、各相続人は相続分に応じてこれを承継する。したがって、③連帯債務者の一人が死亡した場合においても、その相続人は、被相続人の債務の分割されたものを承継し、各自その承継した範囲において、本来の債務者とともに連帯債務者となる。

　この判決に対しては、そもそも②の可分債務が相続人に分割承継されることに対して批判がある。しかし、仮に②を認めたとしても、次のような批判が可能である。すなわち、分割承継説によれば、連帯債務の担保力が弱まるのみならず、相続人の承継した分割債務と本来の他の連帯債務者の債務とが一部連帯の関係になり、法律関係が複雑となる。それゆえ、連帯債務の担保力を維持しつつ、法律関係も単純化する、連帯債務承継説が妥当であると考える。

3　影響関係

(1)　相対的効力の原則

　連帯債務は、複数の債務が存在するものの、その目的は単一であるから、この目的を達成させる事由があるときは、どの債務者によってなされたかを問わずに、すべての債務者のために効力を生じる（絶対的効力）。すなわち、明文の規定はないが、連帯債務者の一人が全部または一部の弁済、および、弁済と同視しうる代物弁済（482 条）や供託（494 条）をすれば、その限度で債務は消滅し、他の債務者も債務を免れる。このほか、弁済の提供（493 条）、受領遅滞（413 条）、および、相殺（439 条 1 項）も、目的の到達により、絶対的効力を生じることとなる。

　しかし、上記の事由以外に連帯債務者の一人について生じた事由は、他の連帯債務者に対して効力を生じない（441 条—相対的効力）のが原則である。例えば、連帯債務者の一人について法律行為の無効または取消しの原因があっても、他の債務者の債務はその効力を妨げられない（437 条＝注意規定）。この相対的効力の原則は、連帯債務の担保力を強めるものであり、債権者にとって有利である。ただし、連帯債務は、債務者間に主観的な共同関係が存在するのが通常であるから、目的の到達以外の事由についても、ある程度の絶対的効力を認めることは、当事者間における債権債務関係を簡易に決済し、また、当事者の通常の意思にも合致する。

　現行民法は、更改・相殺・混同のみを絶対的効力事由とし（438-440 条）、その他を相対的効力事由としている。ただし、債権者と他の連帯債務者の一人が別段の意思表示（合意）をしたときは、他の連帯債務者に対する効力はその意思に従うとする（441 条）。

(2)　絶対的効力事由に関する民法の規定

　旧 434 条から旧 439 条は、連帯債務者の一人について生じた事由が他の債務者にも影響する絶対的効力事由を定めていた。この絶対的効力事由は、弁済と同視しうる相殺（439 条 1 項・旧 436 条 1 項）のほか、債権者に有利なもの（旧

434条）と不利なものとに分けられた。そして、債権者に不利となる絶対的効力事由は、さらに、債権が消滅するもの（438条・旧435条、440条・旧438条）と、連帯債務者の負担部分についてのみ絶対的効力が生じるもの（439条2項・旧436条2項、旧437条、旧439条）とに区別された。

　㈠　履行の請求（旧434条）　旧法下では、連帯債務者の一人に対する履行の請求は、他の債務者に対しても効力を生じた。その主な効果は、時効の中断であった（旧147条1号）。すなわち、債権者は、連帯債務者のうちの一人に対して訴えを提起すれば時効が中断し（旧149条）、全員に対して請求する必要はなかった。この結果は、債権者に有利であった。しかし、現行民法は本条を削除し、履行の請求を相対的効力事由とした。

　㈡　更改（438条・旧435条）　連帯債務者の一人と債権者との間に更改が行われたときは、債権が消滅し、他の債務者は債務を免れる。例えば、冒頭の例（147頁）において、Aが債権者との間で、300万円の連帯債務に代えて特定の不動産を引き渡す旨の合意（更改）をしたときは、BとCはともに債務を免れる。その趣旨は、債権の全部について更改をするのが当事者の通常の意思である点に存する。したがって、反対の特約は有効である。

　㈢　相殺（439条・旧436条）　連帯債務者の一人が債権者に対して反対債権を有し、これを自働債権として相殺をするときは、債権はすべての連帯債務者の利益のために消滅する（1項）。相殺は、弁済と同じく債権の消滅をもたらすものであるため、当然の規定である。

　では、連帯債務者の一人が反対債権を有するものの、相殺の意思表示をしない場合に、他の連帯債務者がこの反対債権を援用して相殺できるか。この問題につき、旧法は、反対債権を有する連帯債務者の負担部分についてのみ、他の連帯債務者が「相殺を援用することができる」とした（2項）。その趣旨は、当事者間における債権債務関係の簡易な決済にある。ただし、「相殺を援用する」というのが具体的に何を意味するかについては、見解が分かれていた。

　判例は、他の連帯債務者に、反対債権をもって相殺する権限を与えたものであるとした（大判昭和12・12・11民集16巻1945頁）。この見解によれば、冒頭の例で、A（負担部分は100万円とする）が債権者に対して150万円の反対債権を有しているとき、BまたはCは、Aの債権のうち100万円につき相殺をす

ることができる。その結果、債権者の債権は 200 万円となり、A の反対債権
も 50 万円に減少することになる。しかし、現実に相殺をするか否かは A の自
由であり、他の連帯債務者が勝手に相殺を援用するのは行き過ぎである。そこ
で、旧 436 条 2 項は、B と C に A の負担部分に相当する額の弁済を拒絶する
権利（抗弁権）を付与したにすぎず、A に代わって相殺の意思表示をする権限
を与えたものではないとする見解があった。債権債務関係の簡易な決済という
同条の趣旨からすれば、この見解で十分であり、判例のように、他人の債権を
処分する権限を与える必要はない（我妻・IV 413 頁）。現行民法も、この見解に
従い、B と C は、A の負担部分の限度で債務の履行を拒むことができるとし
た（439 条 2 項）。

　㈔　免除（旧 437 条）　　旧法下では、連帯債務者の一人に対してした債務
の免除は、その連帯債務者の負担部分についてのみ、他の連帯債務者の利益の
ためにも効力を生じた。冒頭の例で、債権者が A に対して債務の免除の意思
表示をすれば、A は債務を免れ、B と C も A の負担部分（100 万円）を控除し
た 200 万円についてのみ連帯債務を負った。その趣旨は、求償の循環を避け、
法律関係を簡易に決済することにあった。

　これに対して、現行民法は、免除を相対的効力事由とし、連帯債務者の一人
に対して債務の免除がされた場合にも、他の連帯債務者が当該連帯債務者に対
して、求償権を行使することができることを明らかにした（445 条）。時効の完
成についても同様である。

　なお、連帯債務者の一人に対して免除がされた場合、または、連帯債務者の
一人について時効が完成した場合において、当該連帯債務者に対して他の連帯
債務者が求償をしたときは、その求償に応じた連帯債務者は、債権者に対して、
特約等がない限り、求償相当額の償還を請求することができない。なぜなら、
債権者は、免除をせず、または時効が完成しなかった連帯債務者に対する債権
に基づいて弁済を受けたのであり、法律上の原因のない利益を得たわけではな
いからである。

　㈥　混同（440 条・旧 438 条）　　連帯債務者の一人と債権者との間に混同が
生じたときは、その連帯債務者は弁済をしたものとみなされ、他の債務者に対
して求償権を行使することになる。このような混同は、連帯債務者の一人が債

権者から債権を譲渡されたときや、債権者の地位を相続によって承継したとき（ただし、限定承認をしたときは混同を生じない。925条）に生じる。趣旨は、当事者間の法律関係の簡易な決済である。しかし、債権の担保力は弱められる。

　(カ)　時効の完成（旧439条）　　旧法下では、連帯債務者の一人のために消滅時効が完成したときは、その債務者の負担部分については、他の連帯債務者もその義務を免れた。その趣旨は、消滅時効の完成した債務者に時効の利益を受けさせることにあった。すなわち、もしこの規定がないと、例えばAの債務につき消滅時効が完成しても、他の連帯債務者であるBが全額を弁済したときは、Bから求償権を行使されることになり、Aは時効の利益を受けることができなくなる。しかし、債権者は、その知ることのできない連帯債務者の負担部分によって不利益を被るおそれがあり、債権の担保力が弱まる。そこで民法は、旧439条を削除し、時効の完成を相対的効力事由とした。

(3)　絶対的効力事由の存在理由

　(ア)　問題の所在　　旧法下の連帯債務における絶対的効力事由は、債権者に有利な効果である履行の請求（旧434条）を除くと、債権者にとって不利な効果を生じた。ところで、保証債務においては、主たる債務者に生じた事由は原則として保証債務に及び（付従性）、反対に、保証人に生じた事由は、主たる債務者には及ばない。これに対して、連帯債務の場合には絶対的効力事由が多かった。その理由は何か。すなわち、なぜ債権者が連帯債務者の一人に請求すると他の債務者にも請求したことになり、また、なぜ一人を免除すると、他の債務者も免除を受けたことになっていたのか。

　(イ)　学説の対立　　この問題につき、学説は二つに分かれていた。

　(a)主観的共同関係説（我妻・Ⅳ402頁）は、連帯債務者間に家族や共同事業者などの一体的関係があるため、債権者も債務者を一体として把握しているとする。この見解によれば、履行の請求については、債権者が全員に対して請求しなくても、連帯債務者間に結びつきがあるので、そのうちの一人に請求すれば、後は内部で連絡が行き届くことを期待できる、という説明が可能である。しかし、この見解では、免除の絶対効を説明することはできない。すなわち、債権者が一人を免除した場合には、もし債権者が債務者を一体として把握して

いるのであれば、全員に対して全額免除したものと扱ってもかまわないはずである。しかし、民法によれば、免除を受けた者の負担部分の範囲でしか、絶対的効力が生じない（旧437条）。

　これに対して、(b)相互保証説（於保・債権総論237頁）は、冒頭の例（150頁）のABCが各自100万円の債務を負担し、自己の負担部分を越える分については、他の債務につき保証債務を負っているとする。すなわち、連帯債務においては、各連帯債務者の負担部分がその固有義務であり、これを越えた部分は保証債務にすぎず、その保証債務を相互に負い合うものであると説明する。この見解によれば、債権者がAを免除した場合には、その負担部分（100万円＝主たる債務）につき、BとCの（保証）債務も付従性によって消滅し、残りの債務（200万円）のみを負担すればよいことになる。しかし、この見解では、請求の絶対効を説明することができない。なぜなら、債権者がAに対して履行の請求をした場合に、Aの負担部分（100万円）については、付従性によって、BおよびCに対する債権の消滅時効も中断されると説明できる。しかし、それを超えて、300万円の全額につきBおよびCに対する債権の消滅時効が中断されることは、付従性によっては説明できないからである。

　(ウ)　若干の検討　　近年は、連帯債務に関する規定を統一的に説明することは無意味であるとする見解が有力であった。すなわち、民法の起草者は、連帯債務の最も多くの場合にあてはまるように絶対的効力事由を定めたのであり、これを厳格にすべての場合に適用すべきであるとは考えていなかった、との指摘がなされていた（淡路剛久『連帯債務の研究』〔弘文堂、2004年〕145頁以下）。そうだとすれば、問題となる法律関係に応じて、連帯債務に関する規定を適用すべきであり、例えば、連帯債務者間に主観的共同関係がある場合には履行の請求に絶対的効力を認めるが、それがない場合には旧434条を適用しないと考えることもできる。

　現行民法は、連帯債務者相互に主観的共同関係がない事例も現実には少なくなく、連帯債務者の一人に対する履行の請求があったとしても、そのことを知らない他の連帯債務者がいつの間にか履行遅滞に陥るという不測の損害を受けることがないよう、履行の請求を相対的効力事由に改めた（一問一答122頁）。そして、民法は、連帯債務における他の絶対的効力事由も「極限まで限定」

（潮見・概要 112 頁）するとともに、債権者と他の連帯債務者の一人が「別段の意思を表示したとき」は、他の連帯債務者に対する効力も、その意思に従うものとした（441 条ただし書）。例えば、連帯債務者間に緊密な関係（主観的共同関係）があり、債権者 A と連帯債務者 B との間で、他の連帯債務者 C に一定の事由が生じれば B にもその効力が生じる、という「別段の意思を表示したとき」は、C に生じた事由の B に対する効力は、AB 間の意思に従うこととなる（一問一答 123 頁）。

4　内部関係

(1)　負担部分

　連帯債務者の一人が弁済をし、その他自己の財産をもって共同の免責を得たときは、その連帯債務者は、その免責を得た額が自己の負担部分を超えるかどうかにかかわらず、他の連帯債務者に対し、その免責を得るために支出した財産の額のうち各自の負担部分に応じた額の求償権を有する（442 条 1 項）。ここにいう負担部分とは、連帯債務者相互間において負担すべき債務の割合である（大判大正 6・5・3 民録 23 輯 863 頁）。この負担部分は、①当事者の特約によって決定される。そして、②特約がなければ、連帯債務を負担することによって受けた利益の割合に従う。例えば、主たる債務者を保証する趣旨で連帯債務者になった者の負担部分は、ゼロである（大判大正 4・4・19 民録 21 輯 524 頁）。さらに、③以上の基準によっても定まらないときは、負担部分は平等の割合とする。なぜなら、連帯債務者相互間で負担を分担するための最後の基準としては、これが公平に合致するからである。

(2)　求償権の要件・範囲

　求償権の要件は、①連帯債務者の一人が弁済その他の「共同の免責を得た」ことと、②その免責を「自己の財産をもって」得たことの二つである（442 条 1 項）。

　まず、①の文言からも明らかなように、連帯債務者は、共同の免責を受けなければ、他の連帯債務者に対して求償することができない。この点は、主たる

債務者の委託を受けて保証人となった者が、一定の場合にはその免責を受けなくても、（事前の）求償権が認められる（460条）のと異なる。また、共同の免責を得た額は、債務全額に対する負担部分以上であることを要しない。すなわち、連帯債務者の一人が一部弁済をすれば、その弁済額全部につき、他の債務者に対しその負担部分の割合に応じた求償をすることができる（大判大正6・5・3民録23輯863頁）。なぜなら、連帯債務者の負担部分は、一定の債務額ではなく、一定の割合であり、債務者の一人が共同の免責を得た場合には、その割合で分担させることが公平に適するからである。民法は、この点を明文化した。

②「自己の財産をもって」とは、財産上の犠牲において共同の免責を受けた行為を意味し、弁済のほか、代物弁済、供託、相殺、更改は含まれる。しかし、免除や時効の完成はこれに当たらない。

求償権の範囲は、自己の財産をもって共同の免責を受けた額のほか、「免責があった日以後の法定利息」、および、「避けることができなかった費用その他の損害賠償」が含まれる（442条2項）。

なお、民法は、求償権の範囲が、「免責を得るために支出した財産の額」ではなく、その連帯債務者の「負担部分に応じた額」であることを明らかにした（442条1項）。

(3) 通知を怠った連帯債務者の求償の制限

各連帯債務者が、自己の財産をもって共同の免責を受ける際には、他の債務者に対して、事前および事後に通知をしなければならない。この通知は、求償権の成立要件ではない。しかし、これを怠ると求償権は制限を受けることになる。

なお、民法は、通知を必要とする場合を「他の連帯債務者があることを」知っていたときに限定している。なぜなら、連帯債務者は、自らの知らない連帯債務者に対して、事前または事後の通知をする必要がないからである。

(ｱ) 事前の通知　連帯債務者の一人が弁済その他の共同の免責を受ける行為をする前に、共同の免責を得ることを他の連帯債務者に通知をしなかった場合において、他の連帯債務者が「債権者に対抗することができる事由を有していたとき」は、その負担部分について、その事由をもって求償者に対抗するこ

とができる（443条1項前段）。

　例えば、ABCの三名が債権者に対して300万円の連帯債務を負っているとする（負担部分は平等）。この場合において、Aが通知をしないで300万円の弁済をし、Bに対して100万円を求償したとしても、Bが債権者に対して150万円の反対債権を有し、相殺が可能であったときは、Bは、自己の負担部分である100万円だけは、債権者に対する債権で、Aの求償権と相殺をすることができることになる。この結果、Bに対する求償権を失ったAは、不当利得の法理により、債権者に対して、相殺によって消滅すべきであった債務（100万円）の履行を請求することができる（443条1項後段）。

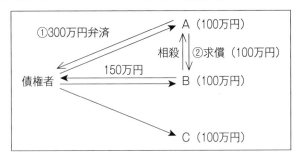

　事前の通知の趣旨は、自己の権利を行使する機会を有していた債務者を保護することにある。もっとも、本条の適用がある抗弁事由としては、相殺のほかにどのようなものがあるかは、必ずしも明らかではない。というのも、弁済・免除等の債務の消滅事由は、事後の通知の問題（443条2項）となるため、ここには含まれないからである。

　(イ)　事後の通知　　連帯債務者の一人が、弁済等によって共同の免責を受けたことを、他の連帯債務者に通知することを怠った場合において、他の連帯債務者が善意で弁済等の有償で免責を受ける行為をしたときは、その善意で免責を受けた連帯債務者は、自己の行為を「有効であったものとみなすことができる」（443条2項）。その趣旨は、善意で二重に弁済した者を保護することにある。したがって、その効果も善意の弁済者の保護に必要な範囲で認められ、通知を怠った債務者と善意で弁済した者との間でのみ、後者の弁済が有効であったとみなされる（大判昭和7・9・30民集11巻2008頁）。

　(ウ)　事前・事後の両通知がないとき　　例えば、Aが弁済をしたのに事後

の通知をせず、かつ、Ｂが事前の通知をしないで弁済をしたときはどうか。通説は、443 条の 1 項と 2 項がともに適用されず、一般の原則に従い、第一の弁済が有効となるとする。なぜなら、443 条は、いずれか一方の通知が怠られた場合に限って適用される規定だからである。判例（最判昭和 57・12・17 民集 36 巻 12 号 2399 頁）も、結論としては通説と同じく、Ａの弁済のみを有効とし、Ｂには 443 条 2 項の適用が認められないとした。すなわち、「連帯債務者の一人が弁済その他の免責の行為をするに先立ち、他の連帯債務者に通知することを怠った場合は、既に弁済しその他共同の免責を得ていた他の連帯債務者に対し、民法 443 条 2 項の規定により自己の免責行為を有効であるとみなすことはできないものと解するのが相当である」とする。ただし、その理由は、同 2 項が「同条 1 項の規定を前提とするものであつて、同条 1 項の事前の通知につき過失のある連帯債務者までを保護する趣旨ではない」ということにある。

(4)　無資力者がある場合の求償者の保護

(ア)　無資力者の負担部分の分担　　連帯債務者の中に無資力者がいて、そのために求償しても償還をすることができない部分は、求償者と他の資力のある連帯債務者の間で、「各自の負担部分に応じて分割して負担する」ことになる（444 条 1 項）。その趣旨は、求償者の行った弁済が連帯債務者全体の利益となるのであるから、無資力者の負担部分を求償者のみが負うとするのは公平でないことにある。さらに、民法は、求償者と他の資力のある連帯債務者がいずれも負担部分を有しないときは、その償還をすることができない部分は、それらの者の間で、等しい割合で分割するとする（444 条 2 項）。

(イ)　「連帯の免除」と無資力者の負担部分の分担　　連帯の免除とは、債権者と債務者との間において、債務額を債務者の負担部分に該当する額に限定し、それ以上は請求しない、とする債権者の一方的な意思表示である。これには、すべての連帯債務者に対して連帯の免除をする絶対的連帯免除と、一人または数人の債務者に対してのみ連帯を免除する相対的連帯免除とがある。このうち、絶対的連帯免除がなされた場合には、債務は分割債務となり、求償の問題は生じない。しかし、相対的連帯免除がなされた場合には、免除を受けた債務者のみが分割債務を負い、他の者は依然として全額につき連帯債務を負っているた

め、求償の問題が生じることになる。それゆえ、旧445条は、相対的連帯免除にのみかかわる規定であった。すなわち、連帯の免除を受けない債務者が弁済をなし、他の債務者から求償するに際して、他の債務者の中に無資力者がいるため、444条によって連帯の免除を受けた債務者がその本来の負担部分以上の額の分担をなすべき場合には、その部分は債権者の負担とされていた（旧445条）。その趣旨は、連帯の免除を受けた債務者の負担を重くしないとともに、債権者の意思表示のみによって他の債務者の負担をも重くしないため、債権者自らが重い負担を引き受けることにある。しかし、これは、相対的連帯免除をした債権者の通常の意思に反するため、現行民法は旧445条を削除した。その結果、求償を受ける連帯債務者の中に無資力者が含まれていたときは、444条によって処理される。

第6節　いわゆる不真正連帯債務

1　意義

　例えば、AとBの運転する自動車が衝突し、歩道を歩いていたCを負傷させ、Cが300万円の損害を被ったとする。この場合に、719条1項によれば、AとBは「連帯」して賠償責任を負う。しかし、AとBとの間には、主観的共同関係はないため、旧法下の連帯債務における請求の絶対効を認める必要はない。また、AとBの債務は、それぞれ自己固有の債務であって、相互に保証債務を負うものでもない。すなわち、AもBも自分一人でCを負傷させれば300万円の債務を負うことになり、この例の場合には、たまたま他に賠償義務者が存在するにすぎない。それゆえ、旧法下においても、免除の絶対効を認める必要がなく、仮にCがAを免除しても、Bは300万円の債務を負うと考えられた。このように、旧法下において、絶対的効力事由の認められない連帯債務を、民法の規定する連帯債務と区別して、「不真正連帯債務」と称した。判例もこの概念を認め、例えば、715条における「被用者の責任と使用者の責

任とは、いわゆる不真正連帯と解すべきであり、不真正連帯債務の場合には債務は別々に存在するから、その一人の債務について和解等がされても、現実の弁済がないかぎり、他の債務については影響がないと解するのが相当である」とした（最判昭和45・4・21判時595号54頁）。

　ところで、旧法下の通説によれば、不真正連帯債務が民法の連帯債務と異なるのは、次の二つの点である。一つは、上記のように、不真正連帯債務では、弁済のような債権を満足させる事由以外は、債務者の一人について生じた事由が他に影響を及ぼさないこと（相対的効力）であり、もう一つは、債務者間の内部関係において求償関係を生じないことである。この二点は、不真正連帯債務においては、債務者の間に共同目的による主観的な関連がないことに基づく（我妻・Ⅳ444頁）。このような通説に対しては、債務者間に主観的な共同関係のない場合をも「連帯債務」であるとしつつ、絶対的効力事由を認めないことは可能であるため、両者を区別する必要はなく、「不真正連帯債務」の概念は不要である、との見解も有力に主張されていた（淡路・前掲『連帯債務の研究』230頁以下）。この批判は適切である。現行民法も、両者の区別を否定し、「不真正連帯債務」の概念を不要とした（ただし、判例の変更はない）。

2　効力

(1)　対外的効力

　各債務者に対する債権者の権利は、全く独立なものとしてその効力が認められる。すなわち、債権者は、各債務者に履行を請求することができる（436条）。

(2)　影響関係

　債権者の請求に対して、債務者の一人が弁済その他債権を満足させる行為をしたときは、絶対的効力が認められる。しかし、それ以外の事由は、相対的効力を生じるにとどまる。すなわち、連帯債務に関する旧434条から旧439条は、不真正連帯債務には適用されない。例えば、判例は、被害者が共同不法行為者の一人の損害賠償義務を免除した場合には、旧437条が適用されず、他の債務者に当然に免除の効力が及ぶものではないとする（最判昭和48・2・16民集27

巻 1 号 99 頁、最判平成 6・11・24 判時 1514 号 82 頁）。ただし、最高裁も、免除の意思表示の解釈によっては、他の共同不法行為者にも免除の効力を及ぼすべき場合があることを認めている。

> **最判平成 10・9・10 民集 52 巻 6 号 1494 頁(不真正連帯債務と免除の効力)**
> 「甲と乙が共同の不法行為により他人に損害を加えた場合において、甲が乙との責任割合に従って定められるべき自己の負担部分を超えて被害者に損害を賠償したときは、甲は、乙の負担部分について求償することができる」。そして、「甲と乙が負担する損害賠償債務は、いわゆる不真正連帯債務であるから、甲と被害者との間で訴訟上の和解が成立し、請求額の一部につき和解金が支払われるとともに、和解調書中に『被害者はその余の請求を放棄する』旨の条項が設けられ、被害者が甲に対し残債務を免除したと解し得るときでも、連帯債務における免除の絶対的効力を定めた民法 437 条の規定は適用されず、乙に対して当然に免除の効力が及ぶものではない。しかし、被害者が、右訴訟上の和解に際し、乙の残債務をも免除する意思を有していると認められるときは、乙に対しても残債務の免除の効力が及ぶものというべきである。そして、この場合には、乙はもはや被害者から残債務を訴求される可能性はないのであるから、甲の乙に対する求償金額は、確定した損害額である右訴訟上の和解における甲の支払額を基準とし、双方の責任割合に従いその負担部分を定めて、これを算定するのが相当であると解される」。

(3)　内部関係

前述のように、かつての通説は、不真正連帯債務における債務者間には、主観的な共同関係がないため求償関係が生じないと解していた。しかし近年は、不真正連帯債務者間においても、その内部関係に応じて求償が認められるとする見解が一般的であった。そして、このような学説の指摘を受けて、最高裁も、損害賠償を支払った共同不法行為者の一人が他の共同不法行為者に対して求償することを認め、その場合の負担部分は、各加害者の「過失の割合にしたがって定められる」とした（最判昭和 41・11・18 民集 20 巻 9 号 1886 頁。なお、前掲最判平成 10・9・10 も「責任割合に従って定められる」とする。このほか、最判昭和 63・7・1 民集 42 巻 6 号 451 頁、最判平成 3・10・25 民集 45 巻 7 号 1173 頁）。た

だし、判例は、求償が認められるのは、債務者の一人が「自己の負担部分を超えて被害者に損害を賠償したとき」に限られるとしている。連帯債務と異なり、負担部分以下の弁済では求償が認められないのは、共同不法行為による被害者をより救済すべきだからである。

第 7 節　保証債務

1　意義・性質

(1)　意義

　保証とは、債務者（主たる債務者）がその債務（主たる債務）を履行しない場合に、他の者（保証人）が主たる債務を履行する責任を負うものである（446条 1 項）。保証債務は、保証人と債権者との間で締結される保証契約によって生じるものであり、法律的には、保証人は主たる債務と別個の債務を負うことになる。

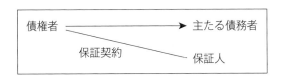

　保証人には自然人がなることが多いが、法人が保証人となることもある。自然人が保証人となる場合を個人保証と呼び、法人が保証人となる場合を法人保証という。そして、法人保証のうち、信用保証協会のように、保証を業としている機関による保証を機関保証という。

　(ア)　個人保証　　保証は古くから危険な契約類型であるとされ、友人や親戚が義理で引き受けた保証債務のために身を滅ぼす、という事例が多くみられた。とりわけ、特定の債務を担保するのではなく、一定期間の継続的な取引から生じる債務を包括的に担保する根保証（継続的保証）は、危険である。そこで、民法は、書面によらない保証契約を無効とする（446条 2 項）とともに、根保

証契約のうちの身元保証と貸金等根保証契約については一定の規制を設けている。

（ｲ）　法人保証（機関保証）　　法人が保証人となる場合には、個人と異なり、合理的なリスクの判断が可能なことが多いため、保証人保護の要請がそれほど強くはない。とりわけ、信用保証協会や信用保証会社のように、債務者から一定の保証料を得て保証をするのを業とする法人保証の場合には、リスク計算が明確であり、個人保証とはその性格を異にする。そこで、主に個人保証を想定する民法の規定によって、法人保証を説明できるかは疑問である。

　以下では、民法の規定する「保証」（多くは個人保証）を対象とする。

(2)　性質

（ｱ）　別個債務性　　保証債務は、主たる債務とは別個の債務である。すなわち、保証債務は、主たる債務者の債権者と保証人との契約によって生じるものであり、具体的には、主たる債務と、次の点において異なる。すなわち、保証人は、保証債務についてのみ、違約金または損害賠償の額を約定することができる（447 条 2 項）。

（ｲ）　債務内容の同一性　　通説は、保証債務が主たる債務と同一の内容を有するとする（我妻・IV 449 頁）。しかし、この点は、論理必然的なものではない。なぜなら、保証人は、債権者との保証契約によって、主たる債務より軽い債務を負うこともできるからである（淡路・債権総論 381 頁）。また、特定物（特に不代替的特定物）の売買における売主の債務を保証する場合には、そもそも保証人がそのような債務を保証できるのかが問題となる。判例は、不動産の売主の保証人が保証契約の締結後に目的不動産を取得した事案において、買主が保証人に対し、「当該所有権移転ノ請求権ヲ有スルコトハ、反証無キ限リ、保証契約ノ内容上」当然であるとした（大決大正 13・1・30 民集 3 巻 53 頁）。しかし、保証人が特定物を取得した場合でなくても、保証契約の解釈によって、売主の債務不履行の場合における損害賠償債務を保証したと解されるときは、保証債務は有効に成立する（後掲最大判昭和 40・6・30 参照）と考えられる。

（ｳ）　付従性　　保証債務は主たる債務を担保するものであるから、主たる債務に従属する。具体的には、次の三つの付従性が認められる。すなわち、保証

債務は、①主たる債務が成立しなければ成立せず（成立における付従性—例外は449条）、②主たる債務より重くなることはなく（448条—内容における付従性）、かつ、③主たる債務が消滅すれば消滅する（消滅における付従性）。このほか、④主たる債務者について生じた事由が、保証人に対しても効力を生じること、および、⑤保証人が主たる債務者の抗弁を行使することができることも、付従性によって説明される。

　以上のように、保証債務は、主たる債務の存在を前提にその履行を担保するものであるため、付従性が認められる。これに対して、保証と似ているが、主たる債務の存在を前提としないため、付従性も補充性（後述）も認められないのが、損害担保契約である。損害担保契約とは、債務不履行から生ずべき損害を一切担保する旨の契約をいう。もっとも、損害担保契約にはさまざまなものがあり、民法にも推定規定が存在する（449条—後述）。このほか、国際商取引における請求払無因保証（demand guarantees）がその例である。この請求払無因保証とは、次のようである。例えば、国際商取引においては、企業が契約を結ぶ際に債務の履行を確保するための担保として、契約総額の一定割合に相当する額の金員を保証金として寄託することを求められる場合がある。しかし、企業にとってはその負担が大きく、それを避けるために、銀行が寄託金に相当する金額の支払を企業の債権者に対して約束し、債権者は、企業がその寄託額を直ちに支払うことを免除する。この場合において銀行は、企業の契約上の債務の履行を担保するのではないため付従性がなく、担保金の支払を拒絶するために企業が有する契約上の抗弁を主張することはできない。

　また、国内取引では、保険会社による信用保険や保証保険が損害担保契約に該当する。いずれも、債務者の債務不履行から生じうる損害の塡補を目的とする。しかし、信用保険は、債権者と保険会社とが締結する保険契約であるのに対し、保証保険は、債務者が保険会社と締結し、被保険者を債権者とする保険契約である。

　以上のように現実の取引では、損害担保契約は、広く用いられている。

　㈢　随伴性　　債権譲渡によって主たる債務が移転すれば、保証債務はこれに伴って移転する。これを随伴性という。これに対して、免責的債務引受けによって主たる債務者が交替する場合には、保証人がその債務引受けに同意し、

または新しい債務者のために保証人となることを承諾した場合を除いて、保証債務は消滅する（大判大正11・3・1民集1巻80頁）。その理由は、①債務者の変更がその責任財産の変更をもたらすものであるため、保証人の弁済の必要性や求償権に影響を及ぼすこと、および、②保証人は、特定の債務者との人的関係に基づいて保証していることにある。

　(オ)　補充性　　保証債務は、主たる債務者が履行しないときにはじめて履行しなければならないという二次的な債務であり、このことを補充性という。補充性を具体的に現すのが、催告および検索の抗弁である。催告の抗弁（452条）とは、債権者から履行の請求を受けた保証人が、まず主たる債務者に催告をすべき旨を請求できることである。また、検索の抗弁（453条）とは、債権者はまず主たる債務者の財産に執行せよという抗弁である。ただし、このような補充性は、債権者と保証人との合意によって排除することができる。これが連帯保証（後述）であり、保証人には上記の二つの抗弁が認められないため、通常の保証債務より重くなる。

2　成立

(1)　要件

　保証債務は、債権者と保証人との契約（保証契約）によって生じる。かつては、保証契約について特段の方式によることは要件とされていなかった。しかし、保証人は、主たる債務者の親族や友人であるなど、主たる債務者との人的な関係によって無償で保証契約を結ぶことが多く、しかも、必ずしも自己の責任を十分に認識していないことも少なくなかった。そこで、保証人となる者の保証意思が明確である場合に限って保証契約の効力を認めるために、平成16年の民法改正では、保証契約は、書面でしなければ、その効力を生じないとした（446条2項）。また、保証契約がその内容を記録した電磁的記録によってなされた場合には、これを書面によってされたものとみなす旨も規定されている（同3項）。したがって、書面によらない保証契約は、たとえ合意に基づいて現実の履行がなされたとしても、無効であることになる。

　ところで、保証契約の当事者、すなわち保証人になる資格には制限がない。

しかし、契約または法律の規定（例、29条1項）によって、債務者が保証人を立てる義務を負う場合には、保証人は次の二つの条件を備えていなければならない（450条1項）。一つは、行為能力者であることであり、もう一つは、弁済の資力を有することである。その趣旨は、債権者の保護にある。すなわち、保証人が制限行為能力者であれば保証契約を取り消すことができ、また、弁済の資力がなければ保証債務を履行できないため、いずれの場合にも、保証人を立てたことが無意味となるからである。ただし、債権者が保証人を指名したときは、この規定は適用されない（450条3項）。また、保証人の資力が無くなった場合には、その保証人の存在は無意味となるから、債権者は、代わりの保証人を立てることを請求することができる（450条2項）。これに対して、保証契約の成立後に保証人が制限行為能力者となっても、保証契約そのものは有効であるため、450条2項は、同1項1号を排除している。

(2)　保証委託契約との関係

保証契約は、債権者と保証人との間の契約であるから、主たる債務者から保証人となることを依頼されたかどうかにかかわりなく（たとえ主たる債務者の意思に反しても）、保証契約は有効に成立する（462条2項参照）。しかし現実には、保証人が主たる債務者の委託（保証委託契約）を受けて保証契約を締結することが多い。この保証委託契約と保証契約は、法律的には別個の契約であり、そのことが、以下の問題に反映される。

　(ア)　詐欺　　保証人が主たる債務者に欺かれて保証委託契約を締結したとしても、保証契約には影響しない（第三者の詐欺—96条2項）。

　(イ)　錯誤　　保証人が、他に連帯保証人が存在するとの主たる債務者の言を信じて保証契約を締結したものの、他に連帯保証人が存在しなかった場合には、保証人による錯誤取消し（95条）の主張が考えられる。ただし、他に連帯保証人が存在すると思っていたが存在しなかったという錯誤は、「表意者が法律行為の基礎とした事情についてのその認識が真実に反する錯誤」（95条1項2号—動機の錯誤）である。それゆえ、この錯誤を理由に意思表示を取り消すためには、①「その事情が法律行為の基礎とされていることが表示されていた」こと（同2項）、②「その錯誤が法律行為の目的及び取引上の社会通念に照らし

て重要なものである」こと（同 1 項柱書き）、および、②表意者に重過失がなか
ったこと（同 3 項柱書き）が要件となる。具体的には、保証人にとって他に連
帯保証人の有無が重要であったか、債権者がその事情を知りえたか、保証人の
誤信につき重過失はなかったか等を判断し、保証契約の取消しを決すべきであ
る。ただし、最高裁は、保証契約が「保証人と債権者との間に成立する契約で
あって、他に連帯保証人があるかどうかは、通常は保証契約をなす単なる縁由
にすぎず、当然にはその保証契約の内容となるものではない」と判示し、保証
人による錯誤無効（旧法）の主張を否定した（最判昭和 32・12・19 民集 11 巻 13
号 2299 頁）。保証人は、債権者のために主たる債務者の代わりに弁済をするリ
スクを負うものであるから、主たる債務者や他の連帯保証人に資力があると誤
信して保証契約を締結しても、それを理由に錯誤取消しを主張することはでき
ない（95 条 1 項柱書きの前掲②にあたらない）と考えられる。また、最高裁は、
信用保証協会が保証契約を締結した後に、主債務者が反社会的勢力であること
が判明した事案について、「保証契約は、主債務者がその債務を履行しない場
合に保証人が保証債務を履行することを内容とするものであり、主債務者が誰
であるかは同契約の内容である保証債務の一要素となるものであるが、主債務
者が反社会的勢力でないことはその主債務者に関する事情の一つであって、こ
れが当然に同契約の内容となっているということはできない」として、錯誤無
効（旧法）の主張を否定した（最判平成 28・1・12 民集 70 巻 1 号 1 頁。なお、最
判平成 28・12・19 判時 2327 号 21 頁も同旨）。このような主たる債務者の属性に
ついての錯誤も、同様に解される。

　これに対して、主たる債務の内容がどのようなものであるかは、保証人にと
っては、「その負うべきリスクが異なってくる」ため、重要である。そこで、
最高裁は、保証人が空クレジットと知らずに主たる債務者のクレジット会社に
対する立替金支払債務を保証した事案において、保証人の要素の錯誤を認めた。

最判平成 14・7・11 判時 1805 号 56 頁(空クレジット契約と保証人の錯誤)
「保証契約は、特定の主債務を保証する契約であるから、主債務がいかなる
ものであるかは、保証契約の重要な内容である。そして、主債務が、商品を購
入する者がその代金の立替払を依頼しその立替金を分割して支払う立替払契約

　上の債務である場合には、商品の売買契約の成立が立替払契約の前提となるか
ら、商品売買契約の成否は、原則として、保証契約の重要な内容であると解す
るのが相当である。これを本件についてみると、……本件立替払契約はいわゆ
る空クレジット契約であって、（商品）の売買契約は存在せず、（保証人）は、
本件保証契約を締結した際、そのことを知らなかった、というのであるから、
本件保証契約における（保証人）の意思表示は法律行為の要素に錯誤があった
ものというべきである」。

　(ウ)　代理　　保証人が、例えば金額欄が空欄であるような不完全な保証契約
書に署名捺印をして主たる債務者に交付した場合には、保証契約締結について
の代理権を主たる債務者に授与したと解される。それゆえ、主たる債務者がそ
の代理権の範囲を越えて金額欄を補充したときは、表見代理（主として110条）
の問題となる。

(3)　主たる債務の存在――成立における付従性
　保証契約が有効に成立するためには、主たる債務が存在しなければならない。
このことは、保証債務の付従性から当然であり、主たる債務が無効・取消しに
よって存在せず、あるいは時効によって消滅した場合には、保証債務も無効ま
たは消滅する。ただし、主たる債務は将来の債務または停止条件付債務であっ
てもよい。つまり、成立における付従性は、主たる債務が存在すればよく、主
たる債務と保証債務とが同時に成立する必要はない。
　上記のような成立における付従性に対しては、449条が例外を定めている。
すなわち、主たる債務が行為能力の制限によって取り消されうるものであると
きは、保証人がその保証契約の当時取消原因を知っていれば、「主たる債務の
不履行又はその債務の取消しの場合においてこれと同一の目的を有する独立の
債務を負担したものと」推定される。その趣旨は、次のようである。すなわち、
保証人が取消原因（制限行為能力）を知りながら契約したのであるから、主た
る債務が取り消されてもなお保証債務を負う意思を有すると推定される。しか
し、主たる債務が現実に取り消されれば、保証債務は存在しえないため、この
場合の保証人は真の保証人ではなく、「同一の目的を有する独立の債務を負担

した」者であるとされるのである。これは、一種の損害担保契約を認めた規定である。

なお、制限行為能力以外の取消原因（詐欺・強迫等）については、このような推定は働かない（449条の反対解釈）。その実質的な理由は、詐欺・強迫による場合にも保証人に独立の債務を負わせてその債務を履行させることは、詐欺・強迫を奨励する結果になるという点にある。また、保証人が取消原因の存在を知らないときは、保証人は、取り消しうる債務を保証したことになる。この場合には、主たる債務者が取消権を行使すれば、保証人は責任を負わなくなる。しかし、主たる債務者が取消権を行使しないときに、保証人がその取消権を行使することができるか否かについては、後述する。

3　内容

(1)　目的・態様

保証債務の内容は、保証契約の内容と保証債務の付従性とによって定まる。

まず、保証債務は、債権者と保証人との契約（保証契約）によって成立するから、その内容も当該契約によって定まる。ただし、446条は、主たる債務者がその債務を履行しないときに、保証人が、「その履行」をする責任を負うと規定する。それゆえ、保証人は、主たる債務と同一の内容の債務を負うとも考えられる。しかしそうだとすれば、主たる債務が不代替的な給付や役務の提供を目的とする場合には、保証債務の成立が妨げられる。例えば、主たる債務が建築請負における仕事の完成であれば、保証人となることができるのは、建築業者に限られよう。そこで、従来の通説は、主たる債務を保証人が代わって実現しえない場合には、「主たる債務が不履行によって損害賠償債務に変ずることを停止条件」として、保証債務の効力が生じるとした（我妻・Ⅳ460頁）。しかし、保証人がどのような内容の債務を負うかは、契約の一般理論によれば、保証契約の解釈によって決すべき問題であり（平井・債権総論307頁）、損害賠償債務とならない限り保証債務の効力が生じない、と解すべきではない。例えば、建築請負の保証の場合において、請負人が建築しないときは、保証人が、①自ら工事をするか、②他の適切な建築業者を選んで工事させるか、または、

③不履行による損害賠償債務を負うかは、当該保証契約の解釈によって決せられる。そうだとすれば、保証債務の内容は、主たる債務の内容と同一である必要はなく、個々の保証契約の解釈によって定まる（特定物の売買における売主の債務の保証につき、182 頁参照）。

　また、保証債務は、付従性を有するから、主たる債務より重くすることはできず、保証人の負担が債務の目的または態様において主たる債務よりも重いときは、主たる債務の限度に減縮される（448 条 1 項）。例えば、主たる債務より保証債務の履行期が早く到来することは許されず、仮にそのような保証契約を締結したとしても、重い部分は法律上当然に無効となる。さらに、主たる債務がその同一性を失わずに、その目的、範囲、態様などを変更したときは、保証債務もそれに応じて変更する。例えば、債権者と主たる債務者との合意による主たる債務の弁済期の延長は、保証債務にも及ぶ（大連判明治 37・12・13 民録 10 輯 1591 頁）。しかし、債権者と主たる債務者の合意によって、例えば利息の率を高め、または弁済期限を短縮するなど、主たる債務の内容が拡張ないし加重されても、保証債務の内容は、これに応じて拡張ないし加重しない。なぜなら、契約によって第三者の責任を重くすることはできないからである。民法も、これを明文化した（448 条 2 項）。

(2)　範囲

　(ｱ)　民法の規定　　保証債務の範囲も、保証契約の解釈によって定まる。ただし民法は、その解釈の基準を示し、保証債務が、元本のほかに、原則として、「主たる債務に関する利息、違約金、損害賠償その他その債務に従たるすべてのものを包含する」（447 条 1 項）とする。これは、当事者の意思が明確でない場合において、保証人が主たる債務と同じ範囲で保証債務を負うことを明らかにした規定である。また、保証人は、元本の全額ではなく、その一部を保証することができる（一部保証）。例えば、100 万円の債務について、50 万円のみ保証することがある。この場合において、主たる債務者が 50 万円を弁済したときに、保証人がなお 50 万円の保証債務を負うか、という問題がある。この問題は、一部保証の契約の解釈によって決せられる。すなわち、(a)一部保証が、債権者にその額まで取得させればよいという趣旨でなされた場合には、主たる

債務者が50万円の弁済をした以上、保証人は責任を免れる。これに対して、(b)一部保証が、債務の残額がある限り、その一部額までは保証人が責任を負うとの趣旨でなされた場合には、保証人はなお、50万円の弁済する責任を負う。そして、特に明示の合意がない限り、(b)と解される。なぜなら、当事者の合理的意思に合致するからである（我妻・IV 467頁）。

　(イ)　原状回復義務　　問題となるのは、主たる債務の発生原因である契約が解除された場合における原状回復義務（545条1項）と損害賠償債務（同3項）について、保証人の責任が及ぶか否かである。というのも、これらの義務は、主たる債務が契約の解除によって効力を失った後に生じるものであり、本来の債務とは同一性がないからである。もっとも、損害賠償債務について保証人が責任を負うことには争いがない（447条1項）。それゆえ、問題は、原状回復義務に限られることとなる。

　この問題につき、かつての判例は、解除の遡及効の有無によりその結論を区別していた。すなわち、①売買契約の解除のように遡及効を生じる場合には、契約がはじめから無効となるため、原状回復義務の法的性質は、不当利得に基づく返還義務である。そうだとすれば、このような原状回復義務は、売買契約上の本来の債務とは同一性のない「別箇独立ノ法律上ノ義務」であるから、保証人は、原則として「之ヲ履行スル」責任を負わず、特約のある場合にのみその責任を負う（大判大正6・10・27民録23輯1867頁）。これに対して、②賃貸借契約のような継続的契約では、解除に遡及効がない（620条参照）。それゆえ、賃借人の目的物返還債務（原状回復義務）は、本来の契約上の債務またはその拡張にすぎず、これについては保証人の責任が当然に及ぶとする（大判昭和13・1・31民集17巻27頁、最判昭和30・10・28民集9巻11号1748頁）。

　上記の判例理論に対して、学説は、次のような批判をした。すなわち、保証の場合においては、その契約から生じる本来の債務だけを保証する趣旨であることはむしろ例外であり、「普通には、その契約当事者として負担する一切の債務を保証し、その契約の不履行によっては相手方に損失を被むらせない、という趣旨であると解すべきである。そうだとすると、解除の場合における原状回復義務と損害賠償義務の性質論に拘泥することなく、保証人は原則としてこれ等の債務をも保証するといわねばならない」（我妻・IV 468頁）。このような

学説の批判をうけて、最高裁は次の大法廷判決により、従来の判例を変更した。

　　　最大判昭和 40・6・30 民集 19 巻 4 号 1143 頁（保証債務の範囲と原状回復義務）

　　X は、昭和 31 年 7 月に A との間で、A の所有する畳建具等の売買契約を締結し、その代金全額 15 万円を A に支払った。そして、Y が、A の債務を保証することを X に約束した。しかし、A は引渡期限（同月 30 日）までに目的物を X に引き渡さなかったため、X は本件売買契約を解除し、その原状回復として A に交付した売買代金とそれに対する法定利息（404 条）の支払を A と Y とに求めて、訴えを提起した。争点となったのは、Y の保証債務が解除後の原状回復義務にまで及ぶか否かである。第一審・第二審ともに、従来の判例理論に従い、保証人は売買契約の解除による原状回復義務については履行の責任を負わないとして、X の Y に対する請求を棄却した（A に対する請求は認容）。X 上告。

　　最高裁は、次のように判示して、原判決を破棄差戻しとした。すなわち、「売買契約の解除のように遡及効を生ずる場合には、その契約の解除による原状回復義務は本来の債務が契約解除によって消滅した結果生ずる別個独立の債務であって、本来の債務に従たるものでもないから、右契約当事者のための保証人は、特約のないかぎり、これが履行の責に任ずべきではないとする判例（前掲大判大正 6・10・27。なお、大判明治 36 年 4 月 23 日民録 9 輯 484 頁参照）がある（中略）。しかしながら、特定物の売買における売主のための保証においては、通常、その契約から直接に生ずる売主の債務につき保証人が自ら履行の責に任ずるというよりも、むしろ、売主の債務不履行に基因して売主が買主に対し負担することあるべき債務につき責に任ずる趣旨でなされるものと解するのが相当であるから、保証人は、債務不履行により売主が買主に対し負担する損害賠償義務についてはもちろん、特に反対の意思表示のないかぎり、売主の債務不履行により契約が解除された場合における原状回復義務についても保証の責に任ずるものと認めるのを相当とする。したがって、前示判例は、右の趣旨においてこれを変更すべきものと認める」。

　この最高裁大法廷判決により、保証人は、反対の特約がない限り、原状回復

義務についても責任を負うとされた。ただし、その射程については、理解が分かれている。すなわち、一方では、(a)最高裁が前記の学説（我妻）に従い、従来の判例を全面的に変更して、解除の場合における原状回復義務が保証債務の範囲であることを一般的に認めたとする見解（於保・債権総論 264 頁）が存在する。しかし、他方では、(b)判決の事案が、「特定物の売買契約における売主のための保証に関するものであって、判決文の表現自体からすれば」、判決が従来の判例を全面的に変更して前記の学説を全面的に採用したと解するのは「行きすぎ」である（栗山忍・最判解説 199 頁）との理解も存在する。

　保証債務の範囲が保証契約の解釈によって定まるとすれば、原状回復義務に及ぶか否かも、個別の保証契約における当事者の意思解釈を基準として判断すべきである。そうだとすれば、判旨は、「特定物の売買における売主のための保証」における解釈を示し、その限りで、従来の判例を変更したと認められる。したがって、(b)の理解が適切であると考える。

　(ウ)　合意解除の場合における原状回復義務　　上記の大法廷判決は、債務不履行解除に関するものであり、当事者が契約を合意解除した場合における原状回復義務についても保証人が責任を負うか否かは、別の問題である。というのも、これを肯定すると、保証人の関与しない解除の合意によって、保証人が過大な責任を負うおそれがあるからである。そして、この問題については、次の判決がある。

　　最判昭和 47・3・23 民集 26 巻 2 号 274 頁（合意解除による原状回復義務）
　　注文者 X は、昭和 42 年 5 月に A 建設会社との間で、工事代金を 2900 万円とする建物建築請負契約を締結し、Y が A の請負契約上の債務を連帯して保証する旨を X に約した。そして X は、工事代金のうちの 1000 万円を前払した。しかし、A は、資金難から工事の続行が困難となり、X との間で本件建築請負契約を合意解除し、すでに完成した部分の出来高を 400 万円と見積もって、前払金からこの出来高を引いた 600 万円を X に返還することを約束した。問題となるのは、Y の保証責任が合意解除による A の前払金返還債務に及ぶか否かである。第一審・第二審ともに、前払金返還債務は合意解除によって生じた新たな債務であり、Y の保証責任は及ばないとして、X の請求を棄却し

た。X 上告。

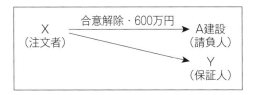

　最高裁は、まず、「請負契約が注文主と請負人との間において合意解除され、
その際請負人が注文主に対し既に受領した前払金を返還することを約したとして
も、請負人の保証人が、当然に、右債務につきその責に任ずべきものではな
い」とする。なぜなら、「そうでないとすれば、保証人の関知しない合意解除
の当事者の意思によって、保証人に過大な責任を負担させる結果になるおそれ
があり、必ずしも保証人の意思にそうものではないからである」。しかし、「工
事代金の前払を受ける請負人のための保証は、特段の事情の存しないかぎり、
請負人の債務不履行に基づき請負契約が解除権の行使によって解除された結果
請負人の負担することあるべき前払金返還債務についても、少なくとも請負契
約上前払すべきものと定められた金額の限度においては、保証する趣旨でなさ
れるもの」と解されるとし、上記の大法廷判決を引用する。そして、「請負契
約が合意解除され、その際請負人が注文主に対し、請負契約上前払すべきもの
と定められた金額の範囲内において、前払金返還債務を負担することを約した
場合においても、右合意解除が請負人の債務不履行に基づくものであり、かつ、
右約定の債務が実質的にみて解除権の行使による解除によって負担すべき請負
人の前払金返還債務より重いものではないと認められるときは、請負人の保証
人は、特段の事情の存しないかぎり、右約定の債務についても、その責に任ず
べきものと解するのを相当とする」とした。なぜなら、「このような場合にお
いては、保証人の責任が過大に失することがなく、また保証人の通常の意思に
反するものでもないからである」（一部棄却、一部破棄差戻し）。

　本判決も、保証契約における当事者の意思解釈を重視し、請負人の注文者に
対する合意解除による前払金返還債務について、請負人の保証人は、「当然に」
は、その責任を負わないとする。ただし、①返還債務の内容が、「請負契約上
前払すべきものと定められた金額の範囲内」であり、②合意解除が請負人の債

務不履行に基づくものであること、および、③合意による請負人の債務が、「実質的にみて解除権の行使による解除によって負担すべき請負人の前払金返還債務より重いものではないと認められるとき」は、保証人がその責任を負うとしても、「保証人の通常の意思に反するもの」ではないとした。

　結局、この判決は、「前記大法廷判決の傾向に沿いながら、その一歩を進めたもの」（柳川俊一・最判解説 90 頁）である。

　㈤　**不当利得返還義務**　　主たる債務の発生原因である契約が無効である場合には、保証債務も成立しない（成立における付従性）。しかし、この場合において、主たる債務者がすでに金銭を受け取ったために不当利得返還債務を負うときは、保証人は、その債務についても責任を負うであろうか。

　前述のように、解除による原状回復義務の法的性質が不当利得返還債務であるとすれば、この場合も同様に解することができよう。すなわち、保証契約における当事者の意思解釈を基準として、保証人は不当利得返還債務についての責任を負うことがあると解される。しかし、判例の中には、保証債務の付従性を根拠に、これを否定したものがあり（最判昭和 41・4・26 民集 20 巻 4 号 849 頁―農業協同組合による員外貸付の事案）、その当否は疑問である。保証債務の内容は保証契約の解釈によって決すべきであり、保証債務の付従性を厳格に適用する必要はない。

　㈥　**まとめ**　　保証債務の内容は、保証契約の内容と保証債務の付従性とによって定まり、両者の調和をどのように図るべきかが問題となる。しかし、一般的には、保証契約の解釈に重きを置くべきである。なぜなら、保証債務の付従性も、保証人に主たる債務者よりも重い責任を負わせるべきではないという、保証契約における当事者の意思の推定によって認められるものだからである。そして実際にも、当事者の合意によって、付従性のない損害担保契約も認められる。そうだとすれば、保証債務の範囲を考える際には、個々の保証契約における当事者の意思解釈を優先し、保証債務の付従性は緩やかに解されよう（我妻・IV 455 頁）。

4　保証人の抗弁——対外的効力

(1)　債権者の請求に対する保証人の抗弁

　債権者は、保証債務の履行期が到来すれば、保証人に対して、その債務の履行を請求することができる。保証債務の履行期は、通常は、主たる債務の履行期と同じ（主たる債務の履行期よりも保証債務のそれが早いことはない——448条）であり、債権者は、主たる債務者に対しても、その債務の履行を請求できる。この場合において、債権者が、主たる債務者に債務の履行を請求することなく、保証人に債務の履行を請求したときは、保証人は、保証債務の補充性に基づく抗弁（催告・検索の抗弁）を行使することができる。ただし、連帯保証人は、この抗弁を行使できない（454条）。このほかにも、保証人は、主たる債務者の有する抗弁を行使することができる。これは、保証債務の付従性に基づくものであって、連帯保証人も主たる債務者の有する抗弁を主張することができる。

(2)　保証債務の補充性に基づく抗弁

　(ア)　催告の抗弁　　債権者が保証人に債務の履行を請求したときは、保証人は、まず主たる債務者に催告をすべき旨を請求することができる（452条本文）。しかし、主たる債務者が破産手続開始の決定を受けたとき、またはその行方が知れないときは、催告の抗弁はない（同ただし書）。連帯保証も同様である。このほか、保証人は催告の抗弁を放棄することもでき、また、債権者が主たる債務者と同時に保証人に請求したときも、保証人は催告の抗弁を有しない（大判大正9・11・24民録26輯1871頁）。

　もっとも、保証人が催告の抗弁を行使しても、債権者は、主たる債務者に対して裁判外の催告をすれば足りるため、実益は少ない。

　(イ)　検索の抗弁　　債権者が、主たる債務者に対して催告した後に、保証人に対して請求した場合でも、保証人は、債権者に対して、「まず主たる債務者の財産について執行をしなければならない」旨の抗弁をすることができる。ただし、保証人がこの抗弁を行使するためには、①主たる債務者に弁済をする資力があり、かつ、②執行が容易であることを証明しなければならない（453条）。

しかし、保証人は、主たる債務者に債務の全額を完済する資力がなくても、執行の容易な若干の財産が存在することを証明すれば足りるため（大判昭和 8・6・13 民集 12 巻 1472 頁）、検索の抗弁は容易に認められる。しかも、検索の抗弁が行使されると、債権者は、まず主たる債務者に対して強制執行しなければならないため、その効果は、催告の抗弁より重大である。そこで、通常は、催告と検索の抗弁を排除する連帯保証（454 条）が用いられる。

　(ウ)　抗弁の効果　　保証人が催告または検索の抗弁を行使すると、上記の各効果が発生する。このほか、債権者が催告または執行を怠ったために主たる債務者から全部の弁済を得られなかったときは、保証人は、債権者が直ちに催告または執行をすれば弁済を得ることができた限度において、その義務を免れる（455 条）。

(3)　保証債務の付従性に基づく抗弁

　(ア)　主たる債務の不存在　　主たる債務を生じさせる契約が不成立または無効である場合には、保証債務の付従性によって、保証債務も不存在または無効となり、保証人はこれを主張できる。主たる債務が弁済等によって消滅した場合も、同様である。

　(イ)　主たる債務者の取消権　　主たる債務を生じさせる契約に取消原因（行為能力の制限、錯誤、詐欺または強迫）が存在し、主たる債務者が契約を取り消した場合には、主たる債務は遡及的に無効（121 条）となり、保証人もその責任を免れる。ただし、保証人が保証契約の時に行為能力の制限を知っていたときは、449 条の推定がなされる。

　問題となるのは、主たる債務者が契約を取り消さず、追認もしない場合において、保証人が主たる債務者の有する取消権を行使できるか否かである。この問題につき、判例（大判昭和 20・5・21 民集 24 巻 9 頁）は、保証人による取消権の行使を否定する。なぜなら、保証人は、120 条の規定する「取消権者」に含まれないからである。これに対して、通説は、保証人が取消原因の存在を主張立証すれば、主たる債務が追認または取消しによりその効力を確定するまでの間は、保証債務の履行を拒絶することができるとする（我妻・IV 484 頁）。

　結論としては、通説が妥当である。その理由は次のようである。まず、判例

の指摘するように、保証人は 120 条の取消権者でなく、また実質的にも、保証人に対して、債権者と主たる債務者との間の関係に干渉する取消権を認めるのは妥当でない。しかし、取消原因が存在するにもかかわらず、保証人が無条件に債務を履行しなければならないとするのは、保証人に酷である。そこで、保証債務の付従性を根拠に、主たる債務の効力が確定するまでは、保証人にその債務の履行を拒絶する抗弁を認めるのが適切であろう。以上のことは、主たる債務を生じさせる契約に解除原因がある場合においても、同様である。

　民法は、主たる債務者が債権者に対して相殺権・取消権・解除権を有するときは、これらの権利の行使によって主たる債務者がその債務を免れるべき限度において、保証人は、債権者に対して保証債務の履行を拒むことができるとした（457 条 3 項）。

　㋒　主たる債務の消滅時効　　主たる債務について消滅時効が完成し、主たる債務者がこれを援用した場合には、主たる債務は消滅するから、保証債務も消滅する。もっとも、この場合において、保証人だけが時効の利益を放棄することは可能である。ただし、そのような保証人は、主たる債務者に対して求償することはできない（我妻・Ⅳ 482 頁）。

　主たる債務について消滅時効が完成したにもかかわらず、主たる債務者が時効を援用しない場合にも、保証人は、時効によって直接にその債務を免れることができる「当事者」（145 条）に該当するから、主たる債務の消滅時効を援用することができる（大判昭和 8・10・13 民集 12 巻 2520 頁）。また、主たる債務について消滅時効が完成した後に、主たる債務者が時効の利益を放棄したとしても、保証人は、主たる債務の消滅時効を援用することができる（大判昭和 6・6・4 民集 10 巻 401 頁）。なぜなら、時効の利益の放棄には相対的効力しかなく、かつ、主たる債務者のみの行為によって保証人の利益を害することは、許されないからである。

　問題となるのは、保証人が主たる債務についての消滅時効の利益を放棄した後に、主たる債務者が時効を援用した場合に、保証人が、主たる債務の時効消滅による保証債務の消滅を主張できるか否かである。

　まず、保証人による時効の利益の放棄が、たとえ主たる債務がどうであっても責任を負うとの趣旨でなされた場合には、保証人が主たる債務の時効消滅を

主張できないことは当然である。しかし、そのように解釈できない場合には、見解が分かれている。すなわち、(a)保証債務の付従性を重視すれば、主たる債務の時効消滅によって保証債務も消滅し、保証人は、その責任を免れうることとなる（大判昭和7・12・2新聞3499号14頁）。これに対して、(b)主たる債務についての時効の利益を放棄した後に、その消滅を主張することは許されないとの信義則（禁反言）を重視すれば、保証人は、保証債務の消滅を主張できないこととなる（潮見・新債権総論II 684頁）。保証人が自らの意思によって主たる債務についての時効の利益を放棄した以上は、時効を援用できないとしてもやむをえず、また、時効の援用を認めると、債権者の期待を害することとなる。そうだとすれば、基本的には(b)の見解が妥当である。しかし、保証人による主たる債務についての時効の利益の放棄が、主たる債務者もこれを放棄するであろうとの予測の下になされ、債権者もそのような保証人の意思を知りまたは知ることができたような場合には、保証債務の付従性を優先し、保証人が責任を免れると解しても、信義則に反しないであろう。

　ところで、主たる債務について消滅時効が完成するときは、保証債務についても同時に消滅時効が完成することが多い。そこで、保証人が保証債務についての時効の利益を放棄し、保証債務を承認した後に、主たる債務者が主たる債務についての消滅時効を援用した場合には、保証人が、付従性に基づいて、保証債務の消滅を主張できるか否かが問題となる。判例はこれを認め、保証債務が消滅するとする（大判昭和10・10・15新聞3904号13頁）。しかし、この問題も、保証人による債務の承認の意思解釈によって決すべきであろう。すなわち、保証人の承認が、保証債務についてのみの承認であるとすれば、主たる債務の時効消滅によって保証債務も消滅する。しかし、保証人の承認が、主たる債務の消滅時効にかかわらず保証債務を負うとの趣旨であれば、主たる債務の時効消滅を主張することは許されないと解される（潮見・新債権総論II 686頁）。

　㈢　主たる債務者の抗弁　　保証人は、主たる債務者の有する抗弁を援用することができる。同時履行の抗弁（533条）のほか、期限の未到来および猶予の抗弁などがある。民法は、この旨を明記した（457条2項）。

　㈣　相殺　　主たる債務者が債権者に対して相殺権、取消権または解除権を有している場合に、保証人は、これらの権利の行使によって主たる債務者がそ

の債務を免れるべき限度において、債務の履行を拒絶することができる（457条3項）。

5　主たる債務者または保証人について生じた事由の効力──影響関係

(1)　主たる債務者について生じた事由

　保証債務の付従性により、原則として、すべて保証人にも効力を及ぼす。ただし、以下の点が問題となる。

　(ア)　主たる債務者の死亡・破産　　主たる債務の消滅は、保証債務を消滅させる。しかし、主たる債務者の人格の消滅はどうか。

　まず、主たる債務者である自然人が死亡しても、保証債務は、主たる債務者を相続した相続人のために存続する。この場合において、相続人が限定承認（922条）をしたとしても、保証人の責任には影響しない。なぜなら、限定承認により、責任は相続財産の限度に制限されるが、債務自体は制限されないからである。また、主たる債務者が破産し、免責許可の決定が確定したときは、破産者は、破産手続による配当を除き、責任を免れる（破253条1項）。しかし、保証人には影響しない（同2項）。さらに、主たる債務者である会社が破産し、破産終結決定がされてその法人格が消滅した場合には、会社の負担していた債務も消滅する。しかし、保証債務には影響せず、保証人はその全額を弁済しなければならない（大判大正11・7・17民集1巻460頁、最判平成15・3・14民集57巻3号286頁）。

　(イ)　時効の完成猶予・更新　　主たる債務者に対する履行の請求その他の事由による時効の完成猶予および更新は、保証人に対しても、その効力を生じる（457条1項）。これは、主たる債務が時効消滅する前に保証債務が時効消滅しないようにして、特に債権の担保を確保しようとする政策的な規定であり、保証債務の付従性から当然に生じる効果ではない、と解されている（奥田・債権総論402頁）。というのも、保証債務の付従性とは、主たる債務がなければ保証債務もないことを意味し、主たる債務に生じた事由が従たる保証債務に影響することを含むものではないからである。また、最高裁は、保証人が主たる債務を相続したことを知りながら保証債務の弁済をした場合には、当該弁済が、

特段の事情のない限り、「主たる債務者による承認として当該主たる債務の消滅時効を中断する効力を有する」とした。なぜなら、「保証債務の附従性に照らすと、保証債務の弁済は、通常、主たる債務が消滅せずに存在していることを当然の前提とするもの」であり、「主たる債務者兼保証人の地位にある者が主たる債務を相続したことを知りながらした弁済は、これが保証債務の弁済であっても、債権者に対し、併せて負担している主たる債務の承認を表示することを包含する」と解されるからである（最判平成 25・9・13 民集 67 巻 6 号 1356 頁）。

　このほか、主たる債務者に対する債権が譲渡され、その対抗要件が具備されれば、保証人についても効力を生じる。

(2)　保証人について生じた事由

　原則として、主たる債務者に対しては影響を及ぼさない。ただし、弁済その他の債権を満足させる事由は、絶対的効力を生じる。また、連帯保証には、連帯債務の絶対的効力事由に関する規定が準用される（458 条）。ただし、民法は、前述のように、絶対的効力事由を限定している。

(3)　債権者の保証人に対する情報提供義務

　民法は、個人保証と法人保証を問わず、「保証人が主たる債務者の委託を受けて保証をした場合において、保証人の請求があったときは、債権者は、保証人に対し、遅滞なく、主たる債務の元本及び主たる債務に関する利息、違約金、損害賠償その他その債務に従たる全てのものについての不履行の有無並びにこれらの残額及びそのうち弁済期が到来しているものの額に関する情報を提供しなければならない」とする（458 条の 2）。また、個人保証については（458 条の 3 第 3 項）、主たる債務者が期限の利益を喪失した場合に、「債権者は、保証人に対し、その利益の喪失を知った時から 2 箇月以内に、その旨を通知しなければならない」とする（同 1 項）。そして、債権者が期限内にその通知をしなかったときは、保証人に対し、主たる債務者が期限の利益を喪失した時から第 1 項の「通知をするまでに生ずべき遅延損害金（期限の利益を喪失しなかったとしても生ずべきものを除く。）に係る保証債務の履行を請求することができない」

とする（同 2 項）。いずれも、保証人の知らない間に保証債務が過酷なものとならないようにする方策である。

6　保証人の主たる債務者に対する求償権——内部関係

(1)　求償権の根拠

保証人は、債権者に対しては保証債務を履行する義務を負う。しかし、保証人は、主たる債務者のために履行をするのであるから、保証債務を履行した保証人は、主たる債務者に対してその償還を求めることができる。この権利を求償権という。

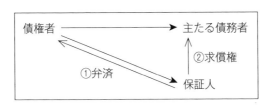

求償権は、特別な規定がなくても、保証人が主たる債務者の委託（委任）を受けて保証人となった場合（受託保証人）には、委任事務の処理費用（650 条）として、また、委託を受けずに保証人になった場合には、事務管理の費用（702 条）として認められる。このように、保証人の求償権は、他人の事務を処理した者の費用償還請求権に相当する。しかし民法は、この制度を基礎としつつ、求償権の範囲について、以下のような特別の規定を設けている。

(2)　主たる債務者の委託を受けた保証人

(ア)　事後求償権　　委託を受けた保証人は、主たる債務者に代わって弁済をし、その他自己の財産をもって債務を消滅させる行為をしたときは、主たる債務者に対して求償権を有する（459 条 1 項）。求償権の範囲は、弁済その他免責のあった日以後の法定利息、避けることのできなかった費用その他の損害賠償を含む（459 条 2 項による 442 条 2 項の準用）。この範囲は、受任者の費用償還請求権の範囲（650 条 1 項・3 項）とほぼ同じである。

求償権の成否は、主たる債務者と保証人との実質的な内部関係に従って決す

べきである。それゆえ、債権者に対する関係では主たる債務者として契約を締結しても、内部関係においては、連帯保証人にすぎない者に対しては、他の連帯保証人は、「自己の負担部分（特約がなければ平等の負担部分）をこえる部分についてのみ」、求償権を有する（最判昭和46・3・16民集25巻2号173頁）。

　なお、民法は、委託を受けた保証人が「主たる債務の弁済期前に債務の消滅行為をしたとき」も、その保証人は、主たる債務者に対し、求償権を有するとした（459条の2第1項前段）。ただし、保証人は、主たる債務者の期限の利益を害することはできないから、求償権は、主たる債務の弁済期以後でなければ行使できず（同3項）、また、「主たる債務者がその当時利益を受けた限度において」認められるにすぎない（同1項前段）。さらに、求償は、「主たる債務の弁済期以後の法定利息及びその弁済期以後に債務の消滅行為をしたとしても避けることができなかった費用その他の損害の賠償」しか認められない（同2項）。

　また、民法は、主たる債務者が債務の消滅行為の日以前に相殺の原因を有していたことを主張するときは、保証人は、債権者に対し、その相殺によって消滅すべきであった債務の履行を請求することができるとする（459条の2第1項後段）。これは、主たる債務者に求償することができない保証人に、債権者から回収する手段を確保させるため、保証人に対して、消滅すべきであった債務の履行を請求することを認めたものである（一問一答128頁）。

　(イ)　事前求償権　　委託を受けた保証人は、後に求償しようと思ってもできなくなるおそれがある一定の場合には、あらかじめ求償権を行使することができる（460条）。そのような場合としては、①主たる債務者が破産手続開始の決定を受け、かつ、債権者がその破産財団の配当に加入しないとき（1号）、②債務が弁済期にあるとき（2号）、および、③保証人が過失なく債権者に弁済をすべき旨の裁判の言渡しを受けたとき（3号）がある。委任の規定によれば、受任者は、費用の前払を請求することができる（649条）。しかし、保証人に常に前払請求権を認めたのでは、保証の趣旨に反する。そこで民法は、一定の場合に限って、保証人に事前の求償が認められるものとした。

　この事前求償権は、事後求償権とはその発生要件を異にする別個の権利である（最判昭和60・2・12民集39巻1号89頁）。しかし、事前求償権は、「事後求

償権を確保するために認められた権利であるという関係にあるから、委託を受けた保証人が事前求償権を被保全債権とする仮差押えをすれば、事後求償権についても権利を行使しているのと同等のものとして評価することができ」、事前求償権を被保全債権とする仮差押えは、事後求償権の消滅時効の完成猶予・更新する効力を有する（最判平成27・2・17民集69巻1号1頁）。

　ところで、保証人の事前求償権が認められても、後に保証人が保証債務を履行しなければ、主たる債務者は損害を被ることとなる。そこで民法は、次のように、主たる債務者の保護を図っている。すなわち、主たる債務者は、事前の求償に応じたうえで、債権者が全部の弁済を受けない間は、保証人に担保を供させ、または、保証人に対して、自分を免責させるよう請求することができる（461条1項）。また、事前求償権を行使された主たる債務者は、保証人に支払うべき金額を供託し、もしくはこれに相当する担保を供し、または債権者と交渉して保証人に免責を得させて、求償に応じる義務を免れることができる（同2項）。

　(ウ)　物上保証人の求償権　　他人の債務を担保するため質権ないし抵当権を設定した者（物上保証人）が、債務者の債務を弁済し、または、担保権の実行によって担保に供した物の所有権を失ったときは、保証債務に関する規定に従い、債務者に対して求償権（事後求償権）を有する（351条・372条）。問題となるのは、委託を受けた物上保証人にも、460条の類推適用による事前求償権が認められるか否かであり、最高裁は、明確にこれを否定した。

　　最判平成2・12・18民集44巻9号1686頁（物上保証人による事前求償の可否）
　　Yは、A信用保証協会の保証の下に金融機関から金員を借り入れた。他方、Xは、Yの委託に基づき、その所有する不動産について、AのYに対する求償権を担保するための根抵当権を設定した。その後、Yが金融機関に対して債務の弁済を怠ったため、保証債務を履行したAが根抵当権の実行を申し立て、Xの不動産につき競売開始決定がなされた。そこでXは、Yに対して、460条2号に基づき、事前求償権を行使した。これに対して、Yは、事前求償権が物上保証人には認められないと反論した。第一審・第二審ともに、Xの

請求を棄却した。X上告。

最高裁は、次のように判示して、Xの上告を棄却した。すなわち、債務者の委託を受けた物上保証人は、「被担保債権の弁済期が到来したとしても、債務者に対してあらかじめ求償権を行使することはできない」。その理由は、372条の準用する351条が物上保証人の事後求償権を認め、「求償の範囲については保証債務に関する規定が準用される」けれども、同条は、事前求償権を「許容する根拠となるものではなく、他にこれを許容する根拠となる規定もない」ことにある。もっとも、物上保証人と保証人とは、事後求償に関する法律関係については、「類似する」。しかし、①「保証の委託とは、主債務者が債務の履行をしない場合に、受託者において右債務の履行をする責に任ずることを内容とする契約を受託者と債権者との間において締結することについて主債務者が受託者に委任することであるから、受託者が右委任に従った保証をしたときには、受託者は自ら保証債務を負担することになり、保証債務の弁済は右委任に係る事務処理により生ずる負担であるということができる。これに対して、物上保証の委託は、物権設定行為の委任にすぎず、債務負担行為の委任ではないから、受託者が右委任に従って抵当権を設定したとしても、受託者は抵当不動産の価額の限度で責任を負担するものにすぎ」ない。また、②「抵当不動産の売却代金による被担保債権の消滅の有無及びその範囲は、抵当不動産の売却代金の配当等によって確定するものであるから、求償権の範囲はもちろんその存在すらあらかじめ確定することはでき」ない。さらに、③「抵当不動産の売却代金の配当等による被担保債権の消滅又は受託者のする被担保債権の弁済をもって委任事務の処理と解することもできない」。

したがって、「物上保証人の出捐によって債務が消滅した後の求償関係に類似性があるからといって、右に説示した相違点を無視して、委託を受けた保証人の事前求償権に関する民法460条の規定を委託を受けた物上保証人に類推適用することはできない」。

この判例に対しては、保証と物上保証との類似を強調し、物上保証人にも460条の類推適用を認めるべきであるとの見解も存在する。しかし、判旨の①が指摘するように、保証人は自ら保証債務を負担し、その弁済は、「委任に係る事務処理により生ずる負担」であると解される。これに対して、物上保証の

委託は、担保物権を設定させるにとどまり、物上保証人が弁済によって債務者を免責させる趣旨を含まない。そうだとすれば、物上保証人が自らの財産をもって債務者を免責させたとしても、その行為は委任事務の処理ではなく（判旨③）、「委任費用の発生を観念する余地」がない（富越和厚・最判解説 508 頁）。このような保証の委託と物上保証の委託との論理的な区別に加えて、物上保証の場合には、担保権を実行してみないと、求償権の存否とその範囲を「あらかじめ確定すること」ができない（判旨②）との実質的理由を考慮すると、物上保証人の事前求償権を否定する判例が妥当であると解される。

(3)　主たる債務者の委託を受けない保証人

(ア)　求償権の成立　　主たる債務者の委託を受けない保証人が、弁済をし、その他自己の財産をもって主たる債務者の債務を免れさせたときにも、求償権が認められる（462 条 1 項による 459 条の 2 第 1 項の準用）。ただし、委託に基づくものではないため、事前求償権はなく、事後求償権のみが認められる（460 条参照）。また、求償権の範囲も、以下のように制限されている。

(イ)　求償権の範囲　　委託を受けないで保証をした場合において、それが主たる債務者の意思に反しないときは、保証人は、免責行為をした当時、主たる債務者が利益を受けた限度において、主たる債務者に求償することができる（462 条 1 項・459 条の 2 第 1 項）。それゆえ、利息、費用および損害賠償が含まれず、その範囲は、本人の意思に反しない事務管理者の費用償還請求権の範囲（702 条 1 項）と一致する。

これに対して、主たる債務者の意思に反して保証をした者は、主たる債務者が現に利益を受けている限度においてのみ求償権を有する（462 条 2 項前段）。それゆえ、主たる債務者が、免責行為のあった後求償の日以前に、債権者に対して反対債権を取得した場合には、債務者は、これをもって保証人の求償に対抗することができる。そして、これを対抗したときは、主たる債務者の債権は、保証人に移転する（462 条 2 項後段）。この求償権の範囲は、本人の意思に反する事務管理者の費用償還請求権の範囲（702 条 3 項）と一致する。

さらに、民法は、委託を受けない保証人が主たる債務について期限前弁済をした場合に、459 条の 2 第 3 項を準用する旨の項を新設した（462 条 3 項）。

(4)　保証人の通知義務

　主たる債務者と保証人が、二重に弁済したり、抗弁があるのに弁済をしてしまう不利益を回避するために、連帯債務と同様に、事前および事後に通知をする義務が課されている。

　まず、主たる債務者の委託を受けた保証人は、弁済するに際して、主たる債務者に事前に通知することが要求され、この通知を怠るとその求償権が制限される（463条1項）。すなわち、保証人があらかじめ通知をしないで弁済その他の免責行為をしたときは、主たる債務者は債権者に対抗することのできた事由をもって保証人に対抗することができる。その趣旨は、保証人が事前の通知をすることによって、主たる債務者に権利行使の機会を与えることにある。これに対して、委託を受けない保証人は、債務の消滅行為をしたときの求償権の範囲が制限されているため（462条）、事前義務を課す必要はない。

　また、保証人が弁済その他の免責行為をした後に通知を怠り、主たる債務者が善意で二重に弁済その他の免責行為をしたときは、その債務者は自分のした免責行為を有効とみなすことができる（443条2項参照）。このような事後の通知は、保証人が弁済したことを知らずに、主たる債務者が二重に弁済することを防ぐ趣旨である。現行民法も、基本的にはこの規律を維持し、保証人が債務の消滅行為をした後に主たる債務者が債務の消滅行為をした場合において、①保証人が主たる債務者の意思に反して保証をしたとき、および、②保証人が債務の消滅行為をしたことを主たる債務者に通知することを怠ったため、主たる債務者が善意で債務の消滅行為をしたときは、主たる債務者は、その債務の消滅行為を有効であったものとみなすことができるとする（463条3項）。

　さらに、保証人が主たる債務者の委託を受けて保証をした場合において、主たる債務者が弁済その他の免責行為をした後に通知を怠り、保証人が善意で二重に弁済その他の免責行為をしたときは、保証人は、自分のした免責行為を有効とみなすことができる（463条2項）。

(5)　多数当事者の債務における保証人の求償権

　(ア)　債務者全員のための保証人　　例えば、主たる債務者ABCが債権者に対して90万円の債務を負っている場合において、保証人Dが、ABC全員の

ために保証人となったときはどうか。

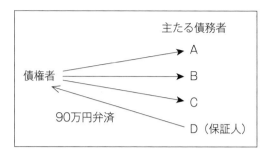

　まず、主たる債務が分割債務であるときは、求償権も各債務者について分割債務となる。なぜなら、主たる債務者は、各自が分割された債務を負うからである。したがって、D が 90 万円を弁済すれば、D は、ABC に対してそれぞれ 30 万円を求償することとなる。

　これに対して、主たる債務が不可分債務または連帯債務であるときは、求償権も各債務者について不可分債務または連帯債務となる。D は、ABC に対して、90 万円の求償をすることができる。

　(イ)　債務者一人のための保証人　　上記の例で、D が C だけのために保証人となった場合はどうか。

　主たる債務が分割債務であるときは、保証人は、保証された債務者に対して、その負担する債務額についてのみ求償権を有する。したがって、D が 90 万円を弁済すれば、C に対して 30 万円を求償でき、60 万円については、第三者の弁済（474 条）となる。

　主たる債務が不可分債務または連帯債務（負担部分は平等）であるときは、保証人は、保証された債務者に対して全額を求償できる。加えて、民法は、他の債務者に対し、その負担部分のみについて求償権を有するとした（464 条）。それゆえ、D が 90 万円を弁済すると、D は、C に対して 90 万円の求償をするほか、A と B に対しても 30 万円の求償をすることができる。その趣旨は、求償関係を簡易に決済することにある。

7　各種の保証

(1)　連帯保証

(ア)　意義・成立　　連帯保証とは、保証人が主たる債務者と連帯して債務を負担する旨を合意した保証である（458条）。連帯保証は、次の二つの点において、通常の保証（単純保証）と異なる。まず、①連帯保証人は、催告および検索の抗弁を有しない（454条）。また、解釈上、②連帯保証には分別の利益（後述）も認められない。この二つの点は、いずれも債権者にとって有利であり、実務では、単純保証でなく、連帯保証が多く用いられる。

連帯保証が成立するためには、保証契約において特に連帯である旨の特約がなされることが必要である。この特約の存否は、債権者と保証人との保証契約の解釈によって決せられる。ただし、主たる債務または保証債務に商行為性があるときは、当然に連帯保証となる（商511条2項）。

(イ)　対外的効力　　連帯保証債務の内容が保証契約と付従性によって定まることは、単純保証と同じである。しかし、上記のように、連帯保証人には催告および検索の抗弁が認められないため、債権者は、主たる債務者より先に、連帯保証人に履行の請求をすることができる。また、連帯保証人が数人いる場合にも、各連帯保証人が全額を弁済する義務を負い、保証人の数によって分割されない（後述する「分別の利益」がない）。

(ウ)　影響関係　　民法は、連帯債務に関する規定の準用を認めている（458条）。ただし、民法は、連帯債務の絶対的効力事由を限定しているため、更改・相殺・混同のみが準用され、それ以外は相対的効力を有するにすぎない。

(エ)　内部関係　　連帯保証人が弁済その他の免責行為をしたときは、主たる債務者に対して求償権を有する。この点は、単純保証と同じである。

(2)　共同保証

(ア)　意義　　共同保証とは、同一の主たる債務について数人が保証債務を負担する場合をいう。具体的には、次の三つの場合がある。すなわち、数人の保証人が、①いずれも単純保証人である場合、②連帯保証人である場合、および、

③単純保証人であるが、「各保証人が全額を弁済すべき旨の特約」（465条1項）をしている場合（保証連帯）である。

　共同保証と単純保証の違いは、その対外的効力（分別の利益）および内部関係（求償関係）に現れる。

　㈠　対外的効力　　共同保証においては、各保証人が分別の利益を有する。すなわち、数人の保証人がそれぞれ単純保証をした場合には、その債務額は保証人の数に応じて分割される（456条による427条の準用）。これは、保証人にとって利益であるから、分別の利益という。しかし、債権者にとっては、複数の保証人をつけた意味に乏しく、不利益となる。そこで、上記の③のように、保証人相互間の特約によって各自が全額を弁済する義務を負う場合があり、これを保証連帯という。また、連帯保証（②）も、分別の利益がない点で、保証連帯と共通する。ただし、保証連帯の場合には、連帯保証と異なり、各保証人に催告および検索の抗弁が認められる。保証連帯では、保証人の負担する債務は、連帯保証債務でなく、単純保証だからである。

　㈢　影響関係　　共同保証人が分別の利益を有する場合（①）には、各保証債務は分割されるため、影響関係はない。これに対して、保証連帯（③）は、保証人間に連帯関係があるから、債権者と保証人との関係については、連帯債務に関する規定が類推適用される（大判昭和15・9・21民集19巻1701頁）。

　問題となるのは、数人の保証人が連帯保証人である場合（②）において、債権者が連帯保証人の一人を免除したときに、他の連帯保証人の保証債務がどうなるかである。というのも、連帯債務については旧437条が存在し、現行民法では削除されたが、連帯保証人の一人に対する債務免除が他の連帯保証人に効力を及ぼすか否かについては、規定が全くないからである。

　判例は、「連帯保証人の一人に対し債務の免除がなされても、それは他の連帯保証人に効果を及ぼすものではない」とした。その理由は、「複数の連帯保証人が存する場合であっても、右の保証人が連帯して保証債務を負担する旨特約した場合（いわゆる保証連帯の場合）、または商法511条2項に該当する場合でなければ、各保証人間に連帯債務ないしこれに準ずる法律関係は生じない」ということにある（最判昭和43・11・15民集22巻12号2649頁）。連帯債務においては免除に絶対的効力はなく、相対的効力事由であるにすぎない。まして、

連帯保証人間には、連帯関係が当然に生じることはなく、それが生じるために
は、その旨の特約または法律の規定が必要であることを考えれば、判例が適切
である。

　㈢　内部関係　　共同保証人の一人が、弁済その他自己の財産をもって主た
る債務を消滅させたときは、主たる債務者に対して求償権を有する。これに加
えて、民法は、共同保証人が、他の共同保証人に対しても求償権を有すること
を認めた（465条）。その趣旨は、主たる債務者の無資力のリスクを、共同保証
人のうちの一人が負担するのは公平ではないということにある。すなわち、最
高裁も、「民法465条に規定する共同保証人間の求償権は、主たる債務者の資
力が不十分な場合に、弁済をした保証人のみが損失を負担しなければならない
とすると共同保証人間の公平に反することから、共同保証人間の負担を最終的
に調整するためのものであり、保証人が主たる債務者に対して取得した求償権
を担保するためのものではない」とする。そして、その趣旨から、「保証人が
主たる債務者に対して取得した求償権の消滅時効の中断事由（現行民法では完
成猶予・更新）がある場合であっても、共同保証人間の求償権について消滅時
効の中断（現行民法では完成猶予・更新）の効力は生じない」とした（最判平成
27・11・19民集69巻7号1988頁）。

　ただし、求償権の範囲は、共同保証人が分別の利益を有するか否かに応じて
異なる。すなわち、共同保証人が分別の利益を有しない場合には、保証人の一
人が「全額又は自己の負担部分を超える額を弁済したとき」は、連帯債務の求
償権に関する規定（442-444条）が準用される（465条1項）。しかし、共同保証
人が分別の利益を有するときは、自己の負担部分を超える額を弁済した保証人
は、委託を受けない保証人と類似するため、その求償権の規定（462条）が準
用される（465条2項）。

⑶　根保証（継続的保証）

　㈠　意義　　根保証契約とは、「一定の範囲に属する不特定の債務を主たる
債務とする保証契約」である（465条の2）。根保証が必要とされる場合には、
次の三つがある。第一に、銀行と事業者の取引、メーカーと商社の取引など、
継続的な取引契約がなされる場合に根保証契約が結ばれる。この根保証を信用

保証という。第二は、不動産賃貸借契約から生じる賃借人の賃料債務の保証である。そして第三は、雇用契約における身元保証である。

　根保証契約においては、債務が不特定であるため、保証人が予測もしない多額の債務について責任を負わされるおそれがある。なかでも、保証人保護の必要性が強く感じられたのは、身元保証であった。というのも、例えば親戚の子が就職する際に軽い気持ちで身元保証契約を締結し、後に多額の保証債務を請求されることが多かったからである。そこで、昭和 8 年（1933 年）には、身元保証に関する法律（身元保証法）が制定された。

　㈣　身元保証　　身元保証法は、以下の点において、身元保証人の保護を図っている。

　第一に、身元保証の存続期間を最長 5 年とする（2 条）とともに、期間の定めのない身元保証は、原則として 3 年間とした（1 条）。

　第二に、身元保証人の責任が発生するおそれがある場合やその責任が重くなるおそれがある場合には、使用者に身元保証人への通知義務が課されている（3 条）。そして、そのような場合には、身元保証人に解約権が認められる（4 条）。

　第三に、身元保証人の責任の範囲は、裁判所の広範な裁量に委ねられた（5 条）。

　なお、身元保証法に規定はないが、判例は、身元保証人が死亡した場合には、身元保証契約が相続されないとする（大判昭和 18・9・10 民集 22 巻 948 頁）。

　㈦　信用保証　　信用保証の内容はすべて契約によって定まる。それゆえ、保証債務の範囲や期間の定めのない契約もあり、保証人の責任は重い。そこで、判例・学説がその期間および範囲につき以下のような制限を認めるとともに、平成 16 年の民法改正では、信用保証の一部である貸金等根保証契約について、保証人の保護のための規定が設けられた。

　（ⅰ）判例による制限

　（a）期間　　保証期間に定めがないときにも、次の二つの解約権が認められる。一つは任意解約権であり、保証契約締結後相当の期間が経過した場合には、保証人はその契約を将来に向かって解約できる（大判昭和 7・12・17 民集 11 巻 2334 頁）。もう一つは、特別解約権であり、保証期間の定めの有無にかかわら

ず以下の事情が生じた場合には、保証人が解約できる。すなわち、①主たる債務者の資産の悪化（大判昭和 9・2・27 民集 13 巻 215 頁）、または、②主たる債務者の不履行により、保証人が再三責任を負うなどして、主たる債務者に対する信頼が失われた場合（最判昭和 39・12・18 民集 18 巻 10 号 2179 頁）である。

　(b)　範囲　判例は、保証債務の限度額に定めがない場合にも、保証人の責任は無制限と解すべきではなく、取引通念上相当な部分についてのみ責任を負うとする（大判大正 15・12・2 民集 5 巻 769 頁）。

　なお、信用保証の相続性は、限度額および期間の定めのないものについては否定される（最判昭和 37・11・9 民集 16 巻 11 号 2270 頁）。

　(ii)　個人根保証契約　根保証契約のうち、主たる債務の範囲に、金銭の貸渡しまたは手形の割引を受けることによって負担する債務（貸金等債務）が含まれるものを、貸金等根保証契約という（465 条の 3 第 1 項）。この貸金等保証契約について、旧法は、個人を保証人とする場合に限り、一定の制限を設けた。しかし、貸金等保証契約のみを対象とするのは不十分であるとの批判がなされ、民法はこれらの制限を個人根保証全般に拡張した（465 条の 2）。ここにいう個人根保証契約とは、一定の範囲に属する不特定の債務を主たる債務とする保証契約（根保証契約）であって、保証人が法人でないものである（465 条の 2 第 1 項）。この個人根保証契約について、具体的には、以下の制限が設けられている。

　(α)　極度額　保証人は、極度額の限度で保証債務を履行する責任を負うが、極度額の定めのない個人根保証契約は無効とされる（465 条の 2 第 2 項）。しかも、極度額の定めは、書面によらなければ無効である（465 条の 2 第 3 項）。

　(β)　保証期間　主たる債務の元本確定期日の定めがある場合において、その元本確定期日が根保証契約締結の日から 5 年を経過する日より後の日と定められているときは、その元本確定期日の定めは無効とされる（465 条の 3 第 1 項）。また、元本確定期日の定めがない場合には、その元本確定期日は、根保証契約の締結の日から 3 年を経過する日とされる（465 条の 3 第 2 項）。

　この元本確定期日の規律について注意を要するのは、この規律が個人根保証契約全般ではなく、個人貸金等根保証契約に限定されることである（465 条の 3 第 1 項）。なぜなら、貸金等根保証契約以外の個人根保証契約の典型である、

不動産賃借人の賃料債務の保証契約についてこの規律を適用すると、最長でも
5 年以内に元本が確定することとなり、賃貸人は、保証契約の存在を前提とし
て賃貸借契約を締結したにもかかわらず、5 年を超えて賃貸借契約が存続した
場合には、保証がないまま不動産を賃貸し続けなければならなくなるからであ
る。また、民法は、個人根保証契約全般について極度額を定めなければならな
い（465 条の 2 第 2 項）としているため、元本確定期日の規律の対象を貸金等根
保証契約以外に拡大しなくても、保証人が想定外の過大な責任を負わないであ
ろうことも理由として挙げられる（一問一答 137 頁）。

　なお、最高裁は、根保証契約の「被保証債権を譲り受けた者は、その譲渡が
当該根保証契約に定める元本確定期日前にされた場合であっても、当該根保証
契約の当事者間において被保証債権の譲受人の請求を妨げるような別段の合意
がない限り、保証人に対し、保証債務の履行を求めることができる」とした。
なぜなら、「根保証契約を締結した当事者は、通常、主たる債務の範囲に含ま
れる個別の債務が発生すれば保証人がこれをその都度保証し、当該債務の弁済
期が到来すれば、当該根保証契約に定める元本確定期日前であっても、保証人
に対してその保証債務の履行を求めることができるものとして契約を締結し、
被保証債権が譲渡された場合には保証債権もこれに随伴して移転することを前
提としているものと解するのが合理的」だからである（最判平成 24・12・14 民
集 66 巻 12 号 3559 頁）。

　（γ）　元本確定事由　　根保証契約の締結時には予想できなかった、以下の
三つの事情の変更がある場合には、主たる債務の元本確定期日の到来前であっ
ても、元本が確定する。その事由とは、①債権者が保証人の財産について、強
制執行または担保権の実行を申し立てたとき、②保証人が破産手続開始決定を
受けたとき、③主たる債務者または保証人が死亡したとき、のいずれかである
（465 条の 4 第 1 項）。

　さらに、次の二つの元本確定事由は、貸金等根保証契約に限定され、個人根
保証契約の元本確定事由とはならない。すなわち、①「債権者が、主たる債務
者の財産について、金銭の支払を目的とする債権についての強制執行又は担保
権の実行を申し立てたとき」、および、②「主たる債務者が破産手続開始の決
定を受けたとき」である（465 条の 4 第 2 項）。というのも、例えば賃貸借契約

における賃料債務の根保証の場合には、この二つの事由が生じても、賃貸借契約そのものは存続し、その後に生じる賃料債務を保証人に負担させても不合理ではないからである。

(δ) 法人の根保証に関する特則　以上の制限は、法人が根保証をする場合には適用されない（465条の2第1項）。しかし、法人が根保証をした場合であっても、その法人の取得する主たる債務者に対する求償権について個人が保証人となるときは、その個人は、自らが根保証をしたときと同様に、予想外の過大な保証責任を負うことになりかねない。そこで、求償権についての保証契約も、極度額や元本確定期日の定めがあり、かつ、465条の3・1項、3項に反しないことが要件とされる（465条の5）。

(エ) 賃借人の債務の保証　賃貸借契約から生じる賃料債務および損害賠償債務の保証は、当初の賃料が確定しているため、増加する額の予測は可能であり、保証人の保護の必要性は信用保証におけるほど大きくない。それゆえ、期間の定めのない賃貸借契約については、相当期間経過後の任意解約権は認められない（大判昭和7・10・11新聞3487号7頁）。それゆえ、保証人に解約権が認められるのは、①賃借人が賃料の支払を継続的に滞納し、将来においても履行の見込みがないこと、②賃借人の資産状態が著しく悪化したこと、③賃貸人が突如多額の延滞賃料の支払を求めたことなどの事情がある場合に限られる（大判昭和8・4・6民集12巻791頁、大判昭和14・4・12民集18巻350頁）。また、保証債務の相続が認められる（大判昭和9・1・30民集13巻103頁）。

　しかし、今日では、とりわけ都市部におけるマンション等の賃料は高額であり、賃借人の債務の保証も、その額が高額となるおそれがある。それゆえ、保証人の債務も、信用保証と同様の制限をする必要がある。そこで、民法は、個人根保証契約全般を規律するため、賃料債務の根保証にも適用される。

(4) 事業に係る債務についての保証契約の特則

　民法は、「事業のために負担した貸金等債務を主たる債務とする保証契約」または「主たる債務の範囲に事業のために負担する貸金等債務が含まれる根保証契約」（以下、この二つを合わせて、「事業に係る債務の保証契約」という。）において、保証人になろうとする者が個人である場合には、保証人を保護するた

めに、(i)保証意思宣明公正証書の作成という厳格な手続を義務づけるとともに、(ii)主たる債務者の保証人に対する情報提供義務を定めた（456条の6以下）。

(i)　保証意思宣明公正証書の作成による個人保証の制限

事業に係る債務の保証契約において、保証人になろうとする個人が、保証契約の締結に先立って、「その締結の日前1箇月以内に作成された公正証書」で保証債務を履行する意思を表示していなければ、保証契約は効力を生じない（465条の6第1項）。また、事業に係る債務の保証契約の保証人の主たる債務者に対する求償権を担保するために個人求償保証契約がなされる場合にも、同様に保証意思宣明公正証書の作成が義務づけられる。（465条の8）。

ただし、いわゆる経営者保証とそれに準じる場合には、保証意思宣明公正証書の作成が義務づけられない（465条の9）。とりわけ、「主たる債務者の配偶者」にも、保証意思宣明公正証書作成の適用除外が認められる点が注目される（同3項）。これは、配偶者保証に厳格な手続を要求すると、中小事業者が金融機関から融資を受けられなくなるおそれに配慮したものである。もっとも、配偶者保証であって公正証書の作成を義務づけられないのは、「主たる債務者が行う事業に現に従事している」配偶者に限定される。

(ii)　契約締結時の情報提供義務

主たる債務者は、事業に係る債務の保証の委託をするときは、委託を受ける者（個人に限る）に対し、「財産及び収支の状況、主たる債務以外に負担している債務の有無並びにその額及び履行状況、主たる債務の担保として他に提供し、又は提供しようとするものがあるときは、その旨及びその内容」に関する情報を提供しなければならい（465条の10第1項）。そして、①主たる債務者が上記の事項に関して情報を提供せず、または事実と異なる情報を提供したために、②委託を受けた者がその事項について誤認をし、それによって保証契約の申込みまたはその承諾の意思表示をした場合において、③主たる債務者がその事項に関して情報を提供せずまたは事実と異なる情報を提供したことを、債権者が知りまたは知ることができたとき（悪意・有過失）は、保証人は、保証契約を取り消すことができる（同2項）。

第**5**章 債権債務関係における当事者の交替

第1節 債権債務および契約関係の移転

1 債権譲渡・債務引受の沿革

債権の譲渡とは、債権の同一性を変えることなく、譲渡人（旧債権者）と譲受人（新債権者）との契約によって債権を移転することをいう。また、債務の引受（免責的債務引受）とは、旧法下では一般に、債務が同一性を変えることなく、債務者（旧債務者）から引受人（新債務者）に契約によって移転する制度であると解されていた。いずれも、債権債務がその同一性を維持しつつ、すなわち、債権債務に付着する従たる権利や各種の抗弁も含めて、第三者（譲受人・引受人）に移転（特定承継）される制度である。そしてまさにこの点において、債権譲渡と債務引受は、旧債権債務が消滅し、それらと関係のない新しい債権債務を成立させる（513条参照）更改（513・514条）とは異なる。

ところで、債権譲渡と債務引受は、比較的新しい法制度である。すなわち、古くローマ法では、債権は債権者と債務者とを人的に結びつける「法鎖」であると解されていた。それゆえ、債権者と債務者のいずれが交替しても、債権は同一性を失うものとされ、債権譲渡も債務引受も認められなかった。しかし、ヨーロッパでは、ローマ法を継受しつつ、現実の取引の必要から、まず債権譲渡を認め（1804年のフランス民法典）、次いで、債権譲渡と債務引受を規定し（1896年のB・G・B、1912年のスイス民法典）、これらの制度を段階的に承認した。そして、債権譲渡法制についてはフランス民法典に倣った日本民法も、当

初は債権譲渡のみを明文化した（466条以下）が、判例および学説が債務引受を承認し、今日ではそれを前提とする規定を設けている（398条の7第2項）。

2　契約上の地位の移転（契約譲渡）の承認

　債権譲渡と債務引受が認められると、法理論的には、その両者を合わせた契約上の地位の移転（契約譲渡・契約引受）の可否が問題となる。そして当初は、債権譲渡と債務引受の組み合わせによって、契約上の地位の移転がもたらされると解されていた（分解説）。しかし、個別の債権債務には含まれない形成権（解除権・取消権など）の存在が認められ、これをも含めた「契約上の地位」が一体として移転する制度（一体説）が構築されるに至った。そして、このような構想の下に、1942年のイタリア民法典と1966年のポルトガル民法典とが、世界の民法典に先駆けて「契約の譲渡」（イタリア）と「契約上の地位の譲渡」（ポルトガル）を規定した。さらに、近年のヨーロッパでは、取引のグローバリゼーションを背景とした、契約法領域での法統一の動きがあり、その一つである国際商事契約原則（ユニドロワ）では、2004年の改訂版において、「契約の譲渡」（Assignment of contracts; Cession des contrats）を明文化した（第9章）。また、EU内部での契約法の基本原則を定めることを主な目的として作成されたヨーロッパ契約法原則も、その第12章において、「契約の譲渡」（Transfer of Contract）を規定している。その意味では、「契約譲渡」の明文化は、現在の国際的潮流であり、将来の契約法典のあり方を示す、指標の一つであるといえよう。

　もっとも、契約上の地位の移転は、法理論としては新しいが、法現象としては古くから存在することに注意を要する。すなわち、賃貸借契約における目的不動産の移転に伴う賃貸人の地位の移転は、フランス民法典の制定前から議論され、わが民法も、605条に明文化している。また、賃借権の譲渡（612条）が賃借人の地位の移転であることには、異論がない。このほか、契約上の地位の移転は、民法上は、雇用における使用者または労働者の交替（625条）、組合における組合員の交替などで認められる。そして、民法以外の領域においても、事業（営業）譲渡（商16-18条、会社21条以下・467条以下）・企業合併（会社

748条以下）に伴う契約の承継、保険契約における当事者の交替（保険業法135
条以下）、特定目的信託における委託者の交替（資産の流動化に関する法律237
条）など、その例は多い。

3 民法（債権関係）の改正における債務引受

　民法は、債務引受（470～472条の4）と契約上の地位の移転（539条の2）を
明文化した。ただし、債務引受は、従来の一般的な理解と異なり、併存的債務
引受をその基本型としている。すなわち、「債務の引受け」の節の冒頭に「併
存的債務引受」が置かれ、免責的債務引受の定義規定である472条1項の文言
が、併存的債務引受の定義規定である470条1項の文言と同様である。それゆ
え、現行民法においては、免責的債務引受も併存的債務引受と同じく、債務の
特定承継をもたらすものではなく、引受人が新たな債務を負担するものであり
（債務負担行為）、併存的債務引受に債権者による原債務者の免除を組み合わせ
たものであることが明らかである。そして確かに、実務的には、免責的債務引
受を、併存的債務引受に原債務者の免責を組み合わせたものと説明しても、特
に不都合はない。というのも、現実に生起する債務引受の事象を説明するだけ
であれば、それを債務の特定承継とするか、引受人による新たな債務負担行為
に、債権者による原債務者の免責を組み合わせたとするかは、見方の問題であ
るとも解せなくはないからである。
　しかし、民法の定める債務引受には、次の三点において問題がある。
　第一に、前述のように、沿革的かつ比較法的な観点からは、併存的債務引受
を原型とし、免責的債務引受をその亜種とする法制は、特異な理解である。
　第二に、併存的債務引受は、債権の担保として機能し、近年の実務では、金
融機関における一括決済方式の一つとして用いられ、その重要性が明らかであ
る。反面、免責的債務引受は、経済的にはマイナスであるから、せいぜい債務
の簡易な決済手段として役立つにすぎない。しかし、よりグローバルな観点か
らは、免責的債務引受が「契約上の地位の移転」において重要な作用を営むこ
とに留意しなければならない。すなわち、債務の移転は、それ自体に意義があ
るのではなく、債務を包含する契約上の地位や企業の移転において意義を有す

る。すなわち、免責的債務引受の効果として債務の特定承継を認めないと、法理論的には、契約上の地位の移転を説明することが困難である。のみならず、免責的債務引受が併存的債務引受と同じく、引受人による新たな債務の負担行為であるとすれば、それは契約上の地位の移転に含まれる債務の移転とは異なるものであり、それと区別された免責的債務引受の制度としての重要性は、より後退しよう。

　第三に、たとえ立法によって、免責的債務引受が債務の特定承継をもたらすものではなく、新たな債務負担行為であると定めても、現実の社会においては、依然として債務の移転（特定承継）が頻繁に行われていることも確かである。例えば、包括承継である相続による債務の移転を除いても、企業合併・事業譲渡に伴う債務の移転や賃貸借契約の移転に伴う債務の移転など、その例は多い。そして、これらの場合にも、併存的債務引受を原型とし、引受人が、原債務者の負う債務と内容が同一の新たな債務を負担する、と説明することもできなくはない。しかし、そのような説明は、当事者の意思および経済社会の実態とはかけ離れたものである。そうだとすれば、法理論上の説明はともかく、当事者の意思や取引の実態に適した法律構成を採ることが望ましい。

　そこで、債務引受については、「改正民法の構成に過度に拘束」されると、「今後の取引の発展可能性を抑制し、国外における異なる発想を理解するうえで障害となるおそれもある」と指摘されている（中田・714頁）。この指摘によれば、「免責的債務引受において、原債務者の債務が消滅することを当然の前提とするのではなく、その債務が同一性を保ったまま引受人に移転すると理解する観点を残すべきである」とされる。そして、「このような見方をとることによって、債務の移転に関する実務的要請に柔軟に対応できるとともに、その理論的問題の検討に役立つ」との理解が示されている（中田・前掲）。

　なお、「契約上の地位の移転」については後述する。

第 2 節　債権譲渡

1　意義・機能

(1)　債権と有価証券

(ア)　旧法下の規律　　債権譲渡の客体である「債権」について、旧法は、「指名債権」と証券化した債権（証券的債権）とを区別していた。すなわち、指名債権とは、債権者が特定し、債権の成立および譲渡に証書を要しないものである。これに対して、手形・小切手が、証券化した債権の例である。そして旧法は、469 条以下に、証券化した債権について若干の規定を置いていた。具体的には、①指図債権、②記名式所持人払債権、および、③無記名債権に関する規定である。

　①指図債権とは、証書に表示された特定の人またはその人の指定した人に弁済すべき証券的債権である。典型的な有価証券である手形（手形 11 条、77 条）や小切手（小切手 14 条）は、法律上当然に指図債権である。もっとも、旧法は、指図債権の譲渡も意思表示のみによって効力を生じ、裏書・交付が対抗要件であるとした（旧 469 条）。しかし、証券化した債権が、意思表示のみによって証券とは別に譲渡されるとするのは、証券的債権の本質に反する。そして、有価証券である手形や小切手は、裏書（交付）によって譲渡することができる。そうだとすれば、指図債権に関する旧法の規定は、内容的には不適切であり、実際にも用いられてはいなかった。

　②記名式所持人払債権とは、証書に表示された特定の人またはその証書の正当な所持人に弁済すべき証券的債権である（旧 471 条）。記名式所持人払小切手がこれに該当するが、それ以外には実例がない。この記名式所持人払債権に類似するのが、免責証券である。例えば、ホテルや美術館などでの荷物の預かり証は、その所持人に弁済をすれば、たとえその者が真の権利者でないとしても、債務者が免責される点で、記名式所持人払債権と共通する。しかし、このような預かり証は、債権の行使を容易にするためのものであって、その流通性

を促進させるものではない。つまり、証券化された債権ではなく、記名式所持人払債権とは異なる免責証券である。

　以上の①と②が実際には用いられないのに対して、③無記名債権（旧473条）は、その例が多い。これは、証書の正当な所持人に弁済すべき証券的債権であり、商品券や映画の入場券などである。正当な所持人とは、所有権その他の処分権を取得した者であって、窃取した者や拾得した者、受寄者は含まれない。旧法は、無記名債権を動産とみなしていた（旧86条3項）。それゆえ、譲渡の意思表示のみで債権は移転し（176条）、証券の引渡しは対抗要件となる（178条）。しかし、この帰結は、証券的債権の本質に反する。

　結局、旧法の証券的債権の規定は、不十分なものであった。

　(イ)　現行民法の規律　　上記のような問題点を踏まえて、民法は、「有価証券」に関する一般規定を新設し（520条の2以下）、旧法の86条3項、363条・365条、469条から473条までの規定を削除し、かつ、商法516条2項、517条から519条までの規定も削除した。その結果、民法は、証券的債権と区別する意味での「指名債権」の概念を用いる必要がなくなり、「指名債権」の用語を「債権」に改めた（一問一答212頁注2）。ただし、民法上の債権は、債権者が特定されているものであり、内容としては、指名債権と同じである。

　「有価証券」としては、①指図証券、②記名式所持人払証券、③その他の記名証券および④無記名証券が規定されている。そして、①と②については、証券の譲渡が証券の交付によって効力を生じることが明記され（520条の2・520条の13）、また、所持人の権利の推定（520条の4・520条の14）、善意取得（520条の5・520条の15）、債務者の抗弁の制限（520条の6・520条の16）などの有価証券法理がそれぞれ規定されている。さらに、裏書禁止手形のような③については、「債権の譲渡又はこれを目的とする質権の設定に関する方式に従い、かつ、その効力をもってのみ、譲渡し、又は質権の目的とすることができる」（520条の19第1項）とするとともに、証券の喪失と公示催告手続については、指図証券の規定（520条の11・520条の12）が準用される（同2項）。そして、無記名証券についても、記名式所持人払証券の規定が準用されるため（520条の20）、旧法と比較して、有価証券の規定は格段に充実したといえよう。

(2) 債権譲渡の機能

債権譲渡は、さまざまな目的でなされ、その経済的機能には以下のものがある。

(ア) 投下資本の回収　債権は財産的価値を有し、他の財産と同じく流通する。すなわち、債権者は、債権の売買により、その債権の弁済期を待たなくとも投下資本を回収することができる。他方、債権の譲受人は、債権を買うことによって新たに投資に参加し、その結果、投資が促進され、ひいては債務者が容易に融資を受けられる。このような投下資本の回収が、通常は、債権譲渡の第一の機能として挙げられる。しかし、債権譲渡がこの機能を十分に果たすためには、債権の流通を保護し、かつ、譲受人が確実に弁済を受けられなければならない。この要請を充たすのが、債権と証書とが結合した証券的債権、とりわけ有価証券である。これに対して、民法の規定する債権は、証券と結合せず、しかも権利者も特定しているため、有価証券のような流通が予定されていない。そうだとすれば、民法の債権譲渡では、投下資本の回収という機能はそれほど大きくない、と考えられる。

(イ) 債務の簡易な決済（債権の回収）　債権譲渡は、債権者が自己の債権を容易に回収する手段として用いられる。例えば、AがBに100万円の債権を有し、BがCに80万円の債権を有している場合には、Aは、自己の債権を回収するために、BのCに対する債権につき強制執行（民執法143条以下の債権執行）をすることができる。しかし、執行手続は煩雑であるため、Aは、Bから80万円の債権を譲り受けることがある。

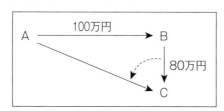

これは、法律的には、代物弁済（482条）または債権の売買に基づく代金債権の相殺（505条）として構成される。そして現実には、債務者(B)が債務超過に陥ったときにこのような債権譲渡が行われるため、複数の債権者に対し、重ねて同一の債権の譲渡が行われるという事態が生じうる。

(ウ)　**債権の取立て**　　債権譲渡は、債権の取立てを目的としてなされることもある。すなわち、債権者が自ら債権を取り立てる煩を避けるために、第三者に債権を譲渡してその取立てを依頼するのである。もっとも、同様の目的は、債権者が第三者に債権取立ての代理権を与えることによっても達しうる。しかし、債権譲渡によれば、代理権の付与と異なり、第三者が自己の名で債権を取り立てることができる。

　なお、判例によれば、取立てのための債権譲渡には、①単に取立権限を授与するために債権譲渡が用いられる場合と、②当事者が債権の移転を意図している信託的譲渡の場合の二つがあるとされる。そのいずれであるかは、当事者の意思解釈によるが、当事者の意思が不明であるときは、①取立権限の授与であるとされる（大判大正15・7・20民集5巻636頁）。

(エ)　**債権の担保**　　債権譲渡は、債権を自己の債務の担保とするためにも用いられる。すなわち、債務者から債権者に対して、第三債務者に対する債権を担保のために譲渡する、いわゆる「債権の譲渡担保」である。この場合に、債権者（譲渡担保権者）は、第三債務者から直接に取り立てた金銭を被担保債権の弁済に充てることになる。

　ところで、民法では、債権を担保の目的とする手段として、権利質を規定する（362条以下）。この権利質も、質権者に第三債務者に対する直接の取立権が認められている点では、債権の譲渡担保と異ならない（366条1項）。しかし、権利質においては、366条2項および3項の制約があり、また、後順位の担保権を設定することが容易である。これに対して、債権の譲渡担保では、これらの不都合を回避することができる。それゆえ、債権者にとっては、債権の譲渡担保の方が権利質より有利であり、実務でも多く利用されている。さらに、個別債権の譲渡担保のみならず、企業が現に有している債権および将来取得するであろう債権を一括して担保に供する「集合債権譲渡担保」が用いられる。

(オ)　**資金の調達（債権の流動化）**　　近年は、リース会社やクレジット会社が、その有する多数の小口債権を利用して、多額の資金を調達する手法としての債権譲渡が注目されている（民法上の債権譲渡のほかに、信託も利用される）。その仕組みは、例えば、A信販会社が、多数の債務者に対して有している多数の債権をB会社（通常は、資産の流動化のために設立されたペーパーカンパニー。

SPV〔Special Purpose Vehicle〕という）に譲渡し、B を介して、これらの債権を引当てに発行した証券（B の社債）を投資家に販売するというものである。この場合における債権譲渡は、形式的なものではあるが、B の財務状況および社債の価値が A の倒産の影響を受けない、という重要な効果（「倒産隔離」という）をもたらす。ただし、債権譲渡方式の場合には、対抗要件の具備（467条）が煩瑣である。そこで、以下のような特別法が制定され、債権譲渡・債権信託による資金の調達が容易になるような仕組みが構築されている。

　(i)　特定債権法　　1992 年、リース・クレジット業界の資金調達のニーズに応えるために、「特定債権等に係わる事業の規制に関する法律」が制定され、リース料債権やクレジット債権を、SPV を介して投資商品化し、直接に投資家から資金を調達するという制度が導入された。より具体的には、一定規模の債権をまとめて証券化し、SPV への譲渡または信託銀行への信託を通じて資金を調達するものである。この特定債権法では、集合債権を SPV に譲渡する際に 467 条の対抗要件を具備することが煩瑣であることから、公告によって同条所定の「確定日付のある証書による通知があったものとみなす」ものとした（7 条 2 項）。しかし、特定債権法は、次の動産・債権譲渡特例法の制定によってその役割を終えて、廃止された。

　(ii)　動産・債権譲渡特例法　　「動産及び債権の譲渡の対抗要件に関する民法の特例等に関する法律」が制定され、より広く「法人がする……債権の譲渡」につき、その対抗要件を簡素化して、債権譲渡登記による第三者対抗要件を認めた（4 条）。

　(iii)　資産流動化法　　2000 年に、旧資産流動化法（1998 年）を抜本的に改正して制定された「資産の流動化に関する法律」の特色は、特定目的会社（TMK）と特定目的信託（TMS）を規定し、かつ、TMK の発行証券と TMS の信託受益権とを証券取引上の有価証券とした点にある。ただし、債権譲渡の対抗要件については特に規定せず、民法および動産・債権譲渡特例法にこれを委ねている。

2　債権の譲渡性

(1)　466 条の趣旨

466 条 1 項本文は、債権が原則として譲渡しうるものであることを明らかにする。これは、債権譲渡の自由を承認する近代民法典の傾向に従ったものであり、旧民法では当然のこととして規定されていなかった。しかし、明治民法の起草当時のわが国の法制では、債権譲渡の自由は否定されていた（明治 9 年 7 月 6 日太政官布告 99 号）。しかも、債権譲渡の自由を認めることに反対する学説も多かった。というのも、債権譲渡を利用して、悪らつな請求をする者が存在したからである。そこで旧 466 条は、債権譲渡の自由を原則としつつ、わが国の沿革を考慮して、「当事者が反対の意思を表示した場合」には、その譲渡性を奪うことができるとした（同 2 項本文）。しかし、現行民法は、後述のように、当事者が譲渡制限特約（「債権譲渡を禁止し、又は制限する旨の意思表示」）をしたときであっても、「債権の譲渡は、その効力を妨げられない」とする（466 条 2 項）。

(2)　債権の性質による譲渡制限（466 条 1 項ただし書）

債権関係は対人的な関係であるため、債権者の変更によりその目的を達することができなくなる場合がある。もっとも、ある債権がその性質上譲渡することができるか否かは、合意の趣旨およびその解釈に従って決すべきであり、一般的な基準を示すことは困難である。ただし、次の二つの観点から、その基準を考えることができよう。

①債権の種類に応じた区別が可能である。すなわち、行為債務に対応する債権は、債権者と債務者の間の個人的信頼関係を基礎にするものが多いため、その性質上譲渡が許されない。例えば、特定の人の肖像画を描く義務に対応する債権は、譲渡性がないとされる。これに対して、引渡債務、とりわけ個性のない金銭債務に対応する債権は、原則として譲渡可能である。

②債権譲渡が債務者の利益を守るために否定される場合には、その債務者の承諾があれば譲渡性が認められる。例えば、賃貸借は、賃貸人と賃借人の個人

的信頼関係を基礎とする継続的契約であり、賃借人の交替は賃貸人の利益を損なうおそれがある。というのも、人によって目的物の利用の仕方が異なるからである。そこで、賃借権の譲渡は、賃貸人の承諾なしには認められない（612条1項）と説明される（ただし、厳密には、賃借権の譲渡は単なる債権譲渡ではなく、契約当事者〔賃借人〕の地位の移転の問題である）。これに対して、債権者その他の利益を守るために譲渡が禁止されている場合には、たとえ債務者の承諾があっても、その譲渡性は認められない。例えば、債権者の生活保障のための扶養請求権は譲渡されえない（881条）。

(3) 譲渡制限特約（466条2項）

　(ア)　意義　　旧466条2項本文は、当事者が債権譲渡に「反対の意思を表示した場合」（＝債権譲渡禁止特約）には、債権を譲渡できるという同条1項の規定が適用されないとしていた。これは、債権譲渡を否定する日本の慣習と、取立屋の跳梁を防ぐことを考慮して規定されたものである。そして、現行民法も、「当事者が債権譲渡を禁止し、又は制限する旨の意思表示」を「譲渡制限の意思表示」（＝債権譲渡制限特約）として、一定の効力を認めている（466条2項）。このように、民法が、譲渡禁止特約ではなく「譲渡制限の意思表示」としたのは、次の理由による（一問一答162頁注1）。すなわち、債権譲渡を一切禁止する特約のみならず、例えば金融機関以外への譲渡を禁止したり、債権の一部のみの譲渡を禁止する特約が存在し、また、「特約」ではなく、遺言のような単独行為によって債権譲渡が禁じられることもあるからである。しかし、現実には、単独行為の例は少なく、以下では、譲渡制限特約を対象とする。

　この譲渡制限特約は、今日では、銀行などの金融機関における取引や公共団体の建設請負契約などで広く用いられている。もっとも、その目的は、債務者（金融機関や公共団体など）が、その相手方である債権者を固定することにある。すなわち、金融機関にとっては、①大量の債権者（預金債権者）を相手にするため、債権の譲受人の確認を避けることにより、事務の処理を容易にし、かつ、②債権者が変われば過誤払も増えるため、そのような過誤払を回避することができる。また、③預金担保貸付を行い、譲渡人（預金債権者）との間の相殺を可能にしておくという利益がある。さらに、公共団体や企業にとっては、④反

社会的勢力などの、取引の相手方として好ましくない者に債権が移転することを回避することができるという利点がある（中田・629頁）。

　(イ)　特約に反する債権譲渡の効力—旧法下の判例・学説　　譲渡制限特約に反してなされた債権譲渡の効力については、旧法下においても、譲受人が譲渡制限特約について善意・無重過失（最判昭和48・7・19民集27巻7号823頁）である場合には、当該債権譲渡は有効とされた。しかし、譲受人が譲渡制限特約について悪意または重大な過失によりその存在を知らないで債権を譲り受けた場合には、これを無効とする物権的効力説（旧法下の通説）と、債権譲渡は有効であるが、債務者が悪意の譲受人に対して悪意の抗弁権を有し、弁済を拒絶することができるとする債権的効力説が対立していた。

　判例は、物権的効力説に立脚していた。すなわち、譲渡制限特約は債務者の利益のためになされるものであるため、債務者が事前または事後に債権譲渡を承諾すれば、譲渡制限が解消される。そして、承諾が債権譲渡の後になされた場合には、債権的効力説によれば、債権譲渡は譲渡の時から有効であるためその遡及効は問題とならないが、最高裁は、債権譲渡が「譲渡の時にさかのぼって有効となる」とした（最判昭和52・3・17民集31巻2号308頁、最判平成9・6・5民集51巻5号2053頁）。換言すれば、最高裁は、債務者の承諾がなされるまでは、特約に反した債権譲渡が無効である、と解していたことが明らかである。さらに、特約に反した債権譲渡が、債務者の事後の承諾によって、譲渡の時にさかのぼって有効となることの理論的根拠は、追完法理に求められた。ここにいう追完法理とは、非権利者による処分行為を権利者が追認した場合には、処分行為の時にさかのぼって効力を生ずるというものであり、116条の類推適用によって認められる。最高裁もこの点を明らかにし、債務者の承諾によって「債権譲渡は譲渡の時にさかのぼって有効となるが、民法116条の法意に照らし、第三者の権利を害することはできない」とした（前掲最判平成9・6・5）。

　(ウ)　現行民法による債務者の保護　　しかし、上記のような物権的効力説に従い債権譲渡が無効とされると、中小企業等が自社の債権を譲渡して、資金調達を図ることが難しくなる。そこで、現行民法は、譲渡制限特約が付されていても、「債権の譲渡は、その効力を妨げられない」（466条2項）とした（一問一答161頁）。ただし、譲渡制限特約によって弁済の相手方を固定するという債

務者の利益を考慮して、債務者は、譲渡制限特約について悪意または重過失の
ある譲受人に対して、その債務の履行を拒むことができるとし、かつ、譲渡人
に対する弁済等の債務消滅事由をもってその譲受人に対抗することができるも
のとした（466条3項）。そして、当然ではあるが、債務者の判断によって、真
の債権者である譲受人に弁済をすることは可能である。

　また、現行民法の下では、譲渡制限特約の付された金銭債権が譲渡された場
合にも、当該債権譲渡は有効であり、譲受人は常に債権者となる（466条2項）
から、債務者は、債権者を確知することはできる。しかし、譲受人が悪意また
は重過失である場合には、債務者は履行を拒絶し、譲渡人に弁済できるが、そ
うでない場合には、譲受人からの履行の請求を拒絶することができず、債務者
が弁済の相手方を誤るリスクがある。そこで、民法は、新たな供託原因を設け、
譲渡制限特約が付された金銭債権が譲渡されたときは、債務者は、当然に、供
託をすることができるものとした（466条の2第1項）。そして、債権の譲渡人
は、すでに債権者の地位を失っているため、債務者が供託をした金銭は、「譲
受人に限り、還付を請求することができる」（466条の2第3項）ものとした
（一問一答167頁）。

　以上のような現行民法の規律によれば、上記の判例（前掲最判平成9・6・5）
の事案は、次のように解決される。すなわち、制限譲渡特約に反した債権譲渡
は、譲受人の悪意・重過失の有無にかかわらず有効となり、当該債権は譲受人
に移転する（466条2項）。その結果、債権の譲受人と他の第三者（上記判例の
事案では、当該債権を差し押さえた第三者）との優劣は、後に述べる債権譲渡の
第三者対抗要件（467条2項）具備の先後によって決せられる。そして、譲渡
制限特約に反した債権譲渡の債務者による承諾は、債務者の履行拒絶権および
譲渡人に対する債務消滅事由の抗弁（466条3項）の放棄として評価される
（原恵美「譲渡制限特約の効力」秋山靖浩ほか『債権法改正と判例の行方』〔日本評
論社、2021年〕152頁）。結局、現行民法によれば、上記の判例（＝第三者の権
利が優先）とは正反対の結論（＝譲受人の権利が優先）が導かれ、上記の判例は
その意義を失っていると解される。

　なお、旧法下の判例は、上記のように制限特約違反の債権譲渡を無効である
としつつ、債権者による特約の存在を理由とする無効の主張を制限していた。

すなわち、譲渡制限の特約が「債務者の利益を保護するために付されるもの」であるとし、「譲渡禁止の特約に反して債権を譲渡した債権者は、同特約の存在を理由に譲渡の無効を主張する独自の利益を有しないのであって、債務者に譲渡の無効を主張する意思があることが明らかであるなどの特段の事情がない限り、その無効を主張することは許されない」とした（最判平成 21・3・27 民集 63 巻 3 号 449 頁）。しかし、この判例も、債務者による履行拒絶権と債務消滅の抗弁のみを認める現行民法の下では、その意義が失われる（原・前掲 155 頁）。

　㈎　譲受人の保護　　現行民法は、譲渡制限特約について悪意または重過失のある譲受人の利益を保護するために、次の二つの制度を設けている。

　一つは、譲受人の債務者に対する催告である。すなわち、債務者が悪意・重過失の譲受人に履行を拒絶し、しかも、譲渡人に対しても、もはや債権者の地位にはないことを理由に履行をしない場合には、閉塞状況が生じるおそれがある。そこで、民法は、①債務者が債務を履行しない場合において、②悪意・重過失の譲受人が債務者に対し、「相当の期間を定めて譲渡人への履行の催告」をしたにもかかわらず、③「その期間内に履行がないとき」は、債務者は、譲受人に対して、履行の拒絶も債務消滅事由の抗弁も主張することができなくなるとした（466 条 4 項）。その結果、以後は、譲受人は、債務者に対して直接に履行の請求をし、債務者が履行遅滞（412 条 3 項）となれば、強制執行等を行うことが可能となる（一問一答 163 頁注 7）。

　もう一つは、譲渡人について破産手続が開始した場合において、債権の全額を譲り受け、第三者対抗要件を具備した譲受人は、悪意または重過失があったとしても、債務者に、その債権の全額に相当する金銭を供託させることができるとした（466 条の 3）。これは、債務者が譲渡人に対して弁済をした場合に、悪意または重過失のある譲受人は、その金銭を譲渡人から受領することによって自らの債権を回収することが想定されているところ、譲渡人について破産手続開始の決定があった場合には、その後に債務者が譲渡人に弁済をすると、譲受人が債権を回収することができなくなるリスクを考慮したものである。そして、供託金は、譲受人のみがその還付を請求することができる（466 条の 3 後段による 466 条の 2 第 3 項の準用）ため、譲受人は、債権の全額を回収すること

ができる（一問一答168頁）。

　(オ)　強制執行との関係　　債権に対する強制執行の一方法として、債権を差押債権者に移転する転付命令が認められている（民執159条1項）。この転付命令の実質は債権譲渡であるため、旧法下においては、転付命令による債権の移転にも譲渡制限特約の効力が及ぶか否かが問題となった。この問題につき、最高裁は、譲渡制限特約の効力が債権の任意譲渡のみを対象とするものであり、債権が差し押さえられ、かつ、転付命令によって移転される場合には、旧466条2項の適用ないし類推適用をするべきではないとした（最判昭和45・4・10民集24巻4号240頁）。その理由は、①同条が債権の「譲渡」制限特約に効力を認めたとの文理解釈に加え、②同条が転付命令にも適用されるとすれば、私人がその意思表示によって、債権から強制執行の客体となる性質を奪うことを認めることになり、債権者を害することが著しいという点にある。

　現行民法も、この判例法理を明文化し、「譲渡制限の意思表示がされた債権に対する強制執行をした差押債権者に対しては」、466条3項を適用しないとした（466条の4第1項）。ただし、譲渡制限特約が付された債権が悪意または重過失のある譲受人に譲渡された場合において、その譲受人の債権者が譲渡制限特約の付された債権に対する強制執行をしたときは、「債務者は、その債務の履行を拒むことができ、かつ、譲渡人に対する弁済その他の債務を消滅させる事由をもって差押債権者に対抗することができる」とする（466条の4第2項）。その趣旨は、差押債権者には譲受人（執行債務者）が有する権利以上の権利が認められないから、債務者が履行拒絶や債務消滅の抗弁を対抗できる場合には、差押債権者に対してもこれらの抗弁の対抗が認められる、ということにある。

　(カ)　預貯金債権の特則　　現行民法は、譲渡制限特約に反した債権譲渡も有効であるとしつつ（466条2項）、譲渡制限特約の付された預貯金債権が譲渡されたときは、旧法と同じく、同特約を悪意・重過失の譲受人に「対抗することができる」（＝物権的無効）とした（466条の5第1項）。このように預貯金債権についてのみ例外を設けたのは、「（同債権は）大量に存在する上に、債権者からの要求があった場合には直ちに払い戻さなければならないものであり、債権者が交替することを認めると、払戻事務を円滑に行うことができず、預金者に

とっても支障が生ずることになる」からである（部会資料74B・15頁）。また、金融機関は、預貯金債権と貸付債権との相殺を前提として貸付けを行っているため、債権譲渡によって相殺ができなくなる事態を防止する必要性が高いことも考慮されている（一問一答172頁）。ただし、前掲最高裁昭和45年4月10日判決に従い、譲渡制限特約が付された預貯金債権に対する強制執行をした差押債権者に対して、債務者は、譲渡制限特約を対抗することができないものとされている（466条の5第2項）。

(4)　将来債権の譲渡

　(ア)　譲渡の可否―旧法下の判例　　債権者は、将来発生するか否かが明確でない債権を譲渡することができるか。この問題につき、古い判例は、すでに将来債権の発生原因である法律関係（契約）が存在する場合に、その譲渡性を認めていた（将来の利益配当請求権につき、大判明治43・2・10民録16輯84頁、将来の賃料請求権につき、大判昭和5・2・5新聞3093号9頁）。しかし、最高裁は、債権発生の可能性ないし確実性を問題とすることなく、将来債権譲渡契約の有効性を認めることを明らかにした。すなわち、最高裁は、8年3ヵ月の間に医師が支払を受けるべき診療報酬債権の譲渡契約につき、「将来発生すべき債権を目的とする債権譲渡契約にあっては、契約当事者は、譲渡の目的とされる債権の発生の基礎を成す事情をしんしゃくし、右事情の下における債権発生の可能性の程度を考慮した上、右債権が見込みどおり発生しなかった場合に譲受人に生ずる不利益については譲渡人の契約上の責任の追及により清算することとして、契約を締結するものと見るべきであるから、右契約の締結時において右債権発生の可能性が低かったことは、右契約の効力を当然に左右するものではない」と判示した（最判平成11・1・29民集53巻1号151頁）。この判決は、将来債権譲渡契約の当事者が、債権不発生のリスクを考慮して契約を締結しているという実態を踏まえ、将来債権が発生する可能性の高低によっては、譲渡契約そのものの有効性が左右されるものではない、ということを明らかにしたものである。

　そして、その後の判例の展開も踏まえて、将来債権譲渡については、以下の判例法理が確立していた（最判平成19・2・15民集61巻1号243頁参照）。

①　将来発生すべき債権を目的とする債権譲渡契約は、譲渡の目的とされる債権が特定されている限り、原則として有効である（前掲最判平成11・1・29）。

②　将来発生すべき債権を目的とする譲渡担保契約が締結された場合には、債権譲渡の効果の発生を留保する特段の付款のない限り、譲渡担保の目的とされた債権は譲渡担保契約によって譲渡担保設定者から譲渡担保権者に確定的に譲渡されている。

③　②において、譲渡担保の目的とされた債権が将来発生したときには、譲渡担保権者は、譲渡担保設定者の特段の行為を要することなく当然に、当該債権を担保の目的で取得することができる。

④　譲渡担保契約に係る債権の譲渡については、債権譲渡の対抗要件（民法467条2項）の方法により、第三者に対する対抗要件を具備することができる（②・③・④につき、最判平成13・11・22民集55巻6号1056頁も参照）。

（イ）　現行民法の規律　　現行民法は、まず、将来債権の譲渡が可能であることを明らかにした（上記の①）。すなわち、「債権の譲渡は、その意思表示の時に債権が現に発生していることを要しない」とした（466条の6第1項）。併せて、将来債権の譲渡については、④の判例を踏まえて、既発生の債権譲渡と同じ方法によって対抗要件を具備することができる旨を明らかにした（467条、特に1項括弧書）。さらに、②と③の判例を前提に、将来債権が譲渡された場合には、譲受人は、「発生した債権を当然に取得する」とした（466条の6第2項）。

ところで、債権譲渡よりも前に譲渡制限特約が付された場合には、譲渡制限特約の効力が認められるが、将来債権の譲渡がされた後に譲渡制限特約が付された場合については、規律が不明確であった。

まず、将来債権が譲渡され、譲受人が対抗要件を具備した後は、譲渡人はすでに債権の処分権を実質的に失っているため、債務者と譲渡人との間で譲渡制限特約を締結することはできない。しかし、債務者対抗要件が具備される前に譲渡制限特約が付されたのであれば、その効力を譲受人にも対抗できるとすることが、債務者の期待を保護する観点からは望ましい。そこで、現行民法は、将来債権譲渡の債務者対抗要件が具備される時までに譲渡制限特約が付されたときは、債務者の利益を優先し、「譲受人その他の第三者がそのことを知って

いたものとみなして」、譲受人が同特約の存在を知らなかったとしても、債務者が、常に譲受人等に対して、履行の拒絶や債務消滅の抗弁を対抗することができるとした（466 条の 6 第 3 項による 466 条 3 項・466 条の 5 第 1 項の適用）。その反面、債務者対抗要件が具備された後に債務者と譲渡人との間で譲渡制限特約を締結された場合には、譲受人は、譲渡の時点では譲渡制限特約の存在については常に善意であり、かつ、重過失もない。それゆえ、債務者は、譲渡制限特約を譲受人に対抗することができないことになる（466 条の 6 第 3 項の反対解釈——一問一答 175 頁）。

　(ウ)　集合債権譲渡担保　　将来債権の譲渡を認めることは、その包括的な譲渡によってなされる集合債権譲渡担保に道を開くことになる。この集合債権譲渡担保では、以下の点が問題となる。

　(ⅰ)　特定性　　まず、将来発生すべき多数の債権のうち、どの債権が目的となっているかを識別すること（特定性）が必要となる。このような特定性（識別可能性）を判断する要素として、最高裁は、①債権の発生原因、②譲渡額、③発生ないし弁済期の始期と終期を明確にすること（前掲最判平成 11・1・29）のほか、④債権者および債務者（第三債務者）の特定（最判平成 12・4・21 民集 54 巻 4 号 1562 頁）を挙げている。

　(ⅱ)　包括的な集合債権譲渡担保の可否　　債務者が有する一切の将来債権を担保の目的とすることは可能か。この場合には、すべての債権が目的となるため、特定性の点では問題がない。しかし、このような包括担保を認めると、債務者の経済活動の自由を阻害するおそれがあるとともに、債務者の他の債権者の利益を著しく害するおそれがある。そこで、最高裁も、「契約締結時における譲渡人の資産状況、右当時における譲渡人の営業等の推移に関する見込み、契約内容、契約が締結された経緯等を総合的に考慮し、将来の一定期間内に発生すべき債権を目的とする債権譲渡契約について、右期間の長さ等の契約内容が譲渡人の営業活動等に対して社会通念に照らし相当とされる範囲を著しく逸脱する制限を加え、又は他の債権者に不当な不利益を与えるものであると見られるなどの特段の事情の認められる場合には、右契約は公序良俗に反するなどとして、その効力の全部又は一部が否定されることがある」とした（前掲最判平成 11・1・29）。

　(iii)　対抗要件（債権譲渡登記）　　集合債権譲渡担保のように多数の債権を一括して譲渡する場合にも、467条2項によれば、個々の債務者ごとに確定日付のある通知・承諾の手続をしなければならない。しかし、そのための手数および費用の負担は、債権の流動化にとって大きな障害となる。のみならず、債権譲渡の事実が知られると、譲渡人（与信先）の信用不安を惹起するおそれがあるため、多くは対抗要件を具備せずに債権譲渡が行われてきた。そこで、このようなサイレントの債権譲渡に第三者対抗要件を具備したいという実務の要望にも応えるために制定されたのが、前述した動産・債権譲渡特例法である。同法の内容は、次の三点にまとめられる。まず、①法人が金銭債権を譲渡した場合には、法務局の債権譲渡登記ファイルに譲渡の登記をすれば、第三者対抗要件を具備したものとみなされることになる（法4条1項）。しかし、債権譲渡登記は債務者の知らないうちになされることも多い。それゆえ、登記によって債務者対抗要件も具備したことにすれば、債務者に二重弁済の危険や抗弁切断の不利益を課すことになる。そこで、②同法は、債務者対抗要件として、債権譲渡およびその登記がなされたことにつき、譲渡人もしくは譲受人が債務者に対して登記事項証明書（法11条2項）を交付して通知をするか、債務者が承諾することが必要であるとした（法4条2項）。そして、③新しい債権譲渡登記制度に関する手続が定められている（法8条）。

　なお、最高裁は、債権譲渡登記に、集合債権譲渡担保の対象となる債権の発行年月日の始期が記録されているものの、その終期が記録されていない事案において、その第三者対抗力につき次のように判示した。すなわち、債権の譲受人（譲渡担保権者）は、「その債権譲渡登記をもって、始期当日以外の日に発生した債権の譲受けを債務者以外の第三者に対抗することができない」。なぜなら、このような債権譲渡登記によっては、「第三者は始期当日以外の日に発生した債権が譲渡されたことを認識することができず、その公示があるものとみることができない」からである（最判平成14・10・10民集56巻8号1742頁）。

(5)　債権譲渡の予約による集合債権譲渡担保

　集合債権譲渡担保の対抗要件としては、上記の債権譲渡登記が有用であるが、当事者があえて467条を選択することも可能である。もっとも、集合債権譲渡

担保においては、譲渡人（担保権設定者）に信用上の不安が生じるまでは、この者が自己の債権を自由に行使しうるため、債務者に債権譲渡があったことを知らせる必要はない。しかし、譲渡人に信用上の不安が生じてからの対抗要件具備は、否認される可能性がある（破 164 条、会更 88 条）。これを回避するために実務では、債権譲渡の予約をし、譲渡人に債務不履行等があったときは譲受人が予約完結権を行使して、債権譲渡の本契約を成立させる方法が用いられていた。

　この場合において、判例は、債権譲渡の予約につき確定日付のある通知・承諾がなされても、その通知・承諾をもって、予約の完結による債権譲渡を第三者に対抗することはできないとした。なぜなら、当該通知によって債務者は、予約完結権が行使されて債権が譲渡される可能性を知るにとどまり、債権の帰属に変更が生じた事実を認識するものではないからである（ゴルフ会員権の譲渡につき、最判平成 13・11・27 民集 55 巻 6 号 1090 頁）。この結果、債権譲渡の予約による集合債権譲渡担保は、その有用性を失ったといえよう。

3　債権譲渡の対抗要件——467 条の意義

(1)　成立要件と対抗要件

　債権譲渡の成立要件は、①債権が存在することと、②譲渡人と譲受人との間で債権譲渡契約がされたことである。まず、①債権の発生原因となる契約の無効・取消しや、債権の弁済による消滅など、債権が存在しない場合には、債権譲渡は効力を生じない。ただし、将来発生する債権を譲渡することは可能である。また、②債権譲渡契約は、譲渡人と譲受人との合意で足り、書面の作成は要件ではない。

　なお、譲渡人が処分の権限を有しない場合には、譲受人が譲渡人に権限があると誤信しても、譲渡は効力を生じない。例えば、他人の債権証書を預かっている者の言を信じて、その債権を譲り受けたとしても、譲受人は保護されない。債権取引では、192 条のような制度は認められていないからである。

　このように、債権譲渡は、譲渡人と譲受人の合意のみによって効力を生じる。しかし、その効力を第三者に対抗するためには、不動産の物権変動（177 条）

と同様に、一定の対抗要件が必要とされる。ただし、債権譲渡においては、「第三者」として、債権の二重譲受人や譲渡人の債権を差し押さえた者（177条の「第三者」に相当する）のほかに債務者が存在する。そこで、467条は、債務者に対する対抗要件と、債務者以外の第三者に対する対抗要件とを分けて規定している。

なお、現行民法は、以下の対抗要件を維持しつつ、前述のように、それが将来債権の譲渡にも妥当することを明記した（467条1項括弧書）。

(2) 債務者に対する対抗要件（1項）

債権の譲受人が債務者に対して債権を行使するには、譲渡人が債務者に譲渡を通知し、または、債務者が譲渡を承諾することを要する（467条1項）。その趣旨は、債務者が債権者の変更を知らないと、譲渡人に弁済した後に譲受人に対しても弁済義務を負うこととなり、このような債務者の、二重弁済の危険を避ける点にある。

「通知」とは、債権譲渡の事実を債務者に知らせる行為であり、意思表示ではなく観念の通知であると解されている。意思表示と観念の通知の違いは、次の点にある。まず、意思表示は、当事者の意思に従って法律効果が認められる。例えば、取消しの意思表示は、当事者が契約の遡及的無効を意欲し、その意思に従った効果が発生する。これに対して、観念の通知は、当事者の意思的要素を含むが、意思ではなく法によって法律効果が認められるものである。すなわち、債権譲渡の通知は、譲渡を認識して債務者に知らせるという意思的要素を含むものの、その効果は、譲受人が債務者に対して債権を行使できるという対抗力の付与である。これは、債権譲渡の通知という事実に対して、法が対抗力の付与という効果を認めたのである。

この通知は、文言上、必ず譲渡人がしなければならないとされている。もっとも、旧民法では、譲受人が債権譲渡の通知をするとしていた（財産編347条1項）。しかしそうすると、真の譲受人ではない者が、債務者に虚偽の通知をして弁済を受けるおそれがある。これに対して、譲渡によって債権を失う譲渡人からの通知であれば信頼性が高い。そこで、明治民法は旧民法を改めて、譲渡人が通知することにしたのである。それゆえ、譲渡人以外の者がした通知は

無効であり、譲受人は譲渡人に代位（423 条）して通知することもできない（大判昭和 5・10・10 民集 9 巻 948 頁）。ただし、通知は、譲渡契約から生じる譲渡人の義務であり、譲渡人が任意にこれを履行しない場合には、譲受人は、譲渡人に対して、履行の強制および損害賠償を請求することができる（大判昭和 19・4・28 民集 23 巻 251 頁）。なお、通知は口頭でも書面でもよい。

　「承諾」とは、債権譲渡の事実を知っていることを表示する債務者の行為である。これも、申込みに対する承諾（意思表示）と異なり、観念の通知である。

(3)　第三者に対する対抗要件（2 項）

　467 条 1 項の通知または承諾は、債務者に対してのみならず、債務者以外の第三者に対する関係においても対抗要件となる（2 項）。その趣旨を明らかにしたのが、次の最高裁判決である。

> **最判昭和 49・3・7 民集 28 巻 2 号 174 頁（債権譲渡の第三者対抗要件）**
> 「民法 467 条 1 項が、債権譲渡につき、債務者の承諾と並んで債務者に対する譲渡の通知をもって、債務者のみならず債務者以外の第三者に対する関係においても対抗要件としたのは、債権を譲り受けようとする第三者は、先ず債務者に対し債権の存否ないしはその帰属を確かめ、債務者は、当該債権が既に譲渡されていたとしても、譲渡の通知を受けないか又はその承諾をしていないかぎり、第三者に対し債権の帰属に変動のないことを表示するのが通常であり、第三者はかかる債務者の表示を信頼してその債権を譲り受けることがあるという事情の存することによるものである。このように、民法の規定する債権譲渡についての対抗要件制度は、当該債権の債務者の債権譲渡の有無についての認識を通じ、右債務者によってそれが第三者に表示されうるものであることを根幹として成立しているものというべきである」。

　判旨は要するに、第三者に対する関係では、債務者をいわばインフォメーション・センターとして、①まず債務者に債権譲渡の事実を認識させ、②次いで第三者からの問い合わせに対する債務者の回答を通じて、第三者も譲渡の事実を認識できるという公示の機能を果たすために、通知または承諾が対抗要件と

なるとするものである。

　ただし、債権譲渡を債務者以外の第三者に対抗するためには、1項の通知または承諾が「確定日付のある証書」によってなされることが必要である（2項）。この「確定日付のある証書」とは、民法施行法5条に列挙されている証書であり、そのうち、実際に多く利用されるのは、公正証書（1号）と郵便局の内容証明郵便（6号）である。そして、民法が確定日付のある証書を要求した趣旨は、譲渡人が債務者と通謀して譲渡の通知・承諾のあった日時を遡らせ、第三者の権利を害することを防止するために、通知・承諾の日付を公的な手続で確定することにある（前掲最判昭和49・3・7）。したがって、第三者に対しては、確定日付のある証書による通知または承諾が対抗要件となる。

4　債権の二重譲渡

(1)　対抗関係が生じる場合

　同一の債権が二重に譲渡された場合には、対抗要件の具備によってその優劣が決せられる。ただし、対抗関係が生じるためには、債権の存在することが前提となる。例えば、第一の債権譲渡について確定日付のない通知がなされ、債務者がその第一譲受人に弁済することにより債権が消滅した後に、第二の譲渡が行われて確定日付のある証書による通知がなされたとしても、対抗関係は生じない。なぜなら、第二譲渡は、すでに消滅した債権の譲渡として無効だからである（大判昭和7・12・6民集11巻2414頁）。

　ところで、不動産の物権変動においては、登記官が関与するため、登記が重複するということはほとんどない。これに対して、債務者が登記所の役割を果たす債権譲渡においては、債務者に対する通知または債務者の承諾が重複してなされることがある。つまり、対抗要件を備えた複数の譲受人間でその優劣を決しなければならないという複雑な事態が生じる。具体的には、次の三つの場合が問題となる。

　第一は、二重譲渡の一方についてのみ確定日付のある通知・承諾がなされた場合である。例えば、債権が二重に譲渡され、第一譲渡について確定日付のない通知がなされ、第二譲渡が確定日付のある証書によって通知されたときは、

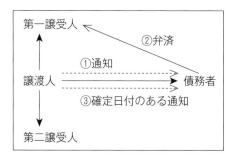

第二譲受人が優先する。そしてこの場合には、債務者に対する関係においても、第二譲受人が唯一の債権者となり、債務者はこの者に対してのみ弁済する義務を負い、第一譲受人からの弁済の請求を拒むことができる（大判昭和 7・6・28 民集 11 巻 1247 頁）。

　第二は、二重譲渡の双方に確定日付のない通知・承諾がなされた場合である。この問題については、判例がない。通説は、いずれの譲受人も第三者対抗要件を具備していないため、相互に優先しえず、債務者は、いずれに対しても弁済を拒むことができるが、どちらか一方に弁済すれば免責されるとする。しかし、債務者は弁済義務を負っているのであるから、いずれの譲受人からの請求に対しても弁済を拒むことはできず、そのうちの一方に弁済すれば免責されると解すべきである。

　第三は、二重譲渡の双方につき確定日付のある通知・承諾がなされた場合である。判例で争われるのはこの問題であり、以下ではこれを検討する。

(2)　通知の到達時による決定

　同一の債権が二重に譲渡された場合には、対抗要件の具備によってその優劣が決せられる。問題となるのは、上記のように、その双方につき確定日付のある証書による通知または承諾がなされたときに、譲受人間の優劣をどのように決すべきかである。

　この問題について、かつての通説は、確定日付のある証書の日付の先後によって決するとしていた（確定日付説）。この見解は、債権譲渡の日付を遡らせることを防止する、という確定日付を要求した趣旨には合致する。しかし例えば、あらかじめ公正証書を作成するなどして、通知書に確定日付を得ておけば、い

かに遅れて発信しても、債務者に先に譲渡を通知した第二譲受人に優先する結果となる。これでは、債務者は誰に弁済してよいかわからず、また、債務者に情報を集めるという対抗要件制度の趣旨にも反することとなる。

そこで、最高裁は、「債権が二重に譲渡された場合、譲受人相互の間の優劣は、通知又は承諾に付された確定日附の先後によって定めるべきではなく、確定日附のある通知が債務者に到達した日時又は確定日附のある債務者の承諾の日時の先後によって決すべきであり、また、確定日附は通知又は承諾そのものにつき必要である」とした（到達時説＝前掲最判昭和49・3・7）。そして学説も、現在では、この判例を支持するものが多数である。

到達時説は、債務者に債権譲渡についての情報を集めるという467条2項の趣旨に合致し、かつ、債務者にとっても、先に通知が到達した者を債権者として扱えばよいから、譲受人間の優劣が明確となる。もっとも、到達時説によれば、債務者と譲受人との通謀によって到達時を変えることが可能であり、これを防止しようとした確定日付の意味が失われる。そこで、467条2項の趣旨を徹底させると、通知の到達があったことを確定日付で証明することが望ましい。かつての大審院判決もそのように解していた（到達時確定日付説＝大判明治36・3・30民録9輯361頁）。そして、民法の起草者も、フランスの制度にならって、執行官に通知を送達してもらい、その執行官が通知の到達時を公正証書で証明する、という方法を考えていた。しかし、頻繁に行われる債権の譲渡に際して、このような制度を設けると不便である。そこで、大審院もかつての判例を変更し、通知・承諾が確定日付のある証書によってなされればよく、その到達を証明する必要はないとした（大連判大正3・12・22民録20輯1146頁）。現行の制度を前提にすると、到達時説が妥当であろう。

(3) 確定日付のある通知の同時到達

(ア) 二つの問題点　　到達時説を採用すると、次に、複数の確定日付のある通知が債務者に同時に到達した場合をどのように処理すべきかが問題となる。これは、債務超過に陥っている債務者が、複数の債権者の要求に応じて自己の債権を何重にも譲渡してしまうため、現実に問題となることが多い。

なお、判例は、通知の到達の先後関係が不明な場合も同時に到達したものと

して扱う（後掲最判平成 5・3・30）。ただし、供託実務においては、同時到達の場合には、債務者による債権者の不確知を原因とする供託（494 条後段）は受理されないが、到達の先後不明の場合には供託ができる〔法務省平成 5・5・18 民四第 3841 号民事局第四課長通知〕という違いがある。

　ところで、同時到達の場合には、次の二つの問題を区別する必要がある。第一に、債務者に対する関係では、各譲受人がいかなる範囲で弁済の請求をすることができるかが問題となる。そして第二に、仮に複数の債権者のうちの一人が全額の弁済を受けた場合に、他の譲受人からの清算ないし分配請求を認めるか否か、という譲受人相互の関係が問題となる。

　(イ)　債務者に対する関係　　この問題については、次の最高裁判決がある。

　　最判昭和 55・1・11 民集 34 巻 1 号 42 頁（債権の二重譲渡と通知の同時到達）
　　　A に対して債権を有していた X は、昭和 49 年 3 月 4 日、その弁済に代えて、A の Y に対する債権を譲り受けた。そして A は、同日付の内容証明郵便でその旨を Y に通知し、その郵便は 3 月 6 日の正午から夕方 6 時までの間に Y に到達した。ところが A は、3 月 5 日に同一債権を B および C に重ねて譲渡し、同日付の内容証明郵便で Y に通知し、この二つの郵便も 3 月 6 日正午から夕方 6 時までの間に Y に到達した。また、D 社会保険事務所は、3 月 6 日に A の健康保険料の滞納金を徴収するために、同じ債権を差押え、その通知書も 3 月 6 日の同じ時間帯に Y に到達した。X が Y に対して債権の弁済を請求した。第一審・第二審ともに X 敗訴。その理由は、X への譲渡通知が B・C・D のそれより先に Y に到達したと証明できない以上、Y に対し弁済を求めることはできないということにある。X 上告。
　　　最高裁は、原判決を破棄して、次のように判示した。すなわち、「指名債権が二重に譲渡され、確定日付のある各譲渡通知が同時に第三債務者に到達したときは、各譲受人は、第三債務者に対しそれぞれの譲受債権についてその全額の弁済を請求することができ、譲受人の一人から弁済の請求を受けた第三債務者は、他の譲受人に対する弁済その他の債務消滅事由がない限り、単に同順位の譲受人が他に存在することを理由として弁済の責めを免れることはできない」（破棄自判）。

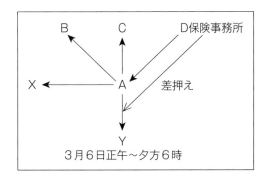

　この判旨からは、次の三点が導かれる。すなわち、①各譲受人は、債務者に
対して、それぞれ譲受債権全額の弁済を請求することができる。②債務者は、
譲受人の一人に対して弁済することによって免責される。そして、③債務者は、
②などで債務が消滅しない限り、譲受人の一人からの請求であっても弁済を拒
むことはできない。しかし、判旨は、以上の結論を導くための理論的根拠を示
していない。そこで、学説の中には、①を否定し、分割債権の原則（427 条）
を適用して、各譲受人の債権を分割債権とすべきであるとの見解もある。しか
し、分割債権とすると、譲受人が多数存在する場合にはその確定が困難であり、
また、債務者にその確定と分割弁済の責任を負わせるのは妥当でない。そこで、
現在の多数説は、判例の結論を肯定している。

　(ｳ)　譲受人相互の関係　　この問題についてはさらに、次の二つを区別する
必要がある。すなわち、①債務者が譲受人の一人に全額弁済した場合に、他の
譲受人がその分配を請求できるか、および、②債務者が債権者不確知を理由に
供託した場合に、各譲受人の供託金還付請求権の有無とその割合をどう解する
かである。このうち、②については、次の最高裁判決がある。

　　最判平成 5・3・30 民集 47 巻 4 号 3334 頁（到達の先後不明と供託金の帰
　属）
　　Ｘ（国）は、Ａ会社に対する租税債権を徴収するために、Ａ会社が第三債務
　者Ｂ組合に対して有する運送代金債権を差押え、その債権差押通知が昭和 60
　年 9 月 24 日にＢ組合に送達された。他方、Ａ会社は、同一債権をＹに譲渡

し、その旨の確定日付のある通知が同日にB組合に到達した。それゆえB組合は、債権者の不確知を理由に62万円を供託した。そこで、XがYに対して、供託金62万円の還付請求権を有することの確認を求めて訴えを提起した。第一審は、差押債権者が債権の譲受人に優先するとの理由でXの請求を認容した。これに対し、原審は、XとYが相互に優先的地位を主張できないとして、Xの請求を棄却した。X上告。

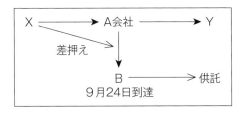

　最高裁は、「滞納処分としての債権差押えの通知と確定日付のある右債権譲渡の通知の第三債務者への到達の先後関係が不明であるために、第三債務者が債権者を確知することができないことを原因として右債権額に相当する金員を供託した場合において、被差押債権額と譲受債権額との合計額が右供託金額を超過するときは、差押債権者と債権譲受人は、公平の原則に照らし、被差押債権額と譲受債権額に応じて供託金額を案分した額の供託金還付請求権をそれぞれ分割取得するものと解するのが相当である」とした。そして本件では、Bが62万円を供託し、「被差押債権額（62万円）と譲受債権額（62万円）の合計額（124円）は右供託金額を超過する」から、XとYは、「公平の原則に照らし、被差押債権額と譲受債権額に応じて供託金額を案分した額、すなわち各31万円の右供託金還付請求権をそれぞれ分割取得する」とした（一部破棄自判、一部棄却）。

　この判決によれば、各譲受人はその譲受債権額に応じて供託金還付請求権を分割取得することになる。ただし、その根拠は、「公平の原則」とするのみで、必ずしも明確ではない。しかし、判決の結論は妥当である。というのも、債権者平等の原則は債権額に応じた平等であり、譲受債権者の数（頭割り）で決めるものではないからである。
　ところで、この平成5年判決は昭和55年判決を前提とするものであるため、

債務者が供託していない場合には、各譲受人は債務者に対して譲受債権の全額を請求することができる。そして、それに応じて一人の債権者に全額の弁済がなされた場合に、他の譲受人が分配請求をすることができるか（①）が問題となる。この問題については判例がなく、学説には肯定する見解が多い。しかし、その法的根拠は明らかでない。例えば、不当利得とする見解もあるが、各譲受人は全額の請求ができるため、「法律上の原因」（703条）があり、不当利得とはならない。また、連帯債権とする見解もあり、民法上も明文もある（432条以下）。しかし、各連帯債権者の「分与されるべき利益」（433条参照）が明らかではなく、各譲受人の内部的な権利関係が定まらないため、分配請求権の根拠も明確ではない。結論的には、分配の手続がないので、他の譲受人からの分配請求は否定せざるをえないと解される。

　(エ)　**まとめ**　　判例の分析からは、次の五点が導かれる。まず、①同一債権について複数の譲渡通知が重複しその到達の先後が不明である場合には、債務者としては、債権者不確知を理由に供託するのが最も安全である。そして、②供託がなされた場合には、公平の原則に基づき、各譲受人はその債権額に応じて供託金還付請求権を分割取得することになる。また、③債務者が供託しない場合または供託できない場合（同時到達）には、各譲受人は、債務者に対して、それぞれ譲受債権全額の弁済を請求することができる。そして、④債務者は、譲受人の一人に対して弁済すれば免責される。ただし、⑤その場合に、他の譲受人による分配請求の可否については判例がない。肯定説が多数であるが、分配の手続がないため、他の譲受人からの分配請求は否定すべきであろう。

(4)　劣後譲受人に対する弁済

　債権の二重譲渡の場合において、債務者が対抗要件を後れて備えた譲受人（劣後譲受人）に弁済したときに、受領権者としての外観を有する者に対する弁済（478条）として保護されるか否かが問題となる。

　この問題につき、有力な見解は、債権者の優劣が467条によって明らかであり、劣後譲受人には債権者らしい外観がないため、478条を適用すべきでないとする。しかし判例は、一般論としては478条の適用を認めたうえで、劣後譲受人に対する弁済に債務者の過失がなかったというためには、「優先譲受人の

債権譲受行為又は対抗要件に瑕疵があるためその効力を生じないと誤信しても
やむを得ない事情があるなど劣後譲受人を真の債権者であると信ずるにつき相
当な理由があることが必要である」とした（最判昭和61・4・11民集40巻3号
558頁）。そして事案の解決としては、債務者の過失を認め、478条の適用を否
定している。

　判例によっても、債務者の無過失が認められるケースは限られるため、両見
解の差異は、結論としては大きくない。ただし、債権者間の優劣の決定（467
条）と債権者でない者に対する弁済の効力（478条）は別の問題であり、劣後
譲受人が債権者らしい外観を有する場合には、478条の適用を認めるべきであ
ろう。判例が妥当であると考える。

　なお、このように解しても、対抗要件を先に備えた譲受人は、弁済を受けた
劣後譲受人に対して不当利得返還請求権を行使しうるので、467条が無意味と
なるものではない。

5　債務者の抗弁（468条）

(1)　抗弁の対抗

　債権譲渡は、譲渡人と譲受人との合意のみによって効力を生じ、債務者の承
諾は不要である。ただし、債務者は、債権譲渡の対抗要件具備時までに譲渡人
に対して生じた事由をもって、譲受人に対抗することができる（468条1項）。
例えば、売買契約の売主が代金債権を第三者に譲渡したとしても、債務者であ
る買主は、譲受人からの債権の行使に対して、同時履行の抗弁（533条）を主
張することができる。

　その理由は、①債権は、譲渡によってその同一性を変えることなく譲渡人か
ら譲受人に移転するため、債権に付着していた瑕疵や抗弁事由も、そのまま譲
受人に承継されることにある。また、②債務者からしても、その意思と関係な
く、譲渡人と譲受人との契約によって債権が譲渡され、一方的な通知がなされ
ただけで抗弁を対抗できなくなる、という結果は承認しがたい。

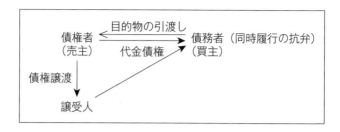

(2)　債務者の抗弁事由

　上記の同時履行の抗弁のほか、契約の無効による債権の不成立、契約の取消しまたは解除による消滅、および、弁済その他の事由による債務の消滅などがある。ただし、虚偽表示による仮装債権の善意の譲受人には、94 条 2 項が適用され、債務者は、その無効を対抗することができない（大判大正 3・11・20 民録 20 輯 963 頁）。

　取消しに関しては、通知の時に取消事由が存在していれば、債務者は、通知後に契約を取り消してこれを譲受人に対抗することができる。

　問題となるのは、契約の解除である。まず、双務契約から生じた債権は、双務契約の運命に服するものであるから、契約が解除された場合には、545 条 1 項ただし書の適用はなく、468 条の解釈によって決せられる。そして、468 条 1 項の解釈としては、次のように解すべきである。すなわち、通知時に債務不履行などの解除原因が具体的に発生していなくても、その発生の可能性があれば、通知後に解除原因が発生し、債務者が譲渡人に対して解除したときは、譲受人に対抗することができる（奥田・債権総論 442 頁、林ほか・債権総論 503 頁〔高木〕）。なぜなら、債権譲渡に関与しない債務者に、不利益を与えるべきではないからである。このほか、債権譲渡における相殺権（469 条）に関しては、相殺の項で検討する。

　なお、民法は、旧 468 条 2 項を 1 項とし、債務者は、「対抗要件具備時までに」譲渡人に対して生じた事由をもって譲受人に対抗することができるとして、通知だけでなく、承諾時までの抗弁の対抗を認める（468 条 1 項）。また、468 条 2 項は、譲渡制限特約の付された債権が譲渡された場合における譲受人に対抗可能な抗弁の基準時についての特則を定める。

　これに対して、民法は、旧法下において議論のあった、異議をとどめない承

諾による抗弁の切断（旧468条1項）を削除した。というのも、単に債権が譲渡されたことを認識した旨を債務者が通知しただけで抗弁の喪失という債務者にとって予期しない効果が生じることは、債務者の保護の観点から妥当でないからである（部会資料74A・11頁）。もっとも、債務者がその意思表示によって、自らの抗弁を放棄することは認められる。

第3節　債務引受

1　意義・機能

　債務引受とは、債務者の債務を他の者（引受人）が引き受けることをいう。旧法に規定はなかった（ただし、398条の7第2項）が、これを認めることには判例・学説ともに異論がなかった。この債務引受には、伝統的に次の三つの類型が認められ、それぞれその機能を異にしている。

　(ア)　免責的債務引受　　債務がその同一性を変えることなく、従前の債務者から新しい債務者（引受人）に移転することをいう。これは債権譲渡に対応し、三つの債務引受けの中で唯一、債務の特定承継をもたらすものである。それゆえ、これを狭義の債務引受けともいう。

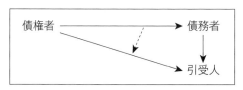

　免責的債務引受の主な機能は、債務の簡易な決済にある。すなわち、債務は、債権と異なり経済的にはマイナスであるから、債務そのものの譲渡には意味がない。しかし、債務引受を認めると、引受人が債務者の債務を肩代わりすることにより、その債務者との間の債務を決済することが可能となる。例えば、抵当不動産の譲受人が、その代金の支払に代えて債務者（抵当不動産の譲渡人）の債務を引き受ける場合には、抵当権の実行を回避しうるとともに、債務関係

を簡易に決済することができる。このような免責的債務引受の機能は、債権譲渡の機能とも共通し、両制度が法律的にはもちろん（債権債務の特定承継）、経済的にも表裏をなすことを示している。

　(イ)　併存的（重畳的）債務引受　　第三者が、既存の債務関係に加入して新たに債務者となり、従前の債務者は債務を免れることなく、その債務と同一内容の債務を負担するものである。

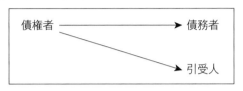

　併存的債務引受の機能は、債権の担保にある。すなわち、引受人と従前の債務者とが併存して債務を負担する併存的債務引受は、債権者からすれば、自己の債権のための責任財産の増加を意味する。それゆえ、併存的債務引受は、債権の人的担保として、保証債務や連帯債務と同様の機能を有する。しかも、併存的債務引受においては、債務者と引受人の債務が相互に独立したものであるため、保証債務・連帯債務と以下の点で異なり、より強力な人的担保となっている。まず、併存的債務引受では、保証債務におけるような付従性・補充性（452条、453条）が認められない。また、連帯債務では、旧法下においては、債務者の一人について生じた事由が他の債務者に影響を及ぼすこと（絶対的効力事由―旧434条–旧439条）が多く認められた。しかし、併存的債務引受においては、そのような事由は、当然には認められなかった。

　(ウ)　履行の引受け　　引受人が債権者に対して履行すべき義務を負わず、債務者に対してのみ、その者の負担する特定の債務を履行する義務を負う旨の契約である。

　引受人が債権者に対して直接に義務を負わない履行の引受は、債務者と引受人との内部関係にとどまる。しかし、債務者と引受人との間で、特に債権者に

直接の権利を取得させる旨の契約（第三者のためにする契約―537条）がなされれば、併存的債務引受となる。その意味では、履行の引受けは、併存的債務引受の前段階としての機能を有する。

　以上の三つの債務引受（広義）のうち、併存的債務引受および履行の引受けは、債務の移転（特定承継）を生じるものではないため、正確には債務の引受けではない。しかも、両者は、免責的債務引受とは、その機能を異にすることに注意を要する。

　なお、現行民法は、併存的債務引受を基本とし、免責的債務引受も併存的債務引受と同じく、引受人が債務者の債務と同一内容の新たな債務を負担し、債権者が債務者に対してその債務を免れさせるものであるとの構成を採る。それゆえ、現行民法は、上記の通説的説明とは異なる立場を採るものである（前述）。

2　併存的債務引受

(1)　要件

(ア)　引受契約の当事者　　併存的債務引受は、三当事者の契約でなしうることはもちろん、債権者と引受人との契約で行われることにも異論がない。その理由は、併存的債務引受の機能が債権の担保にあり、実質的には保証と異ならないことにある。すなわち、462条２項の「精神」から、債務者の意思に反しても併存的債務引受を行うことができる、と解されている（大判大正15・3・25民集5巻219頁）。

　また、債務者と引受人との契約によって、引受人が債務者の債務を支払うべき旨を定めただけでは、その効力は当事者間に及ぶにすぎず、履行の引受が存在するのみである。しかし、債務者と引受人とが、債権者を第三者とする第三者のためにする契約（537条１項）を結ぶことにより、併存的債務引受を認めることができる。すなわち、債務者と引受人との契約では、第三者のためにする契約を介して、併存的債務引受を行うことが可能である。

　現行民法も、併存的債務引受については、従来の通説的理解と同様である（470条）。

　(イ)　連帯保証との区別　　債権の担保機能を有し、しかも、債務者の債務との間に補充性のない併存的債務引受は、保証の中でも特に連帯保証と類似する。しかし、①効果の点では、併存的債務引受には付従性がないため、連帯保証と異なる。また、②要件の点でも、保証契約は債権者と保証人との契約であるのに対し、併存的債務引受は、債務者と引受人との契約によってもできるという違いがある。さらに、③保証契約は書面でしなければその効力を生じない（446条2項）のに対し、併存的債務引受にはこのような規制がなく、債権法改正によって拡充された保証人保護の方策（公正証書の作成や契約締結時の情報提供義務など）も、併存的債務引受には適用されない。そこで、併存的債務引受が、保証人保護の規定の適用を回避する目的で利用される（脱法行為ないし法の潜脱行為）ことが問題となり、法制審議会民法（債権関係）部会においても検討がなされていた。すなわち、「併存的債務引受のうち、①引受人が債務者の負う債務を保証することを主たる目的とする場合、②債務者が引受人の負う債務を保証することを主たる目的とする場合について、保証の規定のうち、保証人の保護に関わるもの（民法第446条第2項等）を準用する旨の規定を設ける」（部会資料67A・32頁）ことの可否が検討されていた。しかし、保証人保護の規定を準用する具体的な規律についての意見がまとまらず、また、保証と機能が類似する制度（損失補償契約等）はほかにも存在するが、併存的債務引受についてのみ規定を設けることの合理性が問題となり（部会資料・同前34-35頁）、明文化されなかった。

　この問題については、次のように考えられる。すなわち、ある契約が連帯保証と併存的債務引受のいずれであるかは、当事者の意欲した法律効果を探求するという契約の解釈の問題である。そして、併存的債務引受の形式が採られていても、保証の目的で締結され、かつ、保証人保護規定の適用を回避する目的で締結された契約は、特段の事情がない限り、その性質を保証契約であると解すべきであろう（買戻特約付売買契約と譲渡担保契約に関する最判平成18・2・7民集60巻2号480頁を参照）。また、保証に関して書面や公正証書を要求する規定（446条2項・465条の6等）の類推適用は難しいとしても、事案によっては、情報提供義務を課す規定（458条の2・465条の10等）は、併存的債務引受にも類推適用することも考えられる（中田・706頁参照）。

(ウ)　免責的債務引受との区別　　ある債務引受が免責的か併存的かも、引受契約の解釈の問題である。しかし、契約の解釈によっても当事者の意思を確定できない場合には、その債務引受を併存的債務引受と推定すべきである、とするのが学説および裁判例（大阪地判昭和30・11・15訟月2巻2号57頁）の傾向である。免責的債務引受の方が債権者にとって不利であり、その認定は慎重になされなければならない。

(2)　効果

(ア)　一般的効果　　併存的債務引受がなされると、引受人は債権者に対して債務者と同一内容の債務を負担し、かつ、債務者も債務を免れることなく従前の債務関係が存続する。この場合における引受人の債務は、債務者の債務と同一のものであるため、引受人は、債務者の有する抗弁権をすべて主張することができる。また、従前の債務関係がそのまま存続するため、担保にも何ら影響はない。

(イ)　併存する債務の関係　　併存的債務引受においては、債務者の債務と引受人の債務とが併存し、一方の債務が弁済されれば他方の債務も消滅することには異論がない。問題となるのは、このような両債務の関係を、どのように説明するかである。

　この問題について、旧法下の判例は、連帯債務関係が成立すると解していた。しかし、旧法では、併存的債務引受が常に連帯債務を生ずるとすれば、債権者の通常の期待に反するおそれがあった。例えば、債権者は、資力のある引受人が債務者の債務を引き受けたので安心し、債務者に対する履行の請求を怠ることがある。この場合に債務者と引受人とが連帯債務を負うとすれば、債務者の債務が時効消滅すると、引受人の債務も債務者の負担部分については消滅し（旧439条）、債権者が不測の損害を被ることになる。そこで、学説は、判例に反対して、次のように解していた。すなわち、①併存的債務引受が債務者と引受人との契約でなされた場合や債務者と引受人との間に履行の引受がある場合など、債務者と引受人との間に主観的共同関係があるときは、両債務には連帯債務関係が生じる。しかし、②債務者の委託を受けないで債権者と引受人との契約によって債務引受が行われた場合のように、両者の間に主観的共同関係の

ない場合には、絶対的効力事由の規定の適用のない、不真正連帯債務関係が成立する。

　現行民法は、前述のように、連帯債務の絶対的効力事由を限定し、不真正連帯債務の概念を不要とするため、「併存的債務引受の引受人は、債務者と連帯して、債務者が債権者に対して負担する債務と同一の内容の債務を負担する」とし（470条1項）、債務者の債務と引受人の債務が連帯債務の関係にあることを明らかにした。そして、引受人は、併存的債務引受の効力が生じた時に債務者が主張することができた抗弁をもって債権者に対抗することができ（471条1項）、債務者が債権者に対して取消権・解除権を有するときは、引受人は、これらの権利の行使によって債務者がその債務を免れる限度において、債権者に対して債務の履行を拒むことができるとする（同2項）。これに対して、債務者が相殺権を有するときは、債務者の債務と引受人の債務が連帯債務の関係にあるから、引受人は、債務者の負担部分の限度において、債権者に対して債務の履行を拒むことができる（439条2項）。

　(ウ)　引受人の債務者に対する求償権　　債務者と引受人との契約によって併存的債務引受がなされる場合には、両者の間の内部関係（対価の支払・求償権の有無）は、引受契約の際に約定されるのが通常である。これに対して、併存的債務引受が債権者と引受人との契約によってなされた場合には、両債務の関係が連帯債務であるとすると、連帯債務の求償関係の規定（442条以下）が適用されることになる。

3　免責的債務引受

(1)　要件

　(ア)　引受契約の当事者　　従前の債務者が債務関係から離脱する免責的債務引受においては、債権者の意思的関与が不可欠である。なぜなら、債権の効力は債務者の資力（責任財産）によるため、債権者の意思を無視して資力の十分でない者を引受人とすると、債権者が不測の損害を被るからである。問題となるのは、その意思的関与の程度である。すなわち、免責的債務引受の要件としては、債権者が引受契約の当事者となるか否かが問題となる。

　まず、免責的債務引受を、三当事者の契約で行うことはもちろん、債権者と引受人との契約で行うことについては異論がない。なぜなら、免責的債務引受は、債権者に利益を与えるだけであり、その不利益とはならないからである。ただし、債務者の意思に反するときは、効力を生じない（大判大正10・5・9民録27輯899頁）。利害関係を有しない第三者の弁済（474条2項）および債務者の交替による更改（514条）は、債務者の意思に反してできず、免責的債務引受も同様に解されるからである。これに対して、債権者と引受人との契約による場合には、債権者の承諾を要するとするのが判例・通説である（大判大正14・12・15民集4巻710頁、最判昭和30・9・29民集9巻10号1472頁──いずれも契約上の地位の移転の事案）。

　(イ)　民法（債権関係）の改正　　民法は、「免責的債務引受の引受人は債務者が債権者に対して負担する債務と同一の内容の債務を負担し、債務者は自己の債務を免れる」と規定した（472条1項）。すなわち、免責的債務引受は、①契約によって、債務者の債務と同一内容の新たな債務を引受人が債権者に対して負担し、債務者を当該債務から免れさせることを合意するとともに、②債権者が債務者に対してその債務を免れさせるものである。そして、免責的債務引受は、債権者と引受人となる者との契約によってすることができ、債権者が債務者に対してその契約をした旨を通知した時に、免責的債務引受の効力を生じるとする（同2項）。また、免責的債務引受は、債務者と引受人となる者が契約をし、債権者が引受人となる者に対して承諾をすることによってもすることができる（同3項）。この場合において、免責的債務引受が効力を生じるのは、債権者の承諾があった時であり、引受人と債務者の合意の時ではない。

(2)　効果

　旧法下における一般的な理解によれば、免責的債務引受により、債務者の債務は同一性を失わずに引受人に移転（特定承継）する。ただし、その範囲が問題となり、具体的には、抗弁および担保権の移転に可否が争われた。

　(ア)　抗弁の移転　　債務者がその債務に関して有していた抗弁および従たる債務は、すべて引受人に移転する。抗弁の例としては、債務の不成立、債務の消滅（全部または一部の弁済、取消し・解除など）、同時履行の抗弁（533条）な

どがある。ただし、取消権と解除権は、契約の当事者が有すべきものであるため、単なる債務引受によっては移転しない（前掲大判大正14・12・15）。また、債務の引受人は、債務者が債権者に対して有していた反対債権で相殺することはできない。なぜなら、これを認めると、他人の権利を処分することになるからである。

　従たる債務の例としては、利息債務、違約金債務などがある。ただし、すでに発生している利息債務は、独立性を有するから、特約がない限り移転しない。

　民法は、免責的債務引受による債務の特定承継を認めず、引受人が債務者の債務と同一内容の新たな債務を負担すると構成するため、抗弁についても、次の規定を設けている。すなわち、「引受人は、免責的債務引受により負担した自己の債務について、その効力が生じた時に債務者が主張することができた抗弁をもって債権者に対抗することができる」とする（472条の2第1項）。また、引受人は、債務者が債権者に対して取消権・解除権を有するときは、債権者に対して債務の履行を拒むことができるとした。ただし、引受人の履行拒絶権は、取消権または解除権の行使によって債務者がその債務を免れることができる限度において認められる（同2項）。

　（イ）　担保権の移転

　（i）　保証債務　　判例は、特に保証人が債務引受に同意しまたは引受人のために保証人となることを承諾した場合のほかは、免責的債務引受の成立によって保証債務が消滅するとする（大判大正11・3・1民集1巻80頁）。この点については、学説も異論がない。その理由は、①債務者の変更はその責任財産の変更をもたらすものであるため、保証人の弁済の必要性や求償権に影響を及ぼすこと、および、②保証人は特定の債務者との人的関係に基づいて保証していることにある。

　（ii）　担保物権　　法定担保物権（留置権・先取特権）は、特定の債権を保全するために法律が認めたものであるから、債務引受によっては影響を受けない。これに対して、質権や抵当権などの約定担保物権については、設定者による区別が必要である。まず、債務者のために第三者が設定した担保物権は、保証債務と同じく、設定者の同意がない限り引受人の債務を担保しないと解されている（旧根抵当権つき、最判昭和37・7・20民集16巻8号1605頁）。これに対して、

債務者が自ら設定した担保物権については見解が分かれている。すなわち、①引受人の債務を担保するとする見解、②債務者の同意がない限り消滅するとする見解、および、③債務引受が債権者と引受人の契約による場合には消滅し、債務者と引受人の契約による場合には存続するとする見解がある。債務者の意思を無視して担保権を存続させることは妥当でないとの理由から、③が有力である。しかし、この場合には、第三者が担保権を設定した場合と異なり、設定者（債務者）が責任財産の変更によって不利益を受けるおそれはない。また、引受人が弁済した場合には、債務者は引受人の求償を覚悟しなければならない立場にあるため、その求償権を担保するとしてもやむをえない。そうだとすれば、①が妥当であると考える。

　(iii)　**民法（債権関係）の改正**　　民法は、債権者が、免責的債務引受によって債務者の免れる債務の担保として設定された担保権を、引受人が負担する債務に移すことができるとする。ただし、引受人以外の者がこれを設定した場合には、その承諾を得なければならない（472条の4第1項）。そして、その場合における担保権の移転は、「あらかじめ又は同時に引受人に対してする意思表示によってしなければならない」とする（同2項）。民法によれば、免責的債務引受によって債務者の債務（＝被担保債権に係る債務）が消滅するため、それより後に担保権が移転すると解することは、消滅に関する付従性と抵触する。そこで、担保権の移転は、免責的債務引受より前または遅くとも同時に合意しなければならないとしたのである。

　以上の規律は、債務者の債務に付された保証債務についても準用され、これを引受人の債務を担保するために移転する場合には、保証人の承諾が必要であり（同3項）、かつ、その承諾は、書面によらなければならない（同4項）。保証契約は、書面でしなければ、その効力を生じないからである（446条2項）。なお、同5項は、承諾が電磁的記録によってなされたときに、446条3項と平仄を合わせて、これを書面によってなされたものとみなす旨を定めている。

　(ウ)　**引受人の債務者に対する求償権**

　民法は、「免責的債務引受の引受人は、債務者に対して求償権を取得しない」とする（472条の3）。引受人は最終的に債務を負担するとの意思があるものとして、その求償権を否定したのである。ただし、債務者と引受人との間で、債

務者が引受人に対して債務引受の対価を支払う旨の合意は有効であり、また、債務者の委託に基づく債務引受については、引受人に委任事務処理費用の償還請求権が認められる（649条・650条）。

4　履行の引受け

履行の引受けがなされれば、引受人は、第三者として弁済すべき義務を債務者に対して負う。それゆえ、引受人が債務を履行しない場合には、債務者は、引受人に対して、債権者に弁済すべきことを請求することができる。また、債務者が自ら履行した場合には、引受人は、債務者に対して、債務不履行に基づく損害賠償責任を負う。

ところで、債務者と引受人とが免責的債務引受契約をした場合には、原則として履行の引受けを含み、引受人は、債務者に対しても、その債務者を免責させる義務を負うと解すべきである。なぜなら、このような債務引受契約には、引受人が債務者を免責させるという趣旨を含むと考えられるからである。そうだとすれば、免責的債務引受に債権者の承諾が得られなかった場合にも、引受人は、第三者弁済をすることによって債務者の債務を免れさせる、という義務を負うものである。

第4節　契約上の地位の移転（契約の譲渡）

1　意義・機能

契約上の地位の移転とは、契約当事者の一方（譲渡人）が、個々の債権債務のみならず、解除権等の形成権をも含めた契約上の地位を第三者（譲受人）に移転する制度である。この制度も、債務引受と同じく、旧法には明文の規定がなかった。しかし、これを認めることについては、判例と学説はほぼ一致していた（反対、加藤・債権総論344頁以下）。ただし、その要件と効果については

見解が一致せず、その前提として、なぜこの制度が必要なのかという点について
も理解が分かれていた。

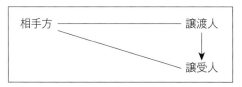

　まず、通説的見解は、契約上の地位の移転の機能を、個別の債権譲渡と債務
引受によっては移転できない取消権や解除権を第三者に移転することに求めた
（我妻・IV 579 頁）。しかし、①取消権は、詐欺・強迫を受けた者にのみ認めれ
ばよく、その者から目的物を取得したにすぎない特定承継人に認める必要はな
い（120 条の「承継人」は包括承継人を意味し、特定承継人は含まれない）。すなわ
ち、取消権の移転を認める必要性はなく、現実には解除権の移転のみが問題と
なる。また、②取消権や解除権は、契約のノーマルな状態ではない、いわば病
理現象に際して生じるものである。そうだとすれば、形成権の移転は、契約上
の地位の移転という制度を認めることの、積極的なメリットとはならない。

　また、有力な見解は、契約上の地位を、債権と同じように、一つの経済的価
値を有する財産としてとらえ、その譲渡を促進させようとする（椿寿夫「契約
引受(上)」法セミ 257 号 69 頁）。この見解は、例えば、B が A との間で A の所有
する絵画を 1000 万円で買う旨の売買契約を締結し、代金支払の前に、その買
主の地位を C に 1200 万円で譲渡することを想定し、自己資金なしに取引に参
加するための制度として、契約上の地位の移転を理解する。しかし、その例は、
目的物の転売に債務引受を組み合わせることによっても同じ結論となる。すな
わち、B は代金を支払う前にその絵画を C に転売し、C に代金債務を引き受
けさせればよい（差額の 200 万円は B が受け取る）。そうだとすれば、目的物の
転売の事例は、契約上の地位の移転の本来の領域ではないと考えられる。

　これに対して、近年の見解は、契約上の地位の移転が現実に問題となるのは、
継続的契約であることと、この制度が民法の中で唯一、契約当事者が交替して
も契約関係の存続を認めるものであることに着目する。そして、継続的契約に
おいては、当事者の一方が、目的物や営業の譲渡や債務超過など、契約の当初
には予定しなかった事情によって、その契約関係を維持できなくなることがあ

る。しかし、そのような場合にも、契約を終了することなく、従前の契約関係を維持しつつ、当事者の交替を認めるのが契約上の地位の移転であるとする。換言すれば、契約上の地位の移転は、継続的契約による契約関係の安定性を維持するために、契約当事者の一方の変更にもかかわらず、将来に向かって契約関係を存続させる制度である（野澤・契約譲渡の研究 371 頁）。

　現行民法は、次のように、「契約上の地位の移転」について 1 箇条を設けた。すなわち、「契約の当事者の一方が第三者との間で契約上の地位を譲渡する旨の合意をした場合において、その契約の相手方がその譲渡を承諾したときは、契約上の地位は、その第三者に移転する」（539 条の 2）。その規定は、債権総則の債権譲渡と債務引受から切り離されて、契約総則に置かれている。その背景には、契約上の地位の移転が、債権譲渡・債務引受とは異なり、契約の効力を維持する独自の制度であるとの本書のような認識があると思われる。しかも、現行民法においては、免責的債務引受が債務の特定承継をもたらすものではなく、併存的債務引受を基本型とした債務負担行為である。そうだとすれば、債務引受と契約上の地位の移転の論理的な連続性はなくなり、「契約上の地位の移転」のみを独立した制度として契約総則に規定することも合理的であるといえよう。

2　具体例とその類型化

⑴　二つの類型
　前述のように、契約上の地位の移転に関する具体例は多く、それらは、次の二つに類型化されよう。
　㋐　特定の財産の譲渡に伴う場合　　ヨーロッパと日本で以前から問題とされたのは、ある特定の財産の譲渡に伴い、一定の契約関係が譲渡される場合である。具体的には、目的不動産が譲渡された場合の賃貸人の地位の移転（605条）、目的物の譲渡に伴う損害保険契約の移転（旧商 650 条）、および、企業の譲渡に伴う従業員の労働契約の移転が問題となる。これらはいずれも、継続的契約を対象とし、目的物が譲渡されると、その終了が予定されている。しかし、そうすると、継続的契約を前提として活動してきた当事者に不利益が生じる。

そこで、契約上の地位の移転を認めて、当事者の一方の交替にもかかわらず、契約関係の存続が図られている。そして、その要件としては、相手方の承諾が不要とされている。例えば、賃貸人の地位の移転を規定する 605 条（605 条の2 第 1 項）に関しては、賃借権に対抗要件（登記または借地借家法 10・31 条）があれば、賃貸人が代わっても賃借権が存続することには異論がない。問題となるのは、その対抗要件がない場合である。この場合に、判例は、新旧両所有者の合意によって賃貸人の地位が移転し、相手方（賃借人）の承諾は不要であるとして、賃貸人の地位の移転を容易に認めている（最判昭和 46・4・23 民集 25 巻 3 号 388 頁）。その理由は、①賃貸人の義務が、不動産の所有者であれば果たせるものであり、その所有者が交替しても賃借人の不利益はないこと、および、②賃借人にとっても、賃貸借契約の存続を認める方が有利であることに存する。現行民法も同様の規定を設けた（605 条の 3）。

　なお、賃貸人の地位の移転の対抗要件につき、判例は一貫して民法 177 条を適用し（大判昭和 8・5・9 民集 12 巻 1123 頁、最判昭和 49・3・19 民集 28 巻 2 号 325 頁）、債権譲渡の対抗要件（467 条）の適用を否定している。現行民法も同様である（605 条の 2 第 3 項）。

　(イ)　合意に基づく場合　　譲渡人と譲受人の合意に基づいて契約関係が譲渡される場合である（539 条の 2）。現実の裁判例では、単発的な売買契約ではなく、継続的契約関係における当事者の地位の譲渡が問題となる。とりわけ、賃借人の地位の譲渡（賃借権の譲渡—612 条）が争われ、この場合には(ア)と異なり、相手方の承諾が要件となる（612 条 1 項）。

(2)　類型化の根拠

　以上の二つの類型では、相手方の承諾の要否が異なる。これは、なぜか。まず、契約上の地位の移転に関して現実に問題となるのは、継続的な双務契約であることに留意しなければならない。もっとも、単発的な契約（売買・請負など）においても、論理的には、契約上の地位の移転を認めることができる。しかし、その多くは、目的物の「転売」として構成する方がより適切であろう。

　ところで、継続的契約を当事者が締結する場合には、その目的物に着目する場合と、その相手方の人的な要素に着目する場合とがある。

　㋐　目的物に着目する場合　　例えば不動産を賃借する場合には、その所有者（賃貸人）の人的要素ではなく、物件（立地環境・日照・間取り等）に着目して賃借するのが通常である。そうだとすれば、物件の所有者が交替しても、賃貸借契約そのものは新所有者に承継されると解するのが、賃借人にとって望ましい。それゆえ、この場合には、賃借人（相手方）の承諾は不要である。

　㋑　相手方の人的要素に着目する場合　　不動産の所有者がその不動産を賃貸する場合には、賃借人が誰であるかは、目的不動産の利用形態に大きく影響する。そこで、賃借人の交替には、賃貸人（相手方）の承諾が必要となる（612条参照）。

　この二つの場合が、それぞれ(1)の㋐と㋑の類型に対応する。すなわち、㋐特定の財産の譲渡に伴う契約上の地位の移転には、相手方の承諾は不要である（605条の3参照）。これに対して、㋑合意に基づく契約上の地位の移転には、相手方の承諾が要件となる（539条の2）。

3　特定の財産の譲渡に伴う移転の要件・効果

(1)　要件

　㋐　契約当事者　　目的となる特定の財産（例えば、賃貸不動産や保険目的物）の譲渡についての譲渡人と譲受人の合意があれば、契約上の地位が譲受人に移転し、これに対する相手方（賃借人・保険者）の個別的な承諾は不要である。このように契約上の地位が目的物の譲渡に伴い譲受人に移転する根拠は、当事者の意思の推定に求められる。それゆえ、譲渡当事者が明確に地位の移転を拒否する場合には、この推定は破られることになる。ただし、賃貸人の地位の移転に関しては、民法（605条）および借地借家法の規定（10・31条）により、賃借人の権利がより保護されている。すなわち、賃借人が賃借権につき対抗要件を備えている場合には、特段の事情がない限り、賃貸不動産の譲受人の意思に反しても、法定の効果（対抗力）によって、賃貸人の地位の移転が強制される（605条の2第1項）。ただし、現行民法は、不動産の譲渡人と譲受人が、「賃貸人たる地位を譲渡人に留保する旨及びその不動産を譲受人が譲渡人に賃貸する旨の合意をしたときは、賃貸人たる地位は、譲受人に移転しない」とす

る（605条の2第2項前段）。不動産の証券化を背景に、不動産の所有権とそれに伴う賃貸人の地位に関心を持たない投資家（不動産証券の譲受人）の利益に配慮したものである。もっとも、不動産の賃借人の利益をも考慮し、譲渡人と譲受人またはその承継人との間の賃貸借が終了したときは、譲渡人に留保されていた賃貸人たる地位は、譲受人またはその承継人に移転するとした（同後段）。これにより、賃借人は、譲受人からの明渡請求に応じる必要がなく、その地位が維持されることとなる。

　(イ)　対抗要件　　契約上の地位の譲受人が相手方に対して、その地位を主張するための要件は何か。具体的には、債権譲渡の対抗要件（467条）の適否が問題となる。一般に、契約上の地位の移転においては、相手方が契約当事者の交替の事実を知ることに利益を有している。しかし、特定の財産の譲渡に伴う類型においては、契約上の地位の移転が目的物の譲渡に随伴するものであるため、目的物の所有権が確定的に誰に帰属したかが重要であり、それによって当事者の交替が自ずと明らかになろう。そうだとすれば、目的物の所有権の帰属が明確になる公示手段の有無が重要であり、467条は不要であると解される。その意味では、賃貸人の地位の移転に関して177条を適用する判例の立場が妥当であり、現行民法も同様である（605条の2第3項）。

(2)　効果

　(ア)　一般的効果　　契約上の地位の移転の二つの類型に共通する一般的効果としては、将来生ずべき債権債務および解除権・取消権などの形成権の譲受人への移転が認められる（ただし、取消権の移転は教科書設例にすぎない）。しかし、譲渡人の下ですでに発生している債権債務については、学説が明確でない。この点について、判例は、個別の債権譲渡または債務引受がなされない限り、既発生の債権債務は譲受人に移転しないと解している（最判平成3・10・1判時1404号79頁参照）。契約上の地位の移転に固有の領域が継続的契約であることを前提とし、その移転の時を基準として効果が生ずる（効果の時的配分）と考えれば、既発生の債権債務の移転には、個別の債権譲渡・債務引受が必要であると解される。

　では、譲渡人の下で発生した解除権はどうか。この問題については、議論が

ない。しかし、ヨーロッパにおける学説を参考にしつつ、賃貸人の地位の移転を例にすれば、次の二つの考え方が成り立つ。すなわち、一方では、⒜賃貸人の地位の移転に伴い、既発生の解除権も譲受人に移転するという考えがある。しかし、他方では、⒝既発生の解除権が当然には譲受人に移転せず、賃借人の債務不履行が、賃貸人の地位の移転後も新賃貸人との間でなお継続するか否かによって区別する見解である。この⒝の見解によれば、賃借人による目的物の損傷のように、賃借人の債務不履行が賃貸人の地位の譲受人に対しても継続される場合には、譲受人が解除権を行使しうることとなる。これに対して、賃料不払のように、賃借人の債務不履行が譲受人に対して継続しない場合には、解除の趣旨に照らして判断される。すなわち、解除の目的が賃借人にその債務の履行を促すことにあるとすれば、譲受人は、未履行の既発生債権については個別に債権譲渡を受けない限り債権者とならないから、解除権を行使することはできない。しかし、解除の目的を賃借人の債務不履行による信頼の喪失に対するサンクションであると考えれば、賃借人は譲受人に対しても債務不履行をするおそれがあるため、譲受人の解除権の行使が認められる。

　この二つの考え方の、どちらが妥当か。⒝の見解は、解除の趣旨を考慮し、かつ、解釈論としてもきめ細かい。しかし、既発生の解除権が譲渡人の下にとどまるとしても、賃貸人の地位がすでに譲受人に移転しているため、契約上の地位と分離した解除権の存在を観念することは難しい。解除権が契約上の地位に特有のものであり、かつ、契約上の地位の移転が解除権の移転を含む制度であるとすれば、⒜のように、既発生の解除権も契約上の地位とともに譲受人に移転する、と考えるのが簡明であろう。ただし、繰り返しになるが、既発生の債権債務は、解除権と異なり、独立した財産権であるから、原則として譲渡人の下にとどまる。そして、その移転には、個別の債権譲渡・債務引受の手続が必要である。

　⑷　譲渡人の免責　　目的物の譲渡に伴い契約上の地位が譲受人に移転した場合に、譲渡人が当然に免責されるか否かについては、見解が分かれている。しかし、賃貸人の地位の移転に関する判例および多数説は、賃貸人の債務の主なものが修繕義務であって、賃借人に及ぼす影響が少ないことを理由に、譲渡人が賃貸借契約から離脱すると解している。

4　合意に基づく移転の要件・効果

(1)　要件

(ア)　**契約の譲渡可能性**　　契約上の地位の移転の対象となる（継続的）契約
は、譲渡可能でなければならない。問題となるのは、契約が原則として譲渡可
能かどうかである。契約上の地位も一つの財産権であると捉えれば、他の財産
権と同じく、原則として譲渡可能であるということになる。しかし、契約上の
地位の移転の対象となる継続的契約においては、その締結に際して、相手方当
事者の資質を調査しこれを選択するのが一般的である。そうだとすれば、契約
上の地位は原則として自由に譲渡されうるものではなく、その移転には相手方
の承諾が必要であると解される。そして、実務でも、例えばフランチャイズ契
約や特約店契約においては、このような趣旨から、契約上の地位の移転には相
手方（フランチャイザー等）の承諾が必要である旨を契約書に定めるのが通常
である。

(イ)　**免責的債務引受に対する「相手方の承諾」**　　(ア)の譲渡禁止を解除する
趣旨の「相手方の承諾」とは別に、免責的債務引受に対する「相手方（債権
者）の承諾」、すなわち、譲渡人の免責を認めるための意思表示の要否が問題
となる。

　まず、一般論として、債務者は、自己の意思のみによっては当然に債務を免
れることはできない。それゆえ、譲渡人と譲受人の合意に基づいて契約上の地
位が譲受人に移転した場合にも、譲渡人は、譲受人の債務については併存的責
任を負うこととなる。そうだとすれば、譲渡人の免責には、相手方の意思表示
（相手方の承諾）が必要となろう。

　このように、(ア)と(イ)の「相手方の承諾」は、論理的には明確に区別されうる。
しかし、現実には、一つの相手方の承諾が、(ア)契約の移転の禁止を解除し、か
つ、(イ)譲渡人の免責を認める、という二つの趣旨を含むことを認定しても差し
支えない。なぜなら、(ア)を許容する相手方が同時に(イ)の意思を有する場合も十
分にありうるからである。ただし、契約上の地位の移転を認める旨の承諾が事
前になされている場合や、契約がその性質上譲渡可能である場合には、(イ)譲渡

人を免責する旨の相手方の承諾のみが問題となろう（⑵効果も参照）。

　(ｳ)　対抗要件の要否　　債権譲渡の対抗要件（467条）の適否はどうか。見解は分かれている。しかし、判例には、賃借権の譲渡（転貸人の地位の譲渡の事案）に467条の適用を認めたものがあり（最判昭和51・6・21判時835号67頁）、また、ゴルフ会員権の譲渡についても、後述のように、467条の準用を認めている。したがって、判例は、合意に基づく契約上の地位の移転に467条の適用ないし準用を認める趣旨であると解される。相手方が契約当事者の交替を知ることにつき利益を有していることを考えると、その手段として467条の手続は有効であり、判例が妥当であると考える。

(2)　効果

　譲渡人の免責の可否が問題となる。この問題について、従来の通説的見解は、契約上の地位の移転から免責的債務引受を抽出し、これに対する相手方の承諾が必要であると解していた。そして、このように考えれば、譲渡人は常に免責されるため、何ら問題は生じない。しかし、前述のように、(ｱ)契約の譲渡可能性に対する「相手方の承諾」と(ｲ)譲渡人の免責に対する「相手方の承諾」とを区別すれば、仮に契約上の地位が移転されても、(ｲ)の承諾がない限り、譲渡人はその債務を免れず、以後は譲受人の下に生ずべき債務についても併存的責任を負うべきことになる。この場合の併存的責任の法的性質については、立法論としては、一定期間内、譲渡人は一種の保証人として保証責任を負うとすることが望ましい。しかし、解釈論としても、当事者の意思および利害を考慮して、このような二次的・補充的責任をなるべく認定すべきである。

(3)　民法（債権関係）の改正による要件・効果

　現行民法は、以上のような本書の見解を採らず、「契約上の地位の移転には、免責的債務引受の趣旨が含まれており、その要件として相手方の承諾が必要であること等から、契約上の地位の移転は譲渡人が契約関係から当然に離脱することを含意する概念であるとする見解」（部会資料9-2・73頁）に基づき、「契約上の地位の移転に伴って、譲渡人は免責されるのが原則である」（中間試案の補足説明274頁）とした。しかし、譲渡人の免責が原則であるとしても、結

局は、相手方の承諾の意思表示の解釈の問題となる。すなわち、相手方の承諾が、契約上の地位の移転を認めることについての承諾であって、譲渡人の免責を含むものではない場合には、譲渡人の併存的責任が認められよう。そうだとすれば、現実には、現行民法の採用した立場と本書の見解との間に大きな隔たりはない。

　なお、比較法的には、契約の相手方が譲渡人を免責したり補充的な債務者としない限り、譲渡人が連帯債務を負うことが原則である（国際商事契約原則9.3.5 条・フランス民法 1261-1 条）。

5　預託金会員制ゴルフ会員権の譲渡

　合意に基づく契約上の地位の移転の中でも、その地位が財産権として確立し、取引市場を有している特殊な類型として、預託金会員制ゴルフクラブにおける会員権の譲渡がある。すなわち、ゴルフ会員権は、単なる債権ではなく、施設の優先的利用権、年会費納入義務および預託金返還請求権等を包括する「契約上の地位」である、と解されている（最判昭和 50・7・25 民集 29 巻 6 号 1147 頁）。そしてその譲渡には、理事会の承認（承諾）が必要であるとされ（定款で定められることが多い）、また、第三者対抗要件としては、467 条 2 項が適用（ないし類推適用）されている（最判平成 8・7・12 民集 50 巻 7 号 1918 頁）。

　問題となるのは、理事会の承認のない会員権譲渡の効力であり、判例は、譲渡禁止特約に反した債権譲渡の場合と異なり、ゴルフ会員権が「譲渡の当事者間においては、……有効に移転する」とした（前掲最判平成 8・7・12）。そこで学説の中には、最高裁が債権的効力説的な見解を採用したとの評価も存在する。しかし、指名債権と異なり、ゴルフ会員権の取引については市場が存在し、譲渡が頻繁に行われるため、会員権の流通性は、通常の債権よりも確保されなければならない。そうだとすれば、譲渡制限に反した株式譲渡の効力（会社 137条）と同じく、理事会の承認なしに会員権が譲渡された場合にも、譲受人は会社に対してその権利を主張しえないが、譲渡当事者間においては有効に権利が移転されると解される。

6　貸金業者の再編と過払金返還債務の承継

　貸金業界においては、合併（会社748条以下）、事業譲渡（会社467条）また
は債権譲渡（466条）などの手法により、組織の再編が行われている。その際
に、譲渡業者の債権が利息制限法所定の利率に照らしてすでに過払いとなって
いた場合に、借主は、譲渡業者に対する過払金を、譲受業者に対して請求しう
るか否かが問題となった。この問題につき、下級審裁判例の多くは、継続的な
金銭消費貸借取引における貸金債権と過払金返還債務とが表裏一体の関係にあ
るとして、契約上の地位の移転による過払金返還債務の承継を肯定した。これ
に対して最高裁は、「貸金業者（譲渡業者）が貸金債権を一括して他の貸金業
者（譲受業者）に譲渡する旨の合意をした場合において、譲渡業者の有する資
産のうち何が譲渡の対象であるかは、上記合意の内容いかんによるというべき
であり、それが営業譲渡の性質を有するときであっても、借主と譲渡業者との
間の金銭消費貸借取引に係る契約上の地位が譲受業者に当然に移転すると解す
ることはできない」と判示し、過払金返還債務を承継しない旨を明確に定めて
いるときは、併存的債務引受も契約上の地位の移転も認められないとした（最
判平成23・3・22判時2118号34頁、最判平成23・7・7裁時1535号1頁、最判平
成23・7・8裁時1535号2頁）。
　もっとも、最高裁は、譲渡業者と譲受業者の間に債務引受の合意がある場合
には、第三者のためにする契約（民537条1項）を媒介として併存的債務引受
を認め、借主による受益の意思表示（同2項）の有無を問題とする。そして、
借主が譲受業者の勧誘に応じて金銭消費貸借取引に係る基本契約（切替契約）
を締結した場合には、その締結によって「受益の意思表示もされていると解す
ることができる」とし、過払金返還債務の引受けが認められるとした（最判平
成23・9・30判時2131号57頁）。しかし、最高裁は、譲渡業者と譲受業者の間
で債務引受の合意がなされた後、譲受業者が債務を負わない旨の変更契約がな
されるまでの間に、借主が譲受業者に対して「弁済をした以外に」特段の行為
をしなかったときは、受益の意思表示が認められず、過払金返還債務の引受け
も認められないとした（最判平成24・6・29判時2160号20頁）。ただし、同判

決は、債権譲渡の時を基準として、それ以降に生じた過払金返還債務を譲受業
者に負わせている。

【参考文献】

　野澤正充『契約譲渡の研究』（弘文堂、2002 年）、同『債務引受・契約上の地位の移転』（一
粒社、2001 年）。なお、事案譲渡に伴う過払金返還債務の承継の可否をめぐる一連の最高裁判
例については、同「企業の再編と契約譲渡―契約上の地位の移転」金法 1999 号 75 頁（2014
年）を参照。

第6章　債権の消滅

第1節　債権の消滅原因

1　各種の消滅原因

　民法典は、債権総則の最後（第五節）に「債権の消滅」と題して、①弁済（474条以下）、②相殺（505条以下）、③更改（513条以下）、④免除（519条）、⑤混同（520条）の五つの款を設けている。しかし、債権の消滅原因は、この五つに限られるわけではない。例えば、フランス民法典旧1234条（2016年改正前）は、①から⑤のほかに、⑥無効または取消し、⑦解除条件の成就、⑧消滅時効を列挙していた。ただし、⑧は、「時効」の個所にまとめて規定されるため、フランスでも「債権の消滅」には規定がない。また、⑦と⑧は、民法総則に規定があるのみならず、その効果が遡及的に無効となる（121条・127条3項）ため、一度発生した債権が消滅することにはならない。契約の解除も、その効果（545条）が遡及的に無効になる（直接効果説）と考えれば、同様である（梅・民法要義三230頁）。このほか、債権が契約に定めた終期の到来によって消滅する（135条2項）ことも、個別に規定されている（597条・604条など）。

　結局、債権総則の第五節は、他の個所には規定されなかった債権の消滅原因を集めたものである。

2　「債権の消滅」に規定された消滅原因

　この債権総則第五節に規定された消滅原因を、学説は、債権の目的の消滅によるものとそれ以外のものとに大別する（我妻・IV 209 頁）。

　㋐　目的の消滅による消滅原因　　債権は、一定の目的のために存在するものであるから、その目的の消滅によって消滅することは当然である。ただし、この目的の消滅には、次の二つの場合がある。一つは、目的の到達である。すなわち、債権の目的である給付が実現され、債権者がこれを受領したときは、債権はその存在意義を完遂して消滅する。債権本来の消滅原因であり、弁済がこれに当たる。

　なお、債務者の一方的な行為によって債権を消滅させる供託（弁済供託—494条）、および、債権者との契約によって他の給付をする代物弁済（482 条）は、弁済とは異なる。しかし、債権者がそれらによって満足を得るため、弁済に準じるものである。

　もう一つは、目的の到達の不能であり、旧法下における債務者の責めに帰することのできない事由による履行不能の場合がこれに当たる。しかし、現行民法は、履行不能による債権の消滅を認めない（412 条の 2）。

　㋑　目的の消滅以外の消滅原因　　相殺、更改、免除および混同である。これらは、給付の内容が実現されないけれども、債権を存続させる意義が失われるため、その消滅が認められる場合である。

　以上の説明は、「目的の到達」という観点から、債権の消滅原因を体系化するものである。これに対しては、目的の概念が明確ではないとして、目的の到達の可否によって区別することには意味がないとの見解（平井・債権総論 163頁）も有力である。しかし、債権は、債務者の一定の行為（給付）を「目的」とするものであり（400 条・402 条 3 項参照）、給付の実現の有無によって債権の消滅原因を区別することは誤りではない。

3　消滅した債権の復活

　一度消滅した債権を、当事者間の契約によって復活させることはできない。その理由は、当事者間の契約によって、保証人などの利害関係を有する第三者を害することはできないことにある。そうだとすれば、第三者を害しない範囲においては、債権の復活も認められよう。すなわち、当事者間において、債務者が旧債権と同一の給付をすべき契約をすることは有効である。また、法律が、特別な目的から、消滅すべき債権を特定の者のために存続させることもある（弁済による代位─499条以下）。

第2節　弁済

1　意義・性質

⑴　意義
　弁済は、債務の内容である給付を実現させる、債務者その他の者の行為である。弁済がなされると、債権は、その目的を達して消滅する（473条）。

　弁済をなすべき者は、債務者であるが、債務者以外の者も弁済をすることができる（第三者の弁済─474条）。

　弁済となる給付は、事実行為であることもあり（例えば、注文に応じて絵を描く）、法律行為であることもある（例えば、特定の第三者と契約を締結する）。要するに、「債務の本旨」（415条・493条）に従った給付をすることが弁済であり、「弁済」は「履行」と同義である。ただし、「履行」は、債権の内容を実現するという債務者の行為に着目した用語であるのに対し、「弁済」は、履行による債権の消滅に着目した用語である（星野・III 234頁）。

(2)　法的性質

(ア)　学説の対立　弁済の法的性質については、学説が分かれている。かつ
ては、(a)弁済を法律行為であると解し、弁済には、債務の弁済をしようとする
意思と行為能力が必要であるとする見解（法律行為説）が存在した。この見解
によれば、例えば、日照を妨げる建築をしないという不作為債務においても、
弁済の意思が必要とされよう。しかし、不作為債務の場合には、このような建
築をしない限り債務が履行されているため、債務者の意思を問題とする余地は
ない。そこで、(b)通説は、弁済の法的性質を、弁済の意思が必要ではない準法
律行為であると説明する（準法律行為説）。この見解は、債権の内容が実現され
たという事実によって債権が消滅するのであり、弁済の意思の効果によるもの
ではないことをその論拠とする（我妻・IV 216頁）。しかし、準法律行為とは、
意思の通知（催告など）や観念の通知（債権譲渡の通知など）のように、効果意
思を超えた法律効果が法律によって認められるものであり、弁済とはその趣旨
を異にする。そうだとすれば、弁済を準法律行為であるとするのは、法律行為
と解することの不都合さを回避するための説明の手段にすぎない、との批判
（沢井・債権総論150頁）が妥当しよう。

(イ)　判例の見解　この問題について、判例の立場は、必ずしも明確ではな
い。大審院は、不作為債務のような「消極的行為」は法律行為でないが、「金
銭給付債務ノ弁済」は、「当事者双方ノ意思ノ合致」によって「債権債務ヲ消
滅」させるものであり、法律行為であることに「疑ヲ容レ」ないとした（大判
大正4・6・24新聞1938号8頁）。しかし、後の公式判例集に搭載された判決で
は、債務者が債務の本旨に従った履行をしたときは、債務が「当然消滅」し、
債務者が「債務ヲ消滅セシムルノ意思ヲ特ニ表示」することは不要であるとす
る（大判大正9・6・2民録26輯839頁）。そして、具体的には、債務者が元利を
弁済するに際して利息の発生した期間の表示を誤ったとしても、現実に給付さ
れた金額に相当する期間の利息が弁済されたことになるとした。

結局、判例は、不作為債務はもちろん、金銭債務の弁済であっても、債務の
本旨に従った履行によって給付が実現されればよく、弁済の意思を表示する必
要はないと解するものである。

(ウ)　議論の実益　現在の学説も、判例のように、弁済においては弁済の意

思が不要であるとする点では一致している。また、弁済者の行為能力に関しても、給付の内容に応じて、それが事実行為である場合には不要であるが、法律行為である場合には、制限行為能力者による給付は取り消されることがあるとする。そして、このように結論が一致しているため、弁済の法的性質を論じる実益はないと考えるのが多数説であるといえよう。

　ところで、上記の法律行為説は、ドイツの議論に由来する。すなわち、古代ローマ法においては、債務は一種の拘束であり、これに対応して「弁済」も、そのような拘束を解放する契約であると理解されていた。そして、ローマ法を継受したドイツ普通法でも、債権者の受領を必要とする給付については、弁済を契約であるとするのが通説であった。しかし、その後の法の発展の結果、債務が債務者に対する拘束ではなく、債務者の義務であるとの認識が一般化し、弁済も「債務者の債務内容（義務）の実現」であると解されるようになった（「責任から債務への発展」）。そうだとすれば、今日では法律行為説は妥当でなく、弁済については、何が債務の本旨に従った履行であるかを考えればよい（平井・債権総論 164 頁）。すなわち、弁済となる給付が法律行為である場合には、弁済者の行為能力が必要となるが、事実行為である場合には不要である。そして、いずれにしても、給付の内容が実現されれば債権は消滅し、弁済の意思は不要であると解される。

2　弁済の提供

(1)　意義

　弁済となる給付は、債務者の行為だけで完了する場合もある。不作為債務の給付は、その典型である。しかし、多くの場合には、債権者が関与（受領）しないと完了しない。例えば、最判昭和 30・10・18（19 頁参照）の事案では、売主がタールの引渡作業に必要な人員を配置し、引渡しの準備をしていたのに、買主が目的物の品質を問題にして、その受領を拒絶した。このような場合には、債権者（買主）の関与がないと、債務者としては自らのなすべきことをしたにもかかわらず債務が残り、債務不履行責任（損害賠償・契約の解除）を問われるおそれがある。そこで民法は、履行に必要な準備をしたが、債権者が受領し

ないため、未だ債務の履行ができない債務者を保護するために、二つの制度を認めている。一つは、弁済供託（494条以下）である。これは、一定の要件の下に債務者の一方的な行為によって債務を消滅させる制度である（後述）。もう一つは、弁済の提供（492条）であり、債務者は、弁済供託のように債務を一方的に消滅させることなく、債務不履行責任を免れることができる。換言すれば、弁済の提供とは、債権者の関与が必要であるため弁済が完了しない場合に、自らなすべきことをした債務者を債務不履行責任から免れさせる制度である。そうだとすれば、債務者が債務不履行責任を負うか否かは、債務者のした弁済の提供が有効か、という問題に還元され、結局は、弁済の提供のないことが債務不履行である、ということになる（星野・III 236頁）。そして、弁済の提供の有無は、現実には、賃貸借契約における賃料の提供に関して問題となることが多い。なぜなら、不動産の賃貸借における賃借人の賃料の不払の事案では、解除が比較的容易に認められるが、賃料の提供の有無がその前提として争われるからである。

(2) 提供の方法

　民法は、弁済の提供の方法について、次の二つを定めている（493条）。すなわち、債務者は、(ア)原則として現実の提供をなすべきである（同本文）が、(イ)一定の場合には、口頭の提供（言語上の提供）で足りる（同ただし書）とする。

　(ア)　現実の提供　　現実の提供とは、「債務の本旨に従って現実に」提供することである（493条本文）。問題は、「債務の本旨」に従った提供が具体的に何を意味するかであり、契約による債務については、その契約の内容に従う。しかし、契約の内容が明らかでない場合には、信義則によって決せられる。具体的には、債務の種類に応じて、判例の準則を検討しなければならない。

　(i)　金銭債務　　引渡債務は、債務者の引渡しと債権者の受領によって完了するため、行為債務と比較すると、その提供の有無は容易に判断できる。とりわけ、金銭債務については、判例が多く、一定の準則が形成されている。

　まず、①原則として、債務者は、弁済すべき金額の全部を提供しなければならず、一部の額の提供は、債権者の承諾がない限り、債務の本旨に従った提供とはならない（大判明治44・12・16民録17輯808頁ほか多数）。そして、債務者

が履行期を過ぎた後に弁済する場合には、遅延損害金もあわせて提供しなければならない（大判大正 8・11・27 民録 25 輯 2133 頁）。さらに、債務者が一部の額の弁済供託をしたとしても、数回の弁済供託による合計が全債務額に達した場合には、有効な供託があったものと認められる（最判昭和 46・9・21 民集 25 巻 6 号 857 頁）。

ただし、②債務者の提供した額が債務の額にわずかに不足する場合には、信義則を根拠に有効な提供と認められることがある。例えば、債務者が 114 万円を提供したものの 300 円不足していた場合には、「きわめて僅少」な不足であり、「信義則に照らして有効」な弁済の提供であるとされた（最判昭和 55・11・11 判時 986 号 39 頁）。これに対して、③債務者が債務額を超過する金額を提供した場合には、債権者は、その受領を拒絶することができる。具体的には、家屋の賃借人が他の家屋と土地も賃貸借の目的物であるとし、その全ての賃料を提供した事案に関する。最高裁は、賃貸人がこれを受領すれば、全ての不動産が「賃貸借の目的物となっていることを承認」したと認められるおそれがあるから、「債務の本旨に従った履行の提供」ではないとした（最判昭和 31・11・27 民集 10 巻 11 号 1480 頁）。

④債務者は、弁済すべき場所にその金額を持参して受領を催告すれば足り、債権者の面前に提示しなくとも現実の提供となる。例えば、建物の賃借人が、賃貸人の代理人である弁護士から賃料支払の催告を受け、指定された弁護士事務所に金員を持参したが、当該弁護士が不在であり、事務員に対して受領の催告をしなかったとしても、「弁護士に対する債務の本旨にしたがった弁済の提供がなされたもの」とされた（最判昭和 39・10・23 民集 18 巻 8 号 1773 頁）。

⑤金銭債務を負う者が金銭以外のもので提供をした場合には、弁済の確実性の点で金銭と同視できるか、という判断が重要となる。判例によれば、郵便為替の送付（大判大正 8・7・15 民録 25 輯 1331 頁）、銀行振出の自己宛振出小切手（最判昭和 37・9・21 民集 16 巻 9 号 2041 頁）、および、銀行が支払保証をした小切手（最判昭和 35・11・22 民集 14 巻 13 号 2827 頁）は、有効な提供であるとされた。しかし、個人振出の小切手は、支払の確実性が低いため、現実の提供にはならない（前掲最判昭和 35・11・22 ほか多数）。また、預金証書ないし預金通帳の提供は、原則として、有効な弁済の提供とはならない。ただし、預かった

金員を銀行に預金した債務者が、預金証書に「預金ノ受領ニ必要ナル自己ノ印章ヲ押捺シテ」債権者に返還した場合に、「預金ノ返還」があったとした判決がある（大判大正 15・9・30 民集 5 巻 698 頁）。

　(ii)　物の引渡債務　　物の引渡債務は、契約書において引渡場所などが明確でない場合が多いため、問題が生じやすい。

　まず、①目的物の数量に不足がある場合には、現実の提供とならない（大判大正 6・3・7 民録 23 輯 342 頁）。また、②債務の内容である商品に代えて、貨物（カブツ）引換証を送付しても有効な提供となるとした判例がある（大判大正 13・7・18 民集 3 巻 399 頁）。しかし、売主が荷為替付で物品を送付したときは、買主は、代金（手形金）を支払わなければ貨物引換証を受け取ることができないという負担を強いられるため、有効な提供とはならない（大判大正 9・3・29 民録 26 輯 411 頁）。

　③物の引渡場所については、次の二つの有名な判決がある。

　　大判大正 10・6・30 民録 27 輯 1287 頁（「赤石港」事件）
　　大豆粕の売買において、契約書には「引渡場所赤石港」と記載されていた。そこで売主は、赤石港にある自己の店舗で目的物の引渡しの準備をし、買主に対して代金の支払を催告した。しかし、買主が目的物を引き取りにこなかったので、契約の解除と損害賠償を請求した。大審院は、引渡しの準備をして代金支払の催告をしただけでは、「物品引渡債務ノ履行ヲ現実ニ提供シ」たことにはならないとして、売主による解除を認めなかった。

　　大判大正 14・12・3 民集 4 巻 685 頁（「深川渡」事件）
　　大豆粕の売買において、契約書には「物品渡場所深川渡」と記載されていた。これは、慣習によると、売主の指定する深川所在の倉庫またはその付近の船舶を繋留する河岸で物品を引き渡す旨の意味である。そこで、売主は、深川所在の倉庫において引渡しの準備をし、買主に対して代金の支払を催告した。しかし、買主が引き取りにこなかったため、売主が契約を解除して損害賠償を請求した。これに対して、買主は、引渡場所が特定されていないから現実の提供がない、と抗弁した。原審は、買主の主張を認めて、売主の請求を棄却した。売主が上告。

　　大審院は、売主のした通知が引渡場所について十分なものでなかったとして
　も、買主が「誠実ニ取引スルノ意思」があるのであれば、「一片ノ問合セニ依
　リ直ニ」引渡場所を知ることができるのであるから、「信義ノ原則」により、
　買主には問い合わせをする義務が認められ、遅滞の責めを免れることはできな
　いとした（破棄差戻し）。

　この二つの事案における売買の目的物は「大豆粕」であり、投機目的の取引
で、価格が下落していたという事情が指摘されている（内田・III 102頁）。その
ため、買主が目的物の引き取りに熱心でなく、売主に対して引渡場所を問い合
わせなかったということが考えられる。しかし、いずれにしても信義則の観点
からは、債権者（買主）の協力義務を認めるべきであり、「深川渡」判決が妥
当であると解される。なお、「深川渡」判決は、一般には、口頭の提供に関す
る事案である解されているが、現実の提供の事案と解するものもある。しかし、
現実の提供と口頭の提供の差異は、実際には大きくなく、流動的でもある。そ
うだとすれば、具体的な事案が現実の提供と口頭の提供のいずれに属するかを
厳格に区別する必要はなく、債務者としてなすべきことをしたか否かを判断す
ればよい。

　(iii)　行為債務　　行為債務においては、債権者の関与の程度が明確ではなく、
現実の提供と口頭の提供の区別も不明確である。それゆえ、債務の本旨に従っ
た現実の提供の有無を一般的に示すことは不可能であり、個別の事案において、
信義則によって決するほかはない。

　(イ)　口頭の提供　　493条ただし書によれば、(i)債権者があらかじめ弁済の
受領を拒み、または、(ii)債務の履行について債権者の行為を要するときは、口
頭の提供で足りる。そして、口頭の提供とは、「弁済の準備をしたことを通知
してその受領の催告」をすることである。その趣旨を、起草者は、①現実の提
供をしても債権者が受領しないことが明らかであるか、または②債権者の行為
がなければ現実の提供をすることができない場合には、単に弁済を準備してそ
れを債権者に通知すれば、弁済の提供があったものとみなされると説明してい
た（梅・民法要義三283頁）。つまり、公平に基づく債務者の義務の軽減である。
しかし、口頭の提供であっても、債務者は弁済の準備をしなければならないた

め、その負担が大きく軽減されるわけではない。

　(i)　債権者があらかじめ弁済の受領を拒むとき　　債権者による受領の拒絶は、黙示でもよい。例えば、賃貸人が増額した賃料でなければ受領しないという場合（大判昭和 10・5・16 新聞 3846 号 8 頁）や、債権者が契約の存在を否認して債務者の弁済を受けつけない場合（大判大正 14・8・3 新聞 2475 号 13 頁）がこれに当たる。これらの場合に、債務者による提供の程度が軽減されるのは、公平上当然である。しかし、「弁済の準備」は必要であり、何の準備もしないで準備をした旨の通知をしただけでは、口頭の提供とはならない。しかも、「弁済の準備」とは、債権者が翻意して受領しようとすれば直ちに受領できる程度のものである（我妻・IV 228 頁）と解されている。それゆえ、債務者は、債権者の翻意に備えて、弁済の準備を継続しなければならない。このことは、金銭債務に関しては比較的容易であり、判例には、銀行との融資契約によって資金調達の途を確保しておけばと十分であるとしたものがある（大判大正 7・12・4 民録 24 輯 2288 頁）。しかし、物の引渡債務に関しては、弁済の準備は容易ではない。例えば、前掲最判昭和 30・10・18（19 頁参照）では、売主が常にタールの引渡作業に必要な人員を配置しておかなければならないことになる。そして、債務者がこの負担を免れようとすれば、弁済供託をするしかないであろう。

　債権者があらかじめ弁済の受領を拒んでいたとしても、債権者に翻意する機会を与えるため、債務者は、弁済の準備をした旨を通知しなければならない。ただし、最高裁は、不動産の賃貸借契約における賃料債務に関し、賃貸人の受領拒絶の意思が明確である場合には、口頭の提供をしても無意味であるから不要であるとする。そのリーディング・ケースとなるのが、次の大法廷判決である。

　　最大判昭和 32・6・5 民集 11 巻 6 号 915 頁（口頭の提供が不要とされる場合）
　　ビルの一室の賃借人 Y は、電気会社に無断で電気の引込線の工事を行った。ただし、賃貸人 X が室料を値上げするために、値上げに応じないとビルの全体を停電にすると賃借人を脅かしていたこと、Y の部屋は昼も暗く、もし停

電となると営業に支障がでること、および工事による X の損害はないこと等
の事情が認められる。X は、Y の工事が契約違反に当たるとして、Y に対し
て解除の意思を表示したが、Y は、解除の有効性を争い、賃料を供託してそ
の部屋を使用し続けた。しかし、後に Y が賃料の供託をやめたため、X は、
賃料の不払を理由に賃貸借契約の解除を請求した。第一審・原審ともに X の
請求を棄却し、X が上告した。

　最高裁は、次のように判示して、X の上告を棄却した。すなわち、「債権者
が予め弁済の受領を拒んだときは、債務者をして現実の提供をなさしめること
は無益に帰する場合があるから、これを緩和して民法 493 条但書において、債
務者は、いわゆる言語上の提供、すなわち弁済の準備をなしその旨を通知して
その受領を催告するを以て足りると規定したのである。そして、債権者におい
て予め受領拒絶の意思を表示した場合においても、その後意思を翻して弁済を
受領するに至る可能性があるから、債権者にかかる機会を与えるために債務者
をして言語上の提供をなさしめることを要するものとしているのである。しか
し、債務者が言語上の提供をしても、債権者が契約そのものの存在を否定する
等弁済を受領しない意思が明確と認められる場合においては、債務者が形式的
に弁済の準備をし且つその旨を通知することを必要とするがごときは全く無意
義であって、法はかかる無意義を要求しているものと解することはできない。
それ故、かかる場合には、債務者は言語上の提供をしないからといって、債務
不履行の責に任ずるものということはできない」。

　このように、最高裁は、賃貸人の賃料債務を受領しない意思が明確である場
合には、口頭の提供が「無意義」であって、賃借人は口頭の提供をしなくても
債務不履行責任を免れるとする。ただし、最高裁は、この判決が「賃借人にお
いて言語上の提供をすることが可能なことを前提」とするものであり、「経済
状態不良のため弁済の準備ができない状態にある賃借人についてまでも債務不
履行の責を免れるとするものではない」とした。なぜなら、「債務者が経済
状態の不良のため弁済の準備ができない状態にあるときは、そもそも債権者に
協力を要求すべきものでは」なく、「信義則上」弁済の準備の程度についての
「軽減を計るべきいわれはない」からである（最判昭和 44・5・1 民集 23 巻 6 号
935 頁）。

　ところで、最高裁が口頭の提供も不要であるとした事案は、いずれも賃貸借という継続的な契約関係において、債務者である賃借人の保護が要請されるものである。それゆえ、事案の解決としては、賃貸人の解除を否定した結論は妥当である。しかし、一般論として、「債権者の受領拒絶の意思が明確である場合には口頭の提供も要しない」と解するのは適切ではない。債権者の受領拒絶の程度に応じて弁済の準備の程度は変わるため、口頭の提供を要求しても債務者に酷とはならず、口頭の提供は、常に要求されると解すべきであろう。ただし、賃貸借においては、賃借人が口頭の提供をしなかったとしても直ちに債務不履行責任を負うものではなく、賃貸人の受領拒絶の意思および程度などの他の事情と合わせて、信頼関係法理の一資料となると解される。

　(ii)　**債務の履行について債権者の行為を要するとき**　　具体的には、次の二つの類型がある。

　一つは、取立債務である。すなわち、物の引渡債務について債権者が取り立てるという場合には、債権者の行為（取立て）がなければ債務者はその債務を履行することができない。この場合において、債務者が契約を解除しようとするときは、履行の催告とともに、弁済の準備のあることを通知しなければならない（口頭の提供）。しかし、この通知をしなかったとしても、債務者は、債務不履行責任を負うものではない。なぜなら、債務者は、弁済の準備をして債権者の取立てに備えていれば、通知しなくても、債務者としてのなすべきことを果たしたことになるからである。そして、債務者は、債権者の取立てに応じて現実の提供をすることとなり、ここでは口頭の提供が問題となる余地はない。

　なお、注意を要するのは、上記の点と種類債務の特定とを混同してはならないことである。すなわち、取立債務における種類債務の特定には、①目的物の分離と、②引渡しの準備ができた旨の通知（口頭の提供）が必要である（19頁）。これは種類債務の目的物を限定するために必要とされるのであり、債務者が債務不履行責任を免れるためにする口頭の提供とは異なる。それゆえ、取立債務における債務者は、①と②によって種類債務を特定することができるが、②の通知をしなかったとしても、①により弁済の準備をしておけば、債務不履行責任を免れよう。

　もう一つは、債権者の行為が先行する場合である。例えば、売主の指定する

場所で目的物を引き渡す旨の売買契約を締結した場合において、売主がその場所を指定しないときは、買主は口頭の提供をしなくとも、代金支払債務につき債務不履行責任を負うことはない。しかし、買主が契約を解除するためには、履行の催告とともに、代金支払の準備のあることを通知（口頭の提供）しなければならない（大判大正 10・11・8 民録 27 輯 1948 頁）。

　結局、債務の履行について債権者の行為を要する場合において、債務者が契約を解除するときは、弁済の準備とともに口頭の提供をしなければならないが、債務不履行責任を免れるだけであれば、口頭の提供は不要である。「債権者の行為」がなければ、債務者は弁済することができないのであるから、口頭の提供をしなくても、債務不履行責任を負うことはないと解される。

(3) 提供の効果

　債務者は、弁済の提供をするとその時から、「債務を履行しないことによって生ずべき責任を免れる」（492条）。これが提供の効果である。このほかにも提供の効果として認められるものがあり、また、受領遅滞の効果との関連も問題となる（受領遅滞の項を参照）。

3 弁済に関する民法の補充規定

(1) 弁済の要件をめぐる諸問題

　弁済の効果が生じるためには、債務の本旨に従った履行がなされなければならない。具体的には、ⅰ弁済すべき者が、ⅱ弁済を受けるべき者に対して、ⅲ履行すべき時期およびⅳ場所において、ⅴ契約によって定められた債務の内容を履行しなければならない。これは端的に、「①誰が（who）、②誰に（whom）、③何時（when）、④どこで（where）、⑤何をするか（what）」という五つの W で表される。このほか、⑥どのように履行するか（how）は、弁済の提供の問題である。

　上記の五つの W のうち、①は、通常は債務者である。しかし、債務者以外の第三者が弁済できるか否かが問題となる。また、②は、債権者以外の者が弁済を受領した場合において、その者に弁済を受領する権限がなかったときに、

弁済が有効か否かが問題となる。このほか、③から⑤は、当事者の意思または法律の解釈によって定まる。そして民法は、当事者の意思が明確でない場合に備えて、以下のような若干の解釈規定を置いている。

(2) 弁済の時期（履行期）

債務を弁済すべき時期を、履行期（弁済期）という。履行期は、契約によって生じる債権は、その契約において定められる。ただし、履行期の定めがない場合には、個別の解釈規定（573条、591条、597条など）に従う。なお、履行期と履行遅滞の関係については、412条に規定がある。

(3) 弁済の場所・時間

弁済をすべき場所は、契約や慣習によって定まる。しかし、これらによっても明らかでない場合に備えて、民法は484条を規定した。すなわち、特定物の引渡しを目的とする債務は、債権発生の時にその物が存在した場所において弁済し、その他の債務は、債権者の現在の住所において、弁済することとなる（持参債務の原則）。ただし、売買代金の支払については特則（574条）があり、目的物の引渡しと同時に代金を支払うべきときは、その引渡しの場所が代金の支払場所となる。これに加えて民法は、商法520条の規律を一般化し、「法令又は慣習により取引時間の定めがあるときは、その取引時間内に限り、弁済をし、又は弁済の請求をすることができる」とする（484条2項）。

(4) 債務の内容

物の引渡債務について、以下の規定が存在する。

(ア) 特定物の現状による引渡し（483条）　旧483条は、「債権の目的が特定物の引渡しであるときは、弁済をする者は、その引渡しをすべき時の現状でその物を引き渡さなければならない」と規定し、危険負担（旧534条）との関連において議論があった。しかし、現行民法は、483条に、「契約その他の債権の発生原因及び取引上の社会通念に照らしてその引渡しをすべき時の品質を定めることができないときは」という文言を付加し、その場合にのみ、特定物の現状による引渡しを認めることとした。実際には、「品質を定めることがで

きない」という事態は生ぜず、同条が適用される場面はほとんどない。

　（イ）　他人の物の引渡し　　弁済をした者が弁済として他人の物を引き渡した
としても、弁済を受領した者（債権者）が即時取得（192条）の要件を満たせば、
その物の所有権を取得し、債権は目的を達して消滅する。しかし、即時取得の
要件を欠く場合には、弁済は無効となり、弁済者がその物の取戻しを請求すれ
ば、債権者はこれに応じなければならない。もっとも、弁済者は、他人の物に
ついては返還請求権を有しないはずである。しかし、475条は、弁済者の返還
請求権を前提として、それによって不利益を受ける債権者を保護するために、
弁済者は、「更に有効な弁済をしなければ、その物を取り戻すことができない」
とした。すなわち、同条は、他人の物を引き渡した弁済者に特別な返還請求権
を認めるとともに、債権者に一種の留置権を与えたものである。この場合にお
いて、債権者が弁済として受領した物を善意で消費し、または譲渡したときは、
その弁済は有効となる。ただし、債権者が、例えばその物の所有者である第三
者から損害賠償の請求を受け、これに応じたときは、弁済者に対して求償する
ことができる（476条）。

　なお、475条は、不特定物の引渡しにのみ適用され、特定物の引渡債務には
適用がないと解されている（梅・民法要義三242頁）。その理由は、特定物の引
渡債務を負う者が、他の物をもって「更に有効な弁済を」することはありえな
い、という点にある。しかし、特定物の引渡債務であっても、代替性のある物
であれば、弁済者は、さらに有効な弁済をすることができる。そうだとすれば、
475条は、特定物と不特定物とを問わず適用されよう。もっとも、現実に
475条が問題となることはない。

　（ウ）　制限行為能力者による引渡し　　譲渡につき行為能力の制限を受けた所
有者が弁済として物を引き渡した場合にも、弁済は一応有効である。ただし、
旧法は、弁済者がこの弁済を取り消したときは、「更に有効な弁済をしなけれ
ば、その物を取り戻すことができない」（旧476条）としていた。しかし、現
行民法は、この規定を削除した。制限行為能力者の保護に反するからである。

　（エ）　預貯金口座に対する払込みによる弁済　　民法は、債権者の預貯金口座
に対する払込みによってする弁済は、債権者が「その払込みに係る金額の払戻
しを請求する権利を取得した時」（通常は入金記帳時）に、その効力を生ずると

する（477条）。

(5)　弁済の費用

　弁済の費用は、目的物の運送費や荷造りの費用などである。このような弁済の費用を債権者と債務者のいずれが負担するかは、契約や慣行によって定まるが、別段の意思表示がないときは、債務者の負担となる（485条本文）。その理由は、弁済が債務者の行為であるため、その費用も債務者の負担とした方が当事者の意思に合致する、ということにある（梅・民法要義三261頁）。ただし、債権者が住所の移転その他の行為（受領拒絶も含む）によって弁済の費用を増加させたときは、その増加額は、債権者の負担となる（485条ただし書）。

　弁済の費用と区別される概念として、契約に関する費用がある。この契約に関する費用は、「当事者双方が等しい割合で負担する」（売買に関する558条が、559条により有償契約一般に準用される）。それゆえ、費用の負担に関する当事者の意思が明らかでない場合には、当該費用が弁済の費用か契約に関する費用かによって大きく異なる。例えば、大審院は、不動産の売買における登記に要する費用を契約に関する費用とした（大判大正7・11・1民録24輯2103頁）。これに対しては、登記の費用が弁済の費用であるとの見解も有力である（我妻・V₂266頁）。しかし、現実には、登記の費用は買主（債権者）が負担する旨の特約がなされ、これが不動産取引における慣行であるとされている（平井・債権総論182頁）。

4　弁済者

(1)　債務者

　弁済をすべき者は、債務者である。債務者は、履行補助者を用いて弁済することもでき、また、代理人によって弁済することもできる。このほか、法律の規定により弁済の権限を与えられた破産管財人なども弁済しうる。

(2)　第三者

　(ア)　要件　　債務の弁済は、第三者もすることができる（474条1項本文）。

ここにいう第三者とは、自ら債務を負わない者であり、連帯債務者や保証人は、弁済義務を負う者であるため、「第三者」には当たらない。そして、民法は、第三者による弁済に、次の三つの制限を設けている。

①　債務の性質が許さないとき（474条4項）　債務者自らが弁済しなければならない一身専属的な給付がこれに当たる。例えば、特定の俳優の出演契約では、第三者がこれに代わって弁済することはできない。

②　当事者が第三者の弁済を禁止し、または制限する旨の意思表示をしたとき（474条4項）　契約から生じる債権は、当事者の合意によって第三者の弁済を禁じることができる。債権の内容は当事者が自由に定めることができる、という一般原則に基づくものである。

③　正当な利益を有する者でない第三者（474条2項）　旧法下においては、「利害関係を有しない第三者」は、債権者が承諾しても、債務者の意思に反して弁済をすることができなかった。すなわち、債務者の意思に反してなされた弁済は無効となる。その立法趣旨は、(a)債務者が第三者の恩義を受けることを潔しとしないという意識（武士気質）と、(b)弁済した第三者が苛酷に求償権を行使することを防ぐ点にある（梅・民法要義三 236 頁）。しかし、比較法的には、このような立法例は異例である。そして、(a)利益であっても本人の意思に反して強いることはできないという思想は、民法でも一貫していない。例えば、債務の免除は単独行為であり（519条）、また、第三者は債務者の意思に反しても保証人となることができる（462条2項）。(b)苛酷な求償権の行使についても、公法的な規制により債務者は保護されよう。しかも、債権者が債務者の意思に反することを知らずに第三者の弁済を受け、担保物や証書を弁済者に返還した場合にも、その弁済が無効となり、債権者は、弁済者に対して不当利得返還債務を負い、債務者に対して請求するなど、実際上の不都合を生じることとなる。そこで、旧 474条2項は、「立法として当をえ」ず、解釈論としても、その適用範囲を狭めるように、要件を厳格に解すべきであるとの見解（我妻・IV 245 頁）が多数であった。しかし、判例は、そのように解していない。

判例は、まず、利害関係を有する第三者が、弁済することに法律上の利害関係を有する者に限られるとする（最判昭和 39・4・21 民集 18 巻 4 号 565 頁）。すなわち、物上保証人、担保不動産の第三取得者（大判大正 9・6・2 民録 26 輯

839 頁）、同一不動産の後順位抵当権者などがこれに当たる。また、借地上の建物の賃借人は、その敷地の地代の弁済について、法律上の利害関係を有するとされる（最判昭和 63・7・1 判時 1287 号 63 頁）。しかし、事実上の利害関係では足りず、単に親族関係があるだけでは、債務者の意思に反して弁済をすることはできない（大判昭和 14・10・13 民集 18 巻 1165 頁）。これに対して、学説は、「利害の関係をできるだけ広く解すべきである」とする（我妻・IV 244 頁）。

　また、債務者の反対の意思について、判例は、必ずしも表示される必要はなく、諸般の事情から認定されればよいとする（大判大正 6・10・18 民録 23 輯 1662 頁）。ただし、その立証責任は、債務者の意思に反したことを主張する者が負うとした（大判大正 9・1・26 民録 26 輯 19 頁）。これに対して、学説は、債務者の反対の意思が明示的かつ確定的なものでなければならないとする（我妻・IV 245 頁）。

　さらに、判例は、債務者が数人ある場合（連帯債務の事案）において、一人の債務者の意思に反する第三者の弁済が、その債務者に対する関係では無効であるとした（前掲大判昭和 14・10・13）。しかし、すべての債務者の意思に反するのでない限り、弁済は有効とすべきである（平井・債権総論 187 頁）。

　現行民法は、弁済をするについて「利害関係を有しない第三者」を、「正当な利益を有する者でない第三者」に改め（474 条 2 項）、法定代位の要件（500 条）とそろえた。そして、以下の場合に、その弁済が無効になるとする。

　（i）「正当な利益を有する者でない第三者」が、債務者の意思に反して弁済をしたとき。ただし、債務者の意思に反することを債権者が知らなかったときは、弁済が有効となる（同 2 項）。

　（ii）上記の第三者が債権者の意思に反して弁済をしたとき。ただし、その第三者が債務者の委託を受けて弁済をする場合において、そのことを債権者が知っていたときは、弁済が有効となる（同 3 項）。

　(イ)　効果　　第三者は、自己の債務としてではなく、第三者の債務として弁済しなければならない。第三者が自己の債務として弁済した場合には、707 条の適用があるからである。そして、第三者の弁済が許される場合には、その提供は、債務者による弁済の提供と同様の効果を生じ、債権者がその受領を拒絶すると、受領遅滞となりうる。また、第三者は、代物弁済や供託もできるが、

相殺はできないと解されている。同一当事者間における債権の対立がなく、当事者間の公平を図るという相殺の趣旨を逸脱するからである。

　第三者の弁済によって、債権は消滅する。ただし、弁済をした第三者が債務者に対して求償権を有する場合には、この求償権を確保するために、弁済によって消滅すべきであった債権および担保権などが第三者に移転する（弁済による代位参照）。

5　弁済受領者

(1)　債権者

　(ア)　原則　　弁済により債権を消滅させるためには、原則として、債権者に対して弁済しなければならない。債権者の意思または法律の規定によって、弁済を受領する権限を与えられた者（債権者の代理人や破産管財人など）に弁済した場合も同様である。この原則に対しては、次の例外が認められる。すなわち、一方では、債権者であっても有効に弁済を受領することができない場合があり、他方では、債権者以外の者に対する弁済が有効とされる場合がある。

　(イ)　弁済受領権限の喪失　　債権者は、①その債権が差押えを受けた場合、②債権者について破産手続が開始された場合、および③その債権に質権を設定した場合には、弁済を受領する権限を失う。

　①　差押え　　ＢのＣに対する債権を、Ｂの債権者Ａが差し押さえたときは、Ｃは、Ｂに対して弁済をすることが禁じられる。すなわち、執行裁判所は、差押命令において、Ｂに対し債権の取立てその他の処分を禁じ、かつ、Ｃに対しＢへの弁済を禁止する（民執145条1項）。にもかかわらず、ＣがＢに弁済をしたときは、Ａは、「その受けた損害の限度において更に弁済すべき旨」を、Ｃに請求することができる（481条1項）。その趣旨は、ＣのＢに対する弁済が、Ｂに対しては有効であるが、Ａには対抗できず、したがって、Ａは、差し押さえた債権がなお存在するものとして、取立て（民執155条）または転付命令（民執159条）を得て、Ｃに対して弁済を請求することができる、ということである（大連判明治44・5・4民録17輯253頁、最判昭和40・11・19民集19巻8号1986頁）。481条1項は、結局、第三債務者Ｃが差し押さえられた債権につき

債務者 B に弁済しても、差押債権者 A からの請求があれば、第三債務者 C は二重に弁済しなければならないことを規定したものである（我妻・Ⅳ 271 頁）。

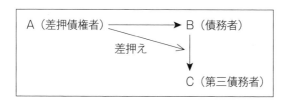

　なお、C が二重に弁済したときは、B に対して求償権を行使することができる（481 条 2 項）。この求償権は、不当利得返還請求権であり、当然に認められる。

　②　債権者の破産　　債権者について破産手続開始の決定があった場合には、その債権は破産財団に属し（破産 34 条 1 項）、管理・処分権が破産管財人に専属する（破 78 条 1 項）。その結果、債権者は、その債権についての弁済受領権限を失う。ただし、債務者が、破産手続開始後に破産者（債権者）に対して弁済した場合にも、弁済が無効となるわけではない（破 50 条参照）。

　なお、民事再生法と会社更生法においても、それぞれ制度が設けられている（民再 38 条・64 条 1 項、会更 72 条 1 項）。

　③　債権質の設定　　債権者がその債権に質権を設定した場合には、その債権を取り立てることができず、弁済受領権限を失う（民執 145 条 1 項の類推適用）。

(2)　受領権者としての外観を有する者に対する弁済

　(ア)　趣旨　　弁済受領権限のない者に対する弁済は有効ではなく、真の債権者から請求されれば、債務者は二重払をしなければならない。ただし、債権者がその弁済によって利益を受けた場合には、その「限度においてのみ」、弁済は効力を有する（479 条）。弁済受領権限のない者であっても、必ずしも常に不当な利益を得る目的で弁済を受領するわけではなく、真の債権者の利益のために受領した物を使用することもある。そこで、このような場合にも、常に不当利得として清算することは迂遠であるため、民法は、債権者が利益を受けた限度では、弁済を有効としたのである（我妻・Ⅳ 284 頁）。

　以上の例外として、旧法は、弁済者を保護するために、債権の準占有者（旧478条）および受取証書の持参人（旧480条）に対する弁済を特に有効としていた。このうちの債権の準占有者とは、真の債権者ではないのに、債権者らしい外観を有する者をいう。例えば、相続権がないのに相続財産に属する債権を相続人として行使する者（表見相続人）（大判昭和15・5・29民集19巻903頁）や、無効な債権譲渡による譲受人（大判大正7・12・7民録24輯2310頁）がその典型である。旧478条は、このような債権の準占有者を正当な債権者であると信じ（善意）、かつ、そう信じることにつき過失のなかった（無過失の）弁済者を保護する規定である。

　現行民法は、「債権の準占有者」という概念を改め、受領権者以外の者であって「取引上の社会通念に照らして受領権者と認められる外観を有する」者という概念を用い、旧478条を実質的に維持する（478条）。反面、旧480条を削除し、受取証書の持参人に対する弁済の有効性も478条によって処理することとした。

　(イ)　「受領権者としての外観を有する者」——要件(i)

　受領権者としての外観を有する者（表見受領権者）は、上記のほかに、以下の場合に認められる（旧法下の「準占有者」の判例が、現行民法の下でも妥当する）。

　(i)　銀行取引　　預金通帳と届出印を持参すれば、たとえそれらを盗用した者であっても準占有者であると認められ、その者に対する銀行の弁済が有効となることがある（最判昭和41・10・4民集20巻8号1565頁）。しかし、届出印のみの持参では、準占有者とは認められない（最判昭和53・5・1判時893号31頁）。また、偽造された証書（領収書）の持参人も準占有者にあたる（大判昭和2・6・22民集6巻408頁）。

　では、他人のキャッシュカードを持参して、暗証番号を入力し、現金を引き出した場合はどうか。この場合のカードは、伝統的な預金通帳と印鑑による払戻しの仕組みを受け継いだものであり、カードによる払戻しを受けた者は、準占有者に該当する。もっとも、現実には、銀行の免責約款が存在するため、約款の解釈の問題となる（最判平成5・7・19判時1489号111頁）。また、機械による払戻しについては、弁済者の無過失要件が問題となる（後述）。

　(ii)　債権の劣後譲受人　　478条の適用が認められる場合がある（前述）。

(iii)　詐称代理人　　旧法下においては、旧478条の適用が、債権者でない者が債権者本人であるとして債権を行使する場合に限られるのか、それとも、本人の代理人であるとして債権を行使する場合（詐称代理人）をも含むのかが問題とされた。というのも、①205条は、準占有には「自己のためにする意思」を必要とし、代理人として他人（本人）のためにする意思は含まないとも解されたからである。また、②詐称代理人には表見代理の規定（110条）の適用も可能であり、478条との関係が問題となる。

このうち、①については、478条が、「債権の準占有者」ではなく、「取引上の社会通念に照らして受領権者としての外観を有する者」に改められたため、詐称代理人も当然にこれに含まれ、問題が解消された。しかし、②については、なお問題が残る。

②につき、かつての学説の中には、詐称代理人への弁済は、表見代理の規定によって弁済者を保護すべきであり、478条を適用すべきでないとするものがあった。その理由は、詐称代理人への弁済にも478条を適用すると、表見代理の規定が無意味になるのみならず、実際上も、表見代理（110条）では基本代理権の存在を必要とするから、真の債権者の保護を図ることができるということにある。しかし、通説は、取引の安全の見地からは、弁済を受けた者が債権者本人と称するか代理人と称するかによって、弁済者の保護を区別する理由がないとし、詐称代理人にも478条の適用を認める（沢井裕・注民⑿85頁）。現実にも、キャッシュカードによる預金の払戻しを考えると、債権者本人と代理人のいずれの資格で弁済を受けたか明確でなく、詐称代理人にも478条の適用を認める判例・通説が妥当である。

ただし、判例・通説によれば、478条では、110条のような基本代理権の要件を不要とするため、表見代理よりも広く債務者を保護することとなり、その当否が問題となる。この点につき、現在の多数説は、義務を負う者（債務者）をより保護すべきであるとする。すなわち、契約の締結に際しては、相手方は、代理権の有無を調査し、代理権に不安があれば契約をしない自由も有する。しかし、債務者の弁済においては、弁済が義務であるため、それを遅滞すると債務不履行責任を負うこととなる。それゆえ、受領権限の調査は困難であり、債務者を一般の者よりも保護しなければならないと説明する。

　㋑　弁済者の善意・無過失——要件(ⅱ)

　(α)　無過失要件の明文化　　民法は、当初、弁済者の「善意」のみを要求していた。しかし、判例は、無過失を要するとし（最判昭和37・8・21民集16巻9号1809頁）、学説も賛成していた。旧480条および他の外観に対する信頼を保護する制度（表見代理・192条など）では、無過失が要求されるため、478条も無過失を要件とすべきである、というのがその理由であった。そして、2004年の民法典の現代語化に際して、弁済者の無過失が明文化された。

　(β)　債権者の帰責事由の要否　　外観法理においては、一般に、第三者の善意・無過失のほか、真の権利者の帰責事由が要件とされる。例えば、110条の表見代理では、基本代理権を与えたことが帰責事由であり、また94条2項の場合には、虚偽の外観を作出したことが帰責事由となる。しかし、478条に関して、判例・通説は、真の債権者の帰責事由を問題としない。すなわち、受領権者としての外観が真の債権者の意思によって生じた場合に限られず、預金通帳を紛失したときや盗まれたとき、その他債権者の意思に全く関係なく生じた場合にも、478条の適用が認められる。なぜなら、前述のように、弁済は義務であり、弁済者の保護を徹底しなければならないからである。したがって、478条に関しては、真の債権者に帰責事由がなくともその適用を認め、弁済者の善意・無過失の判断によって、妥当な解決を図るべきである。

　(γ)　キャッシュカードの不正利用　　現実の裁判例において、弁済者の善意・無過失が争われる事案の多くは、金融機関に対する預金の払戻しである。そして、金融機関の用いる約款では、通帳の印鑑と持参した印鑑の照合を確認すれば免責される旨の規定（免責約款）が存在する。しかし、この手続は、善意・無過失の判断に際しての資料の一つにすぎず、現実の裁判では、弁済者の過失の有無が具体的に判断されることとなる。

　ところで、近年は、他人のキャッシュカードを不正に利用した機械払の事案が多い。この場合には、窓口での対面取引におけるのと異なり、金融機関の善意・無過失の判断は、システムの設計や維持・管理の問題に還元されるべきである。このことを明らかにしたのが、次の二つの判決である。

最判平成 5・7・19（前掲—キャッシュカードと銀行の免責約款）

X の有する Y 銀行のキャッシュカードが盗まれて、暗証番号が解読され、X の預金が何者かによって払い戻された。当時の Y のカードは、カード面上に暗証番号がコード化されており、機械は顧客の打ち込んだ暗証番号とカード面上の暗証番号とを照合して支払うというシステムになっていた。それゆえ、市販のカードリーダーをパソコンに接続すれば、誰でも暗証番号を解読することが可能であった。これに対して、他の銀行のキャッシュカードでは、暗証番号がホストコンピューターに記録されていて、カード面上には印磁されていないもの（「ゼロ化」されたカード）も存在した。このようなカードであれば、カードから暗証番号を解読することは不可能であった。そこで X は、Y のカードシステムに欠陥があり、免責の基礎を欠いていると主張した。第一審・原審ともに X の請求を棄却し、X が上告した。

最高裁は、まず、「銀行による暗証番号の管理が不十分であったなど特段の事情がない限り、銀行は、現金自動支払機によりキャッシュカードと暗証番号を確認して預金の払戻しをした場合には責任を負わない旨の免責約款により免責される」とした。そして、カードがゼロ化されていなかったとしても、カードリーダーによって「暗証番号を解読するためにはコンピューターに関する相応の知識と技術が必要」であり、「記録によれば、本件支払がされた当時、このような解読技術はそれほど知られていなかった」として、Y が「当時採用していた現金自動支払機による支払システムが免責約款の効力を否定しなければならないほど安全性を欠くものということはでき」ないと判示した（上告棄却）。

最判平成 15・4・8 民集 57 巻 4 号 337 頁（ATM による払戻しと 478 条の適否）

X は、Y 銀行との間で預金契約を締結し、通帳の交付を受けるとともに、キャッシュカードの利用を申込み、その交付も受けた。ところで、Y の設置していた現金自動支払機（ATM）では、預金者が通帳またはキャッシュカードを挿入し暗証番号を入力すれば預金の払戻しを受けることができた。すなわち、カードによる機械払のほかに、通帳による機械払（通帳機械払）もできたが、X は、通帳機械払の方法により払戻しが受けられることを知らなかった。その後、X は、本件通帳を車のダッシュボードに入れたまま駐車していたと

ころ、本件通帳を車両ごと盗まれ、何者かが通帳機械払の方法により、Xの預金口座から800万円を引き出した。そこでXが、Yに対し、本件払戻しが無効であるとして預金の返還を請求した。これに対して、Yは、通帳機械払には免責約款がなかったため、478条の適用を主張した。第一審・原審ともに、478条の適用を認め、Yの弁済が有効であるとして、Xの請求を棄却した。Xが上告受理申立てをした。

最高裁は、まず、「無権限者のした機械払の方法による預金の払戻しについても、民法478条の適用」があり、「機械払の方法による預金の払戻しにつき銀行が無過失であるというためには、払戻しの際に機械が正しく作動したことだけでなく、銀行において、預金者による暗証番号等の管理に遺漏がないようにさせるため当該機械払の方法により預金の払戻しが受けられる旨を預金者に明示すること等を含め、機械払システムの設置管理の全体について、可能な限度で無権限者による払戻しを排除し得るよう注意義務を尽くしていたことを要する」とした。しかし、「Yは、通帳機械払のシステムを採用していたにもかかわらず、その旨をカード規定等に規定せず、預金者に対する明示を」怠っていたため、「Yは、通帳機械払のシステムについて無権限者による払戻しを排除し得るよう注意義務を尽くしていたということはできず、本件払戻しについて過失があった」と判示した（破棄自判）。

なお、偽造や盗難カードを利用したATMでの預金の払戻しによる被害が多発したため、2005年には、「偽造カード等及び盗難カード等を用いて行われる不正な機械式預貯金払戻し等からの預貯金者の保護等に関する法律」（預貯金者保護法）が制定された。同法によれば、偽造カードを用いて行われた機械式預貯金の払戻しと金銭の借入れには、478条が適用されず（3条）、弁済の効力は生じない。ただし、預貯金者に故意があった場合、または、金融機関が善意・無過失で預貯金者に重過失があった場合は、この限りでない（4条）。また、カードを盗取され、その盗難カードを用いて機械式預貯金の払戻しが行われた場合には、預貯金者は、一定の要件の下に、当該預貯金等契約を締結している金融機関に対し、「払戻しの額に相当する金額の補てんを求めることができる」（5条）。

㋑　「弁済」をしたこと——要件(iii)

478条の趣旨は、債権者と信じて弁済した者の保護にある。それゆえ、「弁済」は、任意になされたものに限られ、強制的に弁済の効果が生じる転付命令（民執160条）を含まない（我妻・IV 280頁）。ただし、転付命令にも478条の適用がある旨の一般論を述べた大審院判決が存在する（大判昭和15・5・29民集19巻903頁）。

なお、判例は、銀行取引に関して、弁済には当たらない行為についても、478条の類推適用を肯定している（次項目(3)参照）。

㋒　効果　　受領権者としての外観を有する者（表見受領権者）に対する弁済が有効である場合には、債務は消滅する。しかし、弁済を受領した表見受領権者は、権利を有するわけではなく、真の債権者の損失において利得をした者であるから、真の債権者に対して不当利得返還義務を負う。このとき、表見受領権者が弁済者の過失を主張して、真の債権者の債権が消滅していない旨を主張することは、信義則に反して許されない。なぜなら、これを認めると、真の債権者は、弁済者が弁済をするに当たり、「善意無過失であったか否かという、自らが関与していない問題についての判断をした上で訴訟の相手方を選択しなければならない」という負担を負うこととなるからである（最判平成16・10・26判時1881号64頁）。

では、弁済者が弁済した後に真の債権者でなかったことを知り、表見受領権者に対して不当利得返還請求（705条）をすることは認められるか。判例は、これを否定する（大判大正7・12・7民録24輯2310頁）。このように解すると、478条による債務の消滅は絶対的であり、弁済した債務者もこれを否定することができないこととなる。しかし、通説は、478条の趣旨が弁済者の保護にあり、弁済者の側でその保護を受けず、表見受領権者に対して返還請求するのであれば、これを肯定してもかまわないとする（我妻・IV 281頁）。この通説のように考えると、478条の効果は、債務の絶対的な消滅ではなく、弁済者に真の債権者からの請求を拒否する抗弁を与えるものとなろう（平井・債権総論199頁）。

(3)　478条の類推適用

㋐　定期預金の期限前払戻し　　478条の趣旨は、債権者と信じて弁済した者

の保護にあるため、「弁済」に関して適用される。しかし、判例は、厳密には弁済にあたらない行為についても、478条の類推適用を認め、その適用範囲を拡大した。その多くは、銀行取引に関するものである。

まず、判例では、無権限者による定期預金の期限前払戻しに478条が適用されるか否かが問題となった。定期預金の期限前払戻しは、法律的には、定期預金契約の解約と弁済との二つの行為からなるものであり、単なる弁済とは異なる。しかし、最高裁は、「弁済の具体的内容が契約成立時にすでに合意により確定されている」ことを理由に、期限前払戻しも、「民法478条にいう弁済に該当し、同条の適用をうける」とした（最判昭和41・10・4民集20巻8号1565頁）。この判決の結論は妥当である。というのも、銀行は定期預金契約の解約に応じるのが通常であり、期限前の払戻しは、利息が普通預金と同じになるという商慣習を除けば、実質的には期限後の払戻しと変わらないからである。そして、「大量かつ定型的になされる銀行取引の実情」からすれば、上記の合意の有無にかかわらず、期限前払戻しは弁済に該当する（栗山忍・最判解説424頁）。また、銀行は、定期預金者からの期限前の払戻しに例外なく応じていることからも、弁済と同様に、478条の適用による保護が認められるべきである。

　（イ）　預金担保貸付における相殺　　次に、銀行が定期預金を担保として預金者に金銭を貸し付け、その貸付金の返済がないので預金と相殺したところ、預金者が真の預金者ではなかったという場合にも、478条が適用されるか否かが問題とされた。この預金担保貸付とは、具体的には、次のような手続でなされる。すなわち、銀行は、預金者に金銭を貸し付けるに際し、預金者の定期預金債権に質権の設定を受け、満期に貸付債権と預金債権とを相殺するという相殺の予約をしておく。これにより、定期預金者は、その満期前に資金が必要な場合にも、定期預金を解約して普通預金の利息を受け取るのではなく、定期預金をそのままにして資金を調達できるというメリットを有する。また、銀行も、預金の名目残高を維持することができ、かつ、定期預金の解約手続を省略できるというメリットがある。そして、判例は、この問題に関しても、一貫して478条の類推適用を肯定している。

最判昭和 59・2・23 民集 38 巻 3 号 445 頁（預金担保貸付と相殺）

　X は、A の紹介で Y 信用金庫に 450 万円の定期預金をし、その手続を A が代行したため、預金証書は A に交付され、印鑑も A に預けられたままとなっていた。そこで、A は、X と名乗る B を連れて Y に赴き、450 万円の預金担保貸付を申し込んだところ、Y の係員は B を X であると誤信して貸付けを行った。X が預金のことを Y に問い合わせたところ、預金が貸付けの担保になっていることを知らされた。その後、Y が X に対して相殺の通知をしたので、X は、Y に対して、預金の返還を請求した。第一審は、478 条の類推適用を認めて、Y が免責されるとした。しかし、原審は、Y の「相殺権行使の時点においては」Y が善意ではなかったとして、Y の免責を否定した。Y 上告。

　最高裁は、預金担保貸付に関しても、「その相殺の効力に関する限りは、これを実質的に定期預金の期限前解約による払戻と同視すること」ができるから、「金融機関が、当該貸付等の契約締結にあたり、第三者を預金者本人と認定するにつき、…相当の注意義務を尽くしたと認められるとき」には、478 条が類推適用されるとした。そして、この結論は、「当該金融機関が相殺の意思表示をする時点において、第三者が真の預金者と同一人でないことを知っていた」としても、変わらないとした（破棄差戻し）。

　問題となるのは、次の三つである。すなわち、①預金者は誰か（預金者の確定）、②相殺について 478 条の類推適用が認められるか、および、③その場合に、債務者（銀行）の善意・無過失の判定時期はいつかである。このうち、①については、本件事案では問題がない。というのも、いずれの見解によっても、預金者が X であることには争いがないからである（預金者の確定については、契約法参照）。また、②について最高裁は、本判決以前にも、預金担保貸付と相殺の事案に 478 条が類推適用されることを明らかにしている（最判昭和 48・3・27 民集 27 巻 2 号 376 頁、最判昭和 53・5・1 判時 893 号 31 頁）。その意味では、本判決は、これに「一判例を加えるもの」（松岡靖光・最判解説 94 頁）にすぎない。本件のような事案は、定期預金への担保権の設定と相殺の予約、そして銀行の貸付行為と相殺という一連の行為があるため、通常の弁済とは異なる。しかし、判旨のいうように、「相殺の効力に関する限りは、これを実質的に定期預金の期限前解約による払戻と同視することができ」るから、478 条の類推適

用が肯定されよう。ただし、表見代理規定の類推適用説や94条類推適用説なども存在する。しかし、478条の類推適用は、すでに判例法理として確立し、容易に変更される見込みはない。その背景には、貸付けが銀行の義務ではないもの、定期預金との相殺を前提に貸付けをした銀行の期待を保護すべきであるとの考えが存在しよう。

　本判決が新たに明らかにしたのは、③善意・無過失の判定時期である。この問題については、(a)債務者が貸付契約の締結時に善意・無過失であればよいとする見解と、(b)相殺の時まで善意・無過失が要求されるとする見解があり、原審は(b)とした。これに対して、最高裁は、(a)の見解を採り、銀行が貸付契約締結時に善意・無過失であれば、相殺の時に貸付けを受けた者が「真の預金者と同一人でないことを知っていたとしても、これによって結論に影響はない」とした。相殺を予定して貸付契約を締結した銀行の信頼の保護を問題とするのであるから、判旨が妥当である。なお、本件事案と異なり、最初に貸付契約が締結され、その後に預金と担保権の設定とがなされた場合や、預金と別個に貸付けがなされた後に預金に担保権が設定された場合には、貸付契約の時ではなく、銀行が預金に担保権の設定を受けた時が基準となろう（松岡・前掲95頁）。なぜなら、実質的には、相殺を予定した時に善意・無過失で真の預金者を誤信した銀行が保護に値するからである。

　(ｳ)　総合口座取引による相殺・保険契約者貸付　　預金担保貸付の新しい方式として、今日では、総合口座が広く利用されている。この総合口座とは、普通預金と定期預金にこれを担保とする当座貸越しとを組み合わせた取引であり、その仕組みは次のようである。すなわち、一つの通帳で普通預金と定期預金ができ、普通預金の払戻しによって残金がマイナスとなると、一定限度までは自動的に定期預金で担保された貸付金が当座勘定に起こされ、普通預金に入金されて、払い戻される。その後、普通預金への入金があれば貸越金の返済に充てられ、定期預金の払戻時（満期または解約）になお貸越残があれば、定期預金の支払債務と当然に相殺されることになる。これは、実質的には、定期預金を担保に貸付けを行うものであるから預金担保貸付に等しく、判例も478条の類推適用を肯定した。

　最判昭和 63・10・13 判時 1295 号 57 頁（総合口座と相殺）
　Y 銀行 A 支店に、B 支店取扱の X（女）名義の総合口座通帳と届出印を持った C（男）が来店し、「ちょっと遣い道がある」と言って、4 日後に満期の迫った定期預金 300 万円全額の中途解約を申し出た。そこで、行員が他店取扱の定期預金の満期前解約ができないことを告げると、C は、総合口座貸越限度額 100 万円の払戻しを求めた。しかし、すでに 9 万円が貸越となっていたので、行員が 90 万円しか払戻しができないと告げると、C は、「女房のやつ、おろしやがったな」といって、90 万円の払戻しを受けた。ところが、C は、X の預金通帳および印鑑を盗んだ者であった。そこで、X が Y に対して定期預金の払戻しを求めて訴えを提起した。第一審は、Y の過失を認めて X の請求を認容した。しかし、原審は、Y の過失を否定し、X の請求を棄却した。X 上告。
　最高裁は、前掲最判昭和 59・2・23 を引用し、銀行が「普通預金の払戻しの方法により貸越しをするにつき、銀行として尽くすべき相当の注意を用いたときは、民法 478 条の類推適用によって、相殺の効力をもって真実の預金者に対抗することができる」とし、Y に過失がないとした原審の判断は「正当」であるとした（上告棄却）。

　総合口座においては、一定限度までの貸越しが銀行の契約上の義務であり、貸付けに対する個別審査も不要である。そうだとすれば、弁済と同じく、債務者（銀行）がより保護されるべきであり、478 条の類推適用が肯定されよう。
　さらに、最高裁は、生命保険会社による契約者貸付にも、478 条の類推適用を肯定した。

　最判平成 9・4・24 民集 51 巻 4 号 1991 頁（保険契約者貸付）
　X は、Y 保険会社との間で生命保険契約を締結した。この保険に適用される約款によれば、保険契約者は、Y から、解約返戻金の 9 割の範囲内で貸付けを受けることができる旨の定め（契約者貸付）があった。そこで、X の妻 A は、Y の支社に赴き、X の代理人であると称して、契約者貸付制度に基づき 27 万 7000 円の貸付けを申し込んだ。Y の担当者は、健康保険証により A が X の妻であることを確認し、A が保険契約申込書の署名と同一の筆跡による X 名義の委任状と X の印鑑とを提示したため、A を X の代理人であると信

じて貸付けを承諾した。その後、Xは、Yから貸付金の払込通知票を受領し、AがYから貸付けを受けたことを知って、Yに対して貸付契約による債務の不存在確認の訴えを提起した。第一審は、110条の表見代理の成立を認め、また、原審は、110条を否定したものの、契約者貸付が「その経済的実質においては、保険金又は解約返戻金の一部前払いにほかならない」とし、478条の類推適用を認めて、いずれもXの請求を棄却した。X上告。

最高裁も、契約者貸付制度に基づく貸付けが、「約款上の義務の履行として行われる上、貸付金額が解約返戻金の範囲内に限定され、保険金等の支払の際に元利金が差引計算されることにかんがみれば、その経済的実質において、保険金又は解約返戻金の前払と同視することができる」とし、「保険会社は、民法478条の類推適用により、保険契約者に対し、貸付けの効力を主張することができる」とした（上告棄却）。

本判決は、478条の類推適用の効果として、保険会社の弁済による免責ではなく、保険契約者に対する「貸付けの効力」の主張を認めた。その意味では、同条の新たな類推適用例であるといえよう。

　㈋　まとめ　　478条の類推適用の可否を考えるうえでは、次の二つの視点が重要であると思われる。

一つは、478条が表見受領権者に対して「弁済」をした者を保護する規定であるため、その文言上、「弁済」とどこまで同視できるか、という点を無視することはできない。そして、定期預金の期限前における払戻しが期限後の払戻しと異ならず、実質的には「弁済」に当たるとすれば、保険契約者貸付も含めたその他の類型も、その延長線上に位置づけることができよう。

もう一つは、478条の趣旨である。すなわち、同条の趣旨が、義務を負う者（債務者）は相手方の受領権限を調査することが困難であるから、より保護すべきである、という点にあるとすれば、義務の履行として「弁済」に類する行為を行った者は、同条による保護が与えられてもよい。その意味では、定期預金の期限前払戻し、総合口座における貸越し、および保険契約者貸付は、銀行または保険会社の義務の履行としてなされるものであるため、478条による保護が正当化される。これに対して、預金担保貸付は、銀行の義務ではなく、こ

れをしないことも認められるため、問題が残る。しかし、預金担保貸付は、銀行が定期預金との相殺を前提に、相殺予約をして貸付けを行うものであり、このような銀行の合理的な期待は保護に値する、との考慮によって 478 条の類推適用が正当化されうる。そうだとすれば、預金担保貸付は、いわゆる相殺予約の効力の問題（差押えと相殺の項を参照）と関連するものである。

　なお、金融機関が「大量かつ定型的」に取引を行うことも、478 条の類推適用の根拠として指摘されるが、この点は、副次的な理由にとどまる。

6　弁済の効果

(1)　債権の消滅

　弁済により債権は消滅する。この場合において、弁済をした者が全部の弁済をしたときは、債権の存在を証明する証書（債権証書）の返還を請求することができる（487 条）。この債権証書の所有権は債権者に帰属するが、債権者が全部の弁済を受けた後にも債権証書を保有することは、不当利得となるからである（我妻・IV 212 頁）。このほか、上記のように、弁済をした者は、受取証書の交付請求権を有する。

　ところで、債務者が複数の債務を負担する場合において、その全部を消滅させるのに足りない給付をしたときは、どの債権が消滅するのかという問題が生じる。これを明らかにするのが、弁済の充当のルールである。また、債権は弁済によって消滅するのが原則であるが、第三者または共同債務者の一人が弁済した場合において、その者が債務者に対して求償権を取得したときは、この求償権を確保するために、債権が消滅せずに弁済をした者に移転することがある。これが弁済による代位の制度である。以下、順に検討する。

(2)　弁済の充当

　(ア)　意義　　債務者は、債務の本旨に従って、弁済の提供をしなければならない（493 条）。それゆえ、債務者は、債務の全部の提供をしなければならず、その一部を提供しても、債権者は受領を拒むことができる。しかし、債務者が同一の債権者に対して複数の債務を負担し、その全ての債務を消滅させるには

足りない給付をした場合において、債権者がこれを受領したときは、どの債務の弁済に充てられた給付かを決定しなければならない。これが弁済の充当である（488-491条）。この弁済の充当は、複数の債務が同種の目的を有する場合に問題となり、現実には金銭債務にかかわる制度である。

　弁済の充当が問題となる場合には、次の三つがある。

　①「債務者が同一の債権者に対して同種の給付を目的とする数個の債務を負担する場合において、弁済として提供した給付が全ての債務を消滅させるのに足りないとき」（488条1項）である。例えば、同じ債権者に対して100万円と50万円の二口の金銭債務を負っている債務者が60万円の弁済をしたときには、その60万円がどちらの債務の弁済に充てられるのかが問題となる。

　②「債務者が一個又は数個の債務について元本のほか利息及び費用を支払うべき場合において、弁済をする者がその債務の全部を消滅させるのに足りない給付をしたとき」（489条1項）である。例えば、元本債務は一つであっても費用（弁済費用・契約費用）と利息が生じる場合があり、100万円の元本債務に加えて20万円の利息と5万円の費用を負担する債務者が40万円を弁済したときには、これをどの債務の弁済に充当するかが問題となる。

　③「一個の債務の弁済として数個の給付をすべき場合において、弁済をする者がその債務の全部を消滅させるのに足りない給付をしたとき」（491条）がある。例えば、売買代金を12ヶ月の月賦払で弁済する場合において、債務者が8ヶ月分しか入金しなかったときも、弁済の充当が問題となる。

　もっとも、民法は、後述のように、③については、①および②に関する充当のルールを準用するものとしている（491条）。

　(イ)　充当の方法　　民法は、上記の三つの場合において、債務者の弁済をどの債務に充てるかについての規定を置いている（488-491条）。この規定は、当事者の一方の指定による充当（488条1-3項）と法定充当（488条4項、489条）とに分けられる。しかし、このほかに、当事者の合意によって定めることができる（490条）。そこで、充当の方法を整理すると、以下のルールが導かれる。

　(i)　合意による充当　　両当事者があらかじめ、または弁済の時に、合意によって充当について定めればそれに従う。弁済の充当に関する民法の規定は、いずれも任意規定である。現行民法は、この点を明記した（490条）。

　この合意による充当は、継続的な貸付けがなされた場合における、利息制限法の制限超過利息の元本充当との関連で問題となる。すなわち、同一の貸主と借主の間で継続的に貸付けが繰り返され、そのうちのある貸付けについて過払金が発生した場合に、この過払金を、その後に生じた借入金債務に充当することができるかが問題となる。この問題につき、判例は、金銭消費貸借の両当事者間に基本契約が締結されているか否かを区別する。

　①基本契約が締結されていない場合には、過払金の発生した後の貸付けにかかわる債務について、借主が過払金を充当するよう指定することは「通常は考えられない」から、特段の事情のない限り、過払金がその後に生じた借入金債務には充当されない。そして、特段の事情としては、「基本契約が締結されているのと同様の貸付けが繰り返されており、第一の貸付けの際にも第二の貸付けが想定されていたとか、その貸主と借主との間に第一貸付け過払金の充当に関する特約が存在する」ことが例示されている（最判平成 19・2・13 民集 61 巻 1 号 182 頁）。

　これに対して、②基本契約が締結されている場合には、過払金は、「民法 489 条（旧法—現 488 条 4 項）及び 491 条（旧法—現 489 条）の規定に従って、弁済当時存在する他の借入金債務に充当」される（最判平成 15・7・18 民集 57 巻 7 号 895 頁、同 15・9・11 裁民 210 号 617 頁）。なぜなら、この場合には、「借主は、借入れ総額の減少を望み、複数の権利関係が発生するような事態が生じることは望まないのが通常と考えられる」からである。また、過払金が発生した当時、「他の借入金債務が存在しなかった」としても、「少なくとも、当事者間に上記過払金を新たな借入金債務に充当する旨の合意が存在するとき」は、その後に発生した借入金債務にも、「その合意に従った充当」がなされる（最判平成 19・6・7 民集 61 巻 4 号 1537 頁—カードによる継続的な貸付けの事案）。

　さらに、最高裁は、基本契約が締結されていなかったとしても、複数回の貸付けが「一個の連続した貸付取引である」と解される場合には、「過払金をその後に発生する新たな借入金債務に充当する旨の合意を含んでいるものと解するのが相当である」とした（最判平成 19・7・19 民集 61 巻 5 号 2175 頁）。また、二つの基本契約が締結された場合にも、「第一の基本契約に基づく取引と第二の基本契約に基づく取引とが事実上一個の連続した貸付取引であると評価する

ことができる場合」には、上記の「合意が存在するもの」と解した（最判平成20・1・18民集62巻1号28頁）。

この一連の判決によれば、過払金を、その後に発生した借入金債務に充当する旨の合意が認められるか否かが重要であり、基本契約が締結されているか、または「一個の連続した貸付取引である」と評価できる場合には、このような合意が認められることとなる。

(ii)「債務者が同一の債権者に対して同種の給付を目的とする数個の債務を負担する場合において、弁済として提供した給付がすべての債務を消滅させるのに足りないとき」

先の例で、同じ債権者に対して100万円と50万円の二口の金銭債務を負っている債務者が60万円の弁済をしたときには、その60万円がどちらの債務の弁済に充てられるのかが問題となる。この場合には、当事者の一方の指定によって充当する（指定充当）が可能である。しかし、当事者の指定がない場合には、法定の方法によって充当（法定充当）されることとなる（488条）。具体的には、以下のルールに従う。

①　弁済者（債務者）による指定　　まず、弁済をする者は、給付の時に、相手方（債権者）に対する意思表示によって（488条3項）、その弁済を充当すべき債務を指定することができる（同1項）。その趣旨は、行為の性質は行為者の意思によって定められるべきであり、弁済も債務者の行為であるから、債務者が充当すべきである、ということにある（梅・民法要義三268頁）。

なお、最高裁は、「同一の当事者間に数個の金銭消費貸借契約に基づく各元本債務が存在する場合において、借主が弁済を充当すべき債務を指定することなく全債務を完済するのに足りない額の弁済をしたときは、当該弁済は、特段の事情のない限り、上記各元本債務の承認（旧147条3号—現152条1項）として消滅時効を中断する効力（現・消滅時効の更新事由）を有する」とした（括弧内＝筆者注）。なぜなら、この場合に、借主は、「自らが契約当事者となっている数個の金銭消費貸借契約に基づく各元本債務が存在することを認識しているのが通常であり、弁済の際にその弁済を充当すべき債務を指定することができるのであって、借主が弁済を充当すべき債務を指定することなく弁済をすることは、特段の事情のない限り、上記各元本債務の全てについて、その存在を知

っている旨を表示するものと解されるからである」（最判令和2・12・15民集74
巻9号2259頁）。

　②　弁済をする者（債務者）が指定をしない場合には、弁済を受領する者
（債権者）が、その受領の時に、債務を指定することができる（488条2項本文）。
この場合には、債務者が充当権を放棄したものと考えられるからである（梅・
民法要義三269頁）。

　③　ただし、債権者の指定に対して債務者が遅滞なく異議を述べると、その
指定は効力を失う（488条2項ただし書）。この場合には、弁済者が改めて指定
するのではなく、法定充当が適用される。というのも、前述のように、債務者
は、すでにその充当権を放棄したものと扱われるからである。

　④　弁済をする者とそれを受領する者がいずれも弁済の充当の指定をしない
ときは、488条4項の法定充当が適用される。

　なお、不動産競売手続における配当金が同一の担保権者の有する数個の被担
保債権のすべてを消滅させるに足りない場合には、たとえ弁済充当の指定に関
する特約があっても、配当金は、法定充当の規定によって充当される。なぜな
ら、「不動産競売手続は執行機関がその職責において遂行するものであって、
配当による弁済に債務者又は債権者の意思表示を予定しないもの」だからであ
る（最判昭和62・12・18民集41巻8号1592頁）。

　⑤　488条4項の法定充当　　債務者の意思を推定した規定である。すなわ
ち、弁済期にあるものとないものとがあるときは、「弁済期にあるものに先に
充当」し（1号）、すべての債務が弁済期にあるとき、またはないときは、「債
務者のために弁済の利益が多いものに先に充当」する（2号）。そして、債務者
のために弁済の利益が同等であるときは、「弁済期が先に到来したもの又は先
に到来すべきものに先に充当」し（3号）、それも同等である場合には、「各債
務の額に応じて充当」する（4号）。

　このうち、特に問題となるのは、2号の「債務者のために弁済の利益が多い
もの」とは具体的に何かという点であり、判例は、元本の充当に関して、以下
のように解している。

　まず、利息付債務の方が無利息の債務より弁済の利益が多く（大判大正7・
10・19民録24輯1987頁）、利息付債務の間では、利率の高い方が利率の低いも

のより弁済の利益が多い（大判大正7・12・11民録24輯2319頁）。また、単独で負担する債務の方が、連帯債務よりも弁済の利益が多い。なぜなら、連帯債務を弁済すると、求償手続が必要となるからである（大判明治40・12・13民録13輯1200頁）。さらに、物的担保のある債務の方が、無担保債務よりも利益が多い。なぜなら、物的担保のある債務が弁済されれば、担保目的物を自由に処分することができるからである。これに対して、人的担保（保証人）のある債務とない債務とでは、弁済の利益に差がないとされる（大判大正7・3・4民録24輯326頁）。

　以上の判例の基準には異論がないが、現実にはこれによって決められない場合が多い。というのも、担保付債務は利息が低く、無担保債務は利率が高いのが通常だからである。判例では、連帯保証人のある利息付債務と担保物件のある無利息債務との比較が問題となり、原審は後者への充当を認めたが、最高裁は、「利息の有無、担保契約の内容等諸般の事情を考慮」すべきであるとして、これを破棄した（最判昭和29・7・16民集8巻7号1350頁）。

　(iii)　「債務者が一個又は数個の債務について元本のほか利息及び費用を支払うべき場合において、弁済をする者がその債務の全部を消滅させるのに足りない給付をしたとき」　先の例で、100万円の元本債務に加えて20万円の利息と5万円の費用を負担する債務者が40万円を弁済したときには、これをどの債務の弁済に充当するかが問題となる。この場合には、まずは指定充当をすることはできず、費用・利息・元本の順に充当される（489条1項）。この規定は、債権者の利益を考慮したものである。すなわち、まず債権者の立て替えている費用に充て、次いで債権者の通常の収入である利息に充当し、最後にその利息を生ずる元本に充当することとなる。それゆえ、債務者が、まず元本に充当してほしいと要求しても、債権者は、これを拒絶することができる。

　そして、費用・利息・元本の順に充当した結果、その一部が消滅しない費用、利息または元本が複数存在する場合には、まず、当事者の指定によって充当することが可能である。しかし、当事者の指定がない場合には、法定充当によって充当される（489条2項）。

　(iv)　「一個の債務の弁済として数個の給付をすべき場合において、弁済をする者がその債務の全部を消滅させるのに足りない給付をしたとき」　先の例

で、売買代金を 12 ヶ月の月賦払で弁済する場合において、債務者が 8 ヶ月分
しか入金しなかったときは、上記の(ii)および(iii)のルールが準用される（491 条）。

7 弁済による代位

(1) 意義・趣旨

(ア) 意義　　弁済による代位とは、第三者または債務者とともに債務を負う
者（共同債務者）が弁済をした場合において、弁済をした者が、債務者に対し
て求償権を有するときは、その求償権の範囲内で、債権者の有していた「一切
の権利を行使すること」ができる（501 条 1 項）制度である。実務においては、
「代位弁済」という語が定着しているが、民法では、代位の生じる弁済を「代
位弁済」と呼び（502 条 1 項・503 条）、「弁済による代位」と区別している。
　弁済による代位について、旧法は次の二つを区別していた。一つは、保証
人・物上保証人・担保不動産の第三取得者などのように、「弁済をするについ
て正当な利益を有する者」の弁済による代位である。これらの者は、「弁済に
よって当然に債権者に代位する」（旧 500 条）ため、この場合を「法定代位」
という。もう一つは、正当な利益を有しない者の弁済による代位であり、「債
権者の承諾」がないと代位の効果を生じないため（旧 499 条 1 項）、この場合を
「任意代位」という。
　法定代位と任意代位の区別は、法律による代位（フ民 1346 条）と合意による
代位（フ民 1346-1 条）とを区別するフランス民法に従う。ただし、フランス民
法では、債権者の承諾のない任意代位を認める反面、法定代位の生じる場合を
限定列挙する。これに対して日本民法（旧法）は、債権者の承諾を任意代位の
要件とし、その範囲を狭める反面、法定代位を、広く「正当の利益を有する
者」の弁済に認めた。その意味では、旧法は、任意代位よりも「法定代位に重
点を置いた」ものであり、実際上も、法定代位が「経済的に重要」であった
（我妻・IV 248 頁）。
　これに対して、現行民法は、「債権者の承諾」を任意代位の要件とせず、任
意代位・法定代位に共通して、「債務者のために弁済をした者は、債権者に代
位する」と規定する（499 条）。ただし、任意代位の場合には、債権譲渡の対抗

要件（467 条）を準用し、これを満たさなければ、代位の事実を債務者または
第三者に対抗することができないとする（500 条）。この民法によれば、弁済を
するについて正当な利益を有する場合が法定代位であり、そのような利益がな
くても、債権譲渡の対抗要件を満たすことによって、任意代位が認められるこ
ととなる。このように現行民法が、任意代位における債権者の承諾を不要とし
たのは、次の理由に基づく。すなわち、債権者は、弁済を受領して満足を得た
以上、その後の担保や保証等の帰趨について独自の利益を有しているわけでは
なく、その承諾を要するという規律には合理性がないからである（一問一答
194 頁）。

　(イ)　趣旨　　弁済による代位により、後述のように、弁済された債権（原債
権）が消滅せずに弁済をした者に移転し、それに伴い担保（人的および物的担
保）も移転する。その結果、弁済をした者は、債務者に対し、求償権のみなら
ず、原債権と担保権とを行使することができ、その求償権が確保されることと
なる。

　弁済による代位は、ローマ法に起源を有し、フランスのみならず、他の国々
でも認められる。その趣旨は、上記のように、弁済をした者の求償権を確保す
ることにあるが、それにより、債権者と債務者も利益を有する。すなわち、債
権者は、すでに弁済を受けたのであるから、原債権や担保権は無用であり、そ
の弁済者への移転を認めても何ら不利益を被らない。しかも、この制度により、
第三者からの弁済が促進され、容易に弁済を受けることができる。また、債務
者にとっても、求償権が確保されるため、自己に代わって弁済をしてくれる者
（保証人など）が得られやすくなり、「一般ノ信用上ニ重大ナル利益」を与える
こととなる（梅・民法要義三 299-300 頁）。

　なお、弁済による代位は、強行規定ではなく、反対の特約も許される。そし
て実際に、銀行取引では、弁済による代位をあらかじめ放棄する旨の特約がな
されることが多い（平井・債権総論 201 頁）。

　(2)　**要件**
　(ア)　任意代位と法定代位に共通する要件
　弁済による代位の要件は、次の三つである。すなわち、①第三者または共同

債務者の一人が弁済をし、債務者に対して求償権を取得すること、②弁済その他により債権者に満足を与えること、および、③弁済をするについて正当な利益を有するか、これがないときには対抗要件（467条の準用）を要する（500条）。このうち、③によって法定代位と任意代位とが区別されるが、①と②は両者に共通する。

　まず、①の「第三者」は、474条により、有効に弁済をすることのできる者に限られる。具体的には、物上保証人、担保権の設定された不動産の第三取得者、後順位担保権者などが挙げられる。また、「共同債務者」とは、債務者とともに債務を負う保証人、連帯債務者、不可分債務者などをいう。

　これらの者が債務者に代わって弁済したときは、通常は、債務者に対して求償権を取得する。すなわち、保証人（459・462条）、物上保証人（351・372条）および連帯債務者（442条）については、明文が存在する。その他の弁済者は、委任事務処理費用の償還請求（650条1項）として、または、事務管理の費用の償還請求（702条1項）として、求償権を取得する。担保不動産の第三取得者も求償権を取得するのが原則である（債務者からの第三取得者については、567条2項—大判大正4・7・28民録21輯1250頁。物上保証人からの第三取得者については、372・351条の準用—最判昭和42・9・29民集21巻7号2034頁）。しかし、第三取得者が、売主の債務の履行を引き受けた場合には、求償権は生じない。

　②について、民法は、「弁済」を規定する（499・500条）。しかし、弁済による代位は求償権を確保する制度であるため、弁済に限る必要はなく、債権者が満足を得て求償権の生じる場合には、広くその適用が認められよう。すなわち、代物弁済、供託、相殺も含まれ、また、任意の弁済に限られず、債権者が執行によって満足を得た場合にも弁済による代位が認められる（大判昭和4・1・30新聞2945号12頁）。

　（イ）　任意代位

　（ⅰ）　債権者の承諾の要否　　前述のように、旧法下においては、弁済をするについて正当な利益を有しない者が弁済をした場合には、債権者の承諾を得なければ、代位の効果を生じなかった（旧499条1項）。しかし、この要件の合理性には、次のような疑問が呈されていた。すなわち、利害関係を有しない第三者も、債務者の意思に反しない限り、弁済をすることができ（474条2項）、債

権者はその受領を拒むことはできない。にもかかわらず、旧 499 条 1 項によれば、弁済を得て満足すべき債権者が、代位の効果だけを阻止することができてしまう。そこで、学説は、この要件を重視せず、債権者は正当な理由のない限り承諾を拒否することはできない、と解していた。そして、現行民法は、そもそも債権者の承諾を不要とした。ただし、銀行取引においては、特約により、代位には銀行の承諾が必要であるとされている（代位権不行使特約）。

(ii)　債権譲渡の対抗要件（467 条）の準用　　任意代位においては、債権者からの通知または承諾がなければ、代位の効果を債務者に対抗することができず、これを確定日付のある証書によってしなければ、債務者以外の第三者に対抗することができない（500 条）。法定代位の場合には、弁済者の範囲が限定されるため、債務者その他の第三者に不測の損害を及ぼすことがない。しかし、任意代位の場合には、誰が弁済したのかわからないこともあるため、債権譲渡の対抗要件を準用したのである。

(ウ)　法定代位

弁済をするについて正当な利益を有する者は、弁済によって当然に債権者に代位する（499 条・500 条）。「正当な利益を有する者」には、次の二つの類型がある（我妻・Ⅳ 252 頁）。

(i)　弁済しないと債権者から執行を受ける者　　501 条を参考にすると、「正当な利益を有する者」として、次の三者が認められる。

①　債務者とともに債務を負担する者（501 条 2 項参照）　　保証人のほか、連帯債務者、連帯保証人、不可分債務者がこれに当たる。これらの者は、自ら債務を弁済する義務を負うため、当然に正当な利益を有する。

②　他人のために債務を負う者（501 条 3 項 4 号・5 号参照）　　物上保証人は、自らは債務を負わないが、弁済しないと自己の財産につき執行を受けるため、正当の利益を有する。

③　担保目的不動産の第三取得者（501 条 3 項 1 号・2 号参照）　　担保権（先取特権・不動産質権・抵当権）の目的である不動産を取得した者は、債務を負っているわけではい。しかし、債務が弁済されないと担保権を実行され、取得した不動産を失うことになるので、499 条（および 500 条）が適用される。

(ii)　弁済しないと債権者に対する自己の権利が価値を失う者　　次の者がこ

れに当たる。

①　後順位担保権者　自己に不利益な時期に先順位担保権者によって担保
権が実行されるおそれがあるため、弁済をするについて正当な利益を有する。
例えば、抵当不動産の価格が低落し、一番抵当権者がすべての配当を受けてし
まうような場合には、後順位担保権者は、自らが弁済し、第一順位の担保権を
取得して、自己に有利な時期に実行する可能性を確保することができる（大決
昭和 6・12・18 民集 10 巻 1231 頁、最判昭和 61・7・15 判時 1209 号 23 頁）。

②　一般債権者　担保権者が不利な時期に担保権を実行すると債務者の財
産が減少するため、それを回避する利益を有する（大判昭和 13・2・15 民集 17
巻 179 頁）。

③　不動産の賃借人　抵当不動産の賃借人は、債務者の被担保債務を弁済
することによって、抵当権の実行による賃借権の消滅を回避することができる
（最判昭和 55・11・11 判時 986 号 39 頁）。また、借地上の建物の賃借人はその敷
地の地代の弁済について法律上の利害関係を有する。なぜなら、「土地賃借権
が消滅するときは、建物賃借人は土地賃貸人に対して、賃借建物から退去して
土地を明け渡すべき義務を負う法律関係にあり、建物賃借人は、敷地の地代を
弁済し、敷地の賃借権が消滅することを防止することに法律上の利益を有す
る」からである（前掲最判昭和 63・7・1―285 頁参照）。

なお、500 条の「正当な利益」と旧 474 条 2 項の「利害関係」とは、法定代
位が第三者の弁済を前提とするため、ほぼ同じ概念である（民法は、474 条 2 項
を「正当な利益」に改めた）。ただし、第三者の弁済は、他人の債務の弁済であ
るため、自ら債務を負う保証人や連帯債務者を含まないのに対して、求償権の
確保を目的とする法定代位ではこれらの者も含まれる、という違いがある。

(3)　効果

(ア)　基本的効果

法定代位または任意代位が認められると、弁済者は、求償権の範囲内におい
て、「債権の効力及び担保としてその債権者が有していた一切の権利を行使す
ることができる」（501 条 1 項）。ここにいう「債権の効力」とは、弁済によっ
て消滅すべき債権（原債権）の効力としての履行請求権のほか、それに付随す

る損害賠償請求権、債権者代位権、詐害行為取消権を意味する。また、「担保」
は、典型担保でなくてもよく、代物弁済予約上の権利も、担保物権と同一の機
能を営むから、弁済による代位の目的となる（最判昭和41・11・18民集20巻9
号1861頁）。ただし、根抵当権者の有する被担保債権が確定債権となった後に
弁済した者は、その確定債権を担保する普通の抵当権を行使しうる。なぜなら、
被担保債権の確定後は、「根抵当権は普通の抵当権と同一に帰する」からであ
る（最判昭和37・9・18民集16巻9号1970頁）。

　以上の効果を、判例・通説は、弁済によって消滅すべき債権（原債権）その
ものが、担保権とともに、法律上当然に弁済者に移転すると説明する（債権移
転説。ただし、起草者は、債権譲渡構成を採らなかった）。すなわち、最高裁は、
弁済による代位の制度を、「代位弁済者が債務者に対して取得する求償権を確
保するために、法の規定により弁済によって消滅すべきはずの債権者の債務者
に対する債権（以下「原債権」という）及びその担保権を代位弁済者に移転さ
せ、代位弁済者がその求償権の範囲内で原債権及びその担保権を行使すること
を認める制度」であるとし、「代位弁済者が弁済による代位によって取得した
担保権を実行する場合において、その被担保債権として扱うべきものは、原債
権であって」、代位弁済者の債務者に対する求償権ではないとした（最判昭和
59・5・29民集38巻7号885頁）。その結果、弁済者は、求償権のほかに、原債
権とその担保権とを取得することになる。

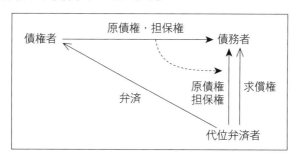

　この弁済者が「代位取得した原債権と求償権とは、元本額、弁済期、利息・
遅延損害金の有無・割合を異にすることにより総債権額が各別に変動し、債権
としての性質に差違があることにより別個に消滅時効にかかるなど、別異の債
権」である（最判昭和61・2・20民集40巻1号43頁）。しかし、弁済による代位

の趣旨は、求償権の確保にあるため、代位によって行使できる原債権の範囲も、求償権の範囲に限られる。換言すれば、「代位弁済者に移転した原債権及びその担保権は、求償権を確保することを目的として存在する附従的な性質を有し、求償権が消滅したときはこれによって当然に消滅し、その行使は求償権の存する限度によって制約されるなど、求償権の存在、その債権額と離れ、これと独立してその行使が認められるものではない」（前掲最判昭和 61・2・20）。したがって、例えば、原債権に高利の約定利息が付されていても、特約のない限り、弁済者は、法定利息の範囲でしか権利を行使できない（442 条 2 項）。また、求償権の範囲が原債権よりも小さければ、原債権を担保する権利も、求償権の範囲で行使できるにすぎない（前掲最判昭和 59・5・29）。

　なお、弁済による代位は、法律に基づく債権の移転であるから、契約上の地位に付随する解除権や取消権は、代位の目的とはならない。

　(イ)　債務者と代位者の関係

　代位者は、債務者に対して、求償権と、その範囲内において原債権および担保権を行使することができる。そして、求償権と原債権の関係は、上記のとおりであるが、残された問題としては、債務者による内入弁済の充当と時効の中断がある。また、弁済者が債権額の一部を弁済した場合における代位（一部代位）の効果についても議論がある。

　（i）　内入弁済の充当　　例えば、保証人が債権者に代位弁済した後に、債務者から保証人に対して一部の弁済（内入弁済）がなされた場合には、その内入弁済金が、原債権と求償権のいずれに充当されるのかが問題となる。

　この問題については、代位者（保証人）が求償権を行使して弁済を受けたときは求償権のみに充当され、原債権を行使したときは原債権のみに充当されるとして、代位者の選択に委ねる考え方もありうる。しかし、仮に求償権のみに充当されるとすれば、後順位担保権者その他の利害関係人にとっては、先順位担保権の被担保債権である原債権が消滅しない、という重大な不利益が生じうる。そこで、最高裁は、代位者の選択の自由を認めず、「求償権と原債権とのそれぞれに対し内入弁済があったものとして、それぞれにつき弁済の充当に関する民法の規定に従って充当されるべき」であるとした（最判昭和 60・1・22 判時 1148 号 111 頁）。この判決は、両債権への充当を認めるものであり、たと

え代位者と債務者との間で求償権のみに充当する旨の合意をしたとしても、この合意は、後順位担保権者その他の利害関係人には対抗できないとの趣旨を含むと解される（判時「コメント」参照）。

（ⅱ）　時効の完成猶予・更新　　原債権または求償権の一方の行使による時効の完成猶予・更新が他方に及ぶか。最高裁は、原債権の行使が求償権の行使と評価される場合には、求償権の消滅時効も中断（完成猶予・更新）するとした（最判平成7・3・23民集49巻3号984頁）。

　問題となるのは、一方の権利の行使としてのみ評価される場合である。原債権は、「求償権を確保することを目的として存在する附従的な権利」（前掲最判昭和61・2・20）ではあるが、保証債務におけるような特別の規定（457条1項参照）は存在しない。そうだとすれば、原債権と求償権とは別個の権利であるとの基本的理解に立って、一方の権利の行使による時効の完成猶予・更新は、他方には及ばないと解すべきであろう。

（ⅲ）　一部代位（502条1項）

（α）　問題の所在　　第三者により債権の一部のみが弁済された場合には、弁済による代位はどのようになるか。例えば、債権者の有する1000万円の債権を担保するために、債務者が自己の所有する600万円の不動産に抵当権を設定した後に、保証人が500万円のみを弁済し、債権者がこれを受領したとする。

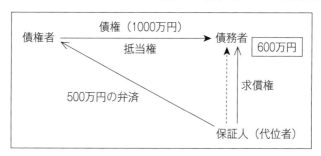

　この場合に、旧法は、代位者が、「その弁済をした価額に応じて、債権者とともにその権利を行使する」とのみ規定していた（旧502条1項）。しかし、その趣旨は必ずしも明らかではなく、上記の例では、次の二つが問題となる。すなわち、①保証人が抵当権を単独で行使できるか否かと、②抵当権が競落された場合に、その代金の配当はどのようになるかである。

　（β）　起草者と大審院の見解　　この問題は、古くはローマ法において議論
されていた。すなわち、ローマ法では、債権者の権利を害することができない
との理由で、債権者が一部弁済をした保証人に優先すると解されていた（債権
者優先主義）。そして、フランス民法典旧 1252 条（現 1346-3 条）もこれを承継
した。しかし、明治民法の起草者（梅）は、このような債権者優先主義をとら
ず、②については、保証人と債権者がそれぞれ半額の 300 万円ずつを得る（平
等主義）と解していた（梅・民法要義三 320 頁）。換言すれば、債権者は、1000
万円のうち、保証人の支払った 500 万円と抵当不動産からの 300 万円の合計
800 万円しか回収できないことになる。その理由は、債権者は、一部弁済の受
領を拒むことができ、受領した以上は、このような不利益を被ってもやむをえ
ないことにある。また、債権者は、特約により、権利を優先的に行使すること
を定め、その不利益を回避することができるとされる（梅・民法要義三 319 頁）。
　そして、大審院は、①につき、代位弁済者が単独で抵当権の実行を申し立て
ることができるとした。その理由は、代位弁済者が権利を分割して行使できる
場合には、「債権者ト共同スルコトナク、各自其ノ割合ニ応ジテ、各別ニ」これ
を行使できるというのが 501 条 1 項の「趣旨」である、ということにある
（大決昭和 6・4・7 民集 10 巻 535 頁）。その事案は、主たる債務が分割払であり、
保証人が 2 回分を債務者に代わって支払ったため、債権者はその受領を拒絶す
ることができない、というものであった。しかも、債権者には未だ期限の到来
していない債権もあり、弁済者による抵当権の実行を認めると、債権者が、残
りの債権につき担保を失うという不利益を被ることになる。そこで、第一審・
第二審は、弁済者による単独の抵当権の実行を認めなかった。にもかかわらず、
大審院はこれを認め、原判決を取消して、事件を差し戻した。
　したがって、初期の判例と学説によれば、一部弁済がなされた場合には、①
弁済者が単独で抵当権を実行でき、②その代金の配当も、債権者の残債権の額
と求償債権の額で按分して行われることとなる。
　（γ）　通説的見解　　上記の見解に対して、通説は、債権者の利益を著しく
害すると批判する。すなわち、大審院の結論に従うと、債権者は債権が残存す
るにもかかわらず、担保物の処分を強いられ、担保物権の不可分性（296・
305・350・372 条）に反することとなる。そして、通説は、弁済による代位の

制度趣旨が、「求償権の保護に尽きるのであるから、債権者を害してまでこれを認めることはその目的を逸脱する」とし、①502条1項の「債権者とともにその権利を行使する」とは、債権者と共同しなければ担保権を行使できない趣旨であると解し、かつ、②その配分は、担保物権の不可分性により、債権者が優先する（上記の例では、債権者が500万円すべてを回収し、残りの100万円が代位者に配当される）とする（我妻・IV 255頁）。

なお、実務（銀行取引）においては、債権者の不利益を回避するため、特約により一部弁済による代位を排除するのが通常である。また、全部の弁済についても、債権者・債務者間の取引継続中は、債権者（銀行）の承諾なしには代位できないと定めることが多い。

（δ）　裁判例による修正　　最高裁も、実質的には、初期の大審院の見解を修正している。すなわち、最高裁昭和60年5月23日判決（民集39巻4号940頁）は、「債権者が物上保証人の設定にかかる抵当権の実行によって債権の一部の満足を得た場合、物上保証人は、民法502条1項の規定により、債権者と共に債権者の有する抵当権を行使することができるが、この抵当権が実行されたときには、その代金の配当については債権者に優先される」とした。その理由は、「弁済による代位は代位弁済者が債務者に対して取得する求償権を確保するための制度であり、そのために債権者が不利益を被ることを予定するものではなく、この担保権が実行された場合における競落代金の配当について債権者の利益を害するいわれはない」ということにある。最高裁は、通説的見解に従い、②の競落代金の配当については、債権者優先主義に立つものである。

また、下級審裁判例ではあるが、①についても、一部弁済をした代位弁済者が、債権者から独立して担保権を行使することは許されないとしたものがある（東京高判昭和55・10・20判タ429号106頁）。

現行民法も、以上の裁判例および学説を考慮し、一部代位の場合における代位弁済者は、「債権者とともに」しか権利を行使することができず（502条1項）、その場合にも、「債権者は、単独でその権利を行使することができる」とする（同2項）。そして、「その債権の担保の目的となっている財産の売却代金その他の当該権利の行使によって得られる金銭」については、債権者が代位弁済者に優先することを定めている（同3項）。

（ε）　解除権の行使　502条4項前段は、一部代位があっても、債務不履行による契約の解除は、債権者のみができると規定する。起草者は、解除権の分割行使ができないことによる規定であるとする（梅・民法要義三320頁）。しかし、解除権は契約上の地位に付随するものであり、代位の目的とはならないから、当然である。

　なお、債権者が契約を解除した場合には、代位者に対し、その弁済した価額と利息を償還しなければならない（502条4項後段。545条2項も参照）。

　（ウ）　代位者相互の関係

　（i）　原則　弁済をするについて正当な利益を有する者が数人ある場合には、それぞれが代位によって「債権者が有していた一切の権利」を行使すると、先に弁済した者が不当な利益を得ることになる。

【設例】BのAに対する4500万円の債務を担保するために、CおよびDがその所有する不動産に抵当権を設定して物上保証人となった。その不動産の価格は、Cの不動産が5000万円で、Dの不動産が2500万円である。この場合に、Dが4500万円をBに代わって弁済すれば、Dは、Aに代位して、Cに対する抵当権を実行することにより、いくら回収できるか。

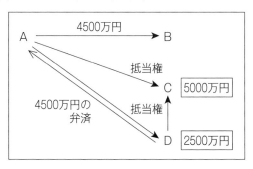

　【設例】の場合に、もしDが4500万円全額を回収できるとすれば、早い者勝ちとなり、Cは不利益を被る。そこで民法は、複数の保証人や物上保証人がいる場合に、できる限り平等に負担を分配する制度を規定した（501条3項）。ただし、この規定は複雑である。そこで、まず、この問題に対する民法の原則

を挙げると、「人的担保は頭数に応じ、物的担保は財産の価格に応じて、その負担部分を分配する」というものである。具体的には、以下のようになる。

（α）　保証人が数人存在する場合　　保証人の頭数で割った額が各自の負担部分となる（465条の解釈）。例えば、【設例】のCとDが保証人であるとすれば、各自2250万円ずつの負担部分となり、DはCに対して2250万円を請求しうる。民法は、このことを明記する（501条2項括弧書）。

（β）　物上保証人が数人存在する場合　　不動産価格の割合に応じて負担部分を分ける（501条3項3号）。【設例】では、CとDの不動産の価格が2対1（5000万円：2500万円）であるため、Cが3000万円を負担し、Dの負担部分は1500万円となる。したがって、Dは、Cの不動産から3000万円（4500万円−1500万円）を回収できる。

（γ）　第三取得者が数人存在する場合　　（β）と同じである（501条3項2号）。すなわち、【設例】で、Bの所有する二つの不動産（5000万円と2500万円）にAのための抵当権が設定された後に、CとDがそれぞれBから譲り受けた場合には、CとDの負担部分はそれぞれ（β）に従う。また、不動産の原所有者がBではなく、他の物上保証人である場合にも同様である。

　以上は、やや複雑ではあるものの、比較的簡単である。より複雑なのは、人的担保を負う者（保証人）と物的担保を負担する者（物上保証人または担保不動産の第三取得者）とが同時に存在する場合の、負担部分の分け方である。

（ii）　保証人と担保不動産の第三取得者

（α）　第三取得者の二類型　　担保不動産の第三取得者には次の二つの類型があり、それぞれ利益状況を異にする。すなわち、①債務者の有する担保不動産を取得した第三取得者であり、この者は、債務者と同じ利益状況にある。これに対して、②物上保証人の有する担保不動産を取得した第三取得者は、その利益状況が物上保証人と同じである。それゆえ、②の第三取得者と保証人の関係は、物上保証人と保証人の関係と同じであり、501条3項4号に従う（後述）。

　民法も、第三取得者に2つの類型があることを明らかにする。すなわち、501条3項の「第三取得者」は、「債務者から担保の目的となっている財産を譲り受けた者」であり（上記①―1号括弧書）、かつ、「物上保証人から担保の目的となっている財産を譲り受けた者は、物上保証人とみな」すことを明記する

（上記②一同5号）。また、「第三取得者から担保の目的となっている財産を譲り受けた者は、第三取得者とみな」すことも明記した（同号）。

以下では、①の第三取得者と保証人の関係のみを扱う。

（β）　保証人が弁済した場合　　弁済をした保証人は、債務者からの第三取得者に対して、代位した権利をすべて行使しうるのが原則である。すなわち、保証人は、担保物権（先取特権・不動産質権・抵当権）の目的である不動産を債務者から買った第三取得者に対して、その担保権を行使することができる（501条1項）。なぜなら、第三取得者は、登記を見れば担保物権の存在を知り、その危険を予期できるのに対し、保証人は、債務者の資力（不動産）をあてに保証し、後に不動産が売却されて代位ができないと、不測の損害を被るからである。ただし、第三取得者が、自らの危険を予期できない場合がある。すなわち、保証人がすでに弁済した後に取引をした第三取得者は、もはや担保権が実行されない（代位はない）と考えているからである。そこで、このような第三取得者を保護するために、旧501条後段1号は、保証人が弁済をした後に、第三取得者の出現前に（あらかじめ）代位の付記登記（不登4条2項・84条）をしなければ、第三取得者に対して代位することができないと規定した。換言すれば、保証人が弁済後に代位の付記登記を怠ると、その後に生じた第三取得者に対しては代位を主張しえないということであり、177条と同じ考えに基づく。それゆえ、第三取得者の生じた後に弁済をした保証人は、代位の付記登記をしなくても、その第三取得者に対して債権者に代位する（最判昭和41・11・18民集20巻9号1861頁）。

なお、物上保証人と債務者からの第三取得者との関係については、規定がない。しかし、この場合における物上保証人は、保証人と同じ利益状況にあるため、上記と同じに解される。

現行民法は、保証人・物上保証人が債務者からの第三取得者に代位できることは、501条1項から当然に導かれるため、旧501条後段1号の規律を削除した。併せて、代位についてのあらかじめの付記登記の要件も不要とした。なぜなら、①付記登記がない場合に債権が消滅したという第三取得者の信頼が生じるのかが疑問であり、かつ、②抵当権付きの債権が譲渡された場合に、付記登記が担保権取得の第三者対抗要件とされていないこととのバランスを失してい

るからである（中間試案の補足説明 296 頁）。

　（γ）　第三取得者が弁済した場合　　債務者からの第三取得者が弁済したと
しても、保証人に対して債権者に代位しない（501 条 3 項 1 号）。第三取得者は、
債務者が弁済しない限り担保権の実行を覚悟すべきであり、保証人があっても
安心すべきでないからである。これに対して、物上保証人からの第三取得者が
弁済した場合には、この第三取得者が物上保証人と同じ利益状況にあるため、
501 条 3 項 5 号による 4 号の適用により、保証人に対して代位する。

　(iii)　保証人と物上保証人

　（α）　民法の規定　　保証人と物上保証人がいる場合には、その頭数に応じ
て負担部分を分け、さらに物上保証人が複数存在するときは、保証人の負担部
分を除いた残額につき、各財産の価格に応じて、債権者に代位する（501 条 3
項 4 号）。

　前記の【設例】に、保証人 E を加えると、保証人 E と物上保証人 C および
D の負担部分は次のようになる。

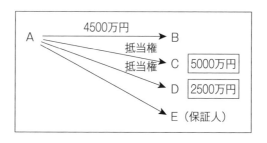

　まず、E の負担部分は、B の債務を物上保証人との頭数で割るので、1500
万円（4500 万円÷3）である。そして、C と D の負担部分は、残額 3000 万円を
不動産の価格の割合（2：1）で割るため、C が 2000 万円、D が 1000 万円とな
る。

　もっとも、501 条 3 項 4 号は、補充規定であり、物上保証人と保証人が、
「代位の割合について同号の定める割合と異なる特約」（代位割合変更特約）を
すれば、その特約が優先する。そして、代位割合変更特約は、後順位抵当権者
等の利害関係人に対しても主張することができる。なぜなら、この特約により、
後順位抵当権者その他の利害関係人が不利益を被るとしても、これらの者は、

もともと、先順位担保権者による優先弁済権の主張を「承認せざるをえない立場にあり」、特約が公示されていなくても、「その効果を甘受せざるをえない」からである（最判昭和 59・5・29 民集 38 巻 7 号 885 頁—保証人が物上保証人との特約に従い、債権者の有する根抵当権を代位した事案）。

　また、501 条 3 項 4 号では、「保証人と物上保証人の間における弁済による代位の割合は頭数によるべきことが規定されているところ、単独所有であった物件に担保権が設定された後、これが弁済までの間に共同相続により共有となった場合には、弁済の時における物件の共有持分権者をそれぞれ 1 名として右頭数を数えるべき」である。なぜなら、「弁済の時点においては、各相続人がそれぞれ相続によって自己の取得した共有持分を担保に供しているのであるから、各相続人それぞれが民法 501 条 5 号（旧法—現 501 条 3 号 4 号）の物上保証人に当たるというべき」であり、そうすることにより、「法律関係の簡明」が図られるからである（最判平成 9・12・18 判時 1629 号 50 頁）。

　(β)　二重資格者の代位割合　　では、保証人のうちの一人が物上保証人をも兼ねている場合には、どう扱うべきか。この問題については、次の判例がある。

　　最判昭和 61・11・27 民集 40 巻 7 号 1205 頁（二重資格者の代位の割合）
　　事案は複雑なので、単純化する。B 会社の A 銀行に対する 6000 万円の債務を担保するために、C・D・E・Y が保証人となり、さらに C と Y の不動産に抵当権が設定された。その価格は、C の不動産が 2000 万円、Y の不動産が 3000 万円であった。その後、Y が B に代わって 6000 万円全額を弁済し、A から代位取得した C の抵当権について競売を申し立てた。この競売においては、物上保証人および保証人の人数が、合わせて 4 名なので、Y が弁済した額（6000 万円）を頭数で割り、一人当たりの負担部分を 1500 万円とする旨の配当表が作成された。換言すれば、C の不動産（2000 万円）から 1500 万円が他の者に配分されることになる。
　　これに対して、C の不動産に後順位抵当権を有する X（C の債権者）は、物上保証人と保証人とを兼ねる者は 2 名と数えるべきであると主張した。この見解によれば、まず、6000 万円を 6 等分し、C・D・E・Y は保証人として 1000

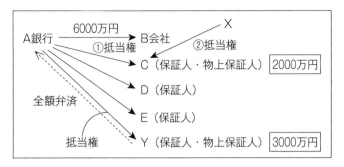

万円ずつ負担する。そして、その残額の 2000 万円につき、C と Y とが物上保
証人として、不動産価格の比率である 2 対 3（2000 万円：3000 万円）で割っ
た負担を負うことになる。すなわち、C の不動産につき 800 万円が負担部分と
なる（C は、合計 1800 万円を負担する）。その結果、当初の配当表によれば、
500 万円（2000 万円－1500 万円）しか配当されない X が、1200 万円（2000
万円－800 万円）を取得できることになる。第一審・第二審ともに、X の請求
を棄却した。X 上告。

　最高裁は、「民法 501 条但書 4 号、5 号」（平成 16 年改正前）の規定が、「代
位者の中に保証人及び物上保証人の二重の資格をもつ者が含まれる場合におけ
る代位の割合の決定基準については直接定めていない」とする。それゆえ、そ
の場合における「代位の割合の決定基準については、二重の資格をもつ者を含
む代位者の通常の意思ないし期待なるものを捉えることができるのであれば、
右規定の原則に基づき、その意思ないし期待に適合する決定基準を求めるべき
であるが、それができないときは、右規定の基本的な趣旨・目的である公平の
理念にたち返って、代位者の頭数による平等の割合をもって決定基準とするほ
かはない」とした。

　そして、「二重の資格をもつ者は代位者の頭数のうえでは二人である」との
X の主張は、「代位者の通常の意思ないし期待でないことは、取引の通念に照
らして明らか」であるとして、これを斥けた。また、「二重の資格をもつ者を
頭数のうえであくまで一人と扱い、かつ、その者の担保物の価格を精確に反映
させて代位の割合を決定すべきである」との考え（後述の責任競合説）も、
「簡明にしてかつ実行性ある基準」ではないとした。そうして、結局、「民法
501 条但書 4 号、5 号の基本的な趣旨・目的である公平の理念に基づいて、二
重の資格をもつ者を一人と扱い、全員の頭数に応じた平等の割合であると解す

　るのが相当である」と判示した（上告棄却）。

　この判決によれば、保証人と物上保証人の二重資格者は、保証人兼物上保証人として「一人と扱い」、その代位の割合は、当初の配当表のとおりとなる。
　ところで、本判決が出されるまで、この問題については、学説が分かれていた。すなわち、①一人と数える見解（一人説）も、さらに次の三つに分かれる。第一は、保証人としてみる見解であり、本件では、各自が 1500 万円を負担する。第二は、保証人兼物上保証人として一人とみる見解であり、代位の割合は第一の見解と同じであるが、二重資格者に対して代位する者が、保証債権と抵当権のいずれをも行使することができる。最高裁が採用したのは、この見解であると解される。そして、第三は、物上保証人としてみる見解であり、本件では、D と E が 1500 万円ずつを負担し、C と Y は、残額の 3000 万円を不動産の価格の割合（2：3）で分けることとなる。その結果、C が 1200 万円、Y が 1800 万円を負担する。しかし、この見解は、本件を例にすると、C の負担が単なる保証人の負担よりも小さくなり、妥当でない。
　これに対して、X の主張した②二人と数える見解（二人説）は、二重資格者が保証人と物上保証人の両者の負担を負うとする。すなわち、本件では、C と Y はそれぞれ、保証人としての 1000 万円に加えて、物上保証人として、抵当権については、C が 800 万円、Y が 1200 万円を負担することとなる。その理由は、「より重い負担を引き受けた者は、他の者に対しても、より重い出捐を忍ぶべし」（我妻・IV 261 頁）ということにある。この見解に対して、判旨は、「代位者の通常の意思ないし期待」に反するとする。すなわち、二重資格者は、確かに債権者に対しては重い責任を負うものの、代位において、他の保証人や物上保証人に対しても二重の責任を負う趣旨ではない。
　そこで、③二重資格者は、債権者に対して二重の責任を負うのであるから、代位においても、二つの責任が競合するという見解（責任競合説）がある。この見解によれば、C は、保証人として 1500 万円を負担し、他方、物上保証人として 1200 万円を負担する（上記①のうちの、第一と第三の見解を参照）。そして、両責任は 1200 万円の限度で競合するため、これが弁済された後には、保証人として 300 万円を負担すると考える。この見解は、論理的には適切である

ものの、計算が複雑になり、判旨も「簡明にしてかつ実行性ある基準」ではないとした。

　②と③の見解に対して、最高裁の見解（①の第二）は、具体的な基準としては簡明である。もっとも、これに対しては、「いかにも無理論」との批判がある（石田喜久夫・昭和 61 年度重判 77 頁）。しかし、担保物権や債権の回収に際しては、明快なルールを確立することが実務にとっては重要であり、最高裁の立場は、十分に支持されうるものである。

　㈑　代位者と債権者の関係

　弁済による代位の効果の一環として、債権者は、弁済者の代位を容易にするために、一定の協力義務を負う。具体的には、以下の二つがある。

　(ⅰ)　債権証書等の交付義務　　代位弁済によって全部の弁済を受けた債権者は、債権証書および占有中の担保物を代位者に交付しなければならない（503条 1 項）。債権証書や担保物は、全部の弁済を受けた債権者には不要であるが、代位の権利を行使する弁済者にとっては不可欠のものであるから、弁済者への交付を認めたのである。ただし、債権者が一部の弁済を受けたにとどまるときは、なお債権者は自らの権利を行使するために、債権証書等を必要とする。そこで、債権の一部について代位弁済した者に対して、債権者は、債権証書にその代位を記入し、かつ、自己の占有する担保物の保存を代位者に監督させなければならない（503条 2 項）。なお、いずれの場合にも、債権者は、担保物が不動産であるときは、その代位の付記登記に協力しなければならない。

　(ⅱ)　債権者の担保保存義務

　(α)　意義　　債権者は、法定代位（499条・500条参照）をする者の利益を保護するために、担保を保存する義務を負う。すなわち、債権者が「故意又は過失によってその担保を喪失し、又は減少させたときは」、「弁済をするについて正当な利益を有する者」（代位権者）は、「担保の喪失又は減少によって償還を受けることができなくなる限度において、その責任を免れる」（504条 1 項前段）。例えば、2000 万円の債権を有する債権者が、債務者の有する 1000 万円の不動産に抵当権の設定を受け、かつ、保証人も存在する場合に、保証人の資力が十分であるから抵当権は不要であると考えて、その抵当権を放棄することがある。しかし、そうすると、代位弁済をした保証人は、求償権を確保するた

めに、抵当権を利用することができなくなる。そこで、504 条 1 項前段は、抵当権があれば回収できた限度（1000 万円）で、保証人が保証債務を免れるものとした。つまり、保証人は、1000 万円のみを弁済すればよい。

　（β）　要件　①免責されるのは、弁済をするについて正当な利益を有する者に限られる。担保不動産の第三取得者や後順位担保権者も、弁済をするについて正当な利益を有する者であるため、504 条 1 項による免責を受けられる。また、第三取得者からの担保不動産の譲受人も、504 条 1 項の免責の効果を主張することができる。なぜなら、「債権者が故意又は懈怠により担保を喪失又は減少したときは、同条の規定により、右担保の喪失又は減少によって償還を受けることができなくなった金額の限度において抵当不動産によって負担すべき右責任の全部又は一部は当然に消滅」し、その後にその不動産が「第三者に譲渡された場合においても、右責任消滅の効果は影響を受けるものではない」からである（最判平成 3・9・3 民集 45 巻 7 号 1121 頁）。民法は、この判例法理を明文化し、「代位権者が物上保証人である場合において、その代位権者から担保の目的となっている財産を譲り受けた第三者及びその特定承継人についても、同様」に免責を受けられるとする（504 条 1 項後段）。

　②債権者の「故意又は過失」とは、担保の喪失または減少についての故意・過失であって、代位者の存否に関するものではない。問題となるのは、債権者が担保権の実行を躊躇している間に担保物の価値が下落した場合にも、債権者の過失による担保の減少であるとして、504 条 1 項の適用を認めるか否かである。通説は、原則として同条の適用を否定し、債権者の行為が信義則に反するような特別の事情があるときにのみ、その適用を肯定する。なぜなら、債権者は、担保権を実行する義務を負うものではなく、また、法定代位をすることができる者も、自ら代位弁済して担保権を実行し、担保物の値下がりの損失を防止することもできるからである（我妻・IV 265 頁）。判例も同様であり、債権者が長期間、担保権を実行せずに放置したため担保物の価値が下落した場合に、504 条の適用を認めている（大判昭和 8・9・29 民集 12 巻 2443 頁—抵当不動産を7 年間放置、大判昭和 10・12・28 民集 14 巻 2183 頁—4 年間放置）。現行民法も、「債権者が担保を喪失し、又は減少させたことについて取引上の社会通念に照らして合理的な理由があると認められるときは」、504 条 1 項の適用を否定す

る（504条2項）。

　また、担保は、物的担保または人的担保に限られる。それゆえ、債権者が債務者の責任財産を差し押さえた後に、その差押えを解除しても、担保の喪失とはならない（大判大正元・10・18民録18輯879頁）。

　（γ）　効果　　弁済をするについて正当な利益を有する者は、「その責任を免れる」。すなわち、保証人や連帯債務者は、自らが負う債務の全部または一部を免れ、また、物上保証人や担保目的物の第三取得者は、その財産が担保となり、負担する責任の全部または一部の消滅が認められる。そして、免責の額を決定する基準時は、担保の全部が喪失した場合にはその喪失の時（大判昭和6・3・16民集10巻157頁）であり、一部が喪失（減少）した場合には、残部が実行された時（大判昭和11・3・13民集15巻339頁）である。

　ところで、銀行取引約款では、保証人・物上保証人が債権者（銀行）の担保保存義務を免除する旨の特約が定められている。そして判例も、このような「保証人が民法504条により享受すべき利益をあらかじめ放棄する旨を定めた特約は有効」であるとする（最判昭和48・3・1裁判集民事108号275頁）。ただし、一般論としては、銀行が「特約の効力を主張することが信義則に反しあるいは権利の濫用に該当するものとして許されないというべき場合」があるとする（最判平成2・4・12金法1255号6頁）。さらに判例は、債権者と物上保証人との間に同特約がある場合には、その物上保証人から担保目的物を譲り受けた第三取得者もまた債権者に対し、504条1項による免責を主張できないとした。

　　最判平成7・6・23民集49巻6号1737頁（担保保存義務免除特約の効力）
　　事案を単純にすると、次のようであった。Y信用金庫のAに対する債権を担保するために、B（Aの実姉）がその所有する本件不動産に根抵当権を設定した。その根抵当権設定契約書には、「銀行取引約定書ひな型」に従い、不動文字で、「根抵当権設定者は、貴金庫（Y）がその都合によって他の担保もしくは保証を変更、解除しても免責を主張しません」という、Yの担保保存義務（504条1項）を免除する特約が付されていた。Yは、その後、Aに追加融資をするのに伴い、根抵当権の共同担保として、Aからその所有する不動産に

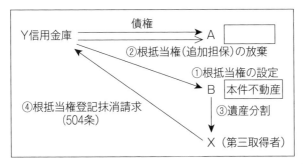

根抵当権の設定を受けた。そしてYは、Bの死亡後に、Aから追加融資分の弁済を受けて、Aの不動産に対する根抵当権を放棄した。Bの子であるXは、Yが根抵当権を放棄した後に遺産分割によって本件不動産を取得し、Yに対して、504条による免責の効果を主張して、根抵当権設定登記の抹消登記手続を求めた。

　第一審は、Xが本件不動産を取得することにより、担保義務免除特約の効力も承継されるが、Yがその特約の効力を主張することが信義則に反するとして、Xの請求を認容した。これに対して、原審は、本件放棄の時点で本件不動産を所有していたB（の相続人）が当然に担保保存義務免除特約の効力を受け、「責任消滅の効果が発生することはなく、また、その後に本件不動産を取得したXとしても、そのような責任を負担したままの本件不動産を取得」したのであるから、Yに対して免責を主張できないとした（請求棄却）。X上告。

　最高裁も、次のように判示して、Xの上告を棄却した。すなわち、「債権者が担保を喪失し、又は減少させた後に、物上保証人として代位の正当な利益を有していた者から担保物件を譲り受けた者も、民法504条による免責の効果を主張することができるのが原則である（前掲最判平成3・9・3参照）。しかし、債権者と物上保証人との間に本件特約のような担保保存義務免除の特約があるため、債権者が担保を喪失し、又は減少させた時に、右特約の効力により民法504条による免責の効果が生じなかった場合は、担保物件の第三取得者への譲渡によって改めて免責の効果が生ずることはないから、第三取得者は、免責の効果が生じていない状態の担保の負担がある物件を取得したことになり、債権者に対し、民法504条による免責の効果を主張することはできない」。

　本判決は、債権者と物上保証人との間の担保保存義務免除特約により、物上
保証人からの担保不動産の第三取得者が、「債権者に対し、民法504条による
免責の効果を主張することはできない」とする。その説明については、次の二
つの見解がある。

　一つは、第三取得者が担保物件を取得することによって、担保保存義務免除
特約の効力も承継すると解するものであり、本件第一審の採る見解である。し
かし、契約は当事者間のみで効力を有し、第三者には及ばない（契約の相対的
効力の原則）ため、この見解は適切ではない、との批判がなされている。

　もう一つは、504条1項による免責の効果が確定的に生じる物権的なもので
あり、すでに免責の効果が生じている場合には、第三取得者は、その免責の効
果を主張することができる反面、免責の効果が生じなかった場合にも、免責の
効果の生じていない物件を担保権の負担付きで取得したとする見解である。原
審と最高裁の採るものであり、この見解によれば、特約の「第三者効を認めな
くても、結果的にはこれを認めたのと同様になり、関係者間の公平にも合致す
る」（近藤崇晴・最判解説623頁）とされる。しかし、この見解では、①物権的
な効力を有する担保保存義務免除特約が公示されていないため、第三取得者が
不測の損害を被り、取引の安全を害する。のみならず、②本件と異なり、第三
取得者が物上保証人から物件を取得した後に担保の喪失・減少が生じた場合に
は、特約の効力を生じる余地がなく、504条1項の適用が認められうる。しか
し、債権者が担保を喪失しまたは減少させるのは、通常は、それによって「債
権の回収が図られるなどの事情」が存するためであり（近藤・前掲616頁）、担
保保存免除特約には、金融取引上の合理性が認められる。そうだとすれば、同
特約の第三者効を広く認めることが妥当であろう。

　ところで、担保保存義務免除特約は、銀行取引約款の内容の一つであり、当
事者間における個別の契約ではない。そして、約款に関しては、①約款の内容
の合理性と②周知性（開示）が認められる場合には、その約款を用いて取引を
する者と取引関係に入った第三者に対しても、約款の効力が及ぶことを認めて
もよいと考える。すなわち、担保保存義務免除特約の内容が合理的であるとす
れば、その約款を承諾した物上保証人のみならず、その物上保証人から物件を
譲り受けた第三取得者も、当該約款の効力が及ぶことを覚悟すべきである。た

だし、個別の事案において、債権者による担保の喪失・減少が、「金融取引上の通念から見て合理性を有し」ない場合には、債権者による特約の効力の主張が信義則に反し、権利の濫用となる（前掲最判平成7・6・23）ことはいうまでもない。

8　代物弁済

(1)　意義

(ア)　意義・機能　　債務者が、債権者の承諾を得て、その負担した給付に代えて他の給付をしたときは、その給付は、弁済と同一の効力を有する（482条）。これを代物弁済という。例えば、100万円の借金をしている債務者が、債権者に対し、「現金がないので掛け軸を受け取ってほしい」と頼み、債権者が承諾したのでその物を引き渡した場合には、弁済と同一の効力を生じる。

　このような代物弁済の機能は、①債権の回収と、②担保目的にある。すなわち、①債権の回収としては、倒産の危機に瀕した債務者の下に、債権者がいち早く駆けつけてその商品を持ち出す場合に、代物弁済が利用される。また、②担保目的としては、債権者が金銭を貸す際に、債務者が弁済できないときは、代物で弁済する旨の代物弁済の予約や停止条件付代物弁済契約を締結することがある。その代物の多くは、債務者の所有する不動産であり、通常は仮登記がなされる。そして、この形式の担保には、仮登記担保法の適用がある（担保物権法で扱う）。

(イ)　法的性質　　代物弁済は、旧法下においては、(a)現実の代物給付がなされてはじめて成立する要物契約であると解されてきた（要物契約説）。すなわち、代物給付について債権者の承諾を得ただけの段階では、代物給付契約は成立せず（奥田・債権総論558頁）、債権の目的の変更による更改（513条1項）、または代物弁済の予約が認められるにすぎないとされる。

　しかし近年は、(b)代物弁済契約が要物契約ではなく、諾成契約であり、その契約に従って代物給付がなされたときに、「弁済と同一の効力」が認められるとする見解が有力であった（鈴木・債権法講義409頁、潮見・新債権総論II84頁注248）。この見解によれば、更改と代物弁済契約の区別は、次のようになる。

すなわち、更改が成立すると、本来の債務は消滅し（513条1項）、債務者は代物給付義務のみを負う。これに対して、代物弁済契約においては、本来の債務が消滅するのは、代物給付がなされた時であり、それまでは、債務者が本来の債務の履行をすることもできるとされる（潮見・新債権総論II 84頁注248）。

　この二つの見解は、結論においては変わらないため、いずれが説明としてより適切かという問題に帰着する。そして、説明のレベルでは、後述の法律関係を簡明に説明でき、しかも旧482条の文理解釈にも反しない、(b)の見解（諾成契約説）が適切であった。現行民法も、代物弁済契約が諾成契約であることを明示し、代物の給付がされたときに債権が消滅することを明らかにした（482条）。

(2)　要件

　代物弁済によって債務が消滅するための要件は、以下の四つである。

　(ア)　債権が存在すること　　代物弁済は、債権の消滅を目的とするものであるから、債権が存在しなかった場合には成立しない。

　(イ)　本来の給付と異なる給付をすること　　給付の種類を問わないが、「弁済と同一の効力」を生じるためには、給付が実現されなければならない。すなわち、代物弁済として特定の不動産の所有権を移転する場合には、「当事者がその意思表示をなすのみでは足りず、登記その他引渡行為を終了し、法律行為が当事者間のみならず、第三者に対する関係においても全く完了」することを要する（最判昭和39・11・26民集18巻9号1984頁。大判大正6・8・22民録23輯1293頁も参照）。その理由は、代物の給付が債務を消滅させる対価であるから、第三者に対する関係でも完全に所有権が移転されなければならないことにある（我妻・IV 302頁）。

　ただし、①「当事者間において、債権者が不動産の所有権移転登記手続に必要な一切の書類を債務者から受領したときは移転登記手続の実行をまたないでただちに代物弁済による債務消滅の効力を生ぜしめる旨の特約をすることを妨げるものでは」ない。そして、このような特約が存在する場合には、債権者が債務者から「（その）書類を受領したときに、ただちに代物弁済による債務消滅の効力が生ずる」（最判昭和43・11・19民集22巻12号2710頁）。

　また、②所有権移転の効果は、代物弁済契約の意思表示によって生じる。すなわち、「不動産所有権の譲渡をもってする代物弁済による債務消滅の効果は、特段の事情のない限り、単に代物弁済契約の意思表示をするだけでは生ぜず、所有権移転登記手続を完了した時に生ずるが、このことは、代物弁済による所有権移転の効果が、原則として当事者間の代物弁済契約の成立した時にその意思表示の効果として生ずることを妨げるものではない」（最判昭和60・12・20判時1207号53頁。同旨、最判昭和40・3・11判タ175号110頁）。そして、代物弁済による所有権移転の意思表示の後、その所有権移転登記手続の完了前に、債務者が本来の債務の給付をしたときは、代物弁済契約は、「弁済による既存債務の消滅によって、その効力を失う」（最判昭和43・12・24判時546号60頁）。この②の帰結を、(a)の見解（要物契約説）によって説明することは容易ではない。

　(ウ)　**本来の給付に代えてなされること**　　債務者が、債権者に対して、既存の債務のために手形を交付した場合には、既存の債務を消滅させて手形上の債権のみにする意思（弁済に代えて）ではなく、まず手形上の債権で弁済に充て、それができないときは既存の債権を行使するという意思（弁済のために）であると推定される（大判大正11・4・8民集1巻179頁）。なぜなら、手形は不渡りになる危険があり、債権者が現実に金銭を取得するか否かは確実ではないからである（我妻・IV 303頁）。ただし、既存の債務について手形を交付することが、例外的に履行に代えてなされた場合には、代物弁済となる。以上は、小切手についても同様である。

　(エ)　**債権者との間で契約をしたこと**　　代物弁済は、債権者との契約によってなされる。なお、代物弁済は、債務者のみならず、第三者（474条参照）もすることができる。

(3)　効果

　代物弁済は、「弁済と同一の効力を有する」。すなわち、代物の価格に関係なく、債務は全部消滅する。ただし、当事者間の合意によって、債権の一部についての代物弁済も可能である。

　では、代物弁済として給付された物が契約に適合しなかった場合はどうか。

現行民法では、契約の不適合の一場合として処理される（559条による562条以下の準用—契約法で扱う）。

9 弁済供託

(1) 意義

弁済供託とは、弁済者が弁済の目的物を債権者のために供託所に寄託して、その債務を免れる制度である（494条）。債務者は、弁済の提供をすれば、債務の不履行によって生ずべき一切の責任を免れる（492条）。しかし、それによって債務が消滅するわけではなく、債務者は、債権者が履行の請求をすれば直ちに履行できるよう、準備を継続しなければならない。そこで、このような債務者の負担を軽減するために、債権者の協力なしに債務を消滅させる制度として、弁済供託が認められている。

弁済供託が実際によく利用されるのは、不動産の賃貸借である。すなわち、賃貸借の解除や賃料の増額などの契約をめぐる紛争が生じ、賃貸人が賃料を受領しない場合に、賃借人が放置しておくと、賃料の不払を理由に契約を解除されるおそれがある。そこで賃借人は、賃貸借契約を維持しつつ賃料債務を消滅させるために、弁済供託を利用する。

弁済供託の法的性質は、第三者のためにする寄託契約（537条）である。すなわち、供託者（弁済者）と供託所との間の契約は寄託（657条）であり、これによって債権者に寄託契約上の権利を取得させることとなる。ただし、第三者のためにする契約と異なり、弁済供託によって債務者の債務は消滅する。供託所は法務局等（供託1条）の国家機関であり、これに対する債権は確実であるため、債務者の債務を消滅させても、債権者に不利益がないからである。

なお、494条以下の定める供託は「弁済供託」であり、以下では弁済供託を対象とする。そのほか、供託には、担保のための供託（366条3項・461条2項）、保管のための供託（商527条）、執行供託（民執156条）、選挙の際の特別供託（公選92条）などがある。そして、供託手続一般については、供託法が定めている。

(2)　手続・要件

(ア)　手続　　弁済供託は、債務者その他の弁済をなしうる者が、原則として債務履行地の供託所に対して（495条1項）、弁済の目的物（供託物）と供託書とを差し出すことにより行う（供託法2条）。供託所は、供託法1条および5条によるが、これらによっても定まらない場合には、裁判所が、弁済者の請求により、供託所の指定をする（495条2項）。また、不動産のように、供託所に供託できない場合には、弁済者は、裁判所に請求して、供託物の保管者を選任させ、これに供託することができる（495条2項）。

供託の目的物は動産に限らず、不動産でも可能である。ただし、現実には金銭の供託が多い。弁済の目的物自体を供託するのが原則であるが、①目的物が供託に適さないか（爆発物など）、②滅失・損傷のおそれがあるか（生鮮食品など）、または③保存について過分の費用を要するとき（家畜など）は、弁済者は、裁判所の許可を得て目的物を競売し、その代価を供託することができる（497条1-3号）。民法は、さらに、④「その物を供託することが困難な事情があるとき」を加えた（497条4号）。

なお、供託者は、遅滞なく債権者に供託の通知をしなければならない（495条3項）。ただし、供託に際して供託者が、供託通知書と郵便切手を付した封筒を提出すれば、供託官が被供託者に通知を発送する（供託規16条・18条・20条）ため、供託者自らが通知をする必要はない。

(イ)　要件　　弁済供託の要件としては、次の二つが要求される。

(i)　供託の目的物が債務の本旨に従ったものであること　　弁済供託は、債権者が供託所に対して債権を取得するため、債務の消滅の効果を生じるものである。それゆえ、債権者に本来の債務と同一内容の債権を取得させるような供託をしなければならない。すなわち、債権額の一部を供託しても、供託の効力は生じない（大判明治44・12・16民録17輯808頁）。ただし、供託金額が債務の総額に比してごくわずかな不足しかない場合には、供託は有効となる（最判昭和35・12・15民集14巻14号3060頁—債務額約15万円に比し1300円の不足）。また、債務の一部ずつの弁済供託がなされた場合であっても、各供託金の合計額が債務の全額に達したときは、その全額について有効な供託があったものと解される（最判昭和46・9・21民集25巻6号857頁）。さらに、最高裁は、「交通

事故によって被った損害の賠償を求める訴訟の控訴審係属中に、加害者が被害者に対し、第一審判決によって支払を命じられた損害賠償金の全額を任意に弁済のため提供した場合には、その提供額が損害賠償債務の全額に満たないことが控訴審における審理判断の結果判明したときであっても、原則として、その弁済の提供はその範囲において有効なものであり、被害者においてその受領を拒絶したことを理由にされた弁済のための供託もまた有効」であるとした（最判平成 6・7・18 民集 48 巻 5 号 1165 頁）。

　このほか、債権者が供託金を受領するのに、本来の債権にはない条件を付けることも許されない。例えば、抵当権設定登記の抹消を反対給付の内容とする供託は、債務の本旨に従ったものではない（最判昭和 41・9・16 判時 460 号 52 頁）。

　(ii)　供託原因があること　　債務者が弁済供託をすることができるのは、次の三つの場合（供託原因）に限られる。

　①　債権者の受領拒絶（494 条 1 項 1 号）　　口頭の提供の要件（493 条ただし書）と類似するが、493 条ただし書と異なり、「あらかじめ」という要件がない。そこで、弁済供託と口頭の提供との関係をどのように解するかが問題となる。(a)判例は、債権者があらかじめ受領を拒んでいる場合にも、債務者は、原則として、口頭の提供をしてからでないと供託できないとする（大判明治 40・5・20 民録 13 輯 576 頁、大判大正 10・4・30 民録 27 輯 832 頁）。ただし、例外的に、口頭の提供をしても、債権者が受領しないことが明らかな場合には、口頭の提供は不要であり、債務者は直ちに供託をすることができる（大判明治 45・7・3 民録 18 輯 684 頁、大判大正 11・10・25 民集 1 巻 616 頁）と解している。これに対して、(b)通説的見解は、判例のように厳格に解する必要はなく、債権者の受領拒絶があれば口頭の提供をしなくとも、それだけで供託原因になるとする。換言すれば、債権者の受領拒絶により、債務者は、口頭の提供をして債務不履行責任を免れるか、または供託をして債務を免れるかを選択しうると主張する（我妻・IV 308 頁）。

　弁済供託は、債務者が自己の債務不履行責任を免れるだけでなく、その債務をも消滅させる制度であるから、厳格に解すべきであり（星野・III 276 頁）、判例のように解するのが妥当である。現行民法も判例を前提に、債権者の受領拒

絶に弁済の提供があったことを要求する（494 条 1 項 1 号）。

②　債権者の受領不能（494 条 1 項 2 号）　受領不能について、債権者の責めに帰すべき事由は不要である。それゆえ、判例は、債務者が弁済をするつもりで債権者宅に電話したところ、家人が本人不在のため受領ができないと答えた場合にも、受領不能に当たるとした（大判昭和 9・7・17 民集 13 巻 1217 頁）。

③　債権者の不確知（494 条 2 項）　「弁済者が債権者を確知することができない」ことを要する。例えば、債権者の相続人と称する者の相続権の有無が不明な場合がこれに当たる。このほか、債権が二重に譲渡され、いずれの債権者が優先するのか不明な場合については、前述した。ただし、弁済者の過失によって債権者を確知することができないときは、この限りでない（同 2 項ただし書）。

(3) 効果

(ア)　基本的効果　弁済供託により、債務が消滅する（494 条）。ただし、弁済供託は、弁済者の便宜のための制度であるから、弁済者は、供託をした後も、一定の事由が生じるまでは、供託物を取り戻して、債権者に対し直接に債務の履行をすることができる。そして、弁済者が供託物を取り戻した場合には、供託をしなかったものとみなされる（496 条 1 項）。そうだとすれば、供託によって債務が確定的に消滅するのは、弁済者が供託物の取戻権を失ったときである。それまでの間の法律関係については、弁済供託によって債務は消滅するが、弁済者が供託物を取り戻すと、債務が消滅しなかったことになると説明される。つまり、供託物の取戻しを、遡及効のある解除条件とする（解除条件説—我妻・IV312 頁）。これに対しては、弁済者が取戻権を失ったことを停止条件とする見解（停止条件説）も存在するが、494 条（供託により「債務を免れる」）と496 条 1 項（弁済者が供託物を取り戻すと、「供託をしなかったものとみな」される）の解釈からは無理がある。また、解除条件説によれば、弁済者は、供託によって債務が消滅したものとして、強制執行や担保権の実行を中止することができる。もっとも、停止条件説によっても、これらの中止の請求により、弁済者は取戻権を放棄したものと解するため、結論としては変わらない。

(イ)　債権者の供託物還付請求権　債権者は、供託所に対して、供託物の交

付を請求する権利を有する（498条1項）。供託法では、「供託物ノ還付ヲ請求スル」権利（供託8条1項―供託物還付請求権）という。債権者の受益の意思表示（537条2項参照）は不要であるが、債務者が同時履行の抗弁（533条）を有するなど、債権者の給付に対して弁済をすべき場合には、債権者は、その給付をしなければ、供託物を受け取ることができない（498条2項、供託10条）。

　(ウ)　弁済者の取戻権　　弁済者は、原則として、供託物を取り戻すことができ、その場合には供託をしなかったものとみなされる（496条1項）。ただし、以下の場合には、供託物を取り戻すことができなくなる。

　①　債権者が供託を受諾したとき（496条1項前段前半部分）　　この受諾は、債権者が供託所または債務者に対する意思表示によって行う（我妻・IV 314頁）。ただし、債務者に対する意思表示では、供託所にその事実がわからず、実際の取扱いが困難である、との指摘がなされている（中田・債権総論383頁）。

　②　供託を有効と宣告した判決が確定したとき（496条1項前段後半部分）

　③　供託によって質権または抵当権が消滅したとき（496条2項）　　弁済供託によって債務が消滅するから、その債務に付従する担保権も消滅する。そして、「供託をしなかったものとみな」されると、これらの権利も復活するはずである。しかし、質権と抵当権について復活を認めると、第三者に不測の損害を及ぼすおそれがある。そこで、この場合には、取戻権が発生しないとした。

　④　弁済者が取戻権を放棄したとき　　民法に規定はないが、放棄も認められる。

　⑤　取戻権が時効消滅したとき　　供託金取戻請求権は、供託者が供託による免責を受ける必要が消滅した時から10年の消滅時効にかかる（最判昭和45・7・15民集24巻7号771頁、最判平成13・11・27民集55巻6号1334頁）。弁済者は、供託の時から取戻権を行使できるので、供託の時から消滅時効が進行する（166条1項2号）とも考えることができる。しかし、「弁済供託は、債務者の便宜を図り、これを保護するため、弁済の目的物を供託所に寄託することによりその債務を免れることができるようにする制度であるところ、供託者が供託物取戻請求権を行使した場合には、供託をしなかったものとみなされるのであるから、供託の基礎となった債務につき免責の効果を受ける必要がある間は、供託者に供託物取戻請求権の行使を期待することはできず、供託物取戻請

求権の消滅時効が供託の時から進行すると解することは、上記供託制度の趣旨に反する結果となる」（前掲最判平成 13・11・27）。それゆえ、最高裁は、「供託の基礎となった債務について消滅時効が完成するなど、供託者が免責の効果を受ける必要が消滅した時」を起算点としたのである。

　なお、現行民法では、弁済者が供託金取戻請求権を行使することができることを知った時から 5 年の消滅時効も認められる（166 条 1 項 1 号）。

第 3 節　相殺

1　意義

(1)　意義・方法

　相殺とは、債務者が、その債権者に対して、自らもまた同種の債権を有する場合に、その債権と債務とを対当額において消滅させる旨の意思表示である（505・506 条参照）。例えば、A が B に対して 100 万円の金銭債権を有し、B が A に対して 50 万円の金銭債権を有している場合には、B の A に対する相殺の意思表示により、B の A に対する 50 万円の債権を消滅させるとともに、A の B に対する債権を 50 万円に減ずることができる。つまり、相殺とは、債権債務の差引決済をすることである。

```
┌─────────────────────────────────────────┐
│         100万円（受働債権）              │
│  A ◀─────────────────────▶ B（相殺の意思表示）│
│          50万円（自働債権）              │
└─────────────────────────────────────────┘
```

　このような相殺は、当事者の契約によっても可能である（相殺契約）。しかし、民法は、相殺を当事者の一方（例えば B）の意思表示によってできることとした（506 条）。そして、相殺の意思表示をする側(B)の債権を「自働債権」といい、相手方(A)の債権を「受働債権」という。

　なお、外国には、相殺の要件を満たせば、当事者が知らなくても、法律上当然に両債権が対当額で消滅するとする立法例（当然相殺主義）もある（例、フ民

1347条）。このような立法例は、両債権が当然に清算されたと考える当事者の期待には適合する。しかし、当事者が知らないで債務を履行した場合などには、法律関係が複雑となる。そのため、日本民法は、近世の多くの立法例に従い、「相殺は、当事者の一方から相手方に対する意思表示によってする」ものとした（506条1項前段）。この相殺の意思表示には、条件または期限を付することはできない（同後段）。期限を付しても、相殺による効力は「相殺を適するようになった時」にさかのぼるため（506条2項）無意味であり、また、条件を付すと、相殺が一方的な意思表示であるだけに、相手方に不当な不利益を与えることとなるからである。

(2)　根拠

　民法が相殺を認める根拠については、次の三つが挙げられている。

　第一は、相殺が債権債務の簡易な決済手段となることである。すなわち、前述のAとBが、相殺により、対当額についてはそれぞれ弁済をする必要がなくなり、実際に便利である。

　第二は、公平の要請である。すなわち、Bが弁済したのにAが弁済しないままでいて、Aが支払不能になると、Aは全額の弁済を受けられたのに、Bは弁済を受けられず、公平に反する。そこで、相殺により、両者の債権が対当額で消滅したと扱うのが、公平に適する。

　第三に、以上の二つ（便利・公平）の結果、相殺には担保的機能が認められる。例えば、Dに対して50万円の預金債務を負担するC銀行がDに100万円を貸し付け、他方、Dに対して100万円の債権を有するEがいて、Dが破産した場合には、本来であれば、CとEとはDの有する50万円の預金を25万円ずつ分けるにすぎない。しかし、Cからの相殺が認められると、Cは50万円を確実に回収でき、その反面、Eは債権を回収できなくなる。つまり、Cは、Dに対して負っている債務の額の限度で、債権の担保を有することとなり、このようなCの相殺に対する期待を保護する必要がある。

(3)　合意による相殺

(ア)　相殺契約　　相殺契約とは、当事者間の相対立した債権を対当額で消滅させる旨の合意である。この場合に、債権が消滅するのは、契約の効力によるものであるから、その効力が遡及するか否かは、合意によって定められる。また、民法の規定する相殺の要件や禁止事由の適用も受けない。

　商人間の平常取引において、一定の期間内の取引から生ずる債権および債務の総額について清算をする交互計算契約（商 529 条）も、相殺契約の一つである。なお、相殺契約に対して、民法が定める一方の意思表示による相殺を法定相殺という。

(イ)　相殺予約　　相殺契約とは異なり、将来一定の事由が発生したときに相殺することができる旨の合意を、一般に、相殺予約という。これには、次の三つのものがある。

(i)　相殺契約の予約　　当事者の一方が相殺予約の完結権を行使することによって相殺の効果が発生するものであり、556 条（559 条による準用）の予約である。

(ii)　停止条件付相殺契約　　一定の事由が発生したときに、意思表示がなくても、当然に相殺の効力が生じる旨の契約である。例えば、銀行取引においては、債務者が支払を怠ったときは、銀行の貸付債権と債務者の銀行に対する預金債権の間に当然に相殺の効力が生じる旨の約定がなされることがある。

(iii)　準法定相殺　　債務者の支払不能や信用の悪化などの一定の事由の発生によって、債務者の期限の利益が喪失し（137 条参照）、自働債権の弁済期が到来するとともに、受働債権については期限の利益を放棄して（136 条 2 項）、相殺する旨の特約である。この場合には、相殺の意思表示が必要であるため、停止条件付相殺契約とは異なり、法定相殺の一種である。しかし、その要件を緩和し、両債権の弁済期を到来させて、相殺適状を生じさせる特約である。

2 要件

相殺の要件は、両債務について原則的に必要とされる一定の要件（相殺適状）と、相殺の許されない場合（相殺禁止事由）とに分けられる。

(1) 原則的要件——相殺適状

債務者が相殺をしうるためには、次の四つが必要である。

(ア) 債権が対立していること　「二人が互いに」債務を負担する場合であること（505条1項本文）が要件となる。ただし、旧法下においては、連帯債務（旧436条2項）と保証債務（旧457条2項）の場合には、第三者の有する債権を自働債権として相殺することができた。しかし、第三者の債権を相殺に供することを認めるのは、相殺権を有する連帯債務者および主たる債務者の財産管理権に対する過剰な介入となる。そこで、現行民法は、相殺の援用を認めず、連帯債務者または主たる債務者が相殺を援用しない間は、その連帯債務者の負担部分または主たる債務者が債務を免れる限度において、他の連帯債務者および保証人は、債権者に対して債務の履行を拒むことができるとした（439条2項—連帯債務・457条3項—保証債務）。また、連帯債務（443条1項）、保証債務（463条1項）および債権譲渡（469条）の場合には、第三者に対する債権を自働債権として相殺することができる。

問題となるのは、相殺の相手方が第三者に対して有する債権を受働債権として相殺しうるかである。具体的には、抵当不動産の第三取得者が抵当権者に対して有する債権によって相殺し、抵当権の被担保債権を消滅させることができるかが争われる。

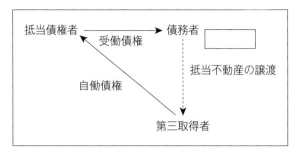

　判例は、これを否定した。すなわち、第三取得者は、被担保債権を弁済するにつき正当の利益を有し、第三者弁済（474条）をすることができるが、債権者に対して「自ラ債務ヲ負担スル」者ではなく、また、相殺は「弁済ト其ノ性質ヲ異ニスル」ため、第三取得者がたまたま抵当権者に対して債権を有していたとしても、これを自働債権として相殺することはできないとする（大判昭和8・12・5民集12巻2818頁）。これに対して、有力な見解は、物上保証人や抵当不動産の第三取得者のように、他人の債務について責任を負う者が、自己の責任を免れるために、その基礎となる他人の債務を自己の債権で相殺することは認めてよいとする（我妻・IV 323頁）。

　㋑　両債権が「同種の目的を有する」こと（505条1項本文）　　種類債権の中でも、金銭債権が相殺に適する。両債権が同種の目的を有していれば、その履行地が異なっても相殺できる（507条）。

　㋒　両債権が弁済期にあること（505条1項本文）　　弁済期の定めのない自働債権は、債権者がいつでも弁済を請求することができるから、債権成立と同時に弁済期にある（大判昭和17・11・19民集21巻1075頁）。これに対して、自働債権の弁済期が定められているときは、その期限が到来するまで、相殺できない。なぜなら、期限は、債務者の利益のためにある（136条1項）ので、それを一方的に奪うことはできないからである。しかし、期限の利益は放棄することが可能である（136条2項）ため、自働債権が弁済期にあれば、その者の債務（受働債権）については期限の利益を放棄することにより、弁済期前でも相殺が可能となる（大判昭和8・5・30民集12巻1381頁）。

　ただし、判例は、すでに弁済期にある自働債権と弁済期の定めのある受働債権とが相殺適状にあるというためには、受働債権につき、期限の利益を放棄す

ることができるというだけではなく、期限の利益の放棄または喪失等により、その弁済期が現実に到来していることを要するとした。その理由は、①「双方の債務が弁済期にあるとき」という 505 条 1 項の文理からは、自働債権と受働債権の双方の債務の弁済期が現実に到来していることが要件とされていること、および、②受働債権の債務者が既に期限の利益を享受しながら、後にそれを相殺によって遡及的に消滅させるのは「相当でない」ことにある（最判平成 25・2・28 民集 67 巻 2 号 343 頁）。

　なお、弁済期の定めのない受働債権は、いつでも弁済しうるため、相殺できる（大判昭和 8・9・8 民集 12 巻 2134 頁）。

　㈎　債権の性質が相殺を許すものであること（505 条 1 項ただし書）　例えば、なす債務のように、現実の履行をしなければ債権の目的を達成できないものは、その性質上相殺が許されない。また、抗弁の付着する債権を自働債権とする相殺はできない（大判昭和 13・3・1 民集 17 巻 318 頁—同時履行の抗弁、最判昭和 32・2・22 民集 11 巻 2 号 350 頁—催告・検索の抗弁権）。これに対し、受働債権に抗弁が付着しているときは、債務者はその抗弁を放棄しうるため、相殺することができる。

　以上の要件を満たす債権の対立がある状態を、相殺適状という。相殺適状を生じると、その状態の存続する間は、相殺の意思表示をすることができる。しかし、相殺適状になっても、相殺の意思表示をしない間に、一方の債権が弁済等によって消滅した場合には、もはや相殺できない。ただし、民法は、時効によって消滅した債権がその消滅以前に相殺適状にあった場合には、その債権者は、相殺をすることができるとした（508 条）。同条は、相殺適状にある債権を有する当事者が、債権関係が決済されたものと考えるのが通常であるから、その信頼を特に保護したものである。それゆえ、すでに消滅時効の完成した債権を譲り受けても、これによる相殺は認められない（最判昭和 36・4・14 民集 15 巻 4 号 765 頁）。また、当事者の相殺に対する期待を保護するという民法 508 条の趣旨からは、同条が適用されるためには、消滅時効が援用された自働債権はその消滅時効期間が経過する以前に受働債権と相殺適状にあったことを要する（前掲最判平成 25・2・28）。

　ただし、相殺適状になっても、相殺禁止事由のある場合には、相殺すること

ができない。

(2) 相殺禁止事由

(ア) **意思表示による相殺の禁止**　当事者は、契約による債権については契約により、単独行為によるものはその単独行為によって、相殺を禁止または制限することができる。ただし、相殺禁止の意思表示は、善意・無重過失の第三者に対抗することができない（505条2項）。現行民法は、債権譲渡制限特約の規定（466条3項）と平仄を合わせ、第三者に無重過失を要求したのである。

(イ) **受働債権とすることができない場合**　法律上、ある債権を受働債権として相殺することができない場合が三つある。

(i) **不法行為による損害賠償債務**　旧法は、債務が不法行為によって生じたときは、その債務者（加害者）は、相殺をもって債権者（被害者）に対抗することができないとしていた（旧509条）。その趣旨は、①加害者が、現実かつ速やかに被害者に対して損害賠償を支払うべきこと（「薬代は現金で」）と、②不法行為の誘発（腹いせ）の防止である。すなわち、②は、金銭債権を有する債権者が債務者から弁済を得られないので、その腹いせに、債務者に対して不法行為をして、その損害賠償債務で相殺することを防止するものである。それゆえ、反対に、不法行為に基づく損害賠償債権を有する者が、それを自働債権として相殺することは許された（最判昭和42・11・30民集21巻9号2477頁）。

ところで、最高裁は、①の理由を強調し、当事者双方の「過失に基因する同一事故によって生じた物的損害に基づく損害賠償債権相互間においても、民法509条の規定により相殺が許されない」とした（最判昭和49・6・28民集28巻5号666頁、最判昭和54・9・7判時954号29頁）。しかし、昭和54年判決に付された大塚喜一郎裁判官の反対意見は、「当事者双方の過失に起因する同一の交通事故によって生じた物的損害に基づく損害賠償債権相互間においては、相殺が許される」とする。その理由は、人的損害と異なり物的損害には①の趣旨が妥当せず、また、②双方の過失による交通事故は、相殺の禁止によってその「誘発を防止することを期待できない」ことにある。学説の多くも、同条の適用範囲を限定し、受働債権が人的損害であるか、または、故意の不法行為についてのみ適用されるとした。

　民法も、このような学説を採用し、同条の適用範囲を、①「悪意による不法行為に基づく損害賠償の債務」（509条1号）と②「人の生命又は身体の侵害による損害賠償の債務」（同2号）に限定する。このうち、①の「悪意」は、単なる故意で足りず、「損害を与える意図」（中間試案）のような、積極的な害意を要求する趣旨である（部会資料69B・3頁）。

　(ii)　差押禁止債権　　差押えが禁止された債権を受働債権として相殺することはできない（510条）。例えば、年金債権（民執152条1項1号）や賃金債権（同2号）などは、現実に履行されないと債権者の生活がおびやかされるため、その差押えが禁じられている。510条も同様の趣旨から、これらの債権を受働債権として相殺することができないとした。

　(iii)　差押えを受けた債権　　債権が差し押さえられると、第三債務者は自己の債権者に対して弁済することができない（481条1項、民執145条1項）。例えば、Bに対する債権者Aが、BのC（第三債務者）に対する債権を差し押さえた場合に、Cは、Bに弁済することはできず、かりに弁済しても、さらにAに弁済しなければならない（481条1項）。

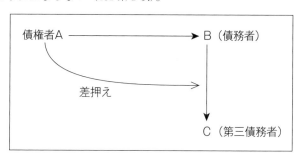

　では、差押えの後に、Cが、Bに対する債権をもって相殺することはできるか。相殺も弁済に準じるとすれば、481条により、相殺は禁止されよう。しかし、差押えより前に相殺適状にあれば、相殺の効果は遡及するため、相殺が認められるとも考えられる。そこで、民法は、差押えを受けた第三債務者が、その後に取得した債権によって相殺することはできないとした（旧511条・現511条1項前半部分）。上記の例で、Aの差押えの後に、DのBに対する債権を譲り受けたCが、その債権を自働債権として（つまり、BのCに対する債権を受働債権として）相殺することはできない。また、Bも、Aの差押えにより債

権の取立てを禁じられるため、Ｃに対する債権を自働債権として相殺すること
ができない（民執145条1項）。そして、旧511条の反対解釈により、Ａの差押
えの前にＣがＢに対する債権を有していれば、それを自働債権として、差押
え後に相殺することができる。ただし、その場合に、両債権の弁済期に関係な
く、常に相殺できるかが問題となった。

(3)　債権の差押えと相殺

(ア)　問題の所在　　銀行(Ｙ)が貸付けを行う際には、その相手方(Ａ)に定期
預金をさせる。そして、Ａの他の債権者Ｘ（例えば、租税債権を有する国）がこ
の定期預金債権を差し押さえた場合に、Ｙは、自己の定期預金債務（受働債
権）については期限の利益を放棄し（136条2項）、貸付債権（自働債権）につ
いては期限の利益を喪失させて（137条）、両債権を相殺する旨の特約（相殺予
約）を結んでおくのが通常である（銀行取引約款）。その結果、Ｘが定期預金債
権を差し押さえても、同債権は相殺により消滅し、Ｘは損失を被るが、Ｙは
債権の一部を回収することができる。

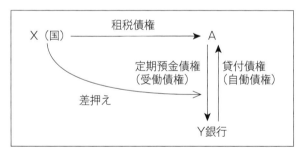

ところで、旧511条によれば、Ｘによる債権の差押えの前にＹの債権が存
在すれば、差押え後の相殺も有効となるから、Ｙの目的が達成される。しか
し、そうすると、Ｙは常にＸに優先することとなり、しかも、Ｙの相殺予約
は公示されないため、Ｘが不測の損害を被ることになる。そのため、相殺の
効力を制限する見解（制限説）と、そうでない見解（無制限説）とが対立した。

(イ)　制限説（昭和39年判決）　　かつての判例（最判昭和39・12・23民集18
巻10号2217頁）は、旧511条を制限的に解し、相殺予約のある場合とない場
合とを区別せず、次のように判示した。まず、旧511条の反対解釈により、差

押え前の債権による相殺が認められるのは、第三債務者が、「差押前既にこれを以って被差押債権と相殺することにより、自己の債務を免れ得る期待を有していたのであって、かかる期待利益をその後の差押により剥奪することは第三債務者に酷」だからである。それゆえ、「第三債務者が差押前に取得した債権であるからといって、その弁済期の如何に拘わらず、すべて差押債権者に相殺を対抗し得るものと解することは正当ではない」。すなわち、①「差押当時両債権が既に相殺適状にあるときは」もちろん、自働債権の弁済期が、被差押債権（受働債権）の弁済期よりも先に到来するときは、Yは、旧511条の反対解釈により、相殺をもってXに対抗することができる。なぜなら、貸付債権の弁済が先に到来するのであれば、Yは、定期預金債務（受働債権）については期限の利益を放棄して相殺することができ、このようなYの「将来の相殺に関する期待は正当に保護さるべき」だからである。これに対し、②自働債権の弁済期が受働債権の弁済期より後に到来する場合には、Yは、相殺をもってXに対抗することができない。なぜなら、受働債権の弁済期が到来しても、Yは、「自己の反対債権の弁済期が到来していないから、相殺を主張」できず、したがって、相殺により「自己の債務を免れ得るという正当な期待を有して」ないのみならず、「既に弁済期の到来した被差押債権の弁済を拒否しつつ、自己の自働債権の弁済期の到来をまって相殺を主張するが如きは誠実な債務者とはいいがた」いからである。

　もっとも、②を想定して、Yは相殺予約を結んでいる。しかし、最高裁は、相殺予約がXには対抗できないとした。なぜなら、この場合に「相殺予約の効力を認めることは、私人間の特約のみによって差押の効力を排除する」ことになるからである。

　(ウ)　無制限説（昭和45年判決）　昭和39年判決の後、最高裁はその態度を改め、両債権の弁済期の先後を問わずに、Yは相殺をもってXに対抗しうるとした（最大判昭和45・6・24民集24巻6号587頁）。

　まず、最高裁は、次のように相殺の担保的機能を認める。すなわち、相殺の制度は、「相殺権を行使する債権者の立場からすれば、債務者の資力が不十分な場合においても、自己の債権については確実かつ十分な弁済を受けたと同様な利益を受けることができる点において、受働債権につきあたかも担保権を有

するにも似た地位が与えられるという機能を営む」。そして、この担保的機能
は、「現在の経済社会において取引の助長にも役立つものであるから、この制
度によって保護される当事者の地位は、できるかぎり尊重すべきものであって、
当事者の一方の債権について差押が行なわれた場合においても、明文の根拠な
くして、たやすくこれを否定すべきものではない」とする。そうして、旧511
条の文言に従い、「第三債務者は、その債権が差押後に取得されたものでない
かぎり、自働債権および受働債権の弁済期の前後を問わず、相殺適状に達しさ
えすれば、差押後においても、これを自働債権として相殺をなしうるものと解
すべき」であるとした。

　(エ)　民法（債権関係）の改正　　現行民法は、旧511条の規定に、差押えを
受けた債権の第三債務者は、「差押え前に取得した債権による相殺をもって対
抗することができる」との一文を加え（511条1項後半部分）、無制限説を採用
することを明らかにした。無制限説は、現在では確立した判例法理であり、銀
行実務もこれを前提に動いているからである。

　もっとも、銀行実務においては、金員の貸付けに際して、前述のように、債
務者に定期預金をさせることにより担保を取るのが通常である。しかし、その
定期預金債務の満期は偶然に左右されるため、その先後で相殺の可否が決めら
れると、銀行としては不測の損害を被ることになる。そこで、これに対処する
ために、銀行取引においては例外なく相殺予約（準法定相殺）がなされている
（銀行取引約款）。

　このような銀行実務を背景として、学説では、相殺予約がなされている場合
とそうでない場合とを区別して論じる見解が有力であった。この見解によれば、
相殺予約がある場合には、約款の内容の合理性と周知性とを前提に、その効力
が、約款を用いて取引を行った者と取引関係に入った第三者にも及ぶとする。
換言すれば、銀行取引のように、相殺予約が約款に規定されている場合には、
その第三者効が認められるが、そうでない場合には、相殺予約の効力が否定さ
れる。そして、相殺予約のない場合や、その第三者に対する効力が否定される
場合には、相殺予約がないと考えている差押債権者を保護する必要があるとと
もに、相殺に対する合理的な期待を持たない第三債務者を保護する必要がない
ため、結論的には、制限説が妥当であるとする。

　しかし、最高裁昭和45年判決は、前述のように無制限説に立ち、相殺予約がない場合にも相殺が認められるとした。そして、現行の511条1項は、このような判例法理を採用したものである。そうだとすれば、「差押えと相殺予約（期限の利益喪失特約）の優劣に関しては、解釈に委ねられている」（潮見・概要199頁）とはいえ、今後の実務は、511条1項を根拠に、相殺予約の有無にかかわらず、相殺の担保的機能を認めると考えられる。

　また、民法は、差押え後に取得した債権による相殺に関して、第三債務者は、「差押え前の原因に基づいて生じた」債権を自働債権とする相殺をもって差押債権者に対抗することができるとした（511条2項本文）。第三債務者の相殺に対する期待を保護するためである。例えば、主たる債務者の委託を受けた保証人は、保証債務を弁済すると、弁済による代位により、債権者が主たる債務者に対して有していた原債権を取得する（501条1項）とともに、自己固有の権利として、主たる債務者に対する求償権を取得する（459条）。それゆえ、差押え前に委託を受けた保証人は、差押え後に保証債務を履行したことにより生じた事後求償権を自働債権として相殺することができる。ただし、第三債務者が差押え後に他人の債権を取得した場合は、相殺に対する期待は保護に値しないため、相殺を差押債権者に対抗することはできない（511条2項ただし書）。

(4)　債権譲渡と相殺

　上記と類似の問題として、債権譲渡と相殺がある。例えば、AとBが互いに金銭債権を有していたが、Aがその債権をCに譲渡した場合に、Bは、相殺をすることができるか。ここでは、Bは、債権譲渡の対抗要件具備時までにAに対して生じた事由をもってCに対抗することができる（468条1項）ため、対抗要件具備の時点における両債権の弁済期の関係が問題となる。

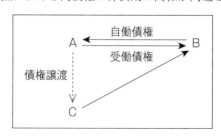

　判例は、譲渡通知の時点（昭和 42 年 9 月 14 日）では、両債権ともに弁済期が到来せず、受働債権の弁済期（同年 12 月 3 日）の方が自働債権の弁済期（昭和 43 年 1 月 13 日）よりも先に到来するという事案につき、B のした「相殺をもって C に対抗しうる」とした（最判昭和 50・12・8 民集 29 巻 11 号 1864 頁）。結論的には無制限説と同じであるが、その事案は、C が B（会社）の「取締役兼従業員」であり、判決も一つの事例判断にとどまる。

　学説は多岐にわたり、債権取引の安全、および、譲渡禁止特約（466 条 2 項）による債務者(B)の防衛手段の存在を理由に、差押えと相殺については無制限説を採りつつ、その場合におけるよりも相殺権者(B)の保護を図るべきではないとの見解も有力であった。しかし、現行民法は、債権譲渡と相殺についても、差押えと相殺（511 条 1 項）と同じく、無制限説を採用した。すなわち、「債務者は、対抗要件具備時より前に取得した譲渡人に対する債権による相殺をもって譲受人に対抗することができる」とした（469 条 1 項）。

　そして、これも 511 条 2 項と同じく、「債務者が対抗要件具備時より後に取得した譲渡人に対する債権であっても」、その債権が「対抗要件具備時より前の原因に基づいて生じた債権」であるときは、債務者の相殺に対する期待が保護に値するため、これを自働債権とする相殺をもって譲受人に対抗することができるとする（469 条 2 項 1 号）。ただし、債務者が対抗要件具備時より後に他人の債権を取得した場合は、相殺が認められない（469 条 2 項柱書きただし書）ことも、511 条 2 項と同様である。

　さらに、将来債権の譲渡の場合には、債権の譲渡後も譲渡人と債務者との間における取引が継続されることが多いため、通常の相殺と差押えの場合よりも、債務者の相殺に対する期待を保護する必要性が高い。そこで、469 条 2 項 2 号は、「債務者が対抗要件具備時より後に取得した譲渡人に対する債権であって」、その債権が「譲受人の取得する債権の発生原因である契約に基づいて生じた債権」であるときは、これを自働債権とする相殺を認める。ただし、債務者が対抗要件具備時より後に他人の債権を取得した場合は、相殺への期待が保護に値しないため、相殺が認められない。

　なお、譲渡制限特約の付された債権が譲渡された場合において、譲受人が悪意・重過失であるときは、債務者に対する譲受人の履行催告権が認められてい

るため（466条4項）、469条1項・2項の「対抗要件具備時」は、「相当の期間
を経過した時」に読み替えられる（469条3項前半部分）。また、譲渡制限特約
の付された債権が譲渡された場合において、譲渡人につき破産手続開始決定が
あったときは、譲受人の債務者に対する供託請求が認められている（466条の
3）。この場合には、「対抗要件具備時」は、「譲受人から供託の請求を受けた
時」に読み替えられる（469条3項後半部分）。

(5)　相殺権の濫用

　最高裁昭和45年判決により無制限説が確立し、銀行の相殺権が広く認めら
れるとしても、下級審裁判例では、相殺権の濫用により、その相殺を制限する
ことが認められている（平井・債権総論233頁）。具体的には、①被差押債権の
みを対象とするねらい撃ち相殺、②同一銀行内の本支店における同行相殺、③
債務者の倒産を察知した債権者が手形を銀行に割り引いてもらって行う駆込み
相殺、④担保を実行しないで行う担保付債権との相殺などがある。しかし、こ
れらは、権利濫用法理による例外的な事例にとどまる。

3　効果

(1)　相殺の充当

　相殺の要件を満たし、相殺の意思表示がなされると、受働債権と自働債権は
対当額で消滅する（505条1項本文）。この場合において、自働債権の額が受働
債権の総額に及ばないときは、相殺によって消滅する受働債権の順序（相殺の
充当）が問題となる。

　民法は、この相殺の充当に関して、詳細な規定を設けた（512条）。まず、
「債権者が債務者に対して有する一個又は数個の債権と、債権者が債務者に対
して負担する一個又は数個の債務について、債権者が相殺の意思表示をした場
合において、当事者が別段の合意をしなかったときは、債権者の有する債権と
その負担する債務は、相殺に適するようになった時期の順序に従って、その対
当額について相殺によって消滅する」（同1項）。そして、これでもなお相殺適
状の時期を同じくする債務が複数あるときは、当事者が充当の合意をしなけれ

ば、指定充当を認めず、法定充当による（同 2 項）。さらに、債権者が相殺した場合において、「相殺をする債権者の負担する債務」（受働債権に係る債務）がその有する債権（自働債権）の「全部を消滅させるのに足りないとき」にも、相殺の充当に関する規律が準用される（同 3 項）。

(2)　相殺の遡及効

　相殺は、その意思表示の時ではなく、相殺適状の時にさかのぼって効力を生ずる（506 条 2 項）。その趣旨は、①当事者の期待の保護と、②当事者間の公平にある。すなわち、①当事者は、相殺適状にある両債務が精算されたものと考えるのが通常であり、このような当事者の期待を保護するとともに、②意思表示の時に相殺の効果が生じるとすると、狡猾な債権者が得をするおそれがある（利息の高い債権を有する者は遅く意思表示をし、その相手方はできるだけ早く意思表示をする）ため、その公平を図ることにある。

　相殺の遡及効の結果、相殺の計算および充当は、相殺適状の生じた時を基準としてなされる（最判昭和 53・7・17 判時 912 号 61 頁など）。したがって、相殺適状を生じた時より後は、相殺によって消滅する債権については、約定利息は生じない。しかし、相殺の遡及効といえども、相殺の意思表示をする以前に生じた事実を覆すことはできない。すなわち、債務者が弁済した後には、これを受働債権として相殺することはできない。また、賃貸借契約が賃料不払を理由に適法に解除された場合には、その後に賃借人の相殺の意思表示により賃料債務がさかのぼって消滅したとしても、「相殺の意思表示以前既に有効になされた契約解除の効力には何らの影響を与えるものではない」。そしてこのことは、解除の当時、賃借人が反対債権を有していることを「知らなかったため相殺の時期を失した場合」であっても、異なるものではない（最判昭和 32・3・8 民集 11 巻 3 号 513 頁）。

第 4 節 その他の債権消滅原因

1 更改

(1) 意義

更改とは、新しい債務を成立させることによって、旧債務を消滅させる旨の契約である（513条以下）。この更改には、次の三つの種類がある。すなわち、債権者の交替による更改（515条）、債務者の交替による更改（514条）、および、目的（給付内容）の変更による更改である（513条は、この三つを明示した）。いずれの場合にも、新債務は、旧債務に代えて新たに発生するものであって（513条柱書）、旧債務とは、同一性を有しない。それゆえ、旧債務に伴う担保や抗弁も消滅することとなる。例えば、双務契約上の一方の債務について債務者の交替による更改がなされたときは、他の債務の債務者は、同時履行の抗弁を失うこととなる（大判大正10・6・2民録27輯1048頁）。しかし、担保や抗弁が消滅することは、債権者にとって不利である。そこで、債権の同一性を失わせることなく当事者を変更する債権譲渡と債務引受けが認められる法制の下では、更改の意義は大きくない。債権法改正に際しては、債権譲渡のほかに債務引受（470条以下）も明文化するため、更改の廃止が検討された。しかし、諸外国では、債務引受を認めず、債務者による更改によって対処している国も存在する。それゆえ、国際的金融取引では、なお更改よる取引がなされることがあり、その廃止には慎重論があった。反面、更改が存置しても、実務上の弊害はない（中間試案の補足説明313頁参照）。そこで、更改の制度が残されたという経緯がある。

(2) 要件

①債権が存在すること、②新債務が成立すること、および、③その新債務が旧債務と要素を異にするものであること（＝給付の内容についての重要な変更、債務者の交替および債権者の交替）が要件となる。旧法下では、条件付債務を無

条件債務とし、無条件債務に条件を付したとき、または、債務の条件を変更したときは、債務の要素を変更したものとみなされた（旧 513 条 2 項）。ただし、現行民法は、この旧 513 条 2 項に合理性がないとして削除した。

　更改契約の当事者は、債権者の交替による更改では、新旧両債権者と債務者との三面契約である（515 条 1 項）。ただし、債権譲渡に類するため、確定日付のある証書によってしなければ、第三者に対抗することができない（515 条 2 項）。これに対して、債務者の交替による更改は、債権者と新債務者との契約によってすることができる（514 条 1 項前段）。そして、民法は、債権者と引受人との間でする免責的債務引受（472 条 2 項）と平仄を合わせ、この場合における更改が、「債権者が更改前の債務者に対してその契約をした旨を通知した時に、その効力を生ずる」とした（514 条 1 項後段）。加えて、これも免責的債務引受（472 条の 3）に合わせて、「債務者の交替による更改後の債務者は、更改前の債務者に対して求償権を取得しない」とした（514 条 2 項）。

　なお、目的の変更による更改が、同一当事者の契約でなされることは当然である。

(3)　効果

　更改によって旧債権は消滅し、これと同一性のない新債権が成立する。その結果、前述のように、旧債権に伴う担保や抗弁が消滅する。しかし、当事者間の契約によって、質権または抵当権を、旧債権の限度において、新債権に移すことができる（518 条 1 項本文）。ただし、質権または抵当権が第三者の設定したものである場合には、その承諾を必要とする（518 条 1 項ただし書）。そして、民法は、「質権又は抵当権の移転は、あらかじめ又は同時に更改の相手方（債権者の交替による更改にあっては、債務者）に対してする意思表示によってしなければならない」とした（518 条 2 項）。更改によって被担保債権である旧債権・債務が消滅するため、更改契約の後は、担保権の付従性により当該担保権が消滅すると考えられる。そこで、遅くとも更改と同時に質権・抵当権の移転を合意しなければならないとしたのである（部会資料 69A・39 頁）。免責的債務引受も同様である（472 条の 4）。

　ところで、旧法下では、更改によって生じた債務が、不法な原因のためない

し当事者の知らない事由によって成立せず、または取り消された場合には、旧
債務は復活した（旧517条）。この旧517条の反対解釈からは、当事者が新債
務の不成立事由を知っていた場合には、旧債務は消滅することとなる。その理
由としては、この場合には、債権者が一律に免除の意思表示をしたものとみな
されることが挙げられていた。しかし、そのような解釈には合理性がなく、民
法は、同条を削除し、更改後の債務に無効・取消原因があった場合における旧
債務の帰趨については、債権者の免除の意思表示があったと解されるかどうか
に関する個別の事案ごとの判断に委ねることとした（中間試案の補足説明315
頁）。

では、更改契約によって成立した債務について履行がないときは、更改契約
を解除することができるか。古い判例は、更改契約を解除することができ、そ
の解除によって新債務が消滅するとともに、旧債務が当然に復活するとした
（大判昭和3・3・10新聞2847号15頁）。しかし、更改契約は、新債務を成立さ
せる契約であって、その履行を目的とする契約ではないから、新債務の不履行
は更改契約の解除原因とはならないと解すべきである（我妻・IV 366頁）。ただ
し、更改契約の当事者が、その合意によって解除権を留保したときは、それに
よって解除することを否定する理由はない。

2 免除

免除は、債権を無償で消滅させる債権者の行為である（519条）。民法は、債
務者の意思に関係なく、債権者の単独行為によって免除することができるとし
た。具体的には、免除は、債務者に対する意思表示による。書面その他の形式
を必要とせず、また、明示でも黙示でもよい。また、免除に条件を付しても、
債務者に特に不利益を与えるものではないから、さしつかえない。

免除によって債権は消滅し、債権が全部消滅するときは、担保権も消滅する。

3 混同

債権および債務が同一人に帰属したときは、その債権は、原則として消滅す

る（520 条本文）。自分が自分に対して請求することや、自分の財産の一方から
他方に弁済することは、意味がないからである。

　ただし、混同した債権が、第三者の権利の目的であるときは、消滅しない
（同ただし書）。例えば、A の B に対する債権の上に、A の債権者 C が債権質
権を有するときは、B がその債権を A から譲り受けても、その債権は消滅し
ない。判例は、転借人が目的不動産の所有権を取得して賃貸人の地位と混同し
ても、転貸借関係は、当事者間でこれを消滅させる合意が成立しない限り、混
同によっては消滅しないとする（大判昭和 8・9・29 民集 12 巻 2384 頁、最判昭和
35・6・23 民集 14 巻 8 号 1507 頁）。

事 項 索 引

判 例 索 引

最高裁判所

野澤正充（のざわ・まさみち）

1983年　立教大学法学部卒業
1985年　司法試験合格
1991年　立教大学法学研究科博士後期課程修了
1993年　博士（法学）
現　在　立教大学法学部教授

【主要著書】
『債権引受・契約上の地位の移転』（一粒社、2001年）
『契約譲渡の研究』（弘文堂、2002年）
『ケースではじめる民法〔第2版〕』（共編著、弘文堂、2011年）
『Step up 債権総論』（編著、不磨書房、2005年）
『はじめての契約法〔第2版〕』（共著、有斐閣、2006年）
『債権総論〔NOMIKA〕』（共著、弘文堂、2007年）
『民法学と消費者法学の軌跡』（信山社、2009年）
『瑕疵担保責任と債務不履行責任』（編著、日本評論社、2009年）
『契約法の新たな展開』（日本評論社、2022年）
『契約法——セカンドステージ債権法Ⅰ〔第4版〕』（日本評論社、2024年）
『事務管理・不当利得・不法行為——セカンドステージ債権法Ⅲ〔第4版〕』（日本評論社、2024年）

さいけんそうろん
債権総論 第4版〔セカンドステージ債権法Ⅱ〕

2009年10月15日　第1版第1刷発行
2017年3月20日　第2版第1刷発行
2020年3月25日　第3版第1刷発行
2024年4月5日　第4版第1刷発行

著　者——野澤正充
発行所——株式会社日本評論社
　　　　　〒170-8474　東京都豊島区南大塚3-12-4
　　　　　電話　03-3987-8621（販売：FAX-8590）
　　　　　　　　03-3987-8592（編集）
　　　　　https://www.nippyo.co.jp/
　　　　　振替　00100-3-16
印刷所——株式会社精興社
製本所——株式会社難波製本
装　幀——レフ・デザイン工房